Brian Parkinson
Peter Totterdell
Rob B. Briner
Shirley Reynolds

Stimmungen

Struktur, Dynamik und Beeinflussungsmöglichkeiten eines psychologischen Phänomens

Aus dem Englischen
von Maren Klostermann

Klett-Cotta

Klett-Cotta
Die Originalausgabe erschien unter dem Titel
»Changing Moods. The Psychology of Mood and Mood Regulation«

Printed in Germany
Schutzumschlag: heffedesign, Rodgau
Gesetzt in der 9,5 Punkt Adobe Caslon von Freiburger Graphische Betriebe
Auf säure- und holzfreiem Werkdruckpapier gedruckt und gebunden von
Freiburger Graphische Betriebe
ISBN 3-608-94259-9

Die Deutsche Bibliothek – CIP-Einheitsaufnahme
Ein Titeldatensatz für diese Publikation ist bei der Deutschen Bibliothek erhältlich.

Inhalt

Vorwort

Die vier Autoren dieses Buches haben sich während ihrer Arbeit am Fachbereich für Soziale und Angewandte Psychologie (SAPU) in Sheffield kennengelernt; es war eine Phase unserer wissenschaftlichen Laufbahn, die im Rückblick vielleicht rosiger erscheint, als sie tatsächlich war, vor allem, wenn die Stimmung der Gruppe positiv ist, während wir gemeinsam in Erinnerungen schwelgen. Wir waren sowohl Freunde als auch Kollegen, was bedeutete, daß wir wissenschaftliche Meinungsunterschiede persönlich nahmen. Damals arbeitete jeder von uns in relativ getrennten Forschungsgruppen unter der Leitung verschiedener Teamleiter. Brian Parkinson sammelte und verarbeitete Daten für großangelegte, länderübergreifende Langzeitstudien über Arbeitssozialisation, ohne sich voll mit seiner eigenen beruflichen Rolle identifizieren zu können. Peter Totterdell untersuchte die Auswirkungen der Schichtarbeit auf die Leistung und das Wohlbefinden, ohne etwas an seiner eigenen idiosynkratischen Arbeitszeit zu ändern. Rob Briner hatte vor kurzem seine Doktorarbeit abgeschlossen, in der er sich kritisch mit sogenannten beruflichen Streßphänomenen auseinandergesetzt hatte, genauso kritisch, wie er noch heute an seine eigenen beruflichen Probleme oder Erfolge herangeht. Und Shirley Reynolds war an einer Untersuchung beteiligt, die sich mit der Wirksamkeit unterschiedlicher Psychotherapieformen beschäftigte; in der Praxis erwies sich allerdings keine davon als besonders nützlich für den Rest unserer Gruppe. Gleichzeitig verfolgten wir alle in den jeweiligen x Prozent, die aufgrund laufender Verhandlungen mit dem Management für solche Aktivitäten gestattet waren, unsere »persönlichen« Forschungsinteressen. Glücklicherweise gab es einige Annäherungen und Überschneidungen bei diesen Interessen, was zur ersten (und beinahe letzten) umfassenden teamübergreifenden Forschungszusammenarbeit in der Geschichte des Fachbereichs führte.

Obwohl sich seither viele Mythen um die Anfänge unserer Forschungsgruppe gerankt haben, sind wir uns relativ einig darin, daß die intensiven Gespräche von Peter und Rob, die über die Vorzüge von eher dynamischen im Gegensatz zu statischen Ansätzen bei psychologischen Variablen diskutierten, zu den Hauptanstößen gehörten. Nachdem sich beide mit Zeitreihen-Tagebuchdaten zum Wohlbefinden und zum Affekt herumgeschlagen hatten, waren sie auf der Suche nach Analysemethoden für diese Daten und wollten kühne neue Theorien entwerfen, die in der Lage sein sollten, die Befunde zu erklären. An irgendeinem Punkt wurden auch Shirley und Brian in diese »endlosen Gespräche« verwickelt und brachten ergänzende Forschungsinteressen ein, die sich auf Affekte und Emotionen in echten sozialen Situationen bezogen. Obwohl wir immer noch in vielen Punkten unterschiedlicher Meinung sind, haben wir in einigen Bereichen auch fruchtbare Übereinstimmungen erzielt.

Unsere Diskussionen führten schließlich zu einer Tagebuchstudie, die wir liebevoll als SAM bezeichnen (Study of Activtiy and Mood); für diese Untersuchung setzten wir eine Methode ein, bei der die Teilnehmer zwei Wochen lang alle zwei Stunden während ihrer Wachzeit Selbstberichts- und Performanzdaten in einen Handcomputer eingaben. Wir vier probierten das Verfahren zunächst mit gemischten Ergebnissen bei uns selbst aus. Auf unwissende Beobachter muß es mehr als sonderbar gewirkt haben, wenn die Teammitglieder abends gemeinsam ausgingen und dann infolge von vier fast gleichzeitig ertönenden elektronischen Piepslauten wie auf Kommando einen grauen Gegenstand hervorholten (der eher wie ein etwas größerer Taschenrechner aussah) und minutenlang wie wild auf den Tasten herumhämmerten. Merkwürdigerweise umfaßte die Liste der beschriebenen Ärgernisse, die wir in die Ratingbatterie einprogrammierten, keinerlei Hinweis darauf, wie nervtötend wir es fanden, immer wieder hartnäckig gefragt zu werden, wie wir uns fühlten und was wir taten (das heißt, was wir taten, außer immer wieder dieselben hartnäckigen Fragen zu beantworten). Glücklicherweise bewältigten die 30 Teilnehmer unserer Studie die experimentelle Aufgabe mit mehr Charme und Geduld. Wir sind ihnen nach wie vor zu großem Dank für den riesigen Datenberg verpflichtet, den sie uns hinterließen und den wir immer noch von Zeit zu Zeit erforschen, einfach weil er da ist.

Ein Vorteil unseres Selbstversuchs mit SAM war neben der erzeugten Empathie für die tatsächlichen Teilnehmer, daß wir anfingen, die vielfältigen Methoden zu verstehen, mit denen wir als Befragte an die Aufgabe der Stimmungseinschätzung herangingen. Manchmal erschienen bestimmte Adjektive entweder äußerst passend oder eindeutig unzutreffend, aber bei anderer Gelegenheit wirkten dieselben Adjektive absolut sinnlos und hatten keinerlei Bezug zu unserem Befinden. Trotzdem gaben wir alle Ratings pflichtgemäß ab. Auf ähnliche Weise wurde uns bewußt, daß unsere Stimmung manchmal völlig von besonderen Ereignissen oder Situationen beherrscht wurde, was die Ratingaufgabe klarer und leichter machte, während wir bei anderer Gelegenheit den Eindruck hatten, in überhaupt keiner speziellen Stimmung zu sein.

Es gab auch lebhafte Diskussionen darüber, wie jeder von uns bestimmte Stimmungswörter interpretiert hatte. Im Datenarchiv des Forschungsteams, das von unserem ehrenwerten Kurator Rob akribisch verwaltet wird, findet sich auch eine seltene Tonbandaufzeichnung von einer Teamsitzung, die kurz nach Abschluß des Pilotstudie stattfand. Das folgende ist das Transkript eines kurzen Gesprächsabschnitts, der sich auf die Stimmungsratings bezog:

S: Das ... geht auf das Gespräch zurück, das wir gestern mit Bryn geführt haben. Über die Frage, ob Anspannung und Angst dasselbe sind. Dabei ist mir klar geworden, daß es eben nicht dasselbe ist. Und uns geht es hier doch eher um Anspannung als um Angst, oder?

R: Eigentlich nicht. Was heißt denn »ängstlich« und was heißt »angespannt«?

S: Ängstlich hat mit Furcht, Antizipation und Bedrohung zu tun und angespannt bedeutet ...

B: Fickerig.
S: Ja, genau, fickerig.
R: Und was heißt fickerig?
S: Vielleicht nervös?
B: Reizbar.
R: Es ist also eine Art hoher Erregungszsutand, der ziemlich unangenehm ist, aber nicht notwendigerweise durch eine Bedrohung ausgelöst wird. Wenn das stimmt, dann heißt das, daß wir mit der Angst bis jetzt noch nicht sehr weit gekommen sind, oder? Wir könnten einfach sagen: »Hier sind ein paar Wörter, die Stimmungen beschreiben. Bewertet sie.« Ende.

Die Erfahrung, Versuchskaninchen *und* Forscher in einer Person zu sein, war in vielerlei Hinsicht ernüchternd. Obwohl Stimmungsratings relativ leicht zu erhalten waren, erkannten wir sehr schnell, daß wir praktisch nichts über die Prozesse wußten, durch die die Teilnehmer tatsächlich die relevanten Fragen beantworteten, und daß wir sehr wenig darüber wußten, was sie unter den Stimmungswörtern, die in diesen Fragen enthalten waren, eigentlich verstanden. Diese Erkenntnis erklärt vielleicht teilweise unseren scheinbaren Gleichmut in bezug auf Debatten über die »grundlegende« Struktur, die man aus diesen Selbstberichten ableiten kann, oder in bezug auf die Auswahl der »richtigen« Adjektive für Stimmungsratings.

SAM hätte möglicherweise ein vorzeitiges Ende gefunden, wäre da nicht das Interesse unseres Freundes und früheren Kollegen Steve Evans gewesen, der etwa zur gleichen Zeit Forschungsprojekte für Unilever in Auftrag gab. Der Beitrag, den er von Anfang an zur Entwicklung unseres Ansatzes geleistet hat, kann gar nicht hoch genug eingeschätzt werden, ganz abgesehen von der praktischen Hilfe und Anleitung, die wir durch die nachfolgende Zusammenarbeit mit dem Unternehmen erhielten.

Steve war verantwortlich für die Initiierung unseres derzeitigen Forschungsvertrages mit Unilever; wir bezeichnen dieses Projekt im allgemeinen als ARIEL, weil es sich auf die Affektregulation im Alltagsleben konzentriert (Affect Regulation In Everyday Life). Wir möchten diese Gelegenheit nutzen, um uns öffentlich bei diesem multinationalen Konzern dafür zu entschuldigen, daß wir mehr oder weniger zufällig zu diesem fragwürdigen Akronym gelangt sind, das man als Anspielung auf eine Waschpulvermarke verstehen könnte, die von einem der größten Konkurrenten von Unilever hergestellt wird. Wir haben zwar auch mit dem Gedanken gespielt, statt dessen ein Projekt mit dem Namen *Personal Effectiveness in Responding to Small Irritants and Lapses* durchzuführen, aber das traf leider nicht den Kern der Sache.

Steve und andere Mitarbeiter von Unilever haben wesentlich zu den in diesem Buch vorgestellten Ideen beigetragen. Das heißt natürlich nicht, daß die in dieser Arbeit vertretenen Meinungen notwendigerweise mit denen von Unilever übereinstimmen, und wir sind froh, daß wir in dieser Hinsicht all die üblichen Dementis machen können. In der Tat sind die hier geäußerten Ansichten nicht einmal deckungsgleich mit den Meinungen der einzelnen Forscher, sondern spiegeln vielmehr unsere transaktional definierte soziale Idenität als Team wider.

Obwohl sich die allgemeine Form des Buches aus den Gruppengesprächen ergeben hat und jeder von uns in irgendeiner Weise zu allen Kapiteln beigetragen hat, war die Hauptverantworung für die jeweiligen Kapitel folgendermaßen verteilt: Kapitel 1 und 2 wurden hauptsächlich von Brian verfaßt. Rob schrieb den größten Teil von Kapitel 3. Kapitel 4 war wiederum hauptsächlich Brians Werk. Peter schrieb den größten Teil der Kapitel 5 und 6. Shirley verfaßte den größten Teil von Kapitel 7. Alle haben einen Beitrag zu Kapitel 8 geleistet, aber Brian war der Hauptverfasser.

Wir sind mehreren Personen zu Dank verpflichtet. Erstens möchten wir uns bei Steve Evans bedanken, der uns in teuren Hotels einquartierte, uns in teure Restaurants führte und uns auch sonst in jeder Hinsicht ermutigt hat, unser »Affektregulationsding durchzuziehen«. Die ganz eigene Art, wie Steve die Ariel-Meetings leitete, war nicht nur ein großes Vergnügen, sondern auch Beweis einer seltenen Begabung (obwohl wir immer noch nicht genau sagen können, welche Begabung das eigentlich ist). Wir danken Steve auch insbesondere für die Landschaftsmetapher, die einen kurzen Auftritt in unserem letzten Kapitel hat.

Unser Dank geht auch an Professor Peter Warr, den Leiter von SAPU, der Fördermittel für unsere erste SAM-Tagebuchstudie verfügbar machte und unsere Zusammenarbeit in dieser frühen Phase unterstützte. Schließlich möchten wir uns bei Unilever für die geistige ebenso wie für die finanzielle Unterstützung bedanken. Ohne diese Unterstützung wären die in diesem Buch verfolgten Ansätze wesentlich unausgereifter, als sie es sind. Wir hoffen zuversichtlich, daß sich die Zusammenarbeit für beide Seiten als gleichermaßen lohnend erweisen wird. Wer weiß, vielleicht wird ja sogar eines Tages ein Waschmittel nach uns benannt …

BP, PT, RBB, SR
September 1996

1

Einführung in die Stimmungspsychologie

Dieses Buch handelt von menschlichen Stimmungen und davon, wie sie sich im Laufe der Zeit verändern. Wir nähern uns dieser Thematik hauptsächlich über einen sozialpsychologischen und persönlichkeitstheoretischen Ansatz und konzentrieren uns insbesondere auf den Ausdruck von Stimmungen im Alltagsleben. In diesem ersten Kapitel stellen wir den Begriff Stimmung vor, wie er in der Alltagssprache und in der psychologischen Forschung verwendet wird. Wir entwickeln eine Arbeitsdefinition für das in Frage stehende Phänomen und vergleichen und kontrastieren seine Bedeutung mit der von verwandten Begriffen wie »Emotion« und »Affekt«. Dann beschreiben wir kurz den historischen Kontext, in dem sich das seit kurzem ständig wachsende psychologische Interesse an der Stimmung und am Affekt entwickelt hat.

Die wissenschaftliche Erforschung dieser Thematik hat erst in den letzten Jahrzehnten ernsthafte Fortschritte gemacht, und wir betrachten einige der Faktoren, die zu dieser Entwicklung beigetragen haben. Es gibt derzeit mehrere alternative Forschungsansätze in der Stimmungspsychologie, die wir kurz vorstellen wollen, bevor wir in allgemeinen Begriffen unsere eigene Perspektive erläutern. Unser Ansatz legt besonderes Gewicht darauf, wie sich Stimmungen im Laufe der Zeit verändern, und auf die regulatorischen Prozesse, die diese Veränderlichkeit steuern und auslösen. Abschließend geben wir einen kurzen Abriß vom Inhalt der nachfolgenden Kapitel.

Der Stimmungsbegriff in der Alltagssprache

»Stimmung« gehört zu jenen geläufigen Wörtern, die wir im Alltag ständig benutzen, ohne lange über seine Bedeutung nachzudenken. Das geschieht zum Teil, weil wir annehmen, daß wir aufgrund eigener Erfahrungen aus erster Hand wissen, was Stimmungen sind, so daß uns eine nähere Erläuterung der zugrunde liegenden Vorstellungen überflüssig vorkommt. Was wir innerlich empfinden, ergibt bereits einen Sinn, jedenfalls für uns. Wir müssen nicht lange darüber nachdenken, sondern *wissen einfach*, ob wir in einer bestimmten oder überhaupt in irgendeiner Stimmung sind, so daß wir den Begriff ganz automatisch und selbstverständlich benutzen.

Doch in Wahrheit liegen die Dinge wahrscheinlich nicht ganz so einfach. Wenn Stimmungen unmittelbar erlebt werden, wieso stellen wir dann gelegentlich fest, daß wir den ganzen Tag über in einer bestimmten Stimmung waren, ohne es richtig zu bemerken? Und wie kommt es, daß wir uns mitunter in einer »merkwürdigen Stimmung« befinden, die wir nicht genau beschreiben können? Und wie – wenn nicht durch reine Spekulation – könnten wir dann überhaupt je behaupten, daß *eine andere Person* in einer bestimmten Stimmung ist? Wenn man über diese Fragen nachdenkt, zeigt sich, daß Stimmung offenbar noch etwas anderes bedeutet als das unmittelbare Registrieren des eigenen inneren Erlebens. Wir wollen in diesem Kapitel und im Rest des Buches einen psychologischen Stimmungsbegriff entwickeln, der zur Klärung dieser auf den ersten Blick verwirrend anmutenden Tatsachen beiträgt.

Man kann sich der wahren Bedeutung von Stimmung annähern, indem man untersucht, wie Menschen den Begriff in Alltagsgesprächen benutzen. Geläufige Ausdrücke, die sich auf das in Frage stehende Phänomen beziehen, sind zum Beispiel: »Ich bin einfach nicht in der Stimmung« (z. B. zum Feiern, Tanzen, Reden etc.); »Du hast heute aber gute/schlechte/komische Laune«; »Ich versuche gerade, mich in die richtige Stimmung zu bringen«; »Sie neigt zu starken Stimmungsschwankungen« und ähnliches mehr. Zwei zentrale Aspekte des Begriffs fallen sofort ins Auge: Zum einen hängen Stimmungen für gewöhnlich mit – angenehmen oder unangenehmen – Gefühlen zusammen; zum anderen werden wir von Stimmungen anscheinend in die richtige oder falsche Gemütsverfassung versetzt, um bestimmte Dinge zu tun. Dahinter steckt offenbar der Commonsense-Gedanke, daß es sich bei Stimmungen um mentale Zustände handelt, die als angenehm oder unangenehm empfunden werden und die den einzelnen geneigt machen, auf bestimmte Weise zu handeln (oder nicht zu handeln).

Entsprechend finden wir im Wörterbuch zum Beispiel folgende Begriffsdefinitionen:

> **Stimmung**, fem., bestimmte Geistes- oder Gemütsverfassung; <Pl.> *wechselnde Gemütsverfassung*: -en unterworfen sein, Anfälle von Melancholie oder schlechter Laune; Eindruck, Wirkung, die von etwas ausgeht und in bestimmter Weise auf jmds. Empfindungen wirkt (Stimmungsmusik); **in der -/nicht in der -**: geneigt, abgeneigt (etwas zu tun)
> **Laune**, fem., <o. Pl.> *Stimmung, augenblickliche Gemütsverfassung;* **launisch**: wechselnden Stimmungen unterworfen sein u. ihnen nachgebend*

Um noch besser zu verstehen, wie der Stimmungsbegriff in Alltagsgesprächen verwendet wird, kann man untersuchen, mit welchen Wörtern unterschiedliche Arten von möglichen Stimmungen beschrieben werden. Am häufigsten und offenkundigsten ist die Einteilung in gute und schlechte Stimmungen. Darüber hinaus kann man offenbar in gereizter, ängstlicher oder zerstreuter Stimmung sein. Mit anderen Worten: Zusätzlich zur Grunddimension der angenehmen oder unangenehmen Gemütsverfassung kann man Stimmungen anscheinend auch danach unterscheiden, welche Formen der

* In der deutschen Alltagssprache werden die Begriffe »Laune« und »Stimmung« häufig als Synonyme verwendet, was sich in den Definitionen des Wörterbuchs widerspiegelt. Auch in der psychologischen Fachsprache sind die Begriffe eng verwandt: »Charakterologisch entspricht Laune der Stimmung, darüber bezeichnet sie die Auswirkungen der Stimmung auf Mitmenschen und Umwelt. Launenhaftigkeit ist nach Lersch der störbar-labile Stimmungshintergrund, der unmittelbar bestimmend wird für die Art, wie der individuelle Träger sich und andere Menschen behandelt« (zitiert nach Dorsch). Anm. d. Ü.

Aktion und Reaktion sie begünstigen. Unter einer zerstreuten Stimmung versteht man im allgemeinen, daß die Aufmerksamkeit des Betreffenden leicht abschweift und von unwichtigen Ereignissen auf sich gezogen wird; eine gereizte Stimmung impliziert, daß schon eine leichte Provokation eine übertrieben aggressive Reaktion auslösen kann. Psychologische Untersuchungen der möglichen Unterschiede zwischen verschiedenen Arten von Stimmungen werden wir im folgenden Kapitel erörtern.

Stimmungen variieren nicht nur in ihrer Qualität, sondern offenbar auch in ihrer Stärke. Man kann mehr oder weniger schlecht gelaunt, die Stimmung kann einem ein bißchen oder gründlich verdorben sein. Diese Tatsache legt nahe, daß man Stimmungszustände möglicherweise rein quantitativ erfassen und nach dem Grad ihrer Stärke unterscheiden kann. Normalerweise denkt man, daß die Intensität der Stimmung unmittelbar widerspiegelt, wie stark das zugrunde liegende Gefühl ist, aber einige Wissenschaftler haben in Frage gestellt, ob eine derart simple Interpretation der Intensitätsdimension haltbar ist. Dagegen ließe sich beispielsweise argumentieren, daß man in einer ausgeprägten Stimmung sein kann, ohne daß man sich dieser Tatsache unmittelbar bewußt ist: So ist es durchaus möglich, daß jemand alle Anzeichen starken Ärgers zeigt, aber entschieden abstreitet, überhaupt verärgert zu sein. Solche Beispiele zeigen, daß die Intensität der Stimmung nicht immer auf der direkten Umsetzung eines inneren Signals beruht. Trotz dieser potentiellen Komplexität haben Psychologen die Tatsache, daß Menschen für gewöhnlich konsequent zwischen Stimmungen unterschiedlicher Stärke unterscheiden, dazu genutzt, um Selbstberichtsskalen zu entwickeln, mit denen die Intensität der Stimmung bei unterschiedlichen Personen oder für dieselbe Person in unterschiedlichen Situationen gemessen wird (s. Kapitel 2 und 3).

Wenn Menschen ihre eigene Stimmung oder die einer anderen Person als gut oder schlecht und als mehr oder weniger stark ausgeprägt beschreiben, ergänzen sie die Feststellung häufig noch durch zeitliche Angaben. So sagt man vielleicht: »Ich bin *im Moment* einfach nicht in der Stimmung dazu«, »Du bist *heute morgen* aber wirklich mieser Stimmung« und so weiter. Die Alltagsvorstellung von Stimmung impliziert die Annahme, daß es sich um einen Zustand von relativ begrenzter Dauer handelt: Unter normalen Umständen bleiben Menschen einfach nicht über einen längeren Zeitraum in derselben Stimmung. Tatsächlich scheinen Stimmungen häufig von allein vorüberzugehen, ohne daß die Person irgend etwas dagegen unternehmen müßte. Viele Menschen fühlen sich zum Beispiel an Werktagen nach der Mittagspause müde und deprimiert, aber später hellt sich ihre Stimmung automatisch wieder auf. Man führt diese zeitabhängigen Muster spontaner Stimmungswechsel auf eine Mischung aus biologischen und kulturellen Prozessen zurück, die unser inneres Erleben einem bestimmten Rhythmus unterwerfen. In diesem Buch wenden wir besondere Aufmerksamkeit auf die Art, wie sich die Qualität und Intensität von Stimmungen im Laufe der Zeit verändern, sowie auf die Prozesse, die diesen Stimmungsschwankungen zugrunde liegen (s. Kapitel 5).

Da Stimmungen offensichtlich gegen unseren Willen kommen und gehen können, nehmen wir häufig an, daß sie quasi über uns hereinbrechen, was erklärt, warum Entschuldigungen wie: »Tut mir leid, ich bin einfach nicht in der Stimmung« überhaupt irgendeine Überzeugungskraft besitzen. Es ist jedoch auch richtig, daß Menschen häufig bestimmte Maßnahmen ergreifen, die ausdrücklich darauf ausgerichtet sind, eine bestimmte Stimmung zu ändern, unabhängig davon, ob sich diese Strategien dann letztlich als erfolgreich erweisen oder nicht. So beschließt man vielleicht, daß man sich nicht länger mit seiner deprimierten Stimmung abfinden will, und macht deshalb einen Spaziergang oder stürzt sich in irgendeine Aktivität, um sich selbst aus dieser Stimmung herauszuholen. Manchmal scheint es möglich, daß man seine Stimmung durch einen reinen Willensakt wieder aufbessert. Der Volksmund benennt zahlreiche Strategien, die man anwenden kann, um einen Stimmungswechsel zu bewirken, wie zum Beispiel: »Mit einem Thema abschließen«, »Bis zehn zählen«, »Gute Miene zum bösen Spiel machen« usw. Es gibt sogar populäre Ratgeberbücher, die konkrete Anleitungen dafür liefern, wie man die eigenen Gefühle steuern kann (Carlson, 1992; Burns, 1980; Hart, 1957; Wilson, 1995). In Kapitel 6 erörtern wir einige gebräuchliche Methoden der Stimmungsregulation und gehen der Frage nach, wie erfolgreich sie für unterschiedliche Stimmungen in unterschiedlichen Situationen sind.

Genauso wie sich bei einer Einzelperson die Qualität und Intensität der Stimmung von einer Stunde zur anderen oder von einem Tag zum nächsten verändern kann und genauso wie sich die eingesetzten Methoden individuell unterscheiden, gibt es offenbar auch ganz individuelle Stimmungsmuster. Im alltäglichen Sprachgebrauch ist die Stimmung eng verbunden mit dem Temperament und der Persönlichkeit; so sagt man zum Beispiel einigen Menschen nach, daß sie einen launischen oder reizbaren »Charakter« haben oder grundsätzlich zur Schwarzseherei neigen. Wenn einer Person nachgesagt wird, daß sie zu extremen Stimmungsschwankungen neigt (oder überaus »launisch« ist), ist damit normalerweise gemeint, daß sie häufig schlechter Stimmung oder niedergeschlagen ist; es kann aber auch bedeuten, daß das Verhalten der Person unberechenbar ist und von einem Tag auf den anderen wechseln kann. Diese Erörterung führt zu dem Schluß, daß sich die Stimmung unterschiedlicher Menschen im Laufe der Zeit auf unterschiedliche Weise verändert. Individuelle Unterschiede in der Neigung zu bestimmten Stimmungen und in der Veränderlichkeit von Stimmungen werden wir in den Kapiteln 3 und 5 dieses Buches ausführlich erörtern.

In diesem Abschnitt haben wir eine vorläufige Vorstellung davon entwickelt, was Stimmungen bedeuten und wie sie sich nach landläufigen Vorstellungen, die in der Alltagssprache zum Ausdruck kommen, verändern. Man darf jedoch nicht vergessen, daß die Begriffe, die wir in normalen Unterhaltungen verwenden, nicht immer ganz präzise sind, und daß Wörter, die sich speziell auf Stimmungen beziehen, nicht immer konsequent und eindeutig angewendet werden. Obwohl der alltagssprachliche Begriff der Stimmung anscheinend mehrere Phänomene aufgreift, die für die Psychologie relevant sind, und damit die Möglichkeit bietet, ein genaueres und besser definiertes wissenschaftliches Stimmungskonzept zu entwickeln, ist auch vorstellbar, daß viele unserer Alltagsvorstellungen von der Stimmung eher auf Mythen als auf der Realität beruhen.

So haben wir zum Beispiel schon ausgeführt, daß Stimmungen keine rein persönlichen Erfahrungen sind, wie gemeinhin angenommen wird, und auch nicht notwendigerweise immer passive Zustände, auf die der einzelne keinen Einfluß hat. Eine psychologische Erforschung der Stimmung kann dazu beitragen, genauer zu bestimmen, wann und unter welchen Bedingungen allgemein anerkannte Beobachtungen über Stimmungen zutreffend sind und wann nicht.

Stimmung als psychologischer Begriff

Der in der Psychologie verwendete Stimmungsbegriff leitet sich ziemlich direkt von dem im vorangegangenen Abschnitt erörterten Alltagsverständnis des Phänomens ab. Doch während der Gebrauch des Wortes in Alltagsgesprächen vielfältige Bedeutungen zuläßt und ein breites Spektrum von möglichen Nebenbedeutungen umfaßt, versucht die Psychologie in der Regel, das Konzept genauer einzugrenzen. Um zu einer klareren Definition zu gelangen, hat man das Phänomen zum Beispiel in übergreifende Kategorien von psychischen Funktionen eingeordnet, es von ähnlichen Phänomenen abgegrenzt, die dabei möglicherweise ablaufenden Prozesse beschrieben und Beispielfälle für die Kategorie skizziert. In diesem Abschnitt wollen wir ausgehend von diesen Überlegungen eine Begriffsbestimmung erarbeiten.

Zu welcher Gruppe von psychischen Phänomenen gehört die Stimmung? Auf einer elementaren Ebene werden mentale Funktionen im allgemeinen in drei Grundfähigkeiten unterteilt: Kognition (Denken), Konation (Wünschen und Wollen) und Affekt (Fühlen, z. B. Hilgard 1980). Stimmungen fallen hauptsächlich in die letzte dieser drei Kategorien, obwohl es auch einige Überschneidungen mit den anderen beiden Funktionen gibt, weil die Stimmung vom Denken beeinflußt wird und ihrerseits das Denken beeinflußt und auch recht direkte Auswirkungen auf die Motivation und das Handeln haben kann.

Der erste und umfassendste Begriff, den wir klären müssen, ist also *Affekt*. Affekt* bezieht sich im allgemeinen auf mentale Zustände, die *evaluative Gefühle* umfassen, mit anderen Worten auf psychische Bedingungen, unter denen sich die Person wohl oder unwohl fühlt und entweder begrüßt oder ablehnt, was geschieht. Folglich umfaßt die Kategorie Affekt eine große Bandbreite von Phänomenen, einschließlich Stimmung und Emotion, und reicht von vagem Unbehagen bis zu rasender Wut, von einem nagenden Zahnschmerz bis zu einem allgemeinen Zustand der Langeweile.

* Der Begriff Affekt (*affect*) steht hier, wie oben ausgeführt, als allgemeine Bezeichnung für den gefühlsmäßigen Aspekt der Erfahrung bzw. des Erlebens und wird häufig synonym für Emotion oder Gefühl verwendet. In der deutschen Forschung wird unter »Affekt« häufig ein kurzes und heftiges Gefühl mit desorganisierenden Auswirkungen auf Erleben und Verhalten verstanden, während der Begriff in der hier verwendeten Form über diese Bedeutungsvariante hinausreicht und auch die spürbare einsetzende *Erlebnisweise* und *Erlebnisqualität* von Gefühlen sowie längerfristige *Erlebnistönungen* umfaßt.

Der Unterschied zwischen Emotionen und Stimmungen

Eine der einfachsten Methoden, wenn man die Untergruppe des Affekts, die wir als Stimmung bezeichnen, besser begreifen will, besteht darin, sie mit einer weiteren Untergruppe, nämlich der der Emotionen, zu vergleichen: Es gibt mehrere Unterscheidungsmerkmale zwischen diesen beiden ähnlichen Konzepten, die ein Verständnis beider erleichtern. Verschiedene Theoretiker haben jeweils unterschiedliche Merkmale hervorgehoben; einige dieser Merkmale spiegeln eher deskriptive und extrinsische Aspekte der beiden Zustände wider, während andere eher auf intrinsische Unterschiede in den grundlegenden Prozessen hinweisen (Batson, Shaw & Oleson, 1992; Ekman & Davidson, 1994).

1. Dauer: Auf einer einfachen deskriptiven Ebene wird häufig argumentiert, daß Stimmungen länger anhalten als Emotionen (Ekman, 1994; Nowlis & Nowlis, 1956; Watson & Clark, 1994). Emotionen scheinen häufig nach Sekunden oder Minuten vorüber zu sein, während Stimmungen Stunden, Tage oder sogar Wochen andauern können. Doch wenn man Menschen nach der Dauer ihres emotionalen Erlebens befragt, behaupten viele, daß es sich über längere Zeiträume erstreckt. So hat zum Beispiel Sonnemans (s. Frijda, Mesquita, Sonnemans & van Goozen, 1991) eine Untersuchung geleitet, bei der die Teilnehmer gebeten wurden, eine emotionale Erfahrung zu beschreiben, die sie im Laufe der letzten sieben Tage gemacht hatten. Von 50 Prozent der erinnerten Emotionen wurde berichtet, daß sie länger als eine Stunde angedauert hatten, und in einigen Fällen wurde ein Zeitraum von einem Tag oder länger angegeben. Wenn man an Gefühle wie Trauer denkt, scheint es tatsächlich unrealistisch, daß sie sich immer relativ schnell verflüchtigen. Eine mögliche Deutung dieser Beobachtung wäre, daß Menschen, die solche längerwährenden emotionalen Episoden erleben, in Wirklichkeit *wiederholt* emotional reagieren, daß aber jedes einzelne emotionale Ereignis tatsächlich nur kurze Zeit dauert. Mit anderen Worten: Die Emotion könnte über einen längeren Zeitraum zu- und abnehmen. Auf alle Fälle gibt es offenbar Ausnahmen von der allgemeinen Regel, daß Emotionen immer von relativ kurzer Dauer sind und Stimmungen immer länger anhalten.

2. Zeitliche Muster: Die Vorstellung, daß Stimmungen *per definitionem* länger anhalten als Emotionen, läßt sich auch nur schwer mit der Auffassung vereinbaren, daß es sich bei der Stimmung um ein Phänomen handelt, das uns immer begleitet, aber zeitlichen Schwankungen unterworfen ist. Nach dieser Sichtweise haben Stimmungsepisoden keinen festen Anfang und kein festes Ende, sondern zeichnen sich durch graduelle Veränderungen der wahrgenommenen Qualität und Intensität aus. Eine weitere zeitliche Unterscheidungsmöglichkeit zwischen Emotion und Stimmung hängt also mit ihren jeweils typischen Variationsmustern zusammen. Emotionen haben offenbar einen klar umrissenen Anfang und lösen sich dann relativ schnell auf, während sich Stimmungen häufig langsamer verändern und weiterhin irgendwo im Hintergrund des Bewußtseins verweilen (Watson & Clark, 1994). Fachspezifischer ausgedrückt sind Emotionen *akuter* oder *phasischer*, während Stimmungen eher *chronisch* oder *tonisch* sind (s. Abb. 1.1). Obwohl diese Beobachtung eine hinlängliche deskriptive Unterscheidung zwischen Emotionen und Stimmungen zu liefern scheint, sagt sie noch nichts über die zugrunde liegenden Prozesse aus, die zu diesen erkennbaren Unterschieden führen.

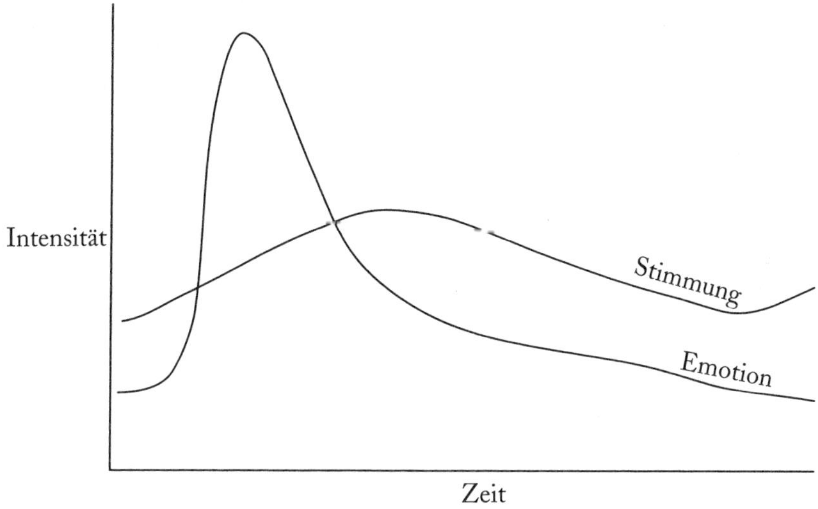

Abb. 1.1 Zeitlicher Verlauf einer typischen Stimmung und einer typischen Emotion

3. Relative Intensität: Ein dritter möglicher Unterschied ergibt sich daraus, daß Emotionen häufig nachgesagt wird, sie seien intensiver und verzehrender als Stimmungen (Isen, 1984; Nowlis & Nowlis, 1956). Verbindet man diese Beobachtung mit den oben beschriebenen Unterschieden, so sind Emotionen offenbar relativ stark, brennen aber schneller aus, während Stimmungen schwächer und von eher nagender Beharrlichkeit sind. Doch auch hier gibt es wieder Ausnahmen von der Regel. Klinische Depressionen und Angstzustände können zum Beispiel intensive Stimmungslagen umfassen, die lange Zeit anhalten (Morris, 1989). Trotzdem scheint es im allgemeinen zutreffend zu sein, daß die Intensität von Stimmungen tendenziell schwächer ausgeprägt ist als die von Emotionen.

4. Spezifische Ursachen: Alle angeführten Unterscheidungen haben eine gewisse Gültigkeit, aber in jedem Fall gibt es Ausnahmen und in keinem wird ein Unterschied benannt, der unabdingbar für eines der beiden in Frage stehenden Phänomene ist. Einige

Forscher haben einen weniger deskriptiven Ansatz gewählt und versucht, zwischen Stimmungen und Emotionen zu unterscheiden, indem sie die Aufmerksamkeit auf die unterschiedlichen Auslöser oder Ursachen gelenkt haben. Nach dieser Sichtweise werden Emotionen von spezifischen, zeitlich festgelegten Ereignissen verursacht, während sich Stimmungen durch eine Verkettung kleinerer Ereignisse, durch anhaltende äußere Bedingungen und/oder durch innere metabolische oder kognitive Prozesse aufbauen (Ekman, 1994; Watson & Clark, 1994). Einige Theoretiker definieren Emotionen sogar noch präziser über die Ursachen und nennen als Auslöser die *Einschätzung* oder die persönliche Bewertung und Interpretation eines spezifischen Ereignisses (Ortony, Clore & Collins, 1988; Reisenzein, 1994; s. Kapitel 3).

Nach einer ähnlichen Auffassung beziehen sich Emotionen auf konkrete Inhalte oder Ereignisse der persönlichen Erfahrung, während Stimmungen von den allgemeinen Lebensumständen des Individuums abhängen (Lazarus, 1994). So löst der Tod eines nahestehenden Menschen vielleicht ein Gefühl von Trauer aus, während eine depressive Stimmung eher eine Unzufriedenheit mit dem Leben im allgemeinen widerspiegelt. Eine schlechte Nachricht kann natürlich auch zu einem alles durchdringenden Gefühl des Unbehagens beitragen und sowohl zu unangenehmen Stimmungen als auch zu unangenehmen Emotionen führen, insofern ist die Unterscheidung nicht ausnahmslos gültig.

5. Signalfunktion: Eine ähnliche Unterscheidung schlug auch Morris (1992) vor, der argumentierte, daß Emotionen etwas über den Zustand der Außenwelt und Stimmungen etwas über den Zustand des eigenen Innern signalisieren. Nach dieser Auffassung kann das Erleben von Stimmungen und Emotionen dem Bewußtsein Informationen darüber liefern, wie es um unsere Beziehungen zur Welt bestellt ist. Das Auftreten einer Emotion sagt uns, daß etwas in der äußeren Situation richtig oder falsch läuft, während eine Stimmung uns mitteilt, ob wir über genügend *innere* Kräfte verfügen, um eine bestehende Herausforderung zu meistern oder nicht. Obwohl möglicherweise einiges für die Position von Morris spricht, scheinen doch manche Emotionen, wie zum Beispiel Scham oder Verlegenheit, eher mit bestimmten Aspekten des Selbst als mit Umweltaspekten verbunden zu sein, und können uns daher mitteilen, daß es uns an bestimmten Fähigkeiten mangelt. Allgemeiner gesprochen ist es häufig schwierig, zwischen selbstbezogenen und situationsbezogenen Ereignissen oder Ressourcen zu unterscheiden, weil die meisten wichtigen Belange sowohl Überlegungen zur eigenen Person als auch zur Außenwelt umfassen. Wenn wir zum Beispiel angesichts einer Beleidigung aus der Fassung geraten, so liegt es eher an der Bedeutung, die dieser Affront für unser subjektives Wohlbefinden hat, als an einem spezifischen Merkmal des objektiven Ereignisses. Wie Lazarus (1991) ausführt, hängt alles, was eine affektive Bedeutung für uns hat, bis zu einem gewissen Grad von der *Transaktion* zwischen dem Individuum und der Situation ab, und davon, wie der einzelne die inneren und äußeren Bewältigungsmöglichkeiten im Hinblick auf diese Transaktion einschätzt (s. Kapitel 3).

6. Gerichtetheit: Wie an früherer Stelle angedeutet, gibt es die verbreitete These, daß Emotionen durch spezifische Ereignisse verursacht werden, Stimmungen dagegen nicht. Wir sind davon überzeugt, daß dies eine zu grobe Vereinfachung darstellt und daß eine präzisere Definition möglich ist, wenn man sich weniger auf die Ursachen als vielmehr auf den *Inhalt* oder die *Richtung* der beiden Zustände konzentriert (s. auch Frijda, 1994; Schwarz & Clore, 1988). In diesem Zusammenhang ist es wichtig, zwischen der *Ursache* einer Emotion und ihrem *Objekt* zu unterscheiden (Kenny, 1963; Wittgenstein, 1953). Obwohl man zum Beispiel in Folge einer wiederholten Provokation wütend werden kann, ist das Objekt dieser Emotion die spezifische Beleidigung, auf die man sich gerade konzentriert. Allgemeiner ausgedrückt: Bei der Verursachung einer Emotion spielen mehrere persönliche und situative Faktoren zusammen, aber Emotionen sind immer auf ein spezifisches, intentionales Objekt *gerichtet* oder konzentriert, das sich mit den Ursachen überschneiden kann, aber selten völlig deckungsgleich damit ist.

Tabelle 1.1 Mögliche Unterscheidungen zwischen Stimmungen und Emotionen

	Stimmung	*Emotion*
Dauer	relativ langfristig	relativ kurzfristig
Zeitmuster	graduelles Einsetzen, kontinuierlich, tonisch	rasches Einsetzen, episodisch, phasisch
Intensität	relativ schwach	relativ stark
Verursachung	nicht durch spezifisches Ereignis ausgelöst	verursacht durch spezifisches Ereignis
Funktion	liefert Informationen über derzeitigen Zustand des Selbst	liefert Informationen über aktuellen Zustand der Situation
Gerichtetheit	ungerichtet	auf konkretes Ziel gerichtet

Nach unserer Auffassung sind Emotionen auf spezifische Objekte gerichtet und nicht notwendigerweise durch spezifische Ereignisse *bedingt* (s. Parkinson, 1995).

Im Gegensatz dazu geht es bei Stimmungen nicht um irgend etwas Bestimmtes. Sie spiegeln eher allgemeine und diffuse Gemütsverfassungen wider. Mit anderen Worten: Stimmungen spiegeln die gute oder schlechte Großwetterlage des Befindens wider, die unsere Reaktionen auf eine Vielzahl von Situationen beeinflußt, während Emotionen eher einen konkreten Inhalt haben. Während Emotionen Wertungszustände sind, die auf ein bestimmtes intentionales Ziel fokussiert sind (zum Beispiel auf etwas, das einen wütend macht), sind Stimmungen unfokussierte Wertungszustände, die sich auf die vielfältigsten Objekte beziehen können (Clark & Isen, 1982). Wenn wir in gereizter Stimmung sind, kann uns zum Beispiel fast alles, was geschieht, als Behinderung oder als Ärgernis erscheinen.

Ein damit verbundener Aspekt ist, daß Emotionen häufig eine bestimmte *Handlungstendenz* umfassen, die auf das Objekt der Emotion ausgerichtet ist (Frijda, 1986). Bei Stimmungen ist die Verbindung zum Handeln dagegen indirekter. So löst eine unruhige Stimmung möglicherweise die allgemeine Neigung zu irgendeiner Form von aktivem Verhalten aus, während eine depressive Stimmung eher dazu führt, daß man eine allgemeine Abneigung gegen jede Form von Aktivität entwickelt, aber die meisten Stimmungslagen lösen keine *spezifischen* Handlungsweisen aus.

Diese grundlegende Differenzierung zwischen Emotion und Stimmung nach ihrer Gerichtetheit erklärt die möglichen deskriptiven Unterschiede, die zwischen den beiden Affekzuständen beobachtet werden. Da Emotionen auf ein spezifisches Objekt gerichtet sind, hängt ihre Dauer für gewöhnlich von der Präsenz dieses aufdringlichen und beunruhigenden Objekts ab: Wenn man das Objekt beseitigt oder sich daran gewöhnt, löst sich die Emotion auf. Deshalb halten Emotionen für gewöhnlich nicht lange an. Ähnlich hängt auch die Gerichtetheit der Emotion damit zusammen, wie groß der Druck ist, sich mit dem Gegenstand auseinanderzusetzen, was normalerweise bedeutet, daß Emotionen als störend und intensiv erlebt werden. Im Gegensatz dazu entwickeln Stimmungen eher ein Eigenleben, sind nicht auf irgendeinen konkreten Aspekt der Lebenssituation gerichtet, sondern ebben auf und ab, je nachdem wie sich die allgemeine persönliche Befindlichkeit im Laufe der Zeit verändert. Eine Zusammenfassung der Unterschiede, die man im Hinblick auf Stimmungen und Emotionen vorgeschlagen wurden, findet sich in Tabelle 1.1.

Gemeinsamkeiten zwischen Emotionen und Stimmungen

Obwohl wir behauptet haben, daß es möglich ist, einige relativ konsequente Unterscheidungen zwischen Emotionen und Stimmungen zu treffen, darf man nicht vergessen, daß es sich um verwandte Konzepte handelt. Beide beziehen sich auf Affektzustände, die als angenehm oder unangenehm empfunden werden, beide spiegeln und beeinflussen die Bewertung von Ereignissen und beide sind von begrenzter Dauer (auch wenn eine Emotion wahrscheinlich nicht so lange anhält wie eine Stimmung). Genauer gesagt: Bestimmte emotionale Zustände weisen häufig viele Gemeinsamkeiten mit den entsprechenden Stimmungen auf. Ein Gefühl von Panik könnte zum Beispiel leicht als intensive Form einer ängstlichen Stimmung aufgefaßt werden, die sich zufällig auf ein bestimmtes Objekt richtet. Tatsächlich kann man einige Wörter, mit denen wir unsere Stimmungen beschreiben, auch zur Beschreibung der entsprechenden Emotionen verwenden, wie zum Beispiel »glücklich«, »traurig«, »deprimiert« usw. Nach dem derzeitigen Stand unserer Analyse erlebt jemand, der glücklich, traurig oder deprimiert *über eine bestimmte Sache* ist, eine Emotion, während sich jemand, der sich ganz allgemein glücklich, traurig oder deprimiert fühlt, ohne daß es einen konkreten Anlaß dafür gäbe, in einer bestimmten Stimmung befindet.

Die Zusammenhänge zwischen Stimmungen und Emotionen spiegeln sowohl ihre empirischen Wechselwirkungen als auch ihre theoretischen Überschneidungen wider. Einige Wissenschaftler sind beispielsweise der Ansicht, daß Stimmungszustände häufig als Folge von emotionalen Erlebnissen auftreten: So ist man vielleicht immer noch generell gut oder schlecht aufgelegt, auch wenn die direkte Ursache, die diese Reaktion ursprünglich auslöste, längst verschwunden ist (Isen, 1984; Ruckmick, 1936). Ähnlich kann auch ein Bündel von wiederholten kleineren emotionalen Erfahrungen zu einer allgemeinen, tagelang anhaltenden Stimmung zusammenfließen, weil man den Eindruck gewinnt, daß einfach alles entweder glatt oder schief läuft (s. Kapitel 3).

Umgekehrt kann offenbar auch das emotionale Erleben durch die Stimmung beeinflußt werden, zum Beispiel wenn eine bestimmte Stimmung es wahrscheinlicher macht, daß eine dazu passende Emotion auftaucht. Reizbarkeit kann sich zum Beispiel leicht in Ärger verwandeln, wenn der letzte Tropfen das Faß zum Überlaufen bringt. Man konnte also auch sagen, daß Stimmungen vorübergehend zum Erleben bestimmter Emotionen prädisponieren.

Schließlich ist noch bemerkenswert, daß Stimmungen und Emotionen einige gemeinsame Elemente aufweisen und bis zu einem gewissen Grad von ähnlichen Prozessen gesteuert werden. Ein Großteil der Emotionspsychologie (s. z. B. Frijda, 1986; Oatley, 1992; Parkinson, 1995) ist in der Tat sehr wichtig für das Verständnis von Stimmungen, und viele der später in diesem Buch erörterten Theorien und Erkenntnisse gelten für beide Phänomene.

Schlußfolgerung

Die Ähnlichkeiten und Unterschiede zwischen Stimmungen und Emotionen lassen sich wie folgt zusammenfassen: Beide sind affektive Zustände, die angenehme und unangenehme Empfindungen umfassen. Emotionen sind auf ein bestimmtes Objekt oder Ereignis gerichtet und umfassen eine Handlungsbereitschaft in bezug auf dieses Objekt oder Ereignis, während Stimmungen einen diffuseren und allgemeineren Charakter aufweisen. In deskriptiven Begriffen sind Stimmungen tendenziell schwächer und länger anhaltend als Emotionen, aber es gibt Ausnahmen von dieser allgemeinen Regel.

Durch die vorangehende Erörterung sind wir jetzt in der Lage, eine vorläufige Definition von Stimmung anzubieten: *Eine Stimmung ist ein ungerichteter, evaluativer Gemütszustand, der eine Person vorübergehend geneigt macht, eine Vielzahl unterschiedlicher Ereignisse auf eine Weise zu deuten und zu handhaben, die in Einklang mit dem affektiven Gehalt dieses Zustandes steht.*

Mit anderen Worten, eine Stimmung ist eine nicht dauerhafte, kognitiv-motivationale Disposition mit evaluativen Merkmalen. Auf einer mehr deskriptiven Ebene läßt sich das Phänomen Stimmung auch folgendermaßen spezifizieren: *Eine Stimmung wird entweder als angenehm oder als unangenehm empfunden, dauert für gewöhnlich länger als einige Sekunden und hat normalerweise keinen klar definierten Anfang, sondern entwickelt sich eher graduell.*

Am Ende dieses Buches sollten wir in der Lage sein, diese Definition um weitere Einzelheiten zu erweitern.

Der Kontext der Stimmungsforschung

Im vorangehenden Teil haben wir erörtert, wie Psychologen den Stimmungsbegriff beschrieben und definiert haben. Jetzt wenden wir uns der Frage zu, wie sie Phänomene erforscht haben, die mit der Stimmung zusammenhängen. Wir wollen einige der vielen möglichen Ansätze der Stimmungsforschung grob umreißen und kurz skizzieren, welche Ansätze wir für die vielversprechendsten halten. Im weiteren Verlauf dieses Buches werden wir uns noch gründlicher und ausführlicher mit Forschungsarbeiten befassen, die aus diesen Traditionen hervorgegangen sind. Im vorliegenden Abschnitt möchten wir lediglich einige Hintergrundinformationen zu diesen Ansätzen liefern.

Eine kleine Geschichte der Stimmungsforschung

Da Stimmungen ein derart bekanntes und allgegenwärtiges Merkmal unserer Alltagserfahrungen sind und offenbar klar erkennbare Auswirkungen auf unser Handeln, Denken und Fühlen haben, könnte man sich vorstellen, daß die Psychologie den Stimmungsphänomenen große Aufmerksamkeit gewidmet hat und daß eine Fülle von relevanten Erkenntnissen zur Verfügung steht. Tatsächlich hat die psychologische Erforschung der Stimmung jedoch erst im Laufe der letzten Jahrzehnte ernsthafte Formen angenommen. In den letzten zehn Jahren hat sich zum Beispiel die Anzahl der Aufsätze verdoppelt, die den Begriff »Stimmung« im Titel tragen und im häufig benutzten Register einer sozialwissenschaftlichen Zeitschrift zitiert werden. Einige frühe Psychologen interessierten sich zwar durchaus für die subjektiven Aspekte von Gefühlen (z. B. Wundt, 1897), aber ihre Schlußfolgerungen wurden von einer späteren, eher objektiv und behavioristisch orientierten Wissenschaftlergeneration angezweifelt und größtenteils verworfen, häufig mit dem Argument, daß es sich bei Stimmungen um ein nicht erkennbares inneres Erleben handelt, das einer angemessenen wissenschaftlichen Untersuchung nicht zugänglich ist (Watson, 1929).

Der kognitive Ansatz in der Psychologie, der sich in den fünfziger Jahren abzuzeichnen begann (Broadbent, 1954; Bruner, Goodnow & Austin, 1956; Miller, 1956; s. Gardner, 1985), legte zwar mehr Gewicht auf mentale Prozesse, die nicht direkt gemessen oder beobachtet werden konnten, beschränkte sich aber größtenteils auf die mehr formalen Strukturen, die das Denken, das Urteilen und das Gedächtnis steuern, und schenkte der Bedeutung des Affekts wenig Beachtung (Miller & Johnson-Laird, 1976).

Daß man das menschliche Gehirn mit einem Computer verglich, erwies sich im allgemeinen als wenig förderlich für die Entwicklung von Stimmungs- und Emotionsmodellen. In jüngerer Zeit haben Kognitionswissenschaftler allerdings versucht, den Affekt in ein allgemeineres System der Informationsverarbeitung miteinzubeziehen (Teasdale & Barnard, 1993; Mandler, 1984), häufig mit der unbeabsichtigten Folge, daß einige der besonders charakteristischen Affektmerkmale aus der Analyse ausgeklammert werden.

Abseits vom Mainstream der experimentellen Psychologie entwickelten natürlich verschiedene Subdisziplinen ihre eigenen Affekterklärungen, aber die Theorien oder Befunde wurden nicht wirklich miteinander verbunden. So gab es dann psychoanalytische Affekttheorien (Jacobsen, 1957), vergleichende Studien des emotionalen Verhaltens bei unterschiedlichen Spezies (Harlow, 1958; Hebb, 1946), Darstellungen der Affektentstehung und Affekterkenntnis in der kognitiven Entwicklung (Flapan, 1968; Jersild & Holmes, 1935), praktische Umsetzungen von Methoden der Stimmungsmessung (Nowlis & Nowlis, 1956) und Studien über die Wirkung des Affekts auf soziale Beziehungen (Schachter, 1959), aber es wurde nicht ernsthaft versucht, die einzelnen Ansätze miteinander zu verknüpfen.

In den letzten Jahren hat die Stimmungs- und Emotionsforschung aus mehreren Gründen eine Renaissance erlebt. Der erste (und vielleicht bedeutsamste) Grund ist die unausweichliche historische Gegenreaktion auf jedes angeblich inklusive Ideensystem. Wenn sich Erkenntnisse innerhalb eines bestimmten Modells oder Paradigmas entwickeln, zeichnen sich allmählich auch die Grenzen dieser Sichtweise immer deutlicher ab, und es kommt zu einer wachsenden Sensibilität für die Phänomene, die außer acht gelassen werden (Kuhn, 1962). Folglich hat ironischerweise gerade die stete Perfektionierung der kognitionspsychologischen Theorie die Aufmerksamkeit auf ihre eigenen Schwächen und »blinden Flecken«, einschließlich des Affektbereichs, gelenkt. Einige Kognitionswissenschaftler haben die Hoffnung aufgegeben, daß sich der ursprüngliche Traum vom Aufbau einer allumfassenden »großen« Theorie der menschlichen Psychologie erfüllen wird, und versuchen jetzt, die Perspektive zu erweitern und neue Phänomene mitaufzunehmen (Neisser, 1976).

Entsprechend reagieren auch Wissenschaftler außerhalb der kognitiven Tradition kritischer auf deren Beschränkungen und speziell auf den Ausschluß von wichtigen Themen wie Stimmung und Emotion (Zajonc, 1980). In gewisser Weise ist das neu erwachte Interesse am Affekt auch ein Ergebnis der wiederholten Pendelbewegung zwischen klassischen und romantischen Ideologien, und es besteht durchaus die Möglichkeit, daß das Pendel eines Tages wieder in die andere Richtung ausschlägt. Doch in Anbetracht der Möglichkeiten und der Erfolge der jüngeren Affektforschung spricht auch vieles dafür, daß das Interesse am Affekt diesmal vielleicht von Dauer ist.

Außerdem haben allgemeinere gesellschaftliche Kräfte einen Kontext geschaffen, der besonders günstig für die Entwicklung der Affektforschung ist. Das Interesse an der persönlichen Entfaltung, das sich in der westlichen Gesellschaft Ende der 60er Jahre zusammen mit einer allgemeinen anti-materialistischen Haltung entwickelte, hat vermutlich zur derzeitigen Betonung der individuellen Erfahrung, einschließlich Stimmungen und Emotionen, beigetragen. So sind zum Beispiel viele Psychologen, die sich heute mit der Stimmungsforschung befassen, als Teil der »Ich«-Generation aufgewachsen (Wolfe, 1983). Ähnlich hat die Selbsthilfe-Branche ganz allgemein dazu ermutigt, das Streben nach Glück nicht nur als ein Grundrecht des einzelnen, sondern auch als interessantes Hobby zu betrachten, das greifbare und direkte Affektbelohnungen bietet (Kaminer, 1993). Die sich ausweitende Beratungsbewegung ist auch aus rein praktischen Gründen darauf angewiesen, daß man anwendbare Erkenntnisse über Gefühle und das subjektive Wohlbefinden sammelt, um den eigenen Fortbestand zu sichern. Auch der wachsende Druck von politischer und institutioneller Seite auf eine Verbesserung der Arbeitsgesundheit und Arbeitszufriedenheit hat die Stimmungsforschung in den letzten Jahren erleichtert.

Obwohl das Thema Affekt mittlerweise psychologisches Interesse auf sich zieht, ist unser Wissen immer noch lückenhaft, und es gibt noch kein übergreifendes System, in dem sich die Forschung bewegen könnte. Wir hoffen, daß dieses Buch einen Beitrag zur Entwicklung von Theorie- und Forschungsansätzen in diesem Bereich leisten wird.

Skizzierung des gegenwärtigen Ansatzes

Es gibt mehrere mögliche Ansätze für eine psychologische Untersuchung des Stimmungsphänomens, von denen nicht alle von direktem Belang für die Themen des vorliegenden Buches sind. Zum Beispiel werden wir in den folgenden Seiten wenig auf die physiologischen Aspekte der Stimmung eingehen. Das mag einige Leser überraschen. Viele Menschen halten es für selbstverständlich, daß es sich bei Gefühlen um körperliche Vorgänge handelt, die nahezu ausschließlich über physiologische Begriffe untersucht und erklärt werden können. Tatsächlich liegen jedoch kaum Beweise dafür vor, daß sich unterschiedliche Stimmungslagen durch charakteristische körperliche Reaktionsmuster auszeichnen (Johnston & Anastasiades, 1990). Obwohl Stimmungen eindeutig mit physiologischen Veränderungen des Anspannungs- und Erregungsgrades und häufig auch mit schwankenden Hormonspiegeln zusammenhängen, halten wir die These, daß diese Faktoren die einzig wichtigen Determinanten der Stimmung sind, für nicht haltbar. Tatsächlich hat es den Anschein, daß physiologische und kognitive Faktoren bei stimmungsbezogenen Phänomenen interagieren und daß die affektive Wirkung der Physiologie häufig davon abhängt, wie die damit verbundenen Veränderungen im Erleben vom einzelnen gedeutet und gehandhabt werden (Schachter, 1964; s. auch Kapitel 3).

So haben zum Beispiel Erwartungen und kulturelle Überzeugungen im Hinblick auf den Menstruationszyklus eindeutig großen Einfluß darauf, wie Frauen diesen Vierwochenzyklus erleben und beschreiben (Dan & Monagle, 1994; Snowden & Christian, 1983). Die Vorstellung, daß Stimmungen von Hormonen abhängen, kann manchmal zur Self-fulfilling prophecy werden, weil eine Person, die damit rechnet, daß sie sich schlecht fühlt, auch zu einer negativ verzerrten Interpretation des Geschehens neigt.

Ähnlich hängen auch die Auswirkungen verschiedener Drogen und Medikamente auf den Affekt sehr stark sowohl vom sozialen Kontext als auch von der kognitiven Deutung der Normen ab, die in der jeweiligen Subgruppe gelten (Becker, 1953). Zudem sollte man Drogen nicht nur unter dem Aspekt betrachten, daß sie reaktive Auswirkungen auf den Geist oder Körper haben, sondern man muß auch berücksichtigen, daß Menschen häufig ganz gezielt zu psychoaktiven Substanzen greifen, weil sie einen erwünschten mentalen Zustand herstellen oder ungewollte Gefühle abschwächen wollen (Cooper, Frone, Russell & Mudar, 1995). Eine herkömmliche physiologische Analyse ist prinzipiell nicht in der Lage, diese Art von aktiver Kontrolle und Stimmungsregulation, die ein zentrales Thema unseres Ansatzes und der folgenden Kapitel bildet, umfassend zu erklären. Kurz, obwohl die Physiologie zweifellos eine große Rolle im Affekterleben spielt, muß man ihre Wirkung im Kontext eines umfassenderen psychologischen Systems betrachten, wenn man ein vollständiges Bild vom Stimmungsgeschehen erhalten will.

Wir verwenden in diesem Buch auch relativ wenig Aufmerksamkeit auf die im Gehirn ablaufenden Mechanismen und ihre Bedeutung für die Stimmung. Auch hier gilt, daß es zweifellos aus vielerlei Gründen wichtig ist, besser zu verstehen, wie das zentrale Nervensystem zu Stimmungsprozessen beiträgt, aber wir sind überzeugt, daß dieses Verständnis seinerseits wiederum von einer präziseren und fundierteren psychologischen Beschreibung und Erklärung der relevanten Effekte abhängt. Solange wir nicht verstehen, wie Stimmungen auf der psychologischen und erfahrungsbezogenen Ebene wirken, ist es schwierig, diese Funktionen auf entsprechende Hirnfunktionen zu übertragen. Es besteht die Gefahr, daß wir auf den ersten Blick einleuchtende Vorurteile verfestigen, wenn wir neuronale Strukturen postulieren, die angeblich bestimmten affektiven Mechanismen zugrunde liegen, bevor wir uns über das Wesen der zu erklärenden Phänomene wirklich sicher sind.

Anstatt uns auf die physiologischen Aspekte von Stimmungen und Emotionen zu konzentrieren, stützen wir uns in diesem Buch hauptsächlich auf die Persönlichkeitstheorie, kognitive Psychologie, Sozialpsychologie, Gesundheitspsychologie und Klinische Psychologie. Im nächsten Abschnitt werden wir die spezifischen Themen, mit denen wir uns befassen, ausführlicher beschreiben, aber zunächst noch einige Worte zu unserem allgemeinen Ansatz. Wir interessieren uns dafür, wie sich Stimmungen in der Erfahrung darstellen und wie sie in einem umfassenderen sozialen Kontext die Kognition beeinflussen und von ihr beeinflußt werden. Außerdem sind wir überzeugt, daß diese Perspektive die Möglichkeit eröffnet, praktische Probleme in Angriff zu nehmen, die mit klinischen Stimmungszuständen zusammenhängen (s. Kapitel 7).

Nach unserer Auffassung spiegeln und beeinflussen Stimmungen nicht nur, wie wir die Welt erleben, sondern werden vom Individuum, das affektive Reaktionen durchläuft, auch in diesem Sinne bewußt wahrgenommen. Der Mensch erlebt seine Stimmungen nicht nur, sondern ist sich auch häufig über dieses Erleben im klaren, und diese letztere Tatsache erlaubt ihm ein gewisses Maß an Antizipation und Kontrolle im Hinblick auf den Affekt. Wir wollen in diesem Buch besondere Aufmerksamkeit darauf lenken, wie sich Stimmungen im Laufe der Zeit verändern und wie Menschen versuchen, diese Veränderungen zu gestalten und zu beeinflussen. Wenn man beispielsweise weiß, daß man am frühen Nachmittag in Lethargie verfällt, wenn man sich ein opulentes Mittagessen gönnt, kann man seine Arbeit so planen, daß die wichtigsten Aufgaben nicht gerade in diese Phase fallen, oder sich beim Essen etwas zurückzuhalten, um diese Auswirkungen abzumildern. Wir interessieren uns für die Prozesse, die dazu führen, daß sich Stimmungen von einer Sekunde zur nächsten, von einer Stunde zur nächsten oder von einem Tag zum nächsten verändern, sowie für die Prozesse, mit denen der einzelne versucht, diese Veränderungen und ihre erwarteten Auswirkungen gezielt zu steuern.

Eine neu entwickelte Methode in der Stimmungsforschung hat einigen der hier angesprochenen Erkenntnisfragen einen zusätzlichen Impetus gegeben. In früheren Studien neigte man dazu, Stimmungen einfach als abhängige oder unabhängige Variable in einer Versuchsanordnung zu behandeln, die dem Vorher-Nachher-Prinzip entsprach. So hat man zum Beispiel Faktoren, die Stimmungen beeinflussen (s. Kapitel 3), und Faktoren, die von der Stimmung beeinflußt werden (s. Kapitel 4), getrennt voneinander untersucht, und wenig Mühe darauf verwendet, die Ergebnisse der beiden Paradigmen zusammenzufügen. Dieser eingeschränkten methodischen Konzentration auf Input-Output-Beziehungen hielt Epstein (1983) entgegen, daß zahlreiche wichtige psychologische Phänomene von fortlaufenden zeitlichen Prozessen abhängen und daher kontinuierlich verfolgt oder wiederholt gemessen werden müssen, wenn man sie präzise erfassen will. Der prozessuale Ansatz (Larsen, 1989) ist für die Erforschung von Stimmungen besonders geeignet, weil es sich dabei, wie wir ausgeführt haben, um ein Phänomen handelt, das sich im Laufe der Zeit verändert und in ständiger Interaktion mit anderen dynamischen Aspekten der psychischen Funktion steht. Wir stützen uns in diesem Buch auf diesen zeitorientierten Ansatz und werden seine praktischen und theoretischen Implikationen später noch ausführlich beschreiben.

Aufbau des Buches

Wir stellen in diesem Buch einen Ansatz vor, der die dynamischen Wechselbeziehungen der Stimmung mit anderen Aspekten der psychologischen Funktion berücksichtigt, ihre Zeitabhängigkeit betont und besondere Aufmerksamkeit auf die verschiedenen Arten von Regulationsprozessen richtet, die das Ausmaß, die Qualität und die Veränderlichkeit von Stimmungen beeinflussen. Zunächst geben wir einen Überblick über mehr konventionelle Forschungsarbeiten, die das Wesen momentaner Stimmungserlebnisse untersuchen und sich mit den Ursachen und Folgen von Stimmungen befassen. Im Anschluß an diese Erörterung erweitern wir die Analyse, indem wir das Stimmungsphänomen als einen Prozeß betrachten, der sich im Laufe der Zeit entwickelt, und nicht als Input oder Output von anderen zeitlich begrenzten Prozessen. Wir betrachten die Stimmung nicht als ein Phänomen mit festgelegten und erkennbaren Ursachen und

Wirkungen, sondern untersuchen die fortgesetzte Interaktion von Stimmungen mit anderen Prozessen. Wir betonen insbesondere die Regulationsprozesse, die den in Echtzeit erfolgenden Stimmungsschwankungen zugrunde liegen und sie steuern. Wir wenden diesen Ansatz speziell auf klinische Affektstörungen an, die nach dieser Auffassung teilweise auf Regulationsfehler zurückzuführen sind. Schließlich versuchen wir, die einzelnen Fäden unserer Argumentationen zusammenzuknüpfen und einige künftige Richtungen der Stimmungsforschung aufzuzeigen.

Folgende Themen werden in den einzelnen Kapiteln behandelt:

In *Kapitel 2* erörtern wir Theorien und Untersuchungen über die Zusammenhänge und Unterschiede zwischen unterschiedlichen Stimmungslagen und über die Dimensionen, die der Vielzahl von affektiven Erfahrungen zugrunde liegen. Nach allgemeiner Auffassung unterscheiden sich Stimmungen nach dem Grad, in dem sie als angenehm oder unangenehm empfunden werden, und nach dem Ausmaß der damit verbundenen Aktivierung oder Erregung. Wenn man von diesen unabhängigen Kontinua ausgeht, kann man folglich eine zweidimensionale Karte für das Stimmungserleben entwerfen. Obwohl zweifellos weitere Dimensionen affektiver Bedeutung möglich sind, liegen kaum einheitliche Nachweise dafür vor und ihr Wesen ist umstritten. In Kapitel 2 bewerten wir die Schlußfolgerungen, die man aus der Untersuchung dieser strukturellen Stimmungsmodelle gezogen hat, und untersuchen, welche Folgen diese Forschung für selbstberichtete Stimmungsmessungen und für eine allgemeine Affekttheorie hat.

Kapitel 3 befaßt sich mit der Frage, welche Faktoren die Stimmung beeinflussen. Die relevanten Variablen lassen sich in drei Gruppen einteilen: *äußere Ereignisse, persönliche Dispositionen* (vorübergehend oder dauerhaft) und *transaktionale Begegnungen.* Kurz: Stimmungen hängen davon ab, was in der Welt geschieht, was in den Köpfen (und Körpern) der Menschen vor sich geht, und von dem Zusammenspiel dieser beiden Faktorengruppen. Die Erforschung äußerer Einflüsse auf die Stimmung hat sich hauptsächlich damit befaßt, wie sich einschneidende Lebensereignisse (*major life events*) und Alltagsärgernisse auf das Wohlbefinden auswirken. Wir werden in diesem Kapitel einen Überblick über diese Forschungsrichtung geben und die Rolle von sogenannten streßbezogenen Phänomenen erörtern. Außerdem erweitern wir den von Lazarus (Lazarus, 1991) entwickelten Ansatz, demzufolge der Affekt eine Reaktion darauf ist, wie die Person situative Ereignisse wahrnimmt und bewertet. Schließlich betrachten wir die Persönlichkeit und emotionale Variablen, die den einzelnen möglicherweise für das Erleben bestimmter Stimmungen oder Stimmungslagen prädisponieren. Nach unserer Auffassung ist es unrealistisch, Stimmungen einfach als eine Reaktion auf bestimmte Reize aufzufassen, die über eine inhärente Affektkraft verfügen. Wir sind vielmehr der Ansicht, daß man vor allem auf die zeitliche Koordination von affektiven, persönlichen und zwischenmenschlichen Variablen achten sollte. Dieses dynamisch-orientierte Stimmungsverständnis werden wir in späteren Kapiteln ausführlicher erläutern.

Nachdem wir die Voraussetzungen und Ursachen von Stimmungen erörtert haben, wenden wir uns in *Kapitel 4* den Auswirkungen von Stimmungen zu. Ein Großteil der relevanten Forschung befaßt sich mit den gegensätzlichen Einflüssen von angenehmen und unangenehmen Stimmungen auf das Denken und Verhalten. Wer positiv gestimmt ist, zeigt zum Beispiel häufig eine erhöhte Bereitschaft, anderen zu helfen, läßt sich leichter überreden, nimmt das Leben eher von der heiteren Seite und erinnert sich an mehr positive als negative Ereignisse. Diese stimmungskongruenten Auswirkungen kann man aufgrund von Alltagserfahrungen intuitiv vorhersagen, aber die psychologische Forschung hat gezeigt, daß diese erwarteten Effekte mitunter ausbleiben und sich manchmal sogar umkehren. Man hat festgestellt, daß die Auswirkungen unangenehmer Stimmungen im allgemeinen weniger einheitlich sind als die von angenehmen Stimmungen. In diesem Kapitel versuchen wir darzulegen, daß die variablen Auswirkungen bestimmter Stimmungen auf grundlegende Prozesse und auf die Wirkung von Regulationsversuchen zurückzuführen sind. Einer der Gründe, warum unangenehme Stimmungen nicht immer zu negativen Wahrnehmungen und Deutungen führen, ist, daß Menschen gezielt versuchen, positiv an das Leben heranzugehen, um ihre negativen Empfindungen zu bekämpfen.

In *Kapitel 5* richten wir unsere Aufmerksamkeit direkter auf eines der zentralen Themen dieses Buches und erörtern, wie sich Stimmungen im Laufe der Zeit verändern und entwickeln. Wir betrachten die Stimmung nicht ausschließlich als Ursache oder als Wirkung in einer Ereignisreihe; aus unserer Sicht entwickeln sich Stimmungen vielmehr im Laufe der Zeit als Funktion verschiedener dynamischer Prozesse. In diesem Kapitel geben wir einen Überblick über Nachweise für verschiedene, im Alltag beobachtete Muster und Rhythmen des Stimmungswechsels und untersuchen die kulturellen und biologischen Prozesse, die diese zeitlichen Variationen möglicherweise steuern und beeinflussen. So gehen wir zum Beispiel der Frage nach, wie Stimmungsschwankungen, die im Laufe der Zeit auftreten, mit rhythmischen physiologischen Veränderungen wie dem Menstruationszyklus oder zirkadianen Veränderungen in der automatischen Aktivierung zusammenhängen und wie diese Prozesse mit der Zeitstruktur des soziokulturellen Umfeldes interagieren.

In *Kapitel 6* erweitern wir die in Kapitel 5 entwickelte dynamische Sichtweise, indem wir Stimmungen als sich entfaltende Ereignisse betrachten, die von dem einzelnen, der diese Zustände erlebt, in jeder Stufe ihrer Entwicklung beeinflußt werden können. In diesem Kapitel geben wir einen Einblick in die theoretischen und praktischen Erkenntnisse über verschiedene mögliche Formen der Affektregulation. Die traditionelle Psychologie neigt bei Affektphänomenen zu der Auffassung, daß Menschen passive Opfer oder Nutznießer dieser Zustände sind. Im Gegensatz dazu sind wir überzeugt, daß Personen, die sich in bestimmten Stimmungen befinden oder mit bestimmten Stimmungen rechnen, aktiv auf diese Zustände einwirken. So finden sich beispielsweise nicht alle Menschen resignierend damit ab, wenn sie schlechter Stimmung sind. Viele Leute setzen vielmehr überlegte Techniken ein, die speziell darauf angelegt sind, diese unangenehmen Empfindungen abzuschwächen: Sie gönnen sich selbst etwas Schönes oder lenken sich von ihren Problemen ab. Wir erörtern jüngere Forschungsarbeiten über die unterschiedlichen Strategien, die Menschen anwenden, um mit Stimmungen und damit verbundenen Ereignissen umzugehen, und betrachten die relative Wirksamkeit solcher Techniken bei unterschiedlichen Personengruppen.

In *Kapitel 7* befassen wir uns mit der klinischen Seite des Stimmungsphänomens und wenden den Ansatz der dynamischen Stimmungsregulation auf Personen an, die unter Affektstörungen wie Depressionen und Angstzuständen leiden. In diesem Zusammenhang beschreiben wir psychodynamische und kognitiv-verhaltensorientierte Theorien und Behandlungsansätze. Aus unserer Sicht hängt die Entstehung und Aufrechterhaltung einiger Affektstörungen häufig damit zusammen, daß es dem einzelnen nicht gelingt, angemessene affektregulierende Strategien anzuwenden, oder daß er fortgesetzt zu unwirksamen Bewältigungsmethoden greift. Demgemäß hängt eine erfolgreiche psychotherapeutische Behandlung von Affektstörungen im allgemeinen davon ab, ob der Patient bessere Methoden erlernt, damit er mit der jeweiligen Situation und den damit einhergehenden Empfindungen umgehen kann. Patienten mit bestimmten Phobien geben sich zum Beispiel häufig große Mühe, den Gegenstand ihrer Angst zu vermeiden und seine unangenehmen Affektauswirkungen abzuwenden. Doch diese Vermeidung hält sie davon ab, jemals zu erfahren, ob sie in der Lage sind, sich mit dem Gegenstand ihrer Angst auseinanderzusetzen. Die Behandlung solcher Störungen ist deshalb darauf ausgerichtet, den Patienten unter kontrollierten Bedingungen mit dem Objekt seiner Angst zu konfrontieren und ihm dabei Hilfsmittel an die Hand zu geben, die der Bewältigung des erlebten Affekts dienen. Wir erläutern in diesem Kapitel unseren regulationsorientierten Erklärungsansatz und erörtern seine mögliche Bedeutung für die Theorie und Therapie von Affektstörungen.

In *Kapitel 8* fassen wir die Schlußfolgerungen des Buches zusammen und beschreiben, welche künftigen Wege eine Forschung beschreiten könnte, die dem dynamisch-regulationsorientierten Ansatz folgt. Wir betrachten die in den ersten Kapiteln vorgestellten Theorien und Forschungsarbeiten im Licht der Schlußfolgerungen, die wir in späteren Kapiteln über Regulation und Veränderlichkeit sowie über die Tragfähigkeit eines prozessualen Stimmungsansatzes gezogen haben. Unsere allgemeine Empfehlung lautet, daß man die Stimmung in ihrem dynamischen Alltagskontext zum zentralen Forschungsgegenstand machen und besondere Aufmerksamkeit auf die interagierenden Kontrollprozesse legen sollte, die Echtzeit-Stimmungsschwankungen zugrunde liegen. In Kapitel 8 skizzieren wir ein vorläufiges Modell der Stimmungsregulation, das die Anforderungen eines solchen Ansatzes berücksichtigt, und betrachten einige theoretische und praktische Implikationen dieses Modells. Wir schließen unsere Ausführungen mit einer überarbeiteten Stimmungsdefinition, die der zeitabhängigen Veränderung und Regulation ausdrücklich Rechnung trägt.

Zusammenfassung

Stimmungen stellen einen wichtigen Bereich unseres Lebens dar, der bis vor relativer kurzer Zeit von der Psychologie vernachlässigt wurde. Wenn man von der Alltagssprache ausgeht, kann man das Phänomen zunächst als einen zeitlich veränderlichen mentalen Zustand definieren, der eine Bewertung umfaßt und nicht auf ein spezifisches Objekt oder Ereignis gerichtet ist. In unterschiedlichen Situationen und bei unterschiedlichen Menschen können Stimmungen angenehm oder unangenehm und mehr oder weniger intensiv sein. Die psychologische Stimmungsforschung hat mehrere unterschiedliche Wege beschritten, aber in diesem Buch legen wir besonderes Gewicht darauf, wie sich Stimmungen im Laufe der Zeit verändern und wie Menschen versuchen, ihre eigenen Stimmungen zu steuern. In den folgenden Kapiteln geben wir einen Überblick über vorliegende psychologische Forschungsarbeiten, die sich auf diese Fragen beziehen, und entwickeln unser eigenes Modell der Stimmung und der Stimmungsveränderung.

2

Die Abbildung der Affektstruktur

Im vorigen Kapitel haben wir eine allgemeine Einführung in die Begriffe Stimmung und Affekt gegeben. Jetzt wollen wir auf die Vielzahl spezifischer Stimmungslagen eingehen, die möglich sind. Wir setzen uns insbesondere mit Forschungsarbeiten auseinander, in denen versucht wurde, den psychologischen Bereich des Affekts kartographisch zu erfassen. Zu diesem Zweck haben Wissenschaftler entweder erkundet, wie sich Stimmungs- oder Emotionswörter in ihrer Bedeutung ähneln oder unterscheiden, oder sie haben untersucht, welche Arten von affektiven Empfindungen in der Alltagserfahrung häufig Hand in Hand gehen. Auf der Grundlage dieser Forschung ist heute allgemein anerkannt, daß man Unterschiede in Gefühlszuständen valide auf ihre entsprechenden Werte auf zwei grundlegenden Bedeutungsdimensionen reduzieren kann; dabei handelt es sich nach allgemeiner Anschauung um die Dimension der Lust-Unlust (Bewertung) und die Dimension der Aktivierung (Erregung). Mit anderen Worten: Stimmungen können mehr oder weniger angenehm oder unangenehm sein und zeichnen sich durch variierende Erregungs- oder Aktivitätsgrade aus. In diesem Kapitel erörtern wir die Nachweise für diese und alternative Dimensionen und lenken die Aufmerksamkeit auf einige der möglichen Einschränkungen eines Stimmungsverständnisses, das ausschließlich über die Werte auf abstrakten Kontinua gewonnen wird.

Einführung

Wie viele unterschiedliche Arten von Stimmungen sind möglich und in welcher Beziehung stehen sie zueinander? Das sind einige der ersten Fragen, über die man nachdenken muß, wenn man ein stimmungspsychologisches Modell entwickeln will. Die Antworten sind aus mehreren Gründen wichtig. Erstens: Wenn man weiß, welche spezifischen psychologischen Phänomene in die Kategorie Stimmung fallen, wird die Bedeutung des allgemeinen Begriffs, wie er in Kapitel 1 erörtert wurde, verständlicher. Zweitens: Die Zusammenhänge und Unterschiede zwischen verschiedenen Affektzuständen erleichtern ein Verständnis der Prozesse, die der Entstehung und Wirkungsweise von Stimmungen zugrunde liegen. Wenn zum Beispiel die Bewertung ein Grundelement aller Stimmungen ist, dann sind Wertungsprozesse sehr wahrscheinlich an einer großen Bandbreite von Stimmungsprozessen beteiligt. Drittens: Wenn Stimmungen eine bestimmte Grundstruktur aufweisen und man diese Struktur ermittelt, kann man voraussagen, welche Arten von Stimmungen wahrscheinlich ähnliche Ursachen und Funktionen haben. Wenn Unterkategorien von Stimmungen miteinander zusammenhängen, ist es nicht mehr notwendig, sie als völlig getrennte und voneinander unabhängige Zustände zu untersuchen.

Wenn beispielsweise Depression und Traurigkeit ähnliche Zustände sind, kann man davon ausgehen, daß sie in ähnlichen Situationen erlebt werden und ähnliche Auswirkungen auf Denken, Handeln und Fühlen haben. Viertens und letztens hat jede Struktur, die in der Stimmungskategorie aufgedeckt wird, Auswirkungen auf die Methoden der Stimmungsmessung. Anders ausgedrückt: Mit Hilfe eines Strukturmodells können Wissenschaftler bestimmen, welche Aspekte der Erfahrung berücksichtigt werden müssen, wenn man eine valide und präzise Repräsentation der Gefühlsqualität entwickeln will. Wenn sich Stimmungslagen zum Beispiel hauptsächlich darin unterscheiden, als wie angenehm oder unangenehm sie empfunden werden, dann sollten sich Wissenschaftler auf die Messung von Lust-Unlust-Werten konzentrieren, wenn sie versuchen, menschliche Stimmungen zu beschreiben, ob im Labor oder in realen Lebenssituationen.

Man hat eine Vielzahl von Techniken angewendet, um die Gefühlsstruktur zu entschlüsseln; dazu gehören u. a. die Methode der Selbstbeobachtung (Introspektion), Untersuchungen des Gesichtsausdrucks, direkte Vergleiche der Wortbedeutungen von Affektbegriffen sowie Stichprobenerhebungen über Alltagserfahrungen. Jede dieser Methoden hat ihre Vor- und Nachteile, aber die allgemeinen Übereinstimmungen in den Befunden deuten darauf hin, daß die Ergebnisse etwas Grundsätzlicheres widerspiegeln als die Spezifika der bei den jeweiligen Verfahren gezogenen Vergleiche oder Schlußfolgerungen. So haben beispielsweise nahezu alle jemals durchgeführten Studien über die Bedeutung des Affekts die Unterscheidung zwischen angenehmen und unangenehmen oder guten und schlechten Stimmungen bestätigt; das heißt, daß sich Stimmungslagen eindeutig und konsequent durch Merkmale unterscheiden, die mit der Bewertung zusammenhängen. Die evaluative Bedeutung der Stimmung wurde auch in unserer in Kapitel 1 gegebenen Definition des Phänomens hervorgehoben.

Es herrscht auch ein gewisser Konsens darüber, daß sich Stimmungen durch unterschiedliche Grade der Aktivierung oder Erregung auszeichnen, was darauf hindeutet, daß es sich um mehr oder weniger starke Reizbarkeitszustände handelt, die mit der Zunahme oder Abnahme von diversen Verhaltensaktivitäten verbunden sein können (und mit allgemeinen physiologischen Reaktionsgraden). Diese zweite gemeinsame Dimension steht in gewissem Zusammenhang mit unserer in Kapitel 1 aufgestellten These, daß Stimmungen mit der unterschiedlich stark ausgeprägten Neigung oder Abneigung gegenüber bestimmten Aktions- und Reaktionsweisen einhergehen. Die Aktivierungsdimension sagt natürlich noch nichts über den spezifischen *Charakter* des Verhaltens aus, das durch Stimmungen gefördert oder gehemmt wird.

Abgesehen von den beiden grundlegenden Dimensionen der Lust-Unlust und der Aktivierung scheiden sich allerdings die Geister, wenn es darum geht, wie die Unterschiede zwischen einzelnen Stimmungslagen charakterisiert werden sollten und ob weitere Unterscheidungen notwendig oder überhaupt möglich sind. Wir werden in diesem Kapitel erörtern, welche Nachweise für zweidimensionale Modelle der Stimmungsstruktur vorliegen, welche weiteren Bedeutungsdimensionen relevant sein könnten und die allgemeine Validität eines einfachen dimensionalen Ansatzes beim Affekterleben bewerten.

Stimmungen sind zwar das Hauptthema dieses Buches, aber die meisten strukturellen Modelle des Stimmungserlebens befassen sich mit dem Gefühl im allgemeinen und gelten gleichermaßen für Emotionen und Stimmungen. Das liegt unter anderen daran, daß viele Begriffe, die zur Beschreibung von Stimmungen benutzt werden, wie »glücklich«, »wütend« oder »traurig«, auch auf Emotionen anwendbar sind. Ähnlich weisen auch die mimischen Ausdrücke und andere erkennbare Auswirkungen von Stimmungen und Emotionen viele Gemeinsamkeiten auf. Das heißt, daß es recht schwierig ist, ein spezifisches Stimmungsmodell zu entwerfen und es vom allgemeinen Gefühlsleben abzugrenzen. Folglich unterscheiden viele der unten vorgestellten Untersuchungen nicht ausdrücklich zwischen Stimmung und Emotion, sondern zielen eher auf ein strukturelles Allzweckmodell für den Affekt. Wir befassen uns im folgenden Abschnitt in erster Linie mit der Frage, was diese Untersuchungen für die Stimmungsforschung bedeuten, aber man sollte nicht vergessen, daß häufig auch allgemeinere Schlußfolgerungen impliziert sein können.

Gefühlsdimensionen

In diesem Abschnitt werden wir einige psychologische Studien besprechen, in denen man der Frage nachgegangen ist, welche elementaren Dimensionen den wichtigsten Unterschieden zwischen Affektzuständen zugrunde liegen. Diese Forschungstradition blickt auf eine lange Geschichte zurück und hat eine Vielzahl von Methoden hervorgebracht: So hat man unter anderem das bewußte Erleben durch Introspektion untersucht, Gesichtsausdrücke verglichen, Wortbedeutungen psychometrisch erforscht und nach Übereinstimmungen in Selbstbeurteilungen des Affekts gesucht. Für diese Methoden, die wir im folgenden nacheinander vorstellen werden, spricht, daß sie trotz ihrer Unterschiede häufig zu ähnlichen Ergebnissen geführt haben. Strittig ist, wie die allgemein akzeptierten Dimensionen zu deuten sind und welche Zusammenhänge zwischen ihnen bestehen. Diese Fragen werden wir im folgenden Abschnitt dieses Kapitels aufgreifen.

Introspektive Analyse des Affekts

Einer der ersten psychologischen Berichte über die dimensionale Affektstruktur wurde von Wundt (1897) vorgelegt; er stützte sein Modell auf Selbstbeobachtungen über die Gefühle, die mit einfachen Wahrnehmungserfahrungen einhergingen, zum Beispiel beim Anhören der von einem Metronom erzeugten Rhythmen. Auf der Basis wiederholter Beobachtungen stellte Wundt die These auf, daß regelmäßige rhythmische Muster angenehmere Gefühle hervorriefen als unregelmäßige Rhythmen (und daß am Ende einer Reihe von Klicks das Gefühl eines befriedigenden Abschlusses auftrat); daraus zog er den Schluß, daß Gefühle entlang einer *Lust-Unlust*-Dimension variieren konnten. Außerdem stellte er fest, daß die Erwartung des nächsten Tickens in den dazwischenliegenden Pausen ein wahrnehmbares Gefühl der Anspannung auslöste, dem ein Gefühl der Erleichterung folgte, sobald das Ticken einsetzte. Diese subjektive Unterscheidung führte zur Postulierung der Gefühlsdimension *Spannung-Lösung*. Schließlich beobachtete Wundt auch, daß schnellere Rhythmen eher eine gewisse Aufregung auslösten, während langsamere Rhythmen eine beruhigende Wirkung hatten, was zur dritten Affektdimension (*Erregung-Beruhigung*) führte. Nach Wundt kann man mit diesem dreidimensionalen Bezugssystem alle bewußten Gefühlsunterscheidungen erfassen und alle Affekterlebnisse vollständig darüber definieren, wo sie entlang dieser drei Kontinua angesiedelt sind.

Wundts Perspektive ist eingeschränkt, weil sich sein Modell ausschließlich mit den erfahrungsbezogenen Affektelementen befaßt und nicht auf die kognitiven Ausrichtungen und Verhaltensorientierungen eingeht, die, wie im vorigen Kapitel ausgeführt, bei Stimmungszuständen ebenfalls eine Rolle spielen. Trotz dieser Einschränkungen haben spätere Untersuchungen, bei denen ganz andere Techniken angewendet wurden, zu Ergebnissen geführt, die im großen und ganzen mit Wundts frühen Schlußfolgerungen über die dimensionale Affektstruktur übereinstimmen.

Studien des Gesichtsausdrucks

Schlosberg (1952) entwickelte eine genauere und quantitative Methode für eine Abbildung der dimensionalen Affektstruktur. Aus Daten über die Häufigkeit, mit der Menschen ein Gefühl mit einem verwandten Gefühl verwechselten, schloß er auf Ähnlichkeiten zwischen bestimmten Affektzuständen. Mit anderen Worten, Schlosberg argumentierte, daß es bei Stimmungen und Emotionen, die häufig miteinander verwechselt werden, auch wahrscheinlicher ist, daß sie eine ähnliche Bedeutung haben. Er bat Versuchspersonen, Photographien von emotionalen Gesichtsausdrücken in sechs Affektkategorien einzuordnen, die bezeichnet waren als: Glück/Liebe; Überraschung; Furcht/Leiden; Ärger/Entschlossenheit; Abscheu und Verachtung. Während einige Bilder konsequent bestimmten Kategorien zugewiesen wurden, waren sich die Teilnehmer bei anderen unschlüssig über die angemessene Bezeichnung. Schlosberg stellte fest, daß diese Klassifikations-»Fehler« systematisch auftraten und daß bei bestimmten Affektkategorien die Wahrscheinlichkeit höher war, daß sie miteinander verwechselt wurden. Ein Gesichtsausdruck, der üblicherweise als Ärger klassifiziert wurde, wurde mitunter auch als Abscheu oder Furcht bezeichnet, aber so gut wie nie in die Kategorie Glück eingeordnet. Dieser Befund legt nahe, daß einige mimische Affektausdrücke (z. B. Ärger und Abscheu) für ähnlicher gehalten werden als andere (z. B. Ärger und Glück).

Indem Schlosberg die relative Häufigkeit der Kategorisierungsfehler untersuchte, konnte er die Beziehungen zwischen den unterschiedlichen Emotionenskategorien graphisch darstellen. Er stellte fest, daß der Begriffsraum am präzisesten durch eine annähernd kreisförmige Anordung wiedergegeben werden konnte (s. Abb. 2.1). Nach dieser Abbildung kann man alle potentiellen Unterschiede zwischen Gesichtsausdrücken mit Hilfe von zwei affektiven Bedeutungsdimensionen erklären. Schlosberg bezeichnete diese beiden Dimensionen als angenehm-unangenehm und Zuwendung-Abweisung. Kurz: Er kam zu dem Schluß, daß sich Gesichtsausdrücke danach unterschieden, ob sie als angenehm beurteilt wurden (wobei Liebe, Heiterkeit und Glück als äußerst angenehm und Ärger als äußerst unangenehm galten) und ob sie als entgegenkommend oder abweisend eingestuft wurden (wobei Überraschung als Ausdruck größter Zuwendung und Abscheu und Verachtung als Zeichen größter Abweisung galten). In einer Folgestudie schlug Schlosberg (1954) vor, daß man die Darstellung um die dritte Dimension *Schlaf-Anspannung* erweitern sollte. Das daraus resultierende Strukturmodell weist einige deutliche Gemeinsamkeiten mit Wundts früheren Vorschlägen für eine dreidimensionale Affekttheorie auf.

Abelson und Sermat (1962) baten Probanden, die Ähnlichkeiten von paarweise präsentierten Gesichtsausdrücken direkt zu bewerten, und verwendeten dabei das statistische Verfahren der multidimensionalen Skalierung, um die Struktur, die diesen Beurteilungen zugrunde lag, zu ermitteln. Auch hier fanden die Wissenschaftler wiederum Bestätigung für die Dimension angenehm-unangenehm ebenso wie für eine zweite Dimension, die sich auf eine Mischung aus Schlaf-Anspannung und Zuwendung-Abweisung bezog. Andere Untersuchungen von Gemeinsamkeiten und Unterschieden zwischen mimischen ebenso wie zwischen sprachlichen Ausdrücken (Dittman, 1972) haben die Dimension angenehm-unangenehm ebenfalls konsequent bestätigt, zusätzlich zu einer oder mehreren weiteren Dimensionen, von denen eine für gewöhnlich mit der Aktivierung zusammenhing (Gladstone, 1962; für einen Überblick s. Russell, 1978).

Abbildung 2.1 Von Schlosberg (1952) vorgeschlagene kreisförmige Anordnung von Affektausdrücken

Problematisch bei der Interpretation dieser Befunde über mimische Affektausdrücke ist, daß man nicht sicher sein kann, ob die Versuchspersonen ihre Urteile über Ähnlichkeiten und Klassifikationen ausschließlich auf der Grundlage des ausgedrückten Gefühlszustandes im Gegensatz zu den visuellen Merkmalen des Ausdrucks fällen. So ist es zum Beispiel denkbar, daß ein Lächeln und ein Ausdruck der Überraschung sehr ähnlich aussehen, die entsprechenden Affektzustände aber völlig unterschiedlich sind. Russell und Bullock (1985) griffen dieses Problem auf, indem sie Probanden baten, Fotos von Gesichtsausdrücken speziell nach den Gefühlen zu ordnen, die dadurch vermittelt wurden. Das Klassifikationsmuster konnte auch hier mittels der beiden Dimensionen Lust-Unlust und Aktivierung erklärt werden, was darauf hindeutet, daß die assoziierten Unterschiede eher von der *Bedeutung* des Ausdrucks abhängen als von seinen visuellen Merkmalen. Da es sich bei den Teilnehmern dieser Studie zudem um Vorschulkinder handelte, ist es unwahrscheinlich, daß die Dimensionen auf komplexen verbalen Repräsentationen von unterschiedlichen Gefühlszuständen beruhten und nicht auf den Erfahrungen als solchen.

Untersuchungen der Gemeinsamkeiten und Unterschiede zwischen Gesichtsausdrücken sind zwar zweifellos relevant für die Affektstruktur, unterliegen jedoch gewissen Einschränkungen. So wäre beispielsweise jeder Gefühlszustand, der nicht mit irgendeiner charakteristischen Mimik einhergeht, von dem Strukturmodell, das aus diesem Verfahren abgeleitet wird, von vornherein ausgeschlossen. Einige Wissenschaftler (Ekman, 1994) haben die Auffassung vertreten, daß Stimmungen im allgemeinen nicht mit bestimmten Gesichtsausdrücken verbunden sind, was bedeuten könnte, daß Strukturen, die aus diesen Verfahren abgeleitet werden, nur für Emotionen und nicht für Stimmungen gelten. Ein damit verwandtes Problem ist, daß einige mentale Zustände, die sich im Gesicht widerspiegeln, wie Schläfrigkeit, keine besonders guten Beispiele für Affektzustände sind (Izard, 1972); das heißt, daß die dimensionale Struktur unter Umständen nicht einmal für Emotionen charakteristisch ist. Die Schlußfolgerungen dieser Forschungen müssen zweifellos noch durch andere Arten von Nachweisen untermauert werden.

Studien über Wortbedeutungen

Im vorigen Kapitel haben wir untersucht, wie Unterschiede zwischen bestimmten Stimmungen in der Alltagssprache formuliert werden. Einige Wörter, mit denen Stimmungen beschrieben werden, scheinen zum Beispiel für völlig gegensätzliche Bedeutungen zu stehen (z. B. Glück und Traurigkeit, Aufregung und Ruhe), während andere semantisch nahe beieinanderzuliegen scheinen (z. B. Ruhe und Entspannung, Angst und Anspannung). Diese Beobachtung eröffnet die Möglichkeit, die Stimmungsstruktur zu erforschen, indem man Gemeinsamkeiten und Unterschiede in Wortbedeutungen genauso untersucht wie die Gemeinsamkeiten und Unterschiede in Gesichtsausdrücken. Außerdem gelangt man durch Studien über Wortbedeutungen möglicherweise zu einer umfassenderen Repräsentation der Affektstruktur, weil die Wahrscheinlichkeit, daß alle relevanten Unterschiede sprachlich verschlüsselt sind, höher ist als die Wahrscheinlichkeit, daß sie sich immer deutlich auf menschlichen Gesichtern widerspiegeln.

Studien über die Bedeutung von Affektbegriffen beruhen auf einer psychometrischen Methodik, die von Osgood, Suci und Tannenbaum (1957) entwickelt wurde und als *semantisches Differential* bezeichnet wird. Bei diesem Verfahren beurteilen die Versuchsteilnehmer unterschiedliche Begriffe (z. B. *moderne Kunst, meine Mutter, Tornado*) nach deren Stellung in einer Vielzahl von semantischen Dimensionen, die in gegensätzlichen Eigenschaftswörtern wie gut-schlecht, hell-dunkel, leer-voll verankert sind. Dann berechnet man die Interkorrelationen zwischen den Ratings, um Bedeutungsübereinstimmungen zu ermitteln. In den frühen Studien von Osgood u. a. zeichneten sich durchweg drei Grunddimensionen für eine Fülle unterschiedlicher Begriffe ab. Diese Dimensionen waren *Bewertung* (der Grad, in dem das vom Begriff bezeichnete Objekt für gut oder schlecht gehalten wurde), *Stärke* (als wie stark oder wirkungsvoll das Objekt beurteilt wurde) und *Aktivität* (wie aktiv das Objekt war). Die Bewertung erwies sich als wichtigste Unterscheidungsdimension für die in Frage kommenden Begriffsbedeutungen, ganz gleich, welcher sprachliche Bereich getestet wurde. Diese Befunde haben offensichtlich einen Bezug zu den oben erörterten Studienergebnissen über die Affektstruktur, weil Bewertung und Wohlbefinden (Lust-Unlust) in einem engen Bedeutungszusammenhang stehen und weil sich Stärke ebenso wie Aktivität bis zu einem gewissen Grad mit der Aktivierung überschneiden. In der Tat hat Osgood (1962) ausdrücklich darauf hingewiesen, daß die Dimensionen des semantischen Differentials die grundlegenden *affektiven* Wortbedeutungen widerspiegeln.

Averill (1975) leitete eine semantische Differentialstudie, die 558 Emotionsbegriffe umfaßte. Auch diese Studie bestätigte die Dimensionen Bewertung, Aktivität und Stärke, aber der letzte Faktor zerfiel in die beiden getrennten Unterkomponenten von *Kontrolle und Erlebnisintensität*, was darauf hindeutet, daß die Struktur des eigentlichen Affekts komplexer sein könnte als die Struktur der von Osgood ermittelten allgemeinen Affektbedeutung. Russell (1978) hielt dem jedoch entgegen, daß sich die beiden Stärkefaktoren eher auf Aspekte der emotionalen Situation bezögen als auf Aspekte des eigentlichen Affekterlebens und daß die beiden Dimensionen Lust-Unlust (Bewertung) und Aktivierung (Aktivität) die *intrinsische* Gefühlsqualität hinreichend erklären könnten (s. unten). Wenn man davon ausgeht, daß Stimmungen, wie im vorigen Kapitel ausgeführt, nicht so eng mit spezifischen Situationen verbunden sind wie Emotionen, dann spielen die zusätzlichen situationsbedingten Dimensionen bei Stimmungen vermutlich eine geringere Rolle als bei Emotionen.

Russell (1978) wertete Studien aus, in denen die Verfahren der multidimensionalen Skalierung und des semantischen Differentials angewendet wurden (Averill, 1975; Block, 1957; Russell & Mehrabian, 1977), und kam zu dem Schluß, daß es eindeutige und überzeugende Nachweise für die Dimensionen Lust-Unlust und Aktivierung gab, während die Nachweise für eine dritte Dimension, die wechselweise als Kontrolle, Dominanz oder Erlebnisintensität bezeichnet wurde, eher auf schwachen Beinen standen.

Mittels interkorrelierender Ratings auf den Skalen, die von mehreren unterschiedlichen Forschern benutzt wurden, konnte Russell auch empirisch nachweisen, daß Lust-Unlust und Aktivierung studienübergreifend die Hauptursachen für die Varianz bei den Ratings der Affektbedeutungen bildeten.

Eine grundsätzliche Frage im Hinblick auf die genauen Implikationen von Studien, die sich mit den Bedeutungen von affektbeschreibenden Wörtern befassen, bleibt allerdings nach wie vor offen, nämlich ob diese Untersuchungen Aufschluß darüber geben, wie Menschen Gefühle tatsächlich erleben (Reisenzein, 1994) oder ob sie möglicherweise nur Aufschluß darüber geben, wie Affekte aufgefaßt und dargestellt werden. Mit anderen Worten, es ist schwer festzustellen, ob sich die ermittelten Gemeinsamkeiten und Unterschiede in Wortbedeutungen tatsächlich auf die Objekte (Affektzustände) beziehen, die mit den Worten beschrieben werden, oder einfach davon abhängen, welche Vorstellungen oder Gedanken die Menschen mit diesen Objekten verbinden (oder ob es sich um eine Mischung aus beidem handelt). Glücklicherweise deutet die Tatsache, daß andere Nachweisverfahren zu ähnlichen Ergebnissen geführt haben, darauf hin, daß diese Studien mehr liefern als bloße Meinungbilder von Affekten. Nach Russell (1979) sind Lust-Unlust und Aktivierung in erster Linie kennzeichnend für die Vorstellungen, die sich Menschen von Gefühlen machen, aber auch das affektive Erleben kann nur über diese Repräsentationen vermittelt werden. Mit anderen Worten, zum Affekterleben gehört immer, daß man es sich zunächst in kognitiven Begriffen vorstellt, die sich auf die beiden Bedeutungsdimensionen beziehen; insofern sind Lust-Unlust und Aktivierung sowohl für die Repräsentation als auch für das Erleben relevant.

Im Hinblick auf die Anwendung des Affekt-Circumplexes (s. S. 40f.) für Selbstbeschreibungen von Stimmungen spielt es kaum eine Rolle, von welcher dieser Interpretationen der Gefühlsdimensionen man ausgeht, denn auch wenn für das Affekterleben keine vorherige Repräsentation erforderlich sein sollte, so ist sie doch für die Selbstbeurteilung zwingend notwendig. Die Tatsache, daß Probanden in der Lage sind, Affektzustände konsequent nach diesen beiden quantitativen Maßstäben zu unterscheiden, bedeutet, daß Ratingskalen, die sich auf diese Dimensionen beziehen, zur Charakterisierung des affektiven Erlebens geeignet sind. Natürlich heißt das nicht, daß dimensionale Ratings notwendigerweise das Wesentliche der affektiven Erfahrung einfangen, sondern nur, daß sie Affektinformationen zusammenfassen, die für die Versuchspersonen bedeutungsvoll sind.

Studien über Selbstbeurteilungen von Affekten

Die Mehrzahl der bislang erörterten Studien zielte auf abstrakte Vergleiche zwischen Affektzuständen, wie sie durch die Mimik oder gebräuchliche Begriffe ausgedrückt werden; man kann jedoch auch die Struktur der Beurteilungen untersuchen, die Menschen über ihren eigenen aktuellen Gefühlszustand abgeben. Bei diesen Studien konzentriert man sich nicht auf begriffliche Beziehungen zwischen Affektzuständen, sondern sammelt relevante Informationen über die Zusammensetzung des Affekts im aktuellen Erleben. Aber es wäre nicht überraschend, wenn die Ergebnisse dieser Untersuchungen zu ähnlichen Resultaten führen würden wie die Studien über Wortbedeutungen, einfach weil sich semantische Gemeinsamkeiten zwischen Affektbegriffen auch in der Beurteilung von Wörtern niederschlagen, die sich auf das direkte Erleben beziehen. Wenn Sie Ihr eigenes Glückserleben in einem bestimmten Moment beurteilen, so wird dieser Selbstbericht wahrscheinlich in wesentlichen Punkten mit Ihrem Rating von »Freude« übereinstimmen, einfach weil die Worte etwas Ähnliches zu bedeuten scheinen und deshalb ähnliche Relevanz für das eigene Empfinden haben. Außerdem wird ein hohes Rating von Glück oder Freude für gewöhnlich mit einem niedrigen Rating von Traurigkeit oder Depression einhergehen und umgekehrt.

Die Beziehungen zwischen bestimmten Ratings des aktuellen Affekterlebens können außerdem vom gemeinsamen Auftreten unterschiedlicher Affektarten beeinflußt werden. Wenn man zum Beispiel annimmt, daß Wut in unserer Gesellschaft häufig als moralisch verwerfliches Gefühl bewertet wird (Stearns & Stearns, 1986), dann ist es wahrscheinlich, daß Menschen, die diese Emotion erleben, auch bis zu einem gewissen Grad unter Schuldgefühlen leiden. Mit anderen Worten: Wenn man das Affekterleben von Probanden stichprobenweise testet, wird man sehr wahrscheinlich eine erkennbare, positive Korrelation zwischen Wutratings und Schuldratings finden. Aber diese Korrelation beruht nicht auf irgendeiner Ähnlichkeit zwischen dem Wut- und dem Schulderleben, sondern eher darauf, daß diese Affektzustände häufig im Verbindung miteinander auftreten.

Folgt man dieser Argumentation, so hängen Studien über die Interkorrelationen von Selbstbeurteilungen des Affekts sowohl von semantischen Ähnlichkeiten zwischen den Skalen-Items (wie sie auch in Studien über Wortbedeutungen ermittelt werden) als auch vom gemeinsamen Auftreten unterschiedlicher Arten von Affekterlebnissen ab. Diese gemeinsame Determination führt dazu, daß diese Studien mindestens genauso schwer zu interpretieren sind wie direkte Untersuchungen der semantischen Struktur.

Das ist möglicherweise einer der Gründe dafür, warum Untersuchungen der Interkorrelationen von selbstberichteten Stimmungsratings in der Regel weniger einheitliche Ergebnisse geliefert haben als Studien, die sich direkt mit der affektiven Bedeutung von Wörtern oder Gesichtsausdrücken beschäftigt haben (Izard, 1972). Dennoch ist auch hier offensichtlich, daß die Varianz größtenteils auf die beiden Dimensionen zurückzuführen ist (Russell, 1980; Watson & Tellegen, 1985). So forderte zum Beispiel Russell (1980) Versuchsteilnehmer auf, den Grad zu bewerten, in dem mehrere affektive Adjektive ihr bisheriges Affekterleben an diesem Tag charakterisierten; er stellte fest, daß Lust-Unlust und Aktivierung den größten Teil der erhaltenen Varianz auf 28 repräsentativen Skalen ausmachten. Andere Studien (Russell, 1979; Watson & Tellegen, 1985) lassen ähnliche Schlüsse zu, aber wie wir im nächsten Abschnitt zeigen werden, ist immer noch etwas umstritten, wie die grundlegenden Dimensionen beim selbstberichteten Affekt im einzelnen beschaffen sind.

Circumplex*-Modelle der Affektstruktur

Im vorangehenden Abschnitt haben wir Nachweise für die Existenz grundlegender gemeinsamer Dimensionen des Affekterlebens erörtert. Bei den im folgenden Teil beschriebenen Modellen hat man explizit versucht, diese Beobachtungen in eine Abbildung der Affektstruktur umzusetzen und die Koordinaten von einzelnen Gefühlszuständen in dem Begriffsraum zu bestimmen, den diese Dimensionen implizieren. Die beiden einflußreichen Modelle, die wir hier besprechen, gehen davon aus, daß die anerkannten Dimensionen in einer bestimmten Beziehung zueinander stehen und daß der Affektraum dadurch eine ganz bestimmte Form annimmt und nicht einfach nur aus zwei oder drei Dimensionen besteht. Diese Form wird im allgemeinen als kreisförmig beschrieben (s. die obigen Ausführungen zu Schlosberg, 1952).

Das Circumplex-Modell von Lust-Unlust und Aktivierung

Alle bislang erörterten Nachweise deuten darauf hin, daß man Affektzustände nach zwei oder mehr Dimensionen voneinander unterscheiden kann, wobei die Lust-Unlust-Dimension (oder die damit verwandte Bewertungsdimension) in aller Regel die wichtigste ist. Russell (1980) hat weitere Annahmen über die Struktur der Affektbedeutung aufgestellt, indem er argumentierte, daß nur bestimmte Wertekombinationen auf diesen beiden Dimensionen möglich sind und daß man die Verteilung der Affektbegriffe in Form eines *Circumplexes* darstellen kann, dessen Achsen den Dimensionen des Wohlbefindens (Lust-Unlust) und der Aktivierung entsprechen. Nach diesem Modell lassen sich Wörter, die eine ähnliche Affektbedeutung haben, dicht nebeneinander auf der Kreislinie anordnen, während sich Wörter mit kontrastierenden Bedeutungen gegenüberliegen. Fachspezifischer ausgedrückt, ist ein Circumplex definiert als eine zweidimensionale, kreisförmige Struktur, bei der die Items hohe Korrelationen mit Items aufweisen, die auf der Kreislinie dicht neben ihnen liegen, Null-Korrelationen ($r = 0{,}0$) mit Items, die auf dem Circumplex im 90 Grad-Winkel zu ihnen stehen, und perfekte negative Korrelationen ($r=-1{,}0$) mit den Items, die ihnen auf der Kreislinie direkt gegenüberliegen (und durch den vollen Kreisdurchmesser von ihnen getrennt sind).

Russell (1980) lieferte Nachweise dafür, daß die inneren Repräsentationen von Emotionen dem Circumplex entsprachen, indem er Versuchsteilnehmer bat, 28 Emotionsbegriffe in acht Grundkategorien einzuordnen, die laut Voraussage kennzeichnend für die 45-Grad-Sektoren (Oktanten) des Circumplexes sein sollten (*Erregung, Aufregung, Freude (Lust), Zufriedenheit, Schläfrigkeit, Niedergeschlagenheit, Leid* und *Ärger*). Dann sollten die Probanden diese acht Kategorien so in einem Kreis anordnen, daß Begriffe, die sich direkt gegenüberlagen, »gegensätzliche Gefühle« bezeichneten,

* Ein Kreis, in dem die geometrische Nachbarschaft der Items auch eine inhaltliche Verwandtschaft indiziert (Kontiguitätsprinzip)

und Begriffe, die auf der Kreislinie dicht nebeneinander standen, ähnliche Gefühle charakterisierten.

Die vorausgesagte Anordnung war, daß die Achsen Freude-Leid und Erregung-Schlaf im rechten Winkel zueinanderstehen und daß im 45-Grad-Winkel zu diesen Achsen die sekundären Achsen Aufregung-Niedergeschlagenheit und Zufriedenheit-Ärger liegen würden (s. Abb. 2.2). Bei zehn der 36 Teilnehmer stimmte die kreisförmige Anordnung der Begriffe genau mit dieser Vorhersage überein, und die Mehrheit der übrigen Probanden wich nur geringfügig davon ab. Die mittlere Korrelation zwischen vorhergesagten und erhaltenen Anordnungen betrug 0.80.

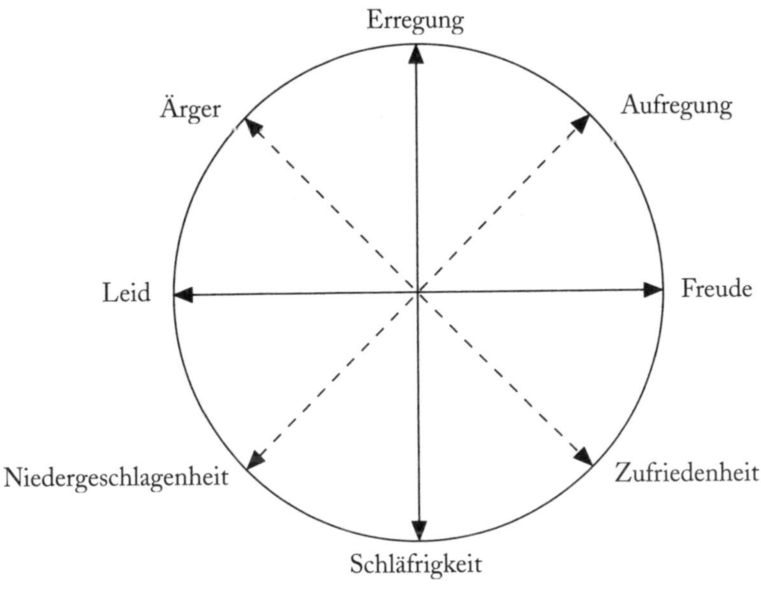

Abbildung 2.2 Russells (1980) vorausgesagte kreisförmige Anordnung von acht grundlegenden Affektkategorien

Einige Emotionswörter wurden von allen Teilnehmern konsequent in jeweils eine der acht Kategorien eingruppiert, während bei anderen Begriffen Uneinigkeit darüber herrschte, welche von zwei oder drei Kategorien am besten für das Wort geeignet war. Indem Russell Daten über die Häufigkeit der Zuordnung auswertete, konnte er (wie Schlosberg, 1952, in der oben beschriebenen Untersuchung von Gesichtsausdrücken) ein statistisches Modell von der begrifflichen Anordnung der einzelnen Emotionswörter entwickeln. Um zu bestimmen, wie weit ein bestimmtes Wort vom Mittelpunkt im relevanten Sektor des semantischen Raums entfernt war, nutzte Russell insbesondere die Anzahl der Teilnehmer, die das Wort in eine Kategorie einordneten. So wurde beispielsweise das Wort »glücklich« von der überwältigenden Mehrheit der Teilnehmer in die Kategorie *Freude* eingeordnet und daher dicht am Mittelpunkt des relevanten Sektors des Circumplexes angesiedelt. Andererseits bewertete etwa die Hälfte der Probanden das Wort »begeistert« als einen Ausdruck der Freude, während die andere Hälfte darin einen Ausdruck der Aufregung sah. Deshalb wurde »begeistert« dicht an der Grenze zwischen *Freude* und *Aufregung* positioniert. Unter Anwendung dieser Grundprinzipien wurde die Position aller 28 Wörter genau verzeichnet und die Form der Anordnung, die dabei herauskam, stimmte ziemlich genau mit dem vorausgesagten Circumplex überein. Für Selbstbeurteilungen des Affekts auf den 28 Dimensionen wurde schließlich festgestellt, daß sie annähernd von den im Circumplex-Modell vorausgesagten Kombinationen aus Aktivierung und Freude abhingen.

Das Circumplex-Modell der Lust-Unlust und Aktivierung gilt offenbar auch für unterschiedliche kulturelle Gruppen. Bei zweisprachigen Personen, die Chinesisch, Kroatisch, Gudscharati oder Japanisch sprachen und in einer englischsprachigen Gegend Kanadas lebten, ergab sich eine ähnlich kreisförmige Struktur bei ihren Ratings (Russell, 1983). Zusätzliche Beweise ergab eine Studie von Russell, Lewicka und Niit (1989), bei der estnische, griechische und polnische Muttersprachler aufgefordert wurden, die Ähnlichkeit desselben Grundsortiments an übersetzten Affekt-Adjektiven zu beurteilen. Als dieselben nationalen Gruppen schließlich Standardfotos von emotionalen Gesichtsausdrücken bewerteten, ergaben sich Ähnlichkeits-Ratings, die mit dem Original-Circumplex übereinstimmten, was bestätigt, daß er über einen annehmbaren Grad an kulturübergreifender Generalisierbarkeit verfügt. Semantische Differentialstudien von nicht-affektiven Begriffen zeigen, daß auch die allgemeine Struktur von Bewertung-Stärke-Aktivität kulturübergreifend gilt (Osgood, May & Miron, 1975).

Hierzu ist anzumerken, daß diese Ergebnisse nicht bedeuten, daß Menschen aus unterschiedlichen Kulturen Gefühle notwendigerweise auf haargenau dieselbe Weise erleben oder konzeptualisieren wie Anglo-Amerikaner. Anthropologische Studien deuten in der Tat darauf hin, daß affektive Begriffe in unterschiedlichen Kulturen sehr unterschiedlich verwendet werden, das gilt insbesondere für Kulturen, die wenig Kontakt mit der westlichen Zivilisation gehabt haben (Lutz, 1988; Rosaldo, 1984). Die Ergebnisse lassen jedoch durchaus den Schluß zu, daß es einen Grundstock von affektiven Eigenschaftswörtern gibt, den man erfolgreich in unterschiedliche Sprachen übersetzen kann, und daß Menschen aus unterschiedlichen Kulturen ähnliche Vorstellungen von den Zusammenhängen und Gegensätzen zwischen diesen spezifischen Begriffen und damit verbundenen Gesichtsausdrücken haben. Dieser Befund ist relevant für kulturübergreifende Messungen der Lust/Unlust und Aktivierung, auch wenn er keine klaren Rückschlüsse auf allgemeine kulturelle Unterschiede im affektiven Erleben erlaubt.

Zusammenfassend: Russell hat in einer Reihe von Studien festgestellt, daß man Affektbegriffe reliabel in einem Circumplex anordnen kann, dessen Achsen sich als Freude (Lust-Unlust) und Aktivierung bezeichnen lassen. Die Lust-Unlust-Dimension zeigt, daß die Beurteilung der Gefühlsqualität zwischen äußerst unangenehm und äußerst angenehm schwanken kann. Die Aktivierung bezieht sich auf den Gegensatz zwischen Zuständen wie Ruhe, die mit einem niedrigen Aktivitäts- oder Erregungsniveau assoziiert werden, und Zuständen wie Erstaunen oder Wut, denen ein hoher Erregungsgrad zugeschrieben wird. In Russells Circumplex ist ein Zustand wie Furcht durch ein hohes Aktivierungsniveau und ein niedriges Niveau des Wohlbefindens gekennzeichnet und ist deshalb das genaue Gegenteil von Gelassenheit oder Entspannung, die für höchst angenehme Zustände gehalten und mit einem niedrigen Aktivierungsniveau verbunden werden. Im allgemeinen liegen Begriffe, die ähnliche Grade des Wohlbefindens und der Aktivierung implizieren, dicht nebeneinander auf der Kreislinie, während Begriffe, die gegensätzliche Bedeutungen tragen durch den vollen Kreisdurchmesser voneinander getrennt sind (s. Abb. 2.3). Nach Russell kann man alle Wörter, die affektive Zustände beschreiben, an irgendeinem Punkt auf dem Rande des Circumple xes ansiedeln, oder, anders ausgedrückt, alle affektiven Bedeutungen lassen sich gemäß ihrer kombinierten Aktivierungs- und Wohlbefindenswerte präzise lokalisieren und beschreiben.

Trotz der eindeutigen Nachweise für dieses Circumplex-Modell ergeben sich einige empirische und begriffliche Probleme: Erstens ist nicht völlig klar, ob die Darstellung nur genuine affektive Bedeutungen spezifiziert. Dieses Problem entsteht, weil der Circumplex Begriffe umfaßt, die sich auf nicht-affektive Zustände zu beziehen scheinen. So gehört beispielsweise »schläfrig« nicht unbedingt zu den Wörtern, die typisch für die Beschreibung evaluativer Verfassungen sind (Ortony, Clore & Collins, 1988). Noch allgemeiner ausgedrückt: Wenn man davon ausgeht, daß die Bewertung ein zentrales Merkmal des Affekts ist, wie in Kapitel 1 ausgeführt, dann sind Punkte auf dem Circumplex, die einen Nullwert in der Dimension angenehm-unangenehm haben, eigentlich überhaupt keine Gefühlsbegriffe. Wenn man in ähnlicher Weise annimmt, daß Stimmungen und Affektzustände im allgemeinen motivationale Eigenschaften aufweisen, weil sie bestimmte Handlungsweisen fördern oder hemmen, dann sind Zustände, die mit einem neutralen Mittelpunktsniveau bei der Aktivierung einhergehen, relativ schlechte Beispiele für das in Frage stehende Phänomen. Viele Wissenschaftler (Berlyne, 1960) sind von der Annahme ausgegangen, daß intermediäre Erregungsgrade als affektneutral erlebt werden (d. h. weder angenehm noch unangenehm), wodurch einige Sektoren von Russells Circumplex nur beschränkt auf die Affektstruktur anwendbar sind.

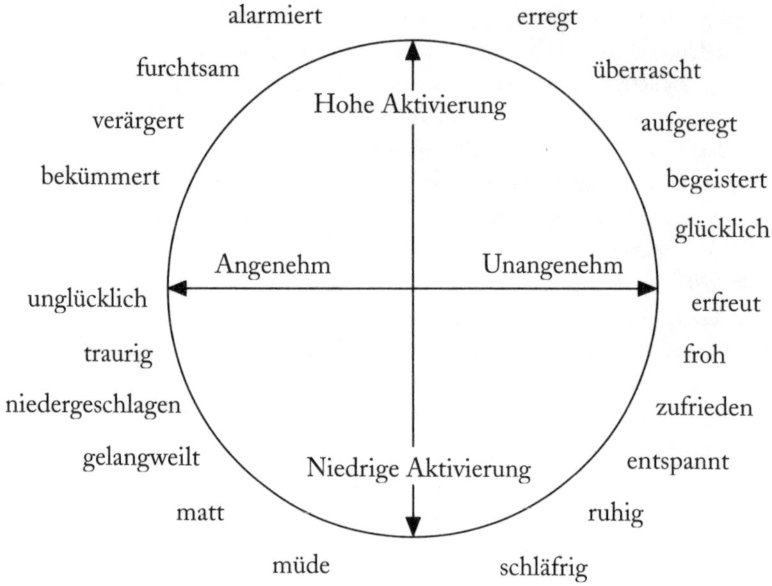

Abbildung 2.3 Positionen einiger gebräuchlicher Affektbegriffe auf Russells (1980) Circumplex-Modell der Freude/Aktivierung

In diesem Zusammenhang ergibt sich auch die Frage, ob der Circumplex spezifisch für die Affektbedeutung ist oder ob er eigentlich einem eher allgemeinen semantischen Modell entspricht. Dieses Interpretationsproblem entsteht, weil der Affekt-Circumplex in enger Beziehung zu dem von Osgood und seinen Mitarbeitern entwickelten strukturellen Bedeutungsmodell steht, das auf Bewertung, Stärke und Aktivität beruht und darauf zielt, die semantischen Unterschiede zwischen allen möglichen Arten von Begriffen zu erklären. Einerseits könnte man argumentieren, daß Bewertung und Aktivität keine intrinsischen Dimensionen der Affektstruktur sind, weil sie sich beim Vergleich zwischen nahezu allen Wortgruppen ergeben. Andererseits könnte man argumentieren, daß die Beurteilungsaufgabe, die beim semantischen Differential eingesetzt wird, zu Affektunterscheidungen ermutigt, auch wenn die Wörter nicht aus sich heraus affektbezogen sind, was die allgemeine Anwendbarkeit dieser Dimensionen bestätigen würde. Osgood (1962) selbst hat sich ausdrücklich für diese letztere Interpretation ausgesprochen.

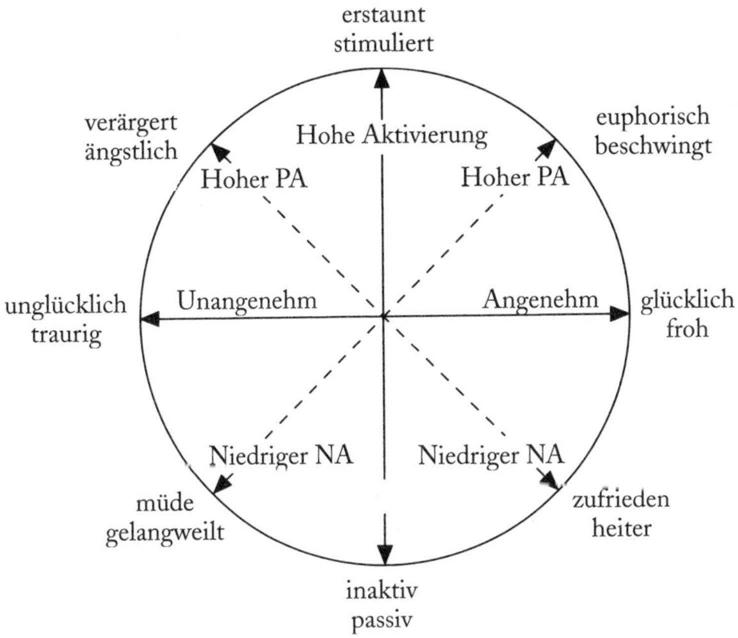

Abbildung 2.4 Darstellung der positiven und negativen Affektdimension von Watson und Tellegen (1985) auf Russells (1980) Affekt-Circumplex

Eine drittes, eher technisches Problem ergibt sich daraus, daß der Circumplex nahelegt, daß sehr hohe Werte auf der einen Dimension mit mittleren Werten auf der anderen einhergehen; dementsprechend verbindet sich also ein maximales Wohlbefinden oder Unbehagen mit mäßiger Aktivierung und eine maximale Aktivierung oder Deaktivierung verbindet sich automatisch mit evualitiver Neutralität (Larsen & Diener, 1992). Tatsächlich scheint es jedoch durchaus möglich, daß einige Affektzustände hohe Werte auf beiden Dimensionen haben. So sind Panik und Entsetzen offenbar extrem unangenehme und extrem aktivierte Affektzustände; umgekehrt können Manie und rasende Aufregung höchst angenehm und höchst aktiviert sein.

Der Circumplex von positivem Affekt/negativem Affekt

Eine alternative kreisförmige Darstellung des Affekts ist neben anderen (Meyer & Shack, 1989) von Watson und Tellegen (1985) vorgeschlagen worden, die argumentierten, daß es produktiver sei, Russells Anordnung aus einem anderen Blickwinkel zu betrachten und die Achsen im 45 Grad-Winkel zur Vertikalen zu ziehen (s. Abb. 2.4). Nach Ansicht von Watson und Tellegen werden Unterschiede zwischen Stimmungen und Emotionen nach den beiden getrennten Dimensionen von *positivem Affekt* (PA) und *negativem Affekt* (NA) beurteilt. Aus dieser Perspektive spiegelt ein hoher PA eine angenehme Involviertheit mit der Umwelt wider und ist durch Wörter wie *euphorisch*, *beschwingt* oder *begeistert* gekennzeichnet, die eine Mischung aus Wohlbefinden und Aktivierung implizieren, während sich ein niedriger PA durch Niedergeschlagenheit und Lethargie auszeichnet und mit Begriffen wie *träge* oder *gelangweilt* beschrieben wird, die einen Mangel an Wohlbefinden und Aktivierung anzeigen. Entsprechend umfaßt ein hoher NA bedrückende und unangenehme Affektzustände wie Angst und Ärger, die auf hohe Aktivierung und hohe Unlust hindeuten, während ein niedriger NA Ruhe und Entspannung beinhaltet.

Man hat für gewöhnlich festgestellt, daß sich bei Faktorenanalysen von selbsteingeschätzten Gefühlen (im Gegensatz zu Beurteilungen von Wortbedeutungen) häufig PA- und NA-Dimensionen ergeben, wenn die Dimensionen rotiert werden, während Wohlbefinden und Erregung häufig die erhaltenen simplen unrotierten Dimensionen sind. Bei der Rotationsmethode dreht man die Achsen des Circumplexes bis zu dem Punkt, an dem beide der größtmöglichen Anzahl von Variablen (Affekten) am nächsten sind. Mit anderen Worten, das Modell von Watson und Tellegen maximiert die Deutlichkeit der beiden Dimensionen, indem es sicherstellt, daß so viele bewertete Affektbegriffe wie möglich stark mit nur einer der Dimensionen korrelieren. Dieses Verfahren hat offenkundige Vorteile, wenn man Selbstberichtsmessungen von Gefühlsdimensionen auf Wortratings aufbauen will, die sich sehr direkt auf den einen oder anderen Faktor beziehen (s. unten).

Die Wahl zwischen den Circumplexen

Im Grunde könnte man die Modelle von Russell und von Watson und Tellegen als gegenseitig übertragbar betrachten: Ein hoher PA kombiniert Lust und Aktivierung, ein niedriger PA umfaßt Unlust und Deaktivierung, ein hoher NA ist definierbar über Unlust und Aktivierung, ein niedriger NA über Lust und Deaktivierung. Entsprechend könnte man ein höchst angenehmes Befinden als Kombination von hohem PA und niedrigem NA betrachten usw. (s. Abb. 2.4). In Anbetracht der Tatsache, daß sich beide Klassifikationsmodelle auf demselben Circumplex abbilden lassen, könnte die Auswahl beliebig erscheinen, je nachdem welches Verfahren man im Hinblick auf die Faktorenanalyse und Datenstichprobe bevorzugt (Larsen & Diener, 1992).

Das Argument von der Beliebigkeit der Dimensionen beruht unter anderem auf der Annahme, daß affektive Erlebnisse oder Bedeutungen gleichmäßig über den Circumplex verteilt sind (d. h., daß es sich tatsächlich um einen mathematisch definierten Circumplex handelt). Russell (1980) argumentiert in diesem Zusammenhang wie folgt: »Die Begriffe fallen nicht als Cluster von Synonymen in die Nähe der Achsen, sondern breiten sich mehr oder weniger kontinuierlich auf dem Raumperimeter aus« (S. 1167). Doch wie bereits erwähnt, gibt es Sektoren des Circumplexes, die Begriffe mit schwachen Affekbedeutungen enthalten, wie zum Beispiel die Bereiche um den Nullpunkt auf der angenehm-unangenehm-Dimension oder in der Nähe des Aktivierungsmittelpunktes. In der Tat hat Russell möglicherweise gezielt Begriffe wie »schläfrig« in seine Studien aufgenommen, weil er alle Punkte auf dem Circumplex ausfüllen wollte und nicht weil es sich dabei notwendigerweise um aussagekräftige oder repräsentative Affektbeispiele handelt (Ortony, Clore & Collins, 1988).

Watson und Tellegen (1985) behaupten dagegen, daß allgemein gebräuchliche Affektwörter dazu neigen, sich dichter um die Pole der NA- und PA-Achsen zu verteilen (d. h. zwischen den Polen von Lust-Unlust und Aktivierung), was die grundlegende Bedeutung dieser Dimensionen unterstreicht (und erklärt, warum die Faktorrotation in der Faktorenanalyse dazu tendiert, zu diesem speziellen zweidimensionalen Ergebnis zu gelangen). Bei diesem Argument spielt natürlich eine Rolle, daß das Modell von Watson und Tellegen strenggenommen kein perfekter Circumplex ist. Der Unterschied in den Schlußfolgerungen hängt vielleicht mit der Tatsache zusammen, daß Watson und Tellegen den Selbstberichten mehr Aufmerksamkeit widmeten als den Wortbedeutungsaufgaben; von daher spiegeln ihre Daten möglicherweise Gemeinsamkeiten zwischen unterschiedlichen Affekterlebnissen wider und nicht so sehr (oder nicht nur) grundlegende Dimensionen der affektiven Bedeutung. Mit anderen Worten, man könnte die Dimensionen angenehm-unangenehm und Aktivierung als fundamentale *semantische* Dimensionen des Affekterlebens auffassen, und PA und NA als *deskriptive* Faktoren, die häufig erlebte Gefühlsreaktionen beschreiben. So ist es zum Beispiel denkbar, daß ein erlebter Affekt tendenziell in die vier locker definierten Kategorien von angenehm-aktiviert, angenehm-deaktiviert, unangenehm-aktiviert oder unangenehm-deaktiviert fällt. Nach der in Kapitel 1 entwickelten Alltagsdefinition würden wir unser Erleben tatsächlich nur dann affektiv nennen, wenn es in eine dieser Gruppen fällt, weil zum Affekt eine Bewertung und eine Wirkung auf die Motivation gehören. Unsere Wahrnehmung und unser Verständnis von Gefühlszuständen hängen jedoch möglicherweise von grundlegenden Begriffen und Repräsentationen ab, die sich eher auf Lust-Unlust und Erregung beziehen als auf den positiven und negativen Affekt.

Auch rein intuitiv scheint es einleuchtend, daß Lust-Unlust und Aktivierung die grundlegenden Komponenten der Affektbedeutung bilden. So scheint es insbesondere möglich, den semantischen Gehalt von PA oder NA in elementarere Begriffe aufzuspalten, die sich auf Lust-Unlust und Aktivierung beziehen, während man sich umgekehrt nur schwer vorstellen kann, daß Lust-Unlust oder Aktivierung auf einzelne Kombinationen von PA und NA reduzierbar sind (Reisenzein, 1994).

So hat zum Beispiel Feldman (1995a) nachgewiesen, daß sich die jeweiligen Affektrepräsentationen, die durch Wortbedeutungsaufgaben und Selbstbeurteilungen gewonnen werden, von der Struktur her unterscheiden. Sie hat insbesondere gezeigt, daß die Aktivierungsdimension bei Ratings des aktuellen Erlebens eine geringere Rolle spielte als bei semantischen Beurteilungen. Sie interpretierte diesen Befund dahingehend, daß Menschen im allgemeinen aufmerksamer auf Erfahrungsaspekte reagieren, die mit dem angenehmen oder unangenehmen Befinden zusammenhängen, als auf Aspekte, die mit der Aktivierung zusammenhängen, und daher mehr Gewicht auf erstere legen, wenn sie ihren eigenen Affektzustand beurteilen. Wenn man dagegen über Wortbedeutungen nachdenkt, sind die aktivierungsbezogenen Bedeutungen der betreffenden Begriffe möglicherweise offenkundiger und augenfälliger. Feldman (1995b) stellte außerdem fest, daß individuelle Unterschiede im Grad der Aufmerksamkeit, die Versuchsteilnehmer normalerweise auf die Aktivierung richteten, wenn sie ihr affektives Erleben beschrieben, damit zusammenhingen, wie stark sich PA und NA als unabhängige Dimensionen herausbildeten. Auch diese Befunde deuten darauf hin, daß der PA-NA-Circumplex nicht ausschließlich von einer erfahrungsinhärenten Struktur abhängt, sondern bis zu einem gewissen Grad von den *Interpretationen* des Erlebens (s. oben). Mit anderen Worten, die Herausbildung der Grundfaktoren PA und NA spiegelt möglicherweise zum Teil wider, wie Menschen ihre Gefühle im allgemeinen deuten, und erwächst nicht direkt aus dem tatsächlichen Wesen dieser Gefühle.

Die vorstehende Erörterung sollte nicht zu dem Schluß verleiten, daß die Konstrukte des positiven und des negativen Affekts wenig Bedeutung für die Stimmungsforschung hätten. So ist die Messung dieser Faktoren möglicherweise die beste Methode, wenn man affektive Alltagserfahrungen in unterschiedlichsten Situationen beschreiben will. Immerhin geben die Faktoren zweifellos Aufschluß darüber, wie verbreitete Reaktionsmuster auf viele wichtige psychische Prozesse von den Menschen charakterisiert werden, die diese Gefühle erleben. Die Einschätzung der relativen Werte des PA und NA könnten zum Beispiel hilfreich für die Diagnose von bestimmten klinischen Zuständen sein (Clark & Watson, 1991). Der PA-NA-Circumplex hat also möglicherweise eine große praktischer Bedeutung für die Psychologie.

Unabhängigkeit des positiven und negativen Affekts

Intuitiv erscheint es offensichtlich, daß man wahrscheinlich um so weniger traurig ist, je glücklicher man sich fühlt, und daß ein angenehmes Erleben *per definitionem* nicht mit einem unangenehmen Erleben vereinbar ist. Sogar bei der Ambivalenz, die man als Zustand betrachten könnte, in dem man sich gut und schlecht zugleich fühlt, ist es normalerweise so, daß man entweder sehr schnell zwischen gegensätzlichen Bewertungen wechselt oder sich unsicher ist, was man eigentlich empfindet. Man könnte annehmen, daß Ähnliches auch für das Erleben positiver und negativer Affekte gilt, weil sie auf den ersten Blick ebenfalls wie unvereinbare Gegensätze erscheinen. Aber das Modell von Watson und Tellegen (1985) spezifiziert diese Faktoren als statistisch unabhängig voneinander, was bedeutet, daß es genausogut möglich ist, gleichzeitig einen starken positiven und einen starken negativen Affekt zu erleben, wie es auch möglich ist, daß sie genau entgegengesetzte Werte haben. Andere Psychologen haben ähnliche Behauptungen über mögliche Beziehungen zwischen positiven und negativen Gefühlen aufgestellt (Bradburn, 1969).

Man hat erhebliche empirische und theoretischen Anstrengungen unternommen, um die Frage der angenommenen Unabhängigkeit zwischen positivem und negativem Affekt zu klären, zum Teil aufgrund der scheinbar kontraintuitiven Implikationen dieser Hypothese. Leider ist es problematisch, die Ergebnisse dieser Studien unter einen Hut zu bringen, weil unterschiedliche Forscher die Untersuchungsfragen unterschiedlich ausgelegt und eine ähnliche Terminologie in unterschiedlichster Bedeutung benutzt haben. Wir wollen in diesem Abschnitt zu klären versuchen, was diese Art von Unabhängigkeit tatsächlich bedeuten könnte und ob überzeugende Nachweise dafür vorliegen.

Eine der frühesten Versionen der Unabhängigkeitshypothese ergab sich aus Bradburns (1969) Untersuchungen zum psychischen Wohlbefinden. Bradburn stellte fest, daß Selbstberichte über positive und negative Erfahrungen, die im Zeitraum einiger Wochen vor der Befragung aufgetreten waren, nicht korrelierten. Mit anderen Worten: Die Befragten, die von negativen Gefühlen berichteten, erklärten nicht notwendigerweise, daß sie keine positiven Gefühle gehabt hatten, und umgekehrt. Bradburn bezeichnet seine beiden Skalen zwar als positiven und negativen Affekt, aber sein Gebrauch dieser Begriffe ging den eher technischen Definitionen von Watson und Tellegen zeitlich voraus und bezog sich tatsächlich direkter auf die *Lust-Unlust*-Dimension der in Frage stehenden Erfahrungen.

Die auf den ersten Blick kontraintuitiv wirkenden Befunde von Bradburn sind weniger überraschend, wenn man den *Zeitraum* der analysierten Gefühlseinschätzungen berücksichtigt. So deutet in Bradburns Daten nichts darauf hin, daß angenehme und unangenehme Gefühle in irgendeinem Moment *gleichzeitig* erlebt wurden; die Daten legen vielmehr nahe, daß im Laufe einiger Wochen sowohl positive als auch negative Gefühle auftauchen können und daß dies keinen Einfluß auf das wahrscheinliche Auftreten der jeweils gegensätzlichen Erfahrungsart hat (Warr, Barter & Brownbridge, 1983). Warr u. a. stellten fest, daß die Ratings nicht korrelierten, wenn die Befragten explizit über die *Zahl* der unangenehmen und angenehmen Episoden berichteten, die sie in der festgelegten Zeit erlebt hatten, daß sich jedoch die erwartete negative Beziehung abzeichnete, wenn die Versuchspersonen das *zeitliche Verhältnis* der angenehmen und unangenehmen Erfahrungen beschrieben. Mit anderen Worten, je mehr Zeit die Teilnehmer in einer schlechten Stimmung verbrachten, desto weniger Zeit verbrachten sie in einer guten Stimmung, aber angenehme Erlebnisse schlossen die Möglichkeit unangenehmer Erlebnisse nicht aus und hoben auch deren Wirkungen nicht auf.

Eine damit verwandte Analyse legten Diener u. a. (Diener, Larsen, Levine & Emmons, 1985) vor; sie trafen eine nützliche Unterscheidung zwischen *Intensitäts-* und *Häufigkeits*einflüssen auf die zusammenfassende Beschreibung von Gefühlen, die über längere Zeiträume erlebt werden. Ausgehend von der Annahme, daß angenehme und unangenehme Gefühle in einem bestimmten Moment unvereinbar sind, argumentierten sie, daß um so weniger Zeit für das Erleben des entgegengesetzten Gefühls übrig bleibt, je häufiger eine Person entweder einen positiven oder einen negativen Affekt erlebt. Das heißt, daß Messungen der *Häufigkeit* von angenehmen und unangenehmen Affekten eine umgekehrte oder inverse Korrelation aufweisen müßten. Im Hinblick auf die *Intensität* gibt es jedoch Menschen, die typischerweise sowohl die angenehme als auch die unangenehme Gefühlsvariante intensiver erleben (Larsen & Diener, 1987), so daß Messungen dieses Faktors im Laufe der Zeit tendenziell positiv korrelieren.

Nach Diener u. a. besteht bei vielen Stimmungsmessungen das grundsätzliche Problem, daß die Häufigkeits- und die Intensitätskomponenten beide in denselben Skalen enthalten sind. Wenn Studienteilnehmer zum Beispiel aufgefordert werden, über die Stärke der angenehmen oder unangenehmen Affekte zu berichten, die sie im Laufe eines Tages oder einer Woche erlebt haben, hängen die Ratings wahrscheinlich nicht nur davon ab, wie intensiv die angenehme oder unangenehme Stimmung in einem bestimmten Moment empfunden wurde, sondern auch davon, wie lange die jeweilige Stimmung angehalten hat. Kombinierte Intensivitäts-Häufigkeits-Ratings dieser Art weisen möglicherweise eine statistische Unabhängigkeit auf, weil die positive Korrelation zwischen den Intensitätskomponenten der positiven und negativen Affektratings dazu neigt, die negative Korrelation ihrer Häufigkeitskomponenten aufzuheben.

Diener u. a. legten Daten vor, die ihre These bestätigte, indem sie *getrennte* Indizes für Affekthäufigkeit und Affektintensität aus wiederholten Selbstberichten über Affekte ableiteten. Sie konnten nachweisen, daß die Häufigkeit angenehmer Gefühle und die Häufigkeit unangenehmer Gefühle eine starke inverse Korrelation aufwies und daß die Intensität angenehmer Affekte im allgemeinen positiv mit der Intensität unangenehmer Affekte korrelierte.

Nach Diener u. a. sollten Affektintensität und Affekthäufigkeit als Grunddimensionen an die Stelle der Aktivierung und der Lust-Unlust treten. Dieser Vorschlag ist jedoch problematisch für Untersuchungen des aktuellen Stimmungserlebens, weil es unmöglich ist, daß Häufigkeitskonzept auf einen einzelnen Erfahrungszeitpunkt anzuwenden. Für die Untersuchung des subjektiven Wohlbefindens über längere Zeiträume könnte der Vorschlag allerdings von größerem Wert sein (s. auch Kapitel 6).

Diener, Warr und ihre jeweiligen Mitarbeiter ziehen aus diesen Ergebnissen folgenden grundlegenden Schluß: Je mehr Zeit von angenehmen oder unangenehmen Gefühlen eingenommen wird, desto geringer ist die verbleibende Möglichkeit, daß die jeweils gegenteiligen Gefühle entstehen. Man kann sich also in einem einzelnen Moment gut, affektneutral oder schlecht fühlen, aber niemals gut und schlecht gleichzeitig. Bei einem längeren Zeitraum steigt jedoch die Wahrscheinlichkeit, daß sowohl angenehme als auch unangenehme Stimmungsepisoden auftreten. Diener und Emmons (1984) haben diese Schlußfolgerung explizit überprüft, indem sie Probanden über ihre angenehmen und unangenehmen Affektzustände in unterschiedlich langen Zeiträumen befragten, die vom derzeitigen Augenblick, über den Verlauf eines Tages oder einer Woche bis hin zu einem Jahr reichten. Die Forscher stellten fest, daß bei Ratings der bestehenden *Augenblicksstimmung* eine negative Korrelation zwischen angenehmen und unangenehmen Gefühlen bestand, vor allem wenn starke Emotionen erlebt wurden, daß diese

Korrelation jedoch mit wachsendem Zeitraum immer geringer wurde. Mit anderen Worten, es ist durchaus vorstellbar, daß eine Person zutreffend angibt, daß sich ihre Stimmung über einen längeren Zeitraum sowohl durch einen hohen positiven als auch durch einen hohen negativen Affekt ausgezeichnet hat, wenn getrennte Episoden beiderlei Art aufgetreten sind.

Diener und Iran-Nejad (1986) modifizierten die früheren Befunde von Diener und Emmons über das gemeinsame Auftreten gegensätzlicher Gefühle. Sie wiesen nach, daß hohe Grade von momentan angenehmen oder unangenehmen Gefühlen sich gegenseitig ausschließen, auch wenn niedrige Grade des angenehmen oder unangenehmen Affekts das gleichzeitige Auftreten des jeweils anderen Affekts nicht verhindern. Anders ausgedrückt: *intensive* angenehme Gefühle sind unvereinbar mit unangenehmen Gefühlen jedweder Intensität, und intensive unangenehme Gefühle sind unvereinbar mit allen angenehmen Empfindungen. Bei niedriger bewerteten Affektgraden sind die Gefühle möglicherweise undeutlich und werden daher eher als Mischungen von milder Angst und leichter Aufregung etc. beschrieben.

Watson (1988a) stellte das Ergebnis von Diener u. a. in Frage und bezweifelte, daß die Unabhängigkeit von positivem und negativem Affekt nur für ausgedehnte Zeiträume gültig sei. In seiner Studie bewerteten die Teilnehmer ihr affektives Erleben in mehreren unterschiedlichen Zeiträumen, und zwar nicht nur über Messungen des angenehmen und unangenehmen Affekts, wie in der ursprünglichen Studie von Diener und Emmons, sondern zusätzlich anhand von standardisierten PA- und NA-Skalen. Die Scores auf den Skalen von Diener und Emmons waren im allgemeinen negativer interkorreliert als die PA- und NA-Werte, aber es gab kaum Hinweise darauf, daß diese Korrelation vom dem jeweils betrachteten Zeitrahmen abhing. Die von Watson vorgelegten Ergebnisse stützten sich jedoch auf keinerlei Analyse, die derjenigen von Watson und Diener präzise entsprach: Bei Watson und Diener wurde jede Augenblicksbewertung eines angenehmen Affekterlebens bei einer starken Emotion mit der Augenblicksbewertung korreliert, die dieselbe Versuchsperson von unangenehmen Gefühlen gab. Eine ähnliche Analyse von PA- und NA-Scores zeigte, daß bei höheren Skalenwerten auf PA oder NA tatsächlich die Tendenz zu einer höheren negativen Korrelation bestand. In Anbetracht der subtilen Unterschiede in der Methodik und statistischen Analyse ist es schwierig, eindeutige Schlüsse aus diesen offensichtlich inkonsistenten Studien zu ziehen, aber es scheint tatsächlich der Fall zu sein, daß hohe Emotionsgrade die Unabhängigkeit des positiven und negativen Affekts verringern.

Feldman (1995b) wies nach, daß intra-individuelle Korrelationen zwischen PA und NA von Unterschieden im *Erregungsfokus* und im *Valenzfokus* der Person abhingen, die die Ratings abgab. Teilnehmer, die generell mehr Aufmerksamkeit auf die Aktivierungsaspekte ihrer Stimmungen und Emotionen richteten, zeigten positivere Korrelationen zwischen PA und NA, während Versuchspersonen, die mehr Gewicht auf das Wohlbefinden legten, negativere Korrelationen zeigten. Die Unabhängigkeit von positivem und negativem Affekt scheint also, wie oben ausgeführt, teilweise von der individuellen Deutung der affektiven Erfahrungen abzuhängen und muß nicht notwendigerweise irgend etwas Grundlegendes über diese Erfahrungen selbst aussagen. Allgemeiner ausgedrückt, bestätigen auch diese Befunde, daß PA und NA nicht immer und unter allen Bedingungen unabhängig voneinander sind.

Ein weiterer extrinsischer Faktor des eigentlichen Stimmungserlebens, der zur scheinbaren PA-NA-Unabhängigkeit beitragen könnte, hängt damit zusammen, wie Menschen auf die Merkmale der Selbstberichts-Items reagieren, die zur Messung dieser Faktoren eingesetzt werden. So hat beispielsweise die Neigung zur Einwilligungsreaktion oder »Ja-Sage-Tendenz« (*acquiescence response bias*) häufig zur Folge, daß die Befragten jeder zu bewertenden Behauptung zustimmen, unabhängig von deren Inhalt (Bentler, 1969). Wenn Menschen ihre Affekte bewerten sollen, neigen sie also möglicherweise dazu, sowohl bei negativen als auch bei positiven Valenzadjektiven anzugeben, daß diese in stärkerem Ausmaß auf ihre Stimmungen zutreffen, als es tatsächlich der Fall ist, wodurch sich dann jede negative Korrelation zwischen den beiden Ratingarten verringert. Green, Goldman und Salovey (1993) wiesen nach, daß PA- und NA-Skalen unabhängig vom bewerteten Zeitraum erhebliche negative Interkorrelationen aufwiesen, wenn man Messungsirrtümer, einschließlich der Neigung zur Einwilligungsreaktion, miteinkalkulierte.

Die allgemeine Schlußfolgerung dieses Abschnitts ist, daß die Unabhängigkeit von PA und NA von mehreren Faktoren abhängen kann, die keine intrinsischen Eigenschaften der relevanten affektiven Erfahrungen sind, einschließlicher solcher Faktoren, die mit der zeitlichen Stichprobenwahl, mit individuellen Unterschieden beim Aufmerksamkeitsfokus und mit bestimmten Reaktionstendenzen zusammenhängen. Dennoch scheinen der positive und der negative Affekt, wie sie von Watson und Tellegen definiert werden, zumindest in einer Hinsicht eine echte Unabhängigkeit aufzuweisen; das ergibt sich aus der Beobachtung, daß die Skalenwerte durch ganz unterschiedliche Variablenarten beeinflußt werden. Zahlreiche Nachweise sprechen für die These, daß PA mit dem Persönlichkeitsmerkmal Extraversion (Eysenck, 1967) verbunden ist und empfänglich auf die Häufigkeit angenehmer Ereignisse und sozialer Involviertheit reagiert ebenso wie auf die Tages- und Jahreszeit (s. Kapitel 5). Im Gegensatz dazu ist NA mit charakteristischen Graden des Neurotizismus verbunden und variiert im Zusammenhang mit wahrgenommenem Streß und gesundheitlichen Beschwerden, aber nicht so sehr mit der Zeit *per se*. Wenn diese Verallgemeinerungen im großen und ganzen zutreffend sind, dann wären fehlende Übereinstimmungen in der zeitlichen Veränderlichkeit dieser beider Affektfaktoren nicht überraschend.

Messung von Stimmungsdimensionen

Die Circumplex-Modelle sind nicht nur für ein theoretisches Verständnis der Affektstruktur bedeutsam, sondern haben auch Auswirkungen auf die Methoden der Stimmungsmessung. Wenn sich die Affektbedeutung zum Beispiel größtenteils über die Werte auf zwei einfachen Dimensionen erfassen läßt, dann kann man das Phänomen für viele Forschungszwecke hinlänglich bestimmen, indem man die Werte auf diesen Dimensionen ermittelt. Außerdem erhalten Forscher durch die Abbildungen von spezifischen Affektbegriffen auf dem Circumplex die Möglichkeit, diejenigen Adjektive auszuwählen, die am repräsentativsten für die Dimensionen sind, die in die Selbstberichtsskalen für eine Affektmessung aufgenommen werden sollen. So erfordert eine Messung des PA offensichtlich, daß man die Teilnehmer fragt, in welchem Ausmaß Adjektive wie »aufgeregt«, »beschwingt« oder »enthusiastisch« ihre momentane Verfassung kennzeichnen, und zur Messung der Lust-Unlust gehört, daß man die Versuchsteilnehmer nach dem Grad ihres Glücks-, Lust- und Befriedigungsgefühls befragt.

Tabelle 2.1 Die positive und negative Affektskala (PANAS; Watson, Clark & Tellegen, 1988)

Diese Skala besteht aus einer Reihe von Wörtern, die unterschiedliche Empfindungen und Emotionen beschreiben . Gehen Sie bitte die aufgeführten Items durch und markieren Sie dann die zutreffende Antwort in dem Leerraum neben dem Wort. Geben Sie an, *in welchem Grad Sie jetzt, d. h. in diesem Moment, so empfinden*, [ODER: *in welchem Grad Sie heute so empfunden haben; in welchem Grade Sie in den letzten Tagen so empfunden haben* etc.]. Benutzen Sie die folgende Skala für Ihre Antworten:

kaum oder überhaupt nicht	ein wenig	mäßig	ziemlich	extrem
1	2	3	4	5

... interessiert*	... feindselig	... nervös
... betrübt	... enthusiastisch*	... entschlossen*
... aufgeregt*	... stolz*	... aufmerksam*
... beunruhigt	... gereizt	... nervös
... stark*	... munter*	... aktiv*
... schuldig	... beschämt	... ängstlich
... eingeschüchtert	... inspiriert*	

* alle mit einem Sternchen versehenen Items beziehen sich auf PA. Alle Items ohne Sternchen auf NA.

Affektmessung durch Selbstberichte

Die häufigste Art der Stimmungsmessung folgt genau dieser Methode der Selbstbeurteilung mittels unterschiedlicher Ratingskalen, die in Affektadjektiven verankert sind. Es stehen unterschiedliche Antwortformate zur Verfügung; bei den meisten werden die Teilnehmer aufgefordert, anhand einer Zahlenskala anzugeben, in welchem Ausmaß das Adjektiv auf ihre gegenwärtige oder kürzliche Stimmung zutrifft. Bei einem häufig verwendeten Fragebogen zur Messung von PA und NA (PANAS: Positive And Negative Affect Scale, s. Tab. 2.1) werden 20 Adjektive aufgeführt, einschließlich »interessiert«, »betrübt«, »aufgeregt«, »beunruhigt« und »gereizt«; mittels einer Fünf-Punkte-Skala bewerten die Teilnehmer, inwieweit jedes Adjektiv zutreffend beschreibt, was sie gerade empfinden (oder kürzlich empfunden haben). Man hat einige fast austauschbare Fragebögen entwickelt, um die Grunddimensionen des positiven und negativen Affekts zu messen, und in der Praxis spielt es wahrscheinlich keine große Rolle, welchen man benutzt. Watson (1988b) wies nach, daß abgesehen von einer Ausnahme alle zwölf kurzen PA- und NA-Bewertungsskalen für die meisten Forschungszwecke hinlänglich reliabel waren und daß jeder hohe positive Korrelationen mit den anderen aufwies.

Eine noch schnellere und einfachere Methode der Affektbeurteilung wurde von Russell, Weiss und Mendelssohn (1989) vorgeschlagen. Bei ihrem *Affektgitter* handelt es sich, wie der Name schon sagt, um ein quadratisches, in 9x9 Felder unterteiltes Gitter, dessen Seiten jeweils Lust-Unlust und Aktivierung repräsentieren. Die Befragten markieren das Feld, das ihrer derzeitigen Befindlichkeit auf diesen beiden Dimensionen entspricht (s. Abb. 2.5). Russell und seine Mitarbeiter stellten fest, daß die bei diesem Verfahren gewonnenen Scores eine hohe Korrelation mit Scores aufwiesen, die durch längere und zeitaufwendigere verbale Selbstberichtsskalen gewonnen wurden; das Gitter könnte sich also als nützliches Mittel erweisen, wenn man Affektratings unter Zeitdruck oder anderen eingeschränkten Arbeitsbedingungen erstellen muß.

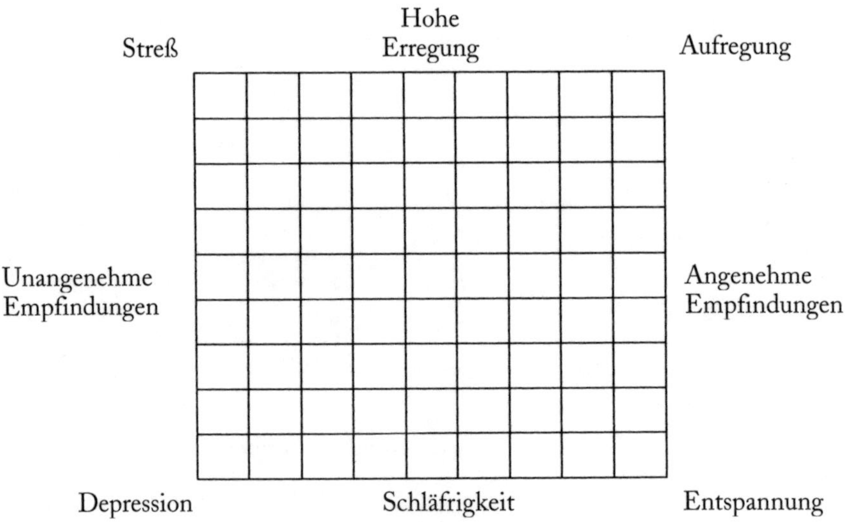

Abbildung 2.5 Das Affektgitter (Russell, Weiss & Mendelsohn, 1989)

Für viele Studien, die die allgemeine Wirkung von verschiedenen persönlichen und situativen Stimmungsfaktoren untersuchen (s. Kapitel 3), ist eine Bewertung der abhängigen Variablen im Hinblick auf zwei Grunddimensionen ausreichend. In der Tat läßt die Standardisierung von Skalen auf diesen Dimensionen sie ohnehin als das angemessene

Untersuchungsziel erscheinen. Für exaktere Hypothesen über die Rolle, die Stimmungen im psychischen Apparat spielen, sind jedoch möglicherweise Unterscheidungen erforderlich, die über das hinausgehen, was diese Skalen leisten können. So sind beispielsweise derzeitige Bewertungsskalen für Lust-Unlust und Aktivierung oder für PA und NA nicht in der Lage, den gravierenden Unterschied zwischen einer ängstlichen und einer gereizten Stimmung zu ermitteln, die von gleicher subjektiver Intensität sind. Von daher scheint es notwendig, gezieltere Stimmungsmessungen zu entwickeln, die anderen Untersuchungszwecken gerecht werden. Im abschließenden Teil dieses Kapitels werden wir noch einmal auf die Frage zurückkommen, ob zwei Dimensionen ausreichend sind, wenn man alle wichtigen Stimmungsvariationen und -unterschiede erfassen will.

Nachteile von Affektmessungen durch Selbstbeurteilungen

Die Verwendung von Selbstberichten für die Stimmungsmessung bringt eine Reihe von offenkundigen Problemen mit sich. Das erste ist, daß die Vorgehensweise einen bestimmten Grad der Stimmungsbewußtheit unterstellt (Swinkels & Giuliano, 1995), der möglicherweise nicht immer gegeben ist. So haben wir in Kapitel 1 darauf hingewiesen, daß man sich in einer bestimmten Stimmung befinden kann, ohne sich dessen deutlich bewußt zu sein, was sich zum Beispiel zeigt, wenn andere uns erst darauf aufmerksam machen müssen, daß wir schon den ganzen Tag über schlechte Laune hatten. Es liegt auf der Hand, daß Stimmungen, die man nicht bemerkt, wahrscheinlich keinen Eingang in Stimmungsratings finden. Es ist jedoch möglich, daß eine Selbstberichtsskala, die explizite Fragen nach dem derzeitigen Affektzustand enthält, die Befragten für Affektinformationen sensibilisiert und ihnen eine bislang unbemerkte Stimmungslage bewußter macht. Wenn diese Art von induziertem Stimmungsbewußtsein während eines Selbstberichts auftritt, entsteht jedoch leider das Dilemma, daß das Meßverfahren möglicherweise genau das Phänomen beeinflußt, das es messen will. Einige Forscher haben zum Beispiel darauf hingewiesen, daß bewußte Stimmungserlebnisse ganz andere Auswirkungen haben als unbewußte Stimmungen (Morris, 1992). So könnte zum Beispiel eine genaue Selbstbeobachtung dazu führen, daß man gezielt versucht, die eigene Stimmung zu verändern (s. Kapitel 6), oder daß man zusätzliche Empfindungen entwickelt, weil man eine bestimmte Gemütsverfassung bei sich feststellt (z. B. Niedergeschlagenheit, wenn man entdeckt, wie sehr man sich langweilt). Wenn eine Studie unter anderem das Ziel hat, die Auswirkungen von Stimmungen zu bewerten, besteht also die Gefahr, daß die auferlegte Stimmungsbeurteilung die direkten Stimmungseffekte auf die abhängige Variable beeinträchtigt.

Eine weitere Gruppe von potentiell verunreinigenden Faktoren hängt mit der sozialen Bedeutung von stimmungsbezogenen Aussagen zusammen. Das Ankreuzen von Antworten auf einem Fragebogen ist nicht einfach ein neutraler deskriptiver Akt, sondern Teil eines Kommunikationsprozesses, der sich an die Person richtet, die die zur Verfügung gestellten Daten benutzen wird. Mit anderen Worten: Menschen orientieren sich bei ihren Stimmungsratings möglicherweise eher daran, was sie der anderen Person über sich und ihre Empfindungen mitteilen möchten als an ihrem tatsächlichen Affekterleben. In der zeitgenössischen westlichen Kultur gibt es beispielsweise allgemein anerkannte Höflichkeitsregeln, die den Ausdruck angenehmer Gefühle fördern und den Ausdruck unangenehmer Empfindungen hemmen. Diese Regeln tragen möglicherweise zu dem häufigen Befund bei, daß die meisten Befragten von sich selbst sagen, sie seien die meiste Zeit mäßig glücklich (Diener, 1984). Andererseits kann unter bestimmten Bedingungen auch der Ausdruck unangenehmer Gefühle sozial angemessener erscheinen, zum Beispiel wenn man sich bei jemandem beschweren will oder eine allgemeine Mißbilligung teilen möchte. Schließlich berichtet man vielleicht auch von einem bestimmten Affektzustand, weil man glaubt, daß der Mensch, für den diese Mitteilung bestimmt ist, dieses Gefühl wünscht oder erwartet, zum Beispiel wenn er die Mühe auf sich genommen hat, Filme vorzuführen oder Musikstücke vorzuspielen, die offenbar auf die Auslösung dieser Reaktion angelegt sind, wie es bei vielen Stimmungsstudien der Fall ist (s. Kapitel 3). In der Praxis ist es extrem schwierig, den Einfluß dieser kommunikativen Aspekte bei der Selbstbeurteilung auszuklammern und zu den wahren Empfindungen der Teilnehmer vorzudringen. Abgesehen von den abgegebenen Ratings als solchen ist natürlich auch denkbar, daß die Art, wie man sich gegenüber anderen darstellt, selbst wiederum die Stimmung beeinflußt.

Auch wenn die Selbstbeurteilung nicht immer die beste oder präziseste Methode der Affektmessung sein mag, ist sie doch zweifellos von großem praktischen Wert. Zur Zeit ist keine der naheliegenden Alternativen in der Lage, eine genügend sensible oder differenzierte Messung zu gewährleisten. So kann man Affektinformationen beispielsweise auch durch nonverbale Indizes gewinnen, die auf Gesichtsausdrücken (Ekman & Friesen, 1975), auf psychophysiologischen Reaktionen wie Leitfähigkeit der Haut und Herzfrequenz (Cacioppo, Klein, Berntson & Hartfield, 1993) oder auf Leistungsmerkmalen (Mayer & Bremer, 1985) beruhen, aber bei keiner dieser Methoden hat man eine genaue oder konsistente Entsprechung zu anderen Verfahren der Affektbewertung festgestellt (s. Kapitel 4). Es ist jedoch häufig von Vorteil, wenn man nonverbale Meßmethoden wie die eben genannten teilweise miteinbezieht, um die Validität der Selbstbeurteilungen zu überprüfen. Ein weiteres nützliches Verfahren besteht darin, ergänzende Ratings von Beobachtern, wie zum Beispiel Ehepartnern, einzuholen, denen man zutraut, daß sie zutreffende Informationen über die Stimmungslage des Betreffenden haben (Marangoni, Garcia, Ickes & Teng, 1995). Vorläufig bleibt die Selbstbeurteilung trotz aller Einschränkungen die zuverlässigste und genaueste Methode der Stimmungsmessung.

Sind zwei Dimensionen genug?

Die Mehrzahl der bis jetzt in diesem Kapitel beschriebenen Untersuchungen deutet darauf hin, daß die qualitativen Unterschiede bei Affektzuständen hauptsächlich von Lust-Unlust und Aktivierung oder vom positiven und negativen Affekt abhängen. Es gibt jedoch auch zahlreiche Studien, die Hinweise auf weitere Dimensionen der Affektbedeutung geliefert haben; dazu gehören zum Beispiel Dimensionen, die sich auf das Ausmaß der Kontrolle, die Erlebnistiefe (Averill, 1975), die Intensität (Daly, Lancee & Polivy, 1983) und den Ort der Verursachung (Parkinson & Ley, 1991) beziehen. Zudem können Lust-Unlust und Aktivierung zwar einen Großteil, aber nicht die gesamte Varianz in Affektbeurteilungen erklären, und es ist unwahrscheinlich, daß der Rest ausschließlich auf die methodischen Instrumente und experimentelle Irrtümer zurückzuführen ist (Russell, 1978).

Auch rein intuitiv erscheint es nicht plausibel, daß alle Gefühle ausschließlich aus einer speziellen Mischung von Wohlbefinden und Erregung bestehen. So steckt hinter Unruhe, Überschwang oder Entsetzen offenbar mehr als eine bloße Wertekombination dieser beiden Variablen. Damit verbunden ist ein Grundproblem, das sich aus der zweidimensionalen Repräsentation der Affektbedeutung ergibt, nämlich daß Affektzustände, die offensichtlich ganz unterschiedliche Bedeutungen haben, im semantischen Raum dicht nebeneinander liegen (Larsen & Diener, 1992). So weisen zum Beispiel sowohl eine ängstliche als auch eine gereizte Stimmung ähnlich hohe Werte bei der Aktivierung und ähnlich niedrige Werte auf der Lust-Unlust-Dimension auf (oder hohe Werte beim negativen Affekt und niedrige beim positiven Affekt); das macht es schwierig, zwischen diesen beiden recht unterschiedlichen Zuständen zu unterscheiden, wenn man nur die beiden Circumplexdimensionen zur Verfügung hat. Folgt man dieser Argumentation, so reichen die postulierten Gefühlsdimensionen nicht aus, um den Vorstellungsgehalt von Stimmungs- oder Emotionsbegriffen vollständig zu erklären.

Nach Ansicht von Russell (1979) kann man den Erfahrungskern des Affekts wahrscheinlich vollständig über Lust-Unlust und Aktivierung darstellen, aber Alltagswörter und -begriffe zur Beschreibung von Gefühlen können auch zusätzliche Informationen enthalten, die sich auf die *Ursachen* und die *Folgen* des Erlebens beziehen. So gesehen hängen also Dimensionen wie Kontrolle und Verursachungsort eher davon ab, wie die psychische Situation, in der dieser Affekt auftritt, gedeutet wird als von dem Erleben selbst. Russells (1979) Auffassung impliziert zudem, daß diese zusätzlichen, durch Affektbegriffe vermittelten Bedeutungskomponenten nicht zur echten Affektstruktur gehören und daher gesondert behandelt werden sollten. Doch sogar wenn man dieses Argument akzeptiert, bleibt die Frage, ob die spezifische Begriffsgeographie *der Stimmung* (im Gegensatz zum Affekt im allgemeinen) diese zusätzlichen Bedeutungskomponenten miteinbeziehen oder ausschließen sollte.

In Kapitel 1 haben wir argumentiert, daß Stimmungen zu bestimmten Situationsdeutungen und zu bestimmten Verhaltensmustern prädisponieren und außerdem bestimmte Bewertungselmente enthalten. Aus dieser Perspektive sind zusätzliche Dimensionen der Affektbedeutung, die sich auf kognitive und motivationale Auswirkungen beziehen, zweifellos relevant für die Definition unterschiedlicher Stimmungszustände. So würde man insbesondere erwarten, daß man Stimmungen anhand ihrer interpretatorischen und handlungsgerichteten Aspekte genauer spezifizieren kann. Reizbarkeit scheint zum Beispiel ein unangenehmer Aktivierungszustand zu sein, der die Neigung umfaßt, Ereignisse als Ärgernisse aufzufassen und entsprechend zu reagieren, während eine ängstliche Stimmung offenbar ein unangenehmer Aktivierungszustand ist, der die Welt bedrohlich erscheinen läßt und Fluchtwünsche weckt. Die Konzentration auf zusätzliche Bedeutungskomponenten trägt also dazu bei, den Unterschied zwischen zwei Stimmungen zu klären, die beim Circumplexmodell relativ undifferenziert bleiben. Leider gibt es keine Studien, die sich speziell mit diesen strukturellen Aspekten der Stimmungsbedeutung befaßt haben, aber damit verwandte Untersuchungen von Emotionseinschätzungen und Handlungstendenzen lassen einige allgemeine Schlußfolgerungen zu.

In der Emotionsforschung haben Smith und Ellsworth (1985) die innovative These aufgestellt, daß man alle potentiellen Unterschiede zwischen verschiedenen Emotionen auf eine begrenzte Zahl von Dimensionen der kognitiven Einschätzung (*appraisal*) zurückführen kann (Einschätzung meint den Interpretations- und Bewertungsprozeß, der zu der Erkenntnis führt, daß die Situation bedeutsam für die eigene Person ist). Die Teilnehmer ihrer Studie beschrieben, wie sie Situationen bewertet und interpretiert hatten, die mit fünfzehn erinnerten Emotionen zusammenhingen. Für jede Emotion ergab sich ein relativ klares Profil auf sechs unabhängigen Einschätzungsdimensionen, die sich auf Lust-Unlust, antizipierte Anstrengung, Gewißheit, Eigenverantwortung/Kontrolle und Situationskontrolle bezogen. Ärger war zum Beispiel eng verbunden mit der Einschätzung, daß eine andere Person für das Geschehen verantwortlich war, während Furcht mit Unsicherheit über den Ausgang der Situation verknüpft war. Sowohl Furcht als auch Ärger (aber nicht Glück oder Stolz) waren mit der Erwartung verbunden, daß die Bewältigung der Situation gewisse Anstrengungen kosten würde. Folgestudien haben die einschätzungsbezogenen Definitionen von spezifischen Emotionsbegriffen erweitert und gefestigt (Manstead & Tetlock, 1989; Roseman, 1991; Smith, Haynes, Lazarus & Pope, 1993).

Eine fundamentale Schlußfolgerung dieser Forschungen ist, daß unterschiedliche Emotionsbedeutungen mit bestimmten Interpretations- und Beurteilungsmustern für die momentane oder bevorstehende Situation zusammenhängen. Wir haben in Kapitel 1 darauf hingewiesen, daß Stimmungen diffusere und unfokussiertere Zustände sind als Emotionen; von daher ist es unwahrscheinlich, daß alle ermittelten Einschätzungsdimensionen für Stimmungen genauso relevant sind wie für Emotionen. Dennoch erscheint es plausibel, daß Stimmungen in einigen Fällen mit allgemeineren Einschätzungsmustern verbunden sind. So könnte zum Beispiel die Tendenz, Ereignisse dahingehend zu deuten, daß sie von anderen Personen und nicht von unpersönlichen Kräften verursacht werden, ein charakteristisches Merkmal reizbarer Stimmungen sein (Keltner, Ellsworth & Edwards, 1993).

Verwandte Studien haben außerdem die Formen der *Handlungsbereitschaft* untersucht, die mit unterschiedlichen Emotionen und unterschiedlichen Einschätzungsmustern einhergehen. Bei den Teilnehmern eines Experiments von Frijda, Kuipers und ter Schure (1989) ergab sich zum Beispiel, daß Ärger außer Aufregung auch die Tendenz zu einem Verhalten umfaßte, das *gegen* eine Person oder Sache gerichtet ist (Antagonismus), und daß Liebe neben einer allgemeinen Aufregung mit dem Bedürfnis verbunden war, auf einen anderen Menschen zuzugehen oder in Kontakt mit ihm zu treten. Auch hier gilt vermutlich wiederum, daß die Verknüpfung mit bestimmten Formen der Handlungsbereitschaft bei Stimmungen weniger eng ist als bei Emotionen, aber eine etwas genauere Definition von allgemeinen Tendenzen wie Annäherung-Vermeidung oder Zuwendung-Abwendung ist vielleicht durchaus möglich. Wahrscheinlich ist die Bandbreite der möglichen Stimmungszustände auch kleiner als die der möglichen Emotionszustände, was ebenfalls dafür spricht, daß für Stimmungen vielleicht eine kleinere Zahl von generalisierten Modi gelten könnten.

Zusammenfassend: Man kann Stimmungszustände teilweise über ihre evaluativen Bedeutungen definieren und teilweise über die damit einhergehenden Einstellungen gegenüber affektrelevanten Informationen sowie über die Verhaltens- oder Handlungsneigungen, die mit diesen Einstellungen verbunden sind. So gesehen gehen Stimmungen immer über einfache Gefühle hinaus. Die Qualität der beurteilten Lust-Unlust, die sich in dimensionalen Studien zeigt, spiegelt deutlich die evaluativen Aspekte der Stimmung wider, und die Aktivierungskomponente hängt mit der Tatsache zusammen, daß sich Stimmungen im allgemeinen fördernd oder hemmend auf das Handeln auswirken. Doch keine dieser Komponenten ist eine simple Gefühlsqualität. Sie spiegeln vielmehr die dynamischen Aspekte fortgesetzter Stimmungszustände wider. Um die Bedeutung von Stimmungszuständen genauer zu spezifizieren, muß man gezielte Aufmerksamkeit auf die jeweilige Einschätzung und auf die Formen der Handlungsbereitschaft richten, die durch Stimmungen erzeugt werden (Frijda 1986). Zu einer ängstlichen Stimmung gehört zum Beispiel eine gewisse Wachsamkeit, die auf bedrohliche Objekte und Ereignisse gerichtet ist, sowie die allgemeine Neigung zu einem schnellen und tatkräftigen Handeln. Im Gegensatz dazu gehört zu einer gereizten Stimmung, daß man sich auf einen potentiellen Angriff einstellt und zu aggressiven Reaktionen neigt. Die grundlegende intrinsische Qualität jeder dieser Stimmungen ist nicht auf Unlust und Aktivierung reduzierbar, auch wenn es häufige Aspekte beider Zustände sind. Für eine umfassende Definition beider Stimmungen muß man näher bestimmen, auf welches Ziel die Aktivierung (im Hinblick auf die Aufmerksamkeit und die Handlungsdisposition) gerichtet ist.

Trotz der allgemeinen Schlußfolgerung, daß Stimmungen mehr umfassen als nur Lust-Unlust und Aktivierung, hat man sich bei der Erforschung von Stimmungsvorgängen und ihrer Beziehung zu anderen psychologischen Faktoren speziell auf diese beiden Dimensionen konzentriert, vor allem auf die Dimension angenehm-unangenehm. Die grundlegende Unterscheidung zwischen angenehmen und unangenehmen oder guten und schlechten Stimmungen wird bei der Erörterung weiterer Untersuchungen in diesem Buch immer wieder auftauchen. Im Hinblick auf spezifischere Stimmungsqualitäten sind künftig noch weitere begriffliche und methodische Arbeiten erforderlich.

Zusammenfassung

Psychometrische Untersuchungen haben zwei konsistente Dimensionen für die Affektbedeutung aufgedeckt, die sich auf die Lust-Unlust und die Aktivierung beziehen. In der Alltagserfahrung umfassen Stimmungen häufig eine bestimmte Mischung dieser Faktoren, wobei Aktivierung häufig mit Wohlbefinden einhergeht und einen hohen »positiven Affekt« oder Aufregung ergibt, während sich Deaktivierung häufig mit Unlust vermischt und zu einem niedrigen »positiven Affekt« oder einer Depression führt. Ähnlich treten auch Unlust und Aktivierung häufig gemeinsam auf und erzeugen einen hohen »negativen Affekt«, während sich Deaktivierung und Wohlbefinden zu einem niedrigen »negativen Affekt« verbinden. Unterschiedliche Konstellationen von situativen und psychischen Variablen haben unterschiedliche Auswirkungen auf diese Dimensionen; über längere Zeiträume können ihre Gesamtwerte eine statistische Unabhängigkeit ergeben. Dennoch ist es unwahrscheinlich, daß man in ein und demselben Moment starke positive Affektzustände und starke negative Affektzustände gleichzeitig erleben kann. Die zweidimensionale Abbildung der Stimmung liefert die Grundlage für allgemeine Selbstbeurteilungsmessungen des Affekts auf einfachen Ratingskalen, aber für bestimmte Untersuchungsinteressen könnten sich präzisere Indizes, die kognitive und motivationale Stimmungsaspekte erfassen, als notwendig erweisen. Ein Großteil der Forschungsarbeiten, die wir im folgenden behandeln werden, konzentriert sich insbesondere auf den offenkundigsten und den am häufigsten festgestellten Unterschied zwischen Stimmungen, nämlich darauf, daß sie entweder angenehm oder unangenehm (gut oder schlecht) sind. Im nächsten Kapitel wollen wir die Faktoren betrachten, die diese unterschiedlichen Stimmungsarten beeinflussen.

3

Vorhersagbarkeit von Stimmungen

Nachdem wir das allgemeine Wesen von Stimmungen (Kapitel 1) und einzelne Stimmungsarten (Kapitel 2) erörtert haben, wenden wir uns jetzt der Betrachtung der Faktoren zu, die den Grad und die Qualität einer Stimmung bestimmen und vorhersagen. Wir werden insbesondere drei allgemeine Kategorien von Stimmungsprädiktoren besprechen: Ereignisse und Situationen, die man als *äußere* Einflüsse betrachten könnte, ferner *innerlich* wirkende Faktoren, wie zum Beispiel die Persönlichkeit, und schließlich vor allem Prädiktoren, die weder innerhalb noch außerhalb der Person liegen, sondern vielmehr das Ergebnis von *Transaktionen* zwischen der Person und ihrer Umwelt sind. Wir werden erläutern, warum der *prozessuale Ansatz* des vorliegenden Buches es fragwürdig erscheinen läßt, daß es einfache oder direkte Stimmungsprädiktoren gibt. In diesem Zusammenhang beschreiben wir das von Lazarus und seinen Mitarbeitern entwickelte transaktionale Modell (Lazarus & Folkman, 1984), dessen Anwendung darauf hindeutet, daß man Stimmungsprädiktoren am besten im Kontext einer sich entfaltenden Beziehung zwischen dem Menschen und seiner Umgebung verstehen kann.

Einführung

Warum fühlen wir, wie wir fühlen – in einem bestimmten Moment oder über einen bestimmten Zeitraum? Bis zu einem gewissen Grade scheinen die Ursachen unserer Stimmungen offenkundig. Wenn wir zum Beispiel guter Stimmung sind, liegt es häufig daran, daß wir etwas tun, was uns Freude bereitet, oder weil sich etwas Positives ereignet hat. Auch wenn wir schlechter Stimmung sind, können wir unsere Gefühle oft mühelos erklären und an einer Sache festmachen, die in unserem Leben schiefläuft. Doch manchmal fällt es uns auch schwer, die Ursachen unserer Stimmung ausfindig zu machen. So sind wir vielleicht niedergeschlagen, obwohl wir etwas tun, daß uns normalerweise Spaß macht oder obwohl gar nichts Schlimmes passiert ist. Und manchmal sind wir auch aus unerfindlichen Gründen glücklich, obwohl die Dinge eigentlich gar nicht besonders gut laufen. Einerseits können unsere Stimmungen also offenbar voraussagbare Reaktionen auf günstige oder ungünstige Bedingungen sein; andererseits können uns die Ursachen anscheinend auch Rätsel aufgeben.

In den meisten Fällen haben unsere Stimmungen nicht nur eine einzige Ursache, sondern hängen von einer Mischung aus vielen verschiedenen und häufig interagierenden Faktoren ab. Wie in Kapitel 1 ausgeführt, sind Stimmungen im Gegensatz zu Emotionen nicht auf ein konkretes Ereignis oder eine konkrete Situation gerichtet. Das könnte ein weiterer Grund dafür sein, warum unsere Fähigkeit, die Ursachen von Stimmungen klar zu erkennen, in vielen Situationen begrenzt ist. Die große Zahl und Vielfalt potentieller Einflüsse auf die Stimmung macht es unwahrscheinlich, daß ein einzelner Prädiktor aus sich heraus die beobachtete Stimmungsvarianz »erklärt«. Trotz dieser Einschränkung zeigen viele der in diesem Kapitel erörterten Studien die Tendenz, sich auf einen einzelnen oder einige wenige dieser möglichen Stimmungsprädiktoren zu konzentrieren.

Eine weitere Schwierigkeit bei der Voraussage von Stimmungen besteht darin, daß Menschen häufig versuchen, ihre eigene Stimmung zu steuern. So begibt man sich oft aktiv in Situationen, von denen man sich eine Verbesserung der Stimmung verspricht, zum Beispiel indem man ins Kino geht, um sich von seinen Problemen abzulenken. Deshalb hat neben den in diesem Kapitel erörterten Faktoren auch der *Prozeß der Stimmungsregulation*, den wir ausführlich in Kapitel 6 behandeln, starken Einfluß auf das Stimmungsgeschehen.

Obwohl die Vorhersage von Stimmungen und Stimmungswechseln zweifellos ein komplexes Unterfangen ist, kann man mehrere relevante Variablen erkennen. Wir besprechen hier drei derartige Kategorien von Prädiktoren: »äußere« oder situative Faktoren, »innere« oder persönliche Faktoren sowie interaktionale und transaktionale Faktoren, die sich aus einer Mischung von äußeren und inneren Einflüssen zusammensetzen. Es ist unmöglich, im vorliegenden Kapitel die ganze Bandbreite potentieller Stimmungsprädiktoren zu beschreiben. Wir werden deshalb einige anschauliche Beispiele für jede der genannten Kategorien geben, um einen allgemeinen Eindruck von den Faktoren zu vermitteln, die unsere Stimmungen beeinflussen.

Äußere Prädiktoren

Eine der offensichtlichsten Kategorien von Stimmungsprädiktoren umfaßt Ereignisse, die außerhalb der Person zu liegen scheinen und in der Außenwelt stattfinden. Wenn man uns nach den Ursachen für einen Stimmungswechsel fragt, nennen wir zum Beispiel häufig spontan bestimmte Dinge, die uns »passiert« sind, wie eine Zugverspätung oder ein nettes Kompliment, oder wir verweisen auf situative Merkmale, wie den Druck durch hohe berufliche Anforderungen. In diesem Abschnitt betrachten wir mehrere solcher äußeren oder situativen Prädiktoren, obwohl es unter Umständen nicht immer sinnvoll ist, solche Ereignisse gänzlich außerhalb der Person anzusiedeln, wie sich später zeigen wird, wenn wir die Transaktionen zwischen Person und Umwelt besprechen. Die spezifischen äußeren Stimmungsprädiktoren, die in den nächsten Abschnitten behandelt werden, kann man unter die folgenden allgemeinen Überschriften fassen: Alltagsärgernisse und Alltagsfreuden, »Streß« sowie Aktivitäten und Situationen.

Alltagsärgernisse und Alltagsfreuden

Das wissenschaftliche Interesse an *Alltagsärgernissen* entwickelte sich aus der Erforschung einschneidender Lebensereignisse (wie Scheidung, Tod oder Arbeitslosigkeit) und dem damit verbundenen Versuch, die Werte, die aus Fragebögen über Lebensereignisse gewonnen wurden, für die Vorhersage von Krankheiten zu nutzen (Dohrenwend & Dohrenwend, 1981; Holmes & Rahe, 1967). Solche Alltagsärgernisse sind auch als *Alltagsereignisse* (Clark & Watson, 1988; Larsen, Diener & Emmons, 1986; Neale, Hooley, Jandorf & Stone, 1987) oder *Alltagsstressoren* (Bolger & Schilling, 1991; Bolder & Eckenrode, 1987) bezeichnet worden. Um Studienteilnehmern die Bedeutung des Begriffs zu erklären, haben Forscher zum Beispiel folgende Definitionen von Alltagsärgernissen gegeben: »Kleinere Irritationen, die von banalen Zwischenfällen bis zu recht großen Zwängen, Problemen oder Konflikten reichen können« (Kanner, Coyne, Schaefer & Lazarus, 1981, S. 24) oder »Alles, was Sie ärgert oder stört, was Sie aus der Fassung bringt oder wütend macht« (DeLongis, Folkman & Lazarus, 1988; S. 495). Lazarus (1984) definierte Alltagsärgernisse etwas allgemeiner als »Erfahrungen und Bedingungen des täglichen Lebens, die vom Betroffenen als auffällig und nachteilig oder als bedrohlich für das persönliche Wohlbefinden eingeschätzt werden« (S. 376). Wenn man von diesen Beschreibungen ausgeht, deckt sich die grundlegende Theorie über Zusammenhänge zwischen Alltagsärgernissen und Stimmungen zweifellos mit dem gesunden Menschenverstand: Was unser Mißfallen erregt, macht uns schlechte Laune.

Bei einem Großteil der Studien über Alltagsärgernisse und Stimmungen werden die Teilnehmer gebeten, etwa vierzehn Tage lang ein- oder mehrmals am Tag ihren erlebten Ärger, ihre Stimmung und andere Variablen zu bewerten. Die Stimmung wird normalerweise mit Hilfe von Selbstberichtsmessungen der in Kapitel 2 beschriebenen Art ermittelt, während die Alltagsärgernisse für gewöhnlich gemessen werden, indem die Teilnehmer auf Checklisten eintragen, wie stark sie sich an diesem Tag von bestimmten Widrigkeiten beeinträchtigt fühlten. Im Einklang mit den oben angeführten, ziemlich groben Definitionen von Alltagsärgernissen enthalten solche Checklisten häufig sehr viele verschiedene Itemarten, die sich auf Erlebnisse wie Streitigkeiten, Arbeitsanforderungen, finanzielle Sorgen, körperliche Symptome, häusliche Pflichten oder die Gesundheit anderer beziehen (s. auch Bolger, DeLongis, Kessler & Schilling, 1989; DeLongis, Folkman & Lazarus, 1988; Kramer et al., 1981). Einige Forscher verwenden auch ein offenes Antwortschema (Caspi et al., 1987; Clark & Watson, 1988): Die Teilnehmer beschreiben mit ihren eigenen Worten negative Erlebnisse oder Ereignisse, die dann anschließend von den Forschern kodiert werden.

Im allgemeinen kommen die Studien zu dem nicht sonderlich überraschenden Befund, daß Alltagsärgernisse negative Auswirkungen auf die allgemeine Stimmungslage haben oder zumindest damit zusammenhängen. In den Fällen, in denen unterschiedliche Stimmungsdimensionen gemessen wurden, ergaben sich auch einige Hinweise darauf, daß sie eher mit Steigerungen des negativen als mit Verringerungen des positiven Affekts verbunden sind (Clark & Watson, 1988; Kanner et al., 1981; Neale et al., 1987; Watson, 1988b).

Es deutet auch einiges darauf hin, daß Alltagsärgernisse zwar eine negative Auswirkung auf die Stimmung desselben Tages haben, sich jedoch positiv auf die Stimmungslage des folgenden Tages auswirken. Nach den Ergebnissen einer Studie von De Longis u. a. (1988) verschlechtert ein hoher Grad an Widrigkeiten die Stimmung desselben Tages, ist aber mit einer verbesserten Stimmung am Folgetag verbunden. Für diesen »Rückprall-Effekt« gibt es mehrere mögliche Erklärungen, zum Beispiel, daß eine Art Regulationsmechanismus am Werk ist, der dafür sorgt, daß die Stimmung innerhalb bestimmter voreingestellter Grenzen des Wohlbefindens bleibt. Wenn die Stimmung diese Grenzen überschreitet, setzen homöostatische Prozesse ein, um die Stimmung wieder in ihren festgelegten Gleichgewichtsbereich zurückzudrängen, aber dieser Versuch führt vielleicht mitunter zu einer Überkompensation und daher zum Rebound-Effekt (s. Kapitel 5 für eine ausführlichere Behandlung von dynamischen Gleichgewichtsmodellen). Eine weitere mögliche Erklärung ist, daß im Vergleich mit den wirklich unangenehmen Ereignissen, die kurze Zeit vorher geschehen sind, alle nachfolgenden Erlebnisse einfach weniger unangenehm *erscheinen,* und dadurch eine Art Kontrastwirkung auslösen, »... wie in dem alten Sprichwort, das beschreibt, wie toll es sich anfühlt, wenn der Schmerz nachläßt, nachdem man mit dem Kopf gegen die Wand geknallt ist« (DeLongis et al., 1988, S. 492).

In jüngerer Zeit haben Forscher die These aufgestellt, daß es eher die allgemeine *Relevanz* der Alltagsärgernisse als einfach ihre Intensität oder Anzahl ist, die zu Stimmungsveränderungen führt. So haben Lavalle und Campbell (1995) festgestellt, daß negative Alltagsereignisse, die sich auf die persönlichen Ziele der Teilnehmer bezogen, eine unangenehmere Stimmungslage erzeugten als solche, die nicht damit zusammenhingen. Im allgemeinen wird die Beziehung zwischen Ärgernissen und Stimmungen wahrscheinlich von einer Vielzahl persönlicher und situativer Faktoren beeinflußt.

Ein zentrales Problem bei der Interpretation der Wirkung, die Alltagsärgernisse auf die Stimmung haben, wurde von Dohrenwend u. a. (Dohrenwend, Dodson & Shrout, 1984; Dohrenwend & Shrout, 1985) beschrieben. Sie argumentierten, daß bei den Messungen, insbesondere bei der von Kanner u. a. entwickelten Ärgernisskala (Kanner et al., 1981), häufig Alltagsärgernisse mit seelischem Kummer oder unangenehmen Stimmungen vermengt werden. Mit anderen Worten, einige der Skalenitems sind *Messungen* oder *Indikatoren* von unangenehmen Stimmungen und keine unabhängigen *Prädiktoren* von unangenehmen Stimmungen. Zu den Items auf dieser Skala gehören zum Beispiel »Loslassen von Problemen« oder »Arbeitsunzufriedenheit«, die sich eher darauf zu beziehen scheinen, wie Menschen affektiv auf bestimmte Ereignisse reagieren, als auf die Ereignisse selbst. Bei solchen Items besteht die hohe Wahrscheinlichkeit, daß sie mit Stimmungsmessungen korrelieren, einfach aufgrund der Tatsache, daß sie dasselbe oder ein ähnliches Phänomen messen. Obwohl Alltagsärgernisse also normalerweise als Ursachen von unangenehmen Stimmungen konzeptualisiert werden, macht die Art, wie sie gemessen werden, es mitunter wahrscheinlicher, daß die unangenehme Stimmung die Ärgernisse (oder jedenfalls ihre Schilderung) verursacht.

Nach dieser Analyse sollten Checklisten oder Fragebögen, die auf eine Messung von Alltagsärgernissen (oder Alltagsfreuden) angelegt sind, nur solche Items enthalten, die möglichst unabhängig von Stimmungen sind, damit die Befragten diese Items nicht als simple und direkte Konsequenz eines aktuellen Stimmungszustands auffassen. Lazarus u. a. (Lazarus, DeLongis, Folkman & Gruen, 1985) haben ihren Ansatz allerdings damit gerechtfertigt, daß sich Alltagsärgernisse im Grunde weder theoretisch noch empirisch von Stimmungen trennen lassen. Ihr Ansatz betont, daß Stimmungen als Folge von Transaktionen zwischen Menschen und ihrer Umgebung entstehen und nicht aus simplen Ursache-Wirkung-Prozessen resultieren. Diese transaktionale Perspektive werden wir später in diesem Kapitel noch ausführlich behandeln; an dieser Stelle sei nur darauf hingewiesen, daß wahrscheinlich alle Versuche, Stimmungsprädiktoren mittels subjektiver Beurteilungen von Probanden zu messen, auf ähnliche Probleme stoßen: Es ist immer schwer zu erkennen, ob die Stimmung der Versuchsperson durch den Prädiktor verursacht wurde oder ob ihre Beurteilung des Prädiktors von ihrer Stimmung verursacht wurde.

Mit den Auswirkungen von *Alltagsfreuden* haben sich relativ wenig Studien beschäftigt, und fast alle sind von Lazarus und seinen Mitarbeitern geleitet worden (DeLongis, Coyne, Dakof, Folkman & Lazarus, 1982; Kanner et al., 1981; Lazarus, 1984). In Anlehnung an die oben zitierte Definition von Alltagsärgernissen beschrieb Lazarus (1984, S. 376) Alltagsfreuden als »Erfahrungen und Bedingungen des täglichen Lebens, die vom Betroffenen als auffällig und vorteilhaft oder als förderlich für das persönliche Wohlbefinden eingeschätzt werden«. Die theoretische Grundlage der Verbindungen zwischen Alltagsfreuden und Stimmungen ist insofern etwas interessanter, als die beflügelnden Ereignisse nach Ansicht von Lazarus und seinen Kollegen als eine Art *Puffer* wirken, der die Effekte von Ärgernissen auf die Stimmung abfängt. Mit anderen Worten: Außer den direkten positiven Auswirkungen, die Alltagsfreuden haben mögen, dämpfen oder mildern sie die negative Affektwirkung von Alltagsärgernissen. In nachfolgenden Studien konnte allerdings keine starke Pufferfunktion von Alltagsfreuden nachgewiesen werden.

Studien über die *direkten* Auswirkungen von positiven Alltagsereignissen auf die Stimmung haben gezeigt, daß ihr Auftreten mit der Stimmung verbunden ist, und zwar insbesondere mit einem Anstieg des positiven und weniger mit einem Rückgang des negativen Affekts (Kanner et al., 1981; Zautra, Guarnacciy, Reich & Dohrenwend, 1988). Im allgemeinen hat die Forschung den Stimmungsauswirkungen von Alltagsfreuden allerdings weit weniger Aufmerksamkeit geschenkt als den Auswirkungen unangenehmer Ereignisse. Wie bei den Ärgernissen hängen auch die Effekte von Alltagsfreuden wahrscheinlich von vielen weiteren Variablen ab. Eine Studie von Langston (1994) deutet darauf hin, daß die Ausnutzung oder *Kapitalisierung* von positiven Ereignissen (zum Beispiel durch ausdrucksstarke Reaktionen) ihre Wirkung auf eine positive Stimmung verstärkt. Diese Befunde stehen in Einklang mit der häufig gemachten Beobachtung, daß *Bewältigungs*reaktionen eine große Rolle spielen, wenn man die Affektwirkung negativer Ereignisse bestimmen will (Folkman & Lazarus, 1985). Die Frage der indivduellen »Handhabung« und Einordnung von positiven ebenso wie von negativen Ereignissen wird die Stimmungsforschung vermutlich in wachsendem Maße beschäftigen (Hsee & Abelson, 1991; Hsee, Salovey & Abelson, 1994).

In den letzten zehn Jahren ist das Interesse an der Bedeutung von kleinen Ärgernissen und Freuden für die Vorhersage von Alltagsstimmungen stetig gewachsen. Solche Ereignisse spielen zweifellos eine wichtige Rolle beim Affekt, aber die in diesem Abschnitt skizzierten theoretischen und methodischen Probleme zeigen, daß das genaue Wesen dieses Einflusses noch alles andere als klar ist.

Ein Anmerkung zum Streß

In der zeitgenössischen Psychologie betrachtet man negative äußere Ereignisse in der Stimmungsvoraussage meistens im Zusammenhang mit dem Thema *Streß* und *Stressoren*. Wie oben ausgeführt, sind Alltagsärgernisse auch als »Alltagsstressoren« bezeichnet worden. Trotz der offenkundigen Popularität des Streßkonzepts halten wir diesen Ansatz im gegenwärtigen Kontext aus mehreren Gründen für nicht sinnvoll. Erstens: Streßtheorien sind häufig ausschließlich auf negative und extreme Folgen, wie Krankheiten oder Depressionen, ausgerichtet, während unser Hauptinteresse den Prädiktoren von weniger extremen Ergebnissen (Affekten) gilt, die positiv oder negativ sein können. Zweitens: Es bestehen zahlreiche definitorische und konzeptuelle Probleme (Appley & Trumbull, 1986; Pollock, 1988), die den Erklärungswert von Streßmodellen einschränken. Viele Modelle kommen zum Beispiel kaum über die Feststellung hinaus, daß Stressoren (der Reiz) eine Belastung (die Reaktion) auslösen und daß diese Beziehung durch andere Variablen abgeschwächt oder vermittelt werden kann (z.B. soziale Unterstützung, Bewältigung). Anders als zum Beispiel Stimmungstheorien oder Theorien des psychischen Wohlbefindens versuchen sie nicht zu *erklären*, warum und wie Affektzustände erzeugt werden. Diese Modelle gelangen in fast kreisförmig anmutender Weise zu dem Schluß, daß Stressoren eine Ursache von Belastungen sein können und daß Belastungen durch Stressoren verursacht werden. Aus transaktionaler Sicht (die wir später in diesem Kapitel ausführlicher beschreiben) sind schließlich auch die Reiz-Reaktion- oder Ursache-Wirkung-Ketten, die in Streßmodellen impliziert sind, abzulehnen ebenso wie die These, daß Streß eine spezifische oder begrenzte Erscheinung oder Variable ist. In diesem Zusammenhang schreiben zum Beispiel Lazarus und Folkman (1984, S. 11–12), Streß sei »keine Variable, sondern eine Rubrik, die aus vielen Variablen und Prozessen besteht«, und definieren Streß dann als »eine bestimmte Beziehung zwischen der Person und ihrer Umwelt, die von der Person als Belastung ihrer Ressourcen oder als Gefahr für ihr Wohlbefinden eingeschätzt wird« (S. 19). Aus diesen Gründen sind wir der Auffassung, daß herkömmliche Streßmodelle nicht hilfreich und möglicherweise sogar irreführend sind, wenn man die Ursachen von Stimmungen besser verstehen will.

Aktivitäten und Situationen

Aktivitäten lassen sich durch zwei grundlegende Merkmale von Alltagsärgernissen und -freuden unterscheiden. Erstens: Während die Konzeptualisierung von Alltagsärgernissen und Alltagsfreuden bereits einen gewisse Wertung umfaßt (d. h. erstere sind etwas Schlechtes, letztere etwas Gutes), haben Aktivitäten nicht *notwendigerweise* einen affektiven Gehalt (obwohl auch sie angenehm oder unangenehm sein können). Zweitens: Alltagsfreuden und -ärgernisse beziehen sich für gewöhnlich auf relativ kurze und zeitlich begrenzte Ereignisse, während sich Aktivitäten häufig über längere Zeiträume erstrecken. Viele Beschreibungen von Aktivitäten enthalten auch Hinweise auf die Situation, in der die Tätigkeit durchgeführt wird: So kann eine Beschreibung wie »mit anderen Menschen zusammensein« oder »bei der Arbeit sein« sowohl auf eine Aktivität als auch auf die »äußere« Situation gemünzt sein. Doch wie wir später noch erörtern werden, kann es sich mitunter als recht schwierig erweisen, hier eine klare Grenze zu ziehen.

Da Menschen in unserer Kultur relativ großen Wert darauf legen, daß sie sich wohlfühlen und Freude am Leben haben, ist es erstaunlich, daß es kaum konkrete Belege dafür gibt, welche speziellen Arten von Aktivitäten und Situationen unser Wohlbefinden fördern oder beeinträchtigen. Einer der Gründe könnte sein, daß uns die Antwort selbstverständlich erscheint: Wir beschäftigen uns gern mit Dingen und begeben uns gern in Situationen, die uns gefallen, und wir beschäftigen uns ungern mit Dingen und begeben uns ungern in Situationen, die uns mißfallen. Andererseits ist auch klar, daß Aktivitäten oder Situationen, die unserer Meinung nach Spaß machen oder Spaß machen sollten, nicht immer die antizipierte angenehme Stimmung erzeugen, und daß Aktivitäten oder Situationen, bei denen wir damit rechnen, daß wir sie unangenehm finden, nicht immer so schlimm sind, wie wir befürchtet haben. Mit anderen Worten, es gibt möglicherweise nur wenige simple Verbindungen zwischen Aktivitäten, Situationen und Stimmungen.

Zu den seltenen Versuchen, die Stimmungs- und Emotionsunterschiede bei einer Vielzahl von Aktivitäten und Situationen zu erforschen, gehört eine Studie von Brandstätter (1991). In dieser Untersuchung wurden die Teilnehmer 30 Tage lang jeweils viermal am Tag nach ihrer momentanen Stimmung und Aktivität befragt. Dieses Verfahren ist auch bekannt als *Experience-Sampling-Methodik* (ESM) und unterscheidet sich von den oben erwähnten Tagebuchstudien, weil die Teilnehmer gebeten werden, Fragen nach ihrem *momentanen* Befinden zu beantworten, und nicht rückblickend schildern, wie sie sich im Laufe des Tages oder in den vergangenen Stunden gefühlt haben (vgl. Kapitel 5 für eine ausführliche Beschreibung dieser Verfahren).

Die Ergebnisse dieser Studie ergeben ein sehr komplexes Bild von den Zusammenhängen zwischen Aktivitäten/Situationen und Stimmungen, zum Teil weil Brandstätters Messung des selbstbeurteilten Affekts vier Kombinationen von einzelnen Emotionswörtern verwendete (z. B. Freude/Aktivierung, Entspannung/Befriedigung) und nicht die gebräuchlichen zwei Dimensionen des positiven und negativen Affekts. Viele der Befunde sind jedoch offenkundig von Bedeutung für unsere Fragestellung. Wir wollen das durch einige Beispiele veranschaulichen. Erstens: Im Hinblick auf die soziale Situation berichteten die Teilnehmer von einem größeren Ausmaß an Freude/Aktivierung, wenn sie mit Verwandten und Freunden zusammen waren, als wenn sie mit anderen Personengruppen umgingen oder allein waren, und von einem höheren Grad an Ärger/Furcht, wenn sie sich in Gesellschaft von entfernten Bekannten oder von Fremden befanden. Im Hinblick auf Arbeit und Freizeit wurde während der Arbeitsaktivitäten von mehr Müdigkeit, Ärger und Furcht berichtet, unabhängig davon, ob diese Aktivitäten zu Hause oder außerhalb des Hauses durchgeführt wurden. Wenn sich die Teilnehmer zu Hause aufhielten, war die berichtete Entspannung größer als an anderen Orten, unabhängig davon, ob die Teilnehmer sich mit Arbeits- oder Freizeitaktivitäten beschäftigten, und die größte Freude wurde bei Freizeitaktivitäten außerhalb des eigenen Heims empfunden.

In einer verwandten Tagebuchstudie von Watson (1988b) schätzten die Teilnehmer am Ende jeden Tages ein, wie viel Zeit sie mit Freunden verbracht hatten, berichteten, ob sie sich körperlich betätigt hatten oder nicht, und bewerteten ihre allgemeine Stimmung im Hinblick auf den positiven und negativen Affekt. Die Ergebnisse deuteten darauf hin, daß soziale Aktivitäten und körperliche Bewegung nur mit Steigerungen beim PA und nicht mit Verringerungen beim NA zusammenhingen.

Eine unserer eigenen Studien (Briner, Reynolds, Totterdell & Parkinson, 1994) stützte sich auf Stimmungsbewertungen, die alle zwei Stunden und einmal täglich abgegeben wurden, sowie auf Aktivitätsprotokolle, die am Ende des Tages ausgefüllt wurden. Durch dieses Vorgehen konnten wir sowohl die Effekte von Aktivitäten auf die momentane Stimmung untersuchen, als auch ermitteln, wie sich die Zeit, die mit unterschiedlichen Aktivitäten verbracht wurde, auf die Stimmung auswirkte. Die ersten Ergebnisse deuteten darauf hin, daß der Grad des angenehmen Affekts in der Zeit, in der man einer bezahlten oder unbezahlten Arbeit nachging, niedriger war als bei aktiven oder passiven Freizeitbeschäftigungen, während sich beim unangenehmen Affekt keine Unterschiede durch die vier Aktivitätskategorien ergaben. Die Tagesstimmung (die jeweils am Abend beurteilt wurde) zeigte keine Abhängigkeit von den Tagesaktivitäten; eine Ausnahme gab es für die Zeit, die mit unbezahlter Arbeit (zum Beispiel Hausarbeit) verbracht wurde und für die ein höheres Niveau an unangenehmen Gefühlen vorausgesagt werden konnte.

Die Erforschung der kausalen Beziehungen zwischen Aktivitäten und Stimmungen ist zwar ohne Zweifel ein wichtiges Untersuchungsfeld, aber aus mehreren Gründen alles andere als simpel. Erstens: Viele Aktivitäten und Situationen sind für gewöhnlich zeitabhängig. Wir stehen morgens auf, gehen dann wahrscheinlich zur Arbeit und nehmen unsere Mahlzeiten für gewöhnlich zu festgesetzten Tageszeiten ein. Deshalb ist es sehr schwierig, die Auswirkung einer Aktivität oder Situation auf die Stimmung empirisch zu trennen von der Auswirkung der Tageszeit, zu der sie auftritt, oder von der Auswirkung einer vorangegangenen Situation oder Aktivität. Wenn man zum Beispiel fast immer nach der Arbeit fernsieht, ist es schwierig, zu ermitteln, ob Zusammenhänge zwischen dem Fernsehen und der Stimmung eine Folge der Tageszeit und/oder ein verzögerter Effekt der beruflichen Tagesaktivitäten sind (s. Kapitel 5 für eine Erörterung der Auswirkungen von zeitlichen Variablen auf die Stimmung und auf Stimmungswechsel).

Eine zweites Interpretationsproblem ergibt sich, wenn man berücksichtigt, daß wir uns möglicherweise *aufgrund* einer speziellen Stimmung für eine bestimmte Aktivität entscheiden oder uns selbst in eine bestimmte Situation begeben. Auch hier gilt wiederum, daß diese potentielle Stimmungsabhängigkeit von Aktivitäten und Situationen es schwierig macht, kausale Beziehungen zwischen Stimmung und Aktivität herzustellen, es sei denn man benutzt äußerst feinkörnige Stichproben von Aktivitäten und Stimmungen. Allgemein ausgedrückt: Aktivitäten und Stimmungen brechen nicht immer von außen über uns herein, sondern können durchaus aktiv gesucht und ausgewählt werden. Diese Beobachtung untermauert auch das an früherer Stelle angeführte Argument, daß viele Aktivitäten oder Situationen strenggenommen nicht wirklich »außerhalb« der Person liegen.

Die Erforschung dieses Bereichs wird außerdem dadurch erschwert, daß es sich als überraschend schwierig erweist, Aktivitäten und Situationen in sinnvolle psychologische Kategorien zu ordnen. Viele scheinbar unkomplizierte Kategorien von Aktivitäten oder Situationen wie zum Beispiel »mit dem Partner zusammen sein«, »Arbeiten«, oder »zu Hause«, sagen uns vielleicht, an welchem Ort oder in wessen Gesellschaft sich die Person befindet, geben aber kaum Aufschluß über die spezifische Qualität oder das Wesen der Ereignisse. Bei diesen Beschreibungen fehlen Hinweise auf die *psychische* Qualität der Aktivitäten und Situationen. Csikszentmihalyi u. a. (Csikszentmihalyi, 1992; Csikszentmihalyi & Csikszentmihalyi, 1988; Csikszentmihalyi & LeFevre, 1989) haben zumindest einen dieser relevanten Aspekte von Aktivitäten und Situationen untersucht, den sie als *flow* bezeichnen. *Flow* tritt auf, wenn die individuellen Fähigkeiten zu den gestellten Anforderungen passen und wenn Fähigkeiten und Anforderungen beide ein relativ hohes Niveau haben. Weil diese spezifische Erlebnisqualität eindeutig nicht völlig außerhalb der Person liegt, werden wir im Rahmen der später erörterten transaktionalen Stimmungsansätze noch einmal ausführlicher auf das Thema *flow* eingehen. An dieser Stelle mag die allgemeine Feststellung genügen, daß wir dringend eine sinnvolle und theoretisch fundierte Methode für die Klassifikation von Aktivitäten und Situationen brauchen, um die Beziehungen zwischen Stimmungen und Aktivitäten richtig einschätzen zu können.

Ein situativer Aspekt, den wir bislang noch nicht angesprochen haben, der jedoch nach allgemeiner Überzeugung eine Auswirkung auf den Affekt hat, ist *das Wetter*. Die Einflüsse der Jahreszeiten auf die Stimmung, wie zum Beispiel die sogenannte Winterdepression, werden wir zusammen mit weiteren zeitlichen Einflüssen in Kapitel 5 erörtern. Doch was ist mit den Wetterschwankungen, die von einem Tag zum anderen auftreten? Handelt es sich dabei um Stimmungsprädiktoren? Indirekte Nachweise sprechen im allgemeinen für einen Zusammenhang. So hat man festgestellt, daß einige soziale

Verhaltensweisen, die anscheinend in gehobener Stimmung stärker ausgeprägt sind, wie die Neigung, anderen zu helfen oder Trinkgeld zu geben, auch bei gutem Wetter zunehmen (Cunningham, 1979). Außerdem liegen Belege dafür vor, daß spezifische Aspekte von Wetterphänomenen (Temperatur, negative Ionen, Luftdruck) gewisse Auswirkungen auf den Affekt haben.

Einige der Wirkungen, die das Wetter auf die Stimmung ausübt, hängen möglicherweise damit zusammen, welche Überzeugungen und Erwartungen man im Hinblick auf die Zusammenhänge zwischen Wetter und Stimmung hat. So ist man vielleicht überzeugt, daß heißes, sonniges Wetter im allgemeinen für gute Stimmung sorgt oder daß heißes, feuchtes Wetter reizbar macht. Ähnlich assoziiert man vielleicht einen warmen, sonnigen Tag mit Urlaub und Entspannung, während ein verregneter Sonntagnachmittag die Erinnerung weckt, daß man als Kind bei diesem Wetter nicht draußen spielen durfte (Schnurr, 1989). Möglicherweise beeinflussen diese Vorstellungen von den typischen Affektwirkungen unterschiedlicher Wetterarten unsere tatsächlichen Reaktionen, mit dem Ergebnis, daß wir uns schließlich häufig genau so fühlen, wie wir es erwartet haben, oder jedenfalls den eigenen Affekt entsprechend den Vorstellungen beschreiben, die wir mit dem herrschenden Wetter verbinden.

Clark und Watson (1988) leiteten eine Studie, in der die Teilnehmer nicht per vorgegebener Checkliste nach Alltagsärgernissen gefragt wurden, sondern eigene Antworten formulierten; es stellte sich heraus, daß einige Teilnehmer spontan schlechtes Wetter als Ärgernis angaben. Wenn ein verregneter Tag als Ärgernis genannt wurde, war der negative Affekt tatsächlich höher und der positive unverändert. Die Forscher sammelten dann im nachhinein Wetterberichte für den Zeitraum, in dem die Probanden ein Tagebuch geführt hatten, um zu untersuchen, ob sich ein Zusammenhang zwischen objektiven Wetterbedingungen und Stimmung zeigen würde. Trotz umfassender Analysen konnten sie keine signifikanten Beziehungen zwischen den tatsächlichen Wetterberichten und der Tagesstimmung feststellen. Diese Ergebnisse deuten darauf hin, daß die Stimmungslage eher von dem Kontext beeinflußt wird, in dem bestimmte Wetterbedingungen auftreten (im Urlaub), als von den Wetterbedingungen selbst.

Es ist klar, daß es neben den in diesem Kapitel erörterten Situationen und Aktivitäten noch viele weitere gibt, die unsere Stimmungen beeinflussen. Klar ist auch, daß wir noch viel mehr über die spezifischen psychologischen Merkmale dieser Aktivitäten und Situationen in Erfahrung bringen müssen, bevor ihre Auswirkungen auf die Stimmung korrekt untersucht und angemessen erklärt werden können.

Experimentelle Stimmungsmanipulationen

Indirekte Beweise für äußere Stimmungsprädiktoren liefern auch weniger »naturalistische« Studien als die oben beschriebenen. In diesem Abschnitt werden wir die verschiedenen Methoden untersuchen, die man für gezielte Stimmungsmanipulationen einsetzt, um Stimmungseffekte in speziell dafür entwickelten Laborexperimenten zu messen (vgl.

Kapitel 4 für einen allgemeinen Überblick über die Erforschung von Stimmungseffekten). Soweit diese Techniken reliable Auswirkungen auf Stimmungen erzeugen, bieten sie relativ unstreitige Beweise dafür, daß die manipulierten Faktoren echte *Ursachen* und nicht nur Stimmungskorrelate oder -auswirkungen sind. Doch die Tatsache, daß eine unabhängige Variable die Stimmung in einem sozialpsychologischen Experiment beeinflußt, bedeutet nicht notwendigerweise, daß vergleichbare Effekte in anderen, weniger künstlichen Situationen eintreten würden. Kurz: Die Relevanz dieser Forschungergebnisse ist im allgemeinen durch ihre niedrigen Grad an *ökologischer Validität* begrenzt. Trotzdem bietet der experimentelle Ansatz die einzigartige Gelegenheit, die Situation und das Verhalten der Teilnehmer systematisch zu steuern und die Wirkung von implementierten Stimmungsveränderungen zu messen.

Wir werden in diesem Abschnitt nacheinander drei allgemeine Formen von experimentellen Stimmungsmanipulationen erörtern, nämlich: *Instruktionstechniken, stimulusbezogene Manipulationen*, und die *Ereignis-Inszenierung*.

Instruktionstechniken

Wie der Name schon sagt, werden die Teilnehmer bei stimmungsmanipulierenden Instruktionstechniken einfach dazu aufgefordert, eine spezifische Stimmungsveränderung vorzunehmen. Auch wenn es ein bißchen unwahrscheinlich klingen mag, daß die bloße Aufforderung, die eigene Stimmung zu ändern, die gewünschte Wirkung erzeugt, haben sich diese Techniken im allgemeinen als erfolgreich erwiesen. Ein gutes Beispiel für eine direkte Instruktionstechnik ist das *Velten-Verfahren* (Velten, 1968), bei dem Teilnehmer aufgefordert werden, eine Folge von 60 selbstbezogenen Aussagen laut zu lesen und sich nach Möglichkeit in die Stimmung, die von diesen Aussagen suggeriert wird, zu versetzen. Die ersten Aussagen sind relativ neutral, werden dann aber in wachsendem Maße emotionsbeladener. Um eine unangenehme Stimmung auszulösen, werden zum Beispiel Satze verwendet wie: »Manchmal fühle ich mich so müde und hoffnungslos, daß ich mich am liebsten nicht von der Stelle rühren und überhaupt nichts tun möchte«; »In letzter Zeit ist bei mir alles total schiefgelaufen«; »Ich fühle mich sehr einsam, isoliert und deprimiert« und »In meinem Leben überwiegt das Negative«. Zur Induzierung einer angenehmen Stimmung gehören Sätze wie: »Wenn man eine positive Einstellung hat, hat man auch keine Probleme, und ich *habe* eine positive Einstellung« und »Großartig! Ich fühle mich einfach phantastisch – ich bin in absoluter Hochstimmung«.

Anstatt die Teilnehmer zu bitten, die Sätze laut zu lesen, kann man sie auch auffordern, sich emotional bedeutsame Ereignisse oder Situationen ins Gedächtnis zu rufen oder vorzustellen. Salovey (1992) verwendete in einer Studie über Stimmung und Selbstaufmerksamkeit Tonbandinstruktionen von etwa 15 Minuten Dauer, um bestimmte Stimmungen zu induzieren. Die Tonbandaufnahme forderte die Teilnehmer zunächst auf, sich zu entspannen und sich ganz auf das zu konzentrieren, was sie anschließend hören würden. Dann wurden die Versuchspersonen ermutigt, sich eine reale oder hypothetische Situation vorzustellen, die sie, je nach vorgegebener Bedingung, traurig, glücklich oder weder traurig noch glücklich (neutral) stimmen würde. Die weiteren Tonbandinstruktionen lauten wir folgt:

> Ich möchte Sie jetzt bitten, sich eine Situation vorzustellen, die Sie in eine [glückliche, traurige oder neutrale] Stimmung versetzen würde. Stellen Sie sich die Situation so lebhaft vor, wie es Ihnen möglich ist. Malen Sie sich ganz genau aus, was Ihnen passiert. Nehmen Sie alle Details der Situation in sich auf. Lassen Sie vor Ihrem »geistigen Auge« ein möglichst genaues Bild der Umgebung vorüberziehen. Betrachten Sie die Menschen oder Gegenstände; achten Sie auf Geräusche; durchleben Sie das Ereignis, das Ihnen widerfährt. Denken Sie das, was Sie in der Situation tatsächlich denken würden. Versetzen Sie sich in die [glückliche, traurige oder neutrale] Stimmung, die Sie in dieser Situation tatsächlich erleben würden. Lassen Sie sich selbst so reagieren, wie Sie reagieren würden, wenn Sie tatsächlich in dieser Situation wären (S. 702).

Ein weiteres Beispiel für eine stimmungsmanipulierende Instruktionstechnik, mit der Teilnehmer gebeten werden, sich bestimmte Ereignisse ins Gedächtnis zu rufen oder vorzustellen, wurde von Sedikides (1994) beschrieben. Er forderte die Probanden zunächst auf, sich (zwei Minuten lang) ein trauriges, glückliches oder neutrales Ereignis vorzustellen und es dann (drei Minuten lang) zu beschreiben. In diesem Fall wurden die Ereignisse allerdings vom Experimentator vorgegeben (ein Freund verbrennt und stirbt in einem Feuer; ein Freund gewinnt eine Kreuzfahrt und einen Geldpreis; ein Freund sieht sich eine Nachrichtensendung im Fernsehen an und fährt mit dem Bus). Andere ähnliche Techniken, die eine strukturierte Erinnerung oder Vorstellung von Ereignissen umfassen, sind die *autobiographische Erinnerungsmethode* und die Technik der *selbsterzeugten Bilder* (vgl. Salovey, 1992).

Bei einer anderen stimmungsmanipulierenden Instruktionstechnik fordert man die Teilnehmer ebenfalls auf, sich an eine emotionsgeladene Situation zu erinnern, aber erst, nachdem man sie in Hypnose versetzt hat. Dieses Verfahren hat den Vorteil, daß es offenbar eine Regulierung der Stimmungsintensität erlaubt, jedenfalls für die Minderheit der Teilnehmer, die hoch suggestibel sind. Bower, Monteiro und Gilligan (1978) versetzten Versuchsteilnehmer in Hypnose und baten sie dann, sich an Ereignisse oder Situationen zu erinnern, die sie in eine traurige, glückliche oder neutrale Stimmung versetzen würden. Anschließend wurden die Teilnehmer aufgefordert, die Intensität ihrer Stimmung so zu regulieren, daß sie »stark, aber nicht unerträglich« war, und diese Stimmung für die Dauer der Studie aufrechtzuerhalten.

Die nachgewiesene Effektivität von Instruktionstechniken bestätigt nicht nur, daß die soziale Situation eine große Wirkung auf die Stimmung (äußerer Prädiktor) haben kann, sondern auch, daß Menschen ein gewisses Maß an persönlicher Kontrolle über ihre Affektzustände ausüben können (zur Stimmungsregulation s. Kapitel 6). Der Einsatz von Instruktionstechniken zur experimentellen Stimmungsmanipulation hat allerdings den konkreten Nachteil, daß sich die Teilnehmer die Stimmung, die sie erfolgreich heraufbeschworen haben, deutlich bewußt machen müssen, und diese Bewußtheit könnte selbst wiederum die Stimmungseffekte beeinflussen (s. Kapitel 4).

Stimulusorientierte Manipulationen

Bei der zweiten Gruppe von stimmungsmanipulierenden Techniken setzt man die Teilnehmer unterschiedlichen Affekt-auslösenden Reizen aus, zum Beispiel Gerüchen (Ehrlichman & Halpern, 1988; Kraut, 1982), Musik (Clark & Teasdale, 1985; Pignatiello, Camp & Rasar, 1986; Wood, Saltzberg & Goldsamt, 1990), Geschichten (Kuykendall & Keating, 1990; Nisbett & Wilson, 1977; Smith & Petty, 1995), Dias (Wagner, MacDonald & Manstead, 1986) oder Videoaufzeichnungen (Forgas, Bower & Moylan, 1990). Obwohl diese Techniken im allgemeinen erfolgreich sind und methodische Vorzüge gegenüber den Instruktionstechniken haben, weil sich die Teilnehmer der Manipulationsziele wahrscheinlich weniger bewußt sind, ist die Stärke der induzierten Affektreaktion mitunter unvorhersagbar und variabel. Wir wollen im folgenden einige ausgewählte Beispiele für diese stimulusorientierten Techniken beschreiben, um ein klareres Bild von ihrer Verwendung in experimentellen Settings zu vermitteln.

In einer von Wegener und Petty (1994) geleiteten Studie spielte man den Teilnehmern zwölfminütige Videoclips aus Fernsehsendungen vor, um eine glückliche, traurige oder neutrale Stimmung herbeizuführen; den Teilnehmern wurde jedoch gesagt, daß die Studie der Ermittlung von »Medienpräferenzen« diente. Der »glückliche« Clip umfaßte einen Nachrichtenbeitrag, der von positiven Ereignissen in einer sommerlichen Stadt handelte, sowie Szenen aus einer Sendung, in der sich Personen mit unsinnigen oder albernen Aufgaben herumschlugen. Die »neutrale« Videoaufzeichnung stammte aus einer naturgeschichtlichen Sendung über die Sozialstruktur von Löwen. Der »traurige« Clip enthielt Material über die Diagnose und Behandlung eines krebskranken Kindes.

Mayer u. a. (Mayer, Gayle, Meehan & Haarman, 1990) setzten eine Mischung aus selbsterzeugten Vorstellungen (s. oben) und Musik ein, um bestimmte Stimmungen auszulösen. Während sich die Teilnehmer unterschiedliche Stimmungen ausmalten, die durch Vignetten induziert wurden (»Sie kommen an einer Anti-Kriegs-Demonstration vorbei, die an die Opfer von Hiroshima erinnert. Sie stellen sich vor, daß eine Atombombe ihre Heimatstadt zerstört.«), spielte man ihnen stimmungskongruente Musikstücke vor, um die Wirkung zu erhöhen.

Techniken der Ereignis-Inszenierung

Bei der dritten Form der Stimmungsmanipulation werden die Teilnehmer in inszenierte Ereignisse verwickelt. Wie oben erörtert, hat man nachgewiesen, daß natürlich auftretende positive und negative Ereignisse die Tagesstimmung beeinflussen. Auf ähnliche Weise führt offenbar auch die Inszenierung bestimmter Ereignisarten zu Stimmungsveränderungen. Es gibt eine Vielzahl möglicher Ereignis-Inszenierungen, aber zwei besonders häufig verwendete Formen umfassen *Belohnungen* und *falsche Leistungsfeedbacks*. Wir werden diese beiden Varianten nacheinander beschreiben.

Schon kleine Belohnungen können meßbare Stimmungsveränderungen auslösen. Isen und Levin (1972) ließen in ihrer bekannten Studie ein Zehncentstück im Geldrückgabefach einer öffentlichen Telefonzelle liegen und stellten fest, daß die bloße Entdeckung der Münze eine Wirkung auf die Stimmung hatte. Weitere Belohnungsarten, bei denen man meßbare Effekte nachwies, waren das Austeilen von Erfrischungen an Studenten in Bibliotheken (Isen & Levin, 1972) und die Überreichung von kostenlosen Mustern oder Warenproben (Isen, Clark & Schwarz, 1976).

Während man Belohnungen einsetzt, um angenehme Stimmungen zu steigern, kann man mit falschen Leistungsfeedbacks sowohl den angenehmen als auch den unangenehmen Affekt steigern. Es ist außerdem möglich, die persönliche Relevanz der Rückmeldung zu manipulieren und damit die spezifische Qualität des induzierten Stimmungszustandes zu verändern. So wird zum Beispiel das Feedback über eine Aufgabe, die Wahrnehmungs- und motorische Fähigkeiten erfordert, als weniger wichtig für das eigene Selbstbild erachtet als eine Rückmeldung über die Sozialkompetenz. Forgas und Bower (1987) forderten Teilnehmer auf, einen Fragebogen zum Thema soziale Anpassung auszufüllen, der dann vom Versuchsleiter in Gegenwart der Probanden ausgewertet wurde. Einigen Versuchspersonen wurde mitgeteilt, sie hätten einen hohen Punktwert erzielt und seien äußerst bewandert in sozialen Situationen; anderen wurde eröffnet, daß sie einen niedrigen Punktwert erreicht und eindeutig Probleme im Umgang mit anderen Menschen hätten. Das positive und negative Feedback hatte die vorausgesagten Auswirkungen auf die Stimmung.

In einer Studie über Affektregulation und Selbsteinschätzung arbeiteten Baumgardner und ihre Mitarbeiter (Baumgardner, Kaufman & Levy, 1989) in mehreren Experimenten mit unterschiedlichen Arten von falschen Leistungsfeedbacks. In einem Fall wurden die Teilnehmer gebeten, eine Abfolge von Fragen am Computer zu beantworten. Anschließend wurden die Antworten dann vom Computer »bewertet«, und die Teilnehmer erhielten eine Rückmeldung auf dem Bildschirm. Beim positiven Feedback lasen die Teilnehmer (in diesem Fall Studenten): »Sie sind von überdurchschnittlich hoher Intelligenz, Sie sind sehr beliebt, und andere halten Sie für einen sehr aufrichtigen, sensiblen und klugen Menschen.« Beim negativen Feedback erfuhren die Teilnehmer: »Sie sind sehr wahrscheinlich von durchschnittlicher Intelligenz, verfügen über eine geringe oder gar keine Collegeausbildung, und Sie sind nicht sonderlich beliebt« (S. 909). In einer weiteren Studie erhielten die Versuchspersonen ein falsches Feedback von einem Partner, mit dem sie zuvor 15 Minuten geredet hatten. Das Feedback bestand aus Persönlichkeitsratings auf einer Skala, die Adjektive wie »freundlich«, »aufrichtig« und »klug« umfaßte (S. 914). Bei der negativen Feedback-Bedingung lagen die Beurteilungen, die der Partner abgab, auf dem unteren Ende der Skala, während sie beim positiven Feedback durchgehend im oberen Bereich lagen. Aus naheliegenden ethischen Gründen ist es wichtig, alle Teilnehmer im nachhinein umfassend über die Verwendung des falschen Feedbacks aufzuklären, und dabei vielleicht insbesondere jenen Probanden, die eine negative Rückmeldung erhalten haben, besondere Aufmerksamkeit zu schenken.

Was sagen uns stimmungsmanipulierende Techniken über Stimmungsprädiktoren?

Trotz der offenkundigen Grenzen der im vorliegenden Abschnitt beschriebenen Techniken können die Befunde, die durch die Anwendung von stimmungsmanipulierenden Methoden gewonnen werden, in mindestens dreierlei Hinsicht zum allgemeinen Verständnis von Alltagsstimmungen beitragen. Erstens: Ein möglicher Kritikpunkt an diesen Manipulationen ist, daß sie größtenteils Emotionen und keine Stimmungen induzieren, weil der herbeigeführte Affektzustand normalerweise auf ein bestimmtes Objekt gerichtet ist (s. Kapitel 1). Dennoch scheint es, daß solche Manipulationen unter gewissen Umständen auch langfristige Konsequenzen für die Stimmung haben können. Bei Extrapolationen auf realere Situationen kann man sich vorstellen, daß eine Abfolge von natürlich auftretenden emotionalen Ereignissen auch einen kumulativen Effekt auf die Alltagsstimmung haben könnte. Angenommen, Sie wachen morgens aus einem Traum auf, der ein zutiefst beunruhigendes Ereignis wachgerufen hat, lesen dann beim Frühstück in der Zeitung von einem schrecklichen Unfall und erhalten schließlich einen Bankauszug, der ein ziemlich niederschmetterndes Feedback über Ihre finanztechnischen Fähigkeiten enthält. Nach all dem ist es unwahrscheinlich, daß Sie glänzender Stimmung sind. Kurz, Stimmungen können durch die Anhäufung einzelner emotionaler Reaktionen entstehen (Ruckmick, 1936). Experimentelle Stimmungsmanipulationen können uns also einige Anhaltspunkte dafür liefern, wie emotionsauslösende Ereignisse und Situationen, zum Beispiel kleine Freuden und Ärgernisse, die Stimmung im Alltagsleben tatsächlich beeinflussen.

Ein zweites relevantes Merkmal stimmungsmanipulierender Studien ist die große Anzahl und Vielfalt von stimmungsmanipulierenden Techniken und ihrer potentiellen Anwendungs- und Kontextualisierungsformen. Manchmal hat es in der Tat den Anschein, als seien die Phantasie und die Moral des Forschers praktisch die einzigen Grenzen, die den Möglichkeiten der Stimmungsmanipulation gesetzt sind. Wie wir in diesem Kapitel immer wieder betont haben, gibt es eine ungeheuer große Zahl von Stimmungsprädiktoren, und die Studien zur Stimmungsmanipulation könnten zur Erklärung dieser Tatsache beitragen. Die hier beschriebenen Techniken der Stimmungsmanipulation laufen offenbar über ein breites Spektrum von psychischen Systemen wie Gedächtnis, Vorstellungskraft, Selbsteinschätzung, Leistung, Strafe, Belohnung usw. Das liefert uns weitere Hinweise darauf, daß Stimmungen nicht durch einen einzelnen oder einige wenige Prozesse operieren, sondern auf vielfältige Weise erzeugt werden können.

Drittens und letzens können wir aus den Arbeiten zur experimentellen Stimmungsmanipulation die Lehre ziehen, daß der Mensch eine *aktive* Rolle bei der Entstehung von Stimmungen spielt. Bei fast allen hier erörterten Methoden setzt man die Teilnehmer nicht einfach einem Reiz aus, der dann eine Stimmungsreaktion auslöst. Die Versuchspersonen müssen vielmehr einen aktiven Beitrag zum Verfahren leisten, damit es sich als erfolgreich erweisen kann. Bei den beschriebenen Instruktionsmethoden müssen die Teilnehmer zum Beispiel die erhaltenen Anweisungen durcharbeiten und versuchen, sich die Einzelheiten von emotional bedeutsamen Ereignissen ins Gedächtnis zu rufen oder vorzustellen. Ähnlich ist auch die Reaktion auf solche emotionalen Materialien wie Musikstücke oder Filmausschnitte nicht einfach ein passiver Vorgang. Die stimulusorientierten Verfahren mögen weniger bewußte Anstrengung von den Teilnehmern erfordern als die stimmungsmanipulierenden Instruktionstechniken, trotzdem müssen die Probanden auch hier gewillt sein, sich auf das Material einzulassen. Die Techniken der Ereignis-Inszenierung erfordern zweifellos die geringste Anstrengung und Beteiligung, aber sogar in diesem Fall können die Methoden nur dann die Reaktion beeinflussen, wenn die Teilnehmer die inszenierten Ereignisse für wichtig halten. Auf die Frage, wie weit Menschen aktiv an der Erzeugung ihrer Stimmungen beteiligt sind, werden wir noch einmal eingehen, wenn wir später in diesem Kapitel die Bedeutung von transaktionalen Prozessen erörtern.

Innere Prädiktoren

In den vorigen Abschnitten haben wir uns mit Stimmungsprädiktoren befaßt, von denen man sagen könnte, daß sie »außerhalb« der Person liegen. Jetzt wenden wir uns den mehr »inneren« Stimmungsprädiktoren zu. Was meinen wir mit einem inneren Prädiktor? Wir stoßen hier teilweise auf dieselben Probleme, die uns auch bei der Definition von äußeren Prädiktoren begegnet sind. Doch wenn man akzeptiert, daß externe Prädiktoren Einflüsse sind, die »da draußen« in der Umwelt zu liegen scheinen, dann ist es auch plausibel, innere Prädiktoren als Faktoren zu betrachten, die »hier drinnen«, innerhalb der Person wirken. Eine der offenkundigsten Dinge, die »hier drinnen« sind, ist unsere Physiologie; grob gesagt, unsere inneren Organe und die Körperflüssigkeiten, die diese Organe umgeben und sich zwischen ihnen bewegen. Wir wollen deshalb als erstes die Beziehung zwischen physiologischen Parametern und Stimmungen erörtern (für eine genauere Beschreibung der physiologischen Aspekte von Stimmungs*rhythmen* s. Kapitel 5). Wenn wir von der Physiologie wieder zur Psychologie zurückkehren, so ergibt sich eine weitere wichtige Gruppe von »inneren« Prädiktoren aus den relativ stabilen und endogenen Faktoren, die in irgendeiner Weise unsere Individualität ausmachen oder unsere typischen Denk-, Gefühls- und Verhaltensweisen kennzeichnen – mit anderen Worten, unsere Persönlichkeit. Die Rolle der Persönlichkeitsvariablen als Stimmungsprädiktoren wird im zweiten Teil dieses Abschnitts behandelt.

Physiologische Vorboten

Es gibt eine breite Palette von Alltagsüberzeugungen im Hinblick auf die Verbindungen zwischen physiologischen Zuständen und Stimmungen. Die allgemeinste dieser Überzeugungen ist, *daß* derartige Zusammenhänge zwischen den beiden bestehen. So sind wir vielleicht überzeugt, daß eine seelische Anspannung mit einer körperlichen »Verspannung« einhergeht, daß unsere Muskeln verkrampfen, unser Herz schneller schlägt und unser Blutdruck steigt. Eine weitere verbreitete Überzeugung ist, daß ein zuckerhaltiger Snack oder Drink wieder »munter macht«, wenn man müde wird. Wer Nachweise für eine direkte Wechselwirkung von Stimmung und physiologischer Aktivität zu finden hofft, wird allerdings enttäuscht werden.

Das erste Problem, wenn man über den Einfluß der Physiologie auf die Stimmung nachdenkt, betrifft die Frage, inwieweit physiologische Veränderungen als Prädiktoren und nicht als Folgen von Stimmungen betrachtet werden können. Eine ähnliche Debatte ist zur Dauerstreitfrage innerhalb der Emotionsliteratur geworden (s. z. B. Parkinson, 1995), wo das genaue Wesen der kausalen Beziehungen zwischen physiologischen Veränderungen, kognitiver Einschätzung und Emotion nach wie vor unklar ist. Im Hinblick auf die Emotionen sind einige Theoretiker zu dem Schluß gekommen, daß die Wahrnehmung von Aktivierungssymptomen im autonomen (vegetativen) Nervensystem (ANS) dazu führen könnte, daß Menschen ihre Reaktionen emotional deuten und sich entsprechend verhalten (Schachter & Singer, 1962). In eine ähnliche Richtung argumentieren Teasdale und Barnard (1993): Nach ihrer Ansicht könnte die Registrierung innerer körperlicher Veränderungen durch zentrale Verarbeitungssysteme zu den Faktoren gehören, die zur Aktivierung von stimmungserzeugenden Schemata beitragen (s. Kapitel 4). Mit anderen Worten: Wenn wir den Eindruck haben, daß wir körperlich reagieren, wird es wahrscheinlicher, daß wir die gegenwärtige Situation über affektive Begriffe werten. Die autonome Aktivierung hat möglicherweise auch noch direktere Auswirkungen auf affektive und kognitive Vorgänge (Duffy, 1962).

In diesem Kapitel konzentrieren wir uns auf physiologische Veränderungen als Ursachen von Stimmungsveränderungen, auch wenn die zur Verfügung stehenden Nachweise häufig keine eindeutigen Unterscheidungen zwischen Ursachen, Korrelaten oder Wirkungen erlauben. Ein Großteil der nicht-experimentellen Forschung in diesem Bereich stützt sich zum Beispiel auf sektorübergreifende, korrelationale Designs, die kausale Richtungsverläufe nicht entwirren können. Man sollte immer bedenken, daß physiologische Variablen ebenso wie andere Stimmungsprädiktoren im allgemeinen wahrscheinlich keine simplen Ursachen (oder Wirkungen) in einbahnigen Ursache-Wirkung-Sequenzen oder bloße Reize (oder Reaktionen) in klaren Stimulus-Reaktions-Ketten sind. Auch wenn wir also möglicherweise untersuchen können, wie physiologische Veränderungen im Rahmen bestimmter Zielsetzungen und unter bestimmten Bedingungen zu Stimmungsveränderungen führen (und umgekehrt), besteht in der Praxis wahrscheinlich eine ständige Wechselwirkung zwischen diesen beiden »Systemen«.

Ein zweites Problem ist, daß es sehr viele physiologische Parameter und physiologische Systeme gibt, die auch wieder untereinander interagieren. Das bedeutet, daß es sich als schwierig erweisen könnte, physiologischen Variablen, die wahrscheinlich Einfluß auf bestimmte Stimmungszustände haben, isoliert zu betrachten und zu beschreiben: Der Einfluß eines einzelnen Parameters oder Systems auf die Stimmung hängt wahrscheinlich vom Zustand der anderen Parameter und Systeme ab, ebenso wie von den vielen anderen psychischen Faktoren, die auf die Stimmung einwirken können.

Ein drittes Problem betrifft die Interpretation von experimentellen Ergebnissen, die sich auf physiologische Stimmungsprädiktoren beziehen. Da die Physiologie häufig nur indirekt manipuliert wird, indem man Variablen wie Bewegung oder Nahrung verändert, hängen alle nachgewiesenen Verbindungen zwischen physiologischen Parametern und Stimmungen von *abgeleiteten* Auswirkungen dieser Manipulationen ab. Bei dieser Untersuchungsmethode bestehen zwei grundsätzliche Probleme. Erstens: Die manipulierten Variablen haben möglicherweise sowohl psychologische als auch physiologische Wirkungen, die wiederum Einfluß auf die Stimmung haben können. Zweitens: Die Effekte der manipulierten Variablen auf die körperliche Verfassung können von Person zu Person oder von Situation zu Situation wieder unterschiedlich sein (Lacey & Lacey, 1958). Aus diesen Gründen ist es schwierig, definitiv zu belegen, daß physiologische Faktoren als Stimmungsprädiktoren fungieren, wenn die Experimente keine direkten physiologischen Manipulationen umfassen.

Nachdem wir auf diese allgemeinen Probleme aufmerksam gemacht haben, die mit der Erforschung physiologischer Stimmungsprädiktoren verbunden sind, ist es jetzt an der Zeit, die bestehenden Nachweise als solche zu betrachten. Die wenigen verfügbaren Studien zeigen tendenziell recht schwache und inkonsistente Zusammenhänge zwischen physiologischen Reaktionen und Stimmungen (Matthews, 1992; Schnurr, 1989; Thayer, 1989). Natürlich bedeutet das nicht, daß überhaupt keine kausalen Beziehungen zwischen physiologischen Zuständen und Stimmungen bestehen, sondern vielmehr, daß wir qualitativ hochwertigere Daten sammeln und anspruchsvollere Methoden anwenden müssen, bevor wir das genaue Wesen solcher Beziehungen erklären können.

Wenn man die Wirkungen von physiologischen Variablen auf die Stimmung untersuchen will, geht man meistens so vor, daß man die Versuchsteilnehmer auffordert, etwas zu tun, von dem man erwartet, daß es ihre physiologische Verfassung beeinflußt, und dann ermittelt, was mit der Stimmung geschieht. Thayer (1989) hat die Effekte von zwei Manipulationsarten, nämlich körperliche Betätigung und Nahrung, umfassend untersucht: Er stellte fest, daß schon ein schneller, zehnminütiger Spaziergang das Niveau der *energetischen Erregung* (entspricht dem positiven Affekt) reliabel erhöht, obwohl unklar bleibt, wie und warum die körperliche Bewegung diese Wirkungen hat (siehe dazu auch Thayer, Peters, Takahashi & Birkhead-Flight, 1993).

Bei Nahrungsbestandteilen wie Kohlenhydraten und Zucker hat man zeitlich unterschiedliche Auswirkungsmuster auf unterschiedliche Stimmungskomponenten festgestellt. Studien von Thayer (1989) haben ergeben, daß die energetische Erregung bei Aufnahme von Zucker nach 20 Minuten steigt und dann nach ein bis zwei Stunden sinkt. Im Gegensatz dazu zeigte sich bei der *nervösen Erregung* (entspricht etwa dem negativen Affekt) erst eine Stunde nach der Zuckeraufnahme eine Veränderung, und zwar in Form eines Anstiegs, dem dann allerdings nach zwei Stunden wiederum ein Abfall folgte. Andere Studien deuten darauf hin, daß Kohlenhydrate und Proteine unterschiedliche Soforteffekte auf das Erregungs- oder Vitalitätsniveau (und nicht so sehr auf den positiven oder negativen Affekt *per se*) haben, wobei Kohlenhydrate das Erregungsniveau stärker senken als Proteine (Young, 1989).

Auch zwischen Drogen und Stimmungen bestehen anscheinend nur wenige einfache Relationen. Erstens: Drogen beeinflussen offenbar mehrere Stimmungsdimensionen gleichzeitig (Matthews, 1992), was bedeutet, daß es nicht möglich ist, eine bestimmte Droge einer bestimmten Stimmung präzise zuzuordnen. Zweitens: Die Stimmungauswirkungen von Drogen werden sehr stark von der Dosierung und der Zeit, die seit Aufnahme der Droge vergangen ist, beeinflußt. Viele Menschen wissen zum Beispiel, daß Alkohol das Nervensystem »niederdrückt«, aber in kleinen Dosen und kurzfristig kann er auch eine angenehme und euphorische Stimmung auslösen (Thayer, 1989).

Die experimentelle Manipulation eines physiologischen Parameters und die anschließende Messung der erzielten Stimmungsauswirkungen mag als ideale Methode erscheinen, wenn man physiologische Stimmungsprädiktoren erforschen will, aber nach Ansicht von Thayer (1989) ist »der Wert dieser Verfahren für die Untersuchung von subtilen, langfristigen Stimmungszuständen möglicherweise begrenzt« (S. 140). Das hängt zum Teil damit zusammen, daß die Versuchsteilnehmer aufgrund der experimentellen Bedingungen bestimmten Anforderungen ausgesetzt sind, die selbst wiederum die Stimmung stark beeinflussen können, und zum Teil mit dem grundlegenden Mangel an ökologischer Validität. Die Art, wie Versuchspersonen auf eine kontrollierte Nahrungsaufnahme unter Laborbedingungen reagieren, entspricht möglicherweise nicht der Art, wie sie im normalen Alltag außerhalb des Labors reagieren würden, wenn sie sich aus eigenem Antrieb entscheiden, etwas zu essen oder Drogen zu nehmen. Die Tatsache, daß Menschen mitunter gezielt zu bestimmten Nahrungsmitteln oder Drogen greifen, um ihre Stimmung zu verbessern oder aufrechtzuerhalten, deutet darauf hin, daß die Auswirkungen normalerweise von dem spezifischen psychischen Kontext des Gebrauchs abhängen.

In Anbetracht der allgemeinen Schwierigkeiten, die bei der Kontrolle von physiologischen Parametern bestehen, stellten Gold und seine Mitarbeiter (Gold, MacLeod, Frier & Deary, 1995) die Überlegung an, daß »die Stimmungsforschung vielleicht davon profitieren könnte, wenn man zusätzlich eine kontrollierbare biologische Manipulation miteinbeziehen würde, deren physiologische Mechanismen relativ gut erforscht sind« (S. 499). Ihre Studie umfaßte eine sorgfältige Steuerung und Überwachung des Blutzuckerspiegels der Teilnehmer über einen Vier-Stunden-Zeitraum, in dem auch die Stimmung siebenmal gemessen wurde. Zu diesem Verfahren gehörte insbesondere die Auslösung einer akuten Hypoglykämie durch eine systematische Senkung des Zuckerspiegels, gefolgt von einer Wiederherstellung des ursprünglichen Levels. In den Phasen des niedrigeren Blutzuckerspiegels wurde eine signifikante Erhöhung bei der nervösen Spannungserregung und eine signifikante Verringerung bei der energetischen Erregung festgestellt. Die Forscher folgerten, daß eine induzierte Hypoglykämie »eine der wenigen verfügbaren Methoden ist, mit der man den theoretisch bedeutsamen Stimmungszustand der angespannten Müdigkeit induzieren kann« (S. 504) und daß man dieses Verfahren auch zur Erforschung weiterer Stimmungsaspekte anwenden könnte. Die Studie von Gold u. a. gehört zu den wenigen eindeutigen Nachweisen dafür, daß physiologische Parameter einen relativ direkten Einfluß auf die Stimmung ausüben.

Wie steht es mit lebensnaheren Studien über physiologische Stimmungsvorläufer? Leider ist die Zahl dieser Studien noch geringer als die der experimentellen, nicht zuletzt aufgrund der offensichtlichen Schwierigkeit, regelmäßige physiologische Meßdaten von Menschen zu erhalten, die ständig in Bewegung sind und ihren normalen Alltagsbeschäftigungen nachgehen. Ein weiteres Problem bei solchen Studien ist, daß sowohl die wichtigsten unabhängigen Variablen (d. h. physiologische Parameter) als auch die wichtigsten abhängigen Variablen (d. h. Stimmung) wahrscheinlich von den Aktivitäten der Person beeinflußt werden.

Eine Studie dieser Art wurde von Johnston und Anastiades (1990) geleitet, die sich mit der kaum erforschten Beziehung zwischen Herzfrequenz und Stimmung befaßten. Bei ihrem Verfahren wurden die Teilnehmer unter anderem mit einem technischen Gerät ausgestattet, das eine kontinuierliche Überwachung der Herzfrequenz ermöglichte, ohne die Probanden bei ihren Aktivitäten zu behindern. Außerdem wurden die Versuchspersonen gebeten, alle dreißig Minuten eine Stimmungsskala auszufüllen und ihre augenblickliche Aktivität zu beschreiben. Die Ergebnisse zeigten, daß nur bei zwei von 32 Teilnehmern ein Zusammenhang zwischen Herzfrequenz und Stimmung bestand. Dieser generelle Mangel an Abhängigkeit ist ein deutlicher Hinweis darauf, daß die Herzfrequenz weder ein reliabler Vorbote noch ein konsistenter Effekt von Stimmungszuständen ist.

Zusammenfassend: Wir wissen erstaunlich wenig über physiologische Stimmungsvorläufer. Die begrenzten experimentellen Ergebnisse haben außerhalb des Labors möglicherweise wenig Validität, und die vereinzelten Feldstudien lassen keine definitiven Schlüsse zu. Ganz allgemein gesprochen, sind wahrscheinlich alle Beziehungen zwischen physiologischen Zuständen und Stimmungen subtil und komplex. Das bedeutet, daß die Untersuchung dieser Beziehungen methodische Probleme aufwirft und daß signifikante Auswirkungen schwer zu finden und schwer zu interpretieren sind.

Persönlichkeit

Die Persönlichkeit ist der wohl am besten erforschte »innere« Prädiktor. Wir werden in diesem Abschnitt Persönlichkeitsvariablen betrachten, die insbesondere den Grad und die Qualität von Stimmungen voraussagen (vgl. Kapitel 5 für eine Erörterung der Beziehungen zwischen Persönlichkeit und längerfristigen Stimmungsveränderungen und Kapitel 6 für eine Erörterung von Persönlichkeitsvariablen, die bedeutsam für die Stimmungsüberwachung und Stimmungsregulation sind). In der Theorie wird häufig ein enger Zusammenhang zwischen Persönlichkeit und Affekt angenommen (Arnold, 1960; Eysenck, 1967); von daher ist es vielleicht nicht überraschend, daß Persönlichkeitsvariablen im allgemeinen zu den stärksten Stimmungsprädiktoren gezählt werden. Die Vorstellung vom »glücklichen und unglücklichen Menschen« (Costa & McCrae, 1980) ist zum Beispiel ein fester Bestandteil des psychologischen Denkens.

Ein Problem, auf das man sofort stößt, wenn man sich mit der Vorhersagekraft von Persönlichkeitsfaktoren auseinandersetzt, ist der theoretische Status dieser Variablen. Wenn wir unter Persönlichkeit einfach bestimmte stabile oder beständige Elemente des Verhaltens und Erlebens verstehen, dann kann dieses Konzept das Verhalten nicht in irgendeinem kausalen Sinn *erklären*, sondern nur *beschreiben* oder zusammenfassen, was Menschen für gewöhnlich tun und wie sie typischerweise reagieren. Nach dieser Interpretation ist jede festgestellte Korrelation zwischen Persönlichkeitsmessungen und Stimmungsindizes eine bloße Bestätigung dafür, daß die Tendenz zum Erleben der Stimmung so allgemeingültig und konsistent ist, daß sie sich in dem Fragebogen niederschlägt, der den betreffenden individuellen Unterschied mißt. So bedeuten beispielsweise positive Abhängigkeiten zwischen Scores beim TNA (*Trait Negative Affect*, negativer Affekt als Persönlichkeitsmerkmal) und Selbstbeurteilungen des momentanen negativen Affekts nicht notwendigerweise, daß die Gefühle von einer entsprechenden inneren Prädisposition *verursacht* werden, weil eine gleichermaßen gültige Interpretation lauten könnte, daß Antworten auf Persönlichkeitsfragen (»Ich bin generell ein unglücklicher Mensch«) einfach nur widerspiegeln, wie der Befragte häufig erlebte Affektzustände zusammenfassend bewertet. Wenn man zusätzlich spezifizieren kann, welche Faktoren bestimmten beobachteten Übereinstimmungen im Affekterleben *zugrunde liegen* oder sie determinieren, kommt man einer echten *Erklärung* des in Frage stehenden Phänomens natürlich ein Stückchen näher.

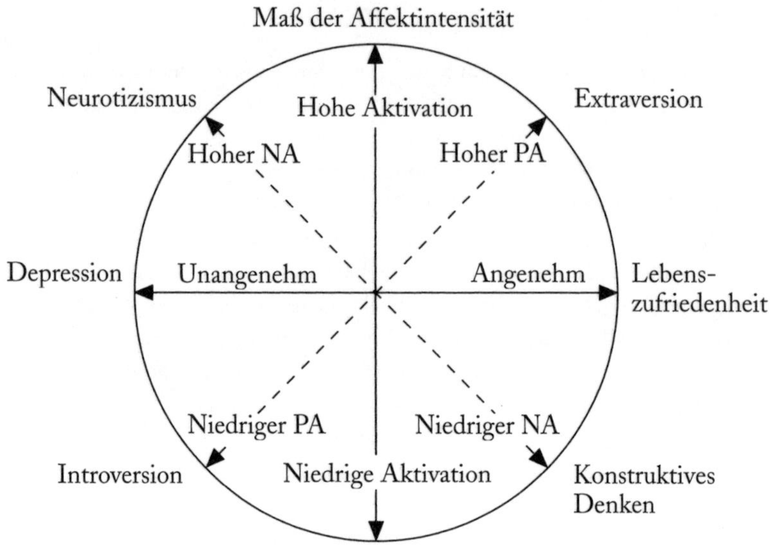

Abbildung 3.1 Beziehungen zwischen Persönlichkeitsprädiktoren und Affektzuständen (nach Larsen & Diener, 1992)

Die empirischen Verbindungen zwischen Persönlichkeitsvariablen und Stimmungszuständen wurden in einer von Larsen und Diener (1992) beschriebenen Studie untersucht. Die Teilnehmer dieser Studie vervollständigten Selbstberichtsmessungen der Stimmung und nahmen an einer Vielzahl von Persönlichkeitstests teil. Die gemessenen Persönlichkeitsvariablen wurden dann auf die in Kapitel 4 beschriebene Circumplexdarstellung von Affektzuständen bezogen und je nachdem, wie eng sie mit Ratings des positiven und negativen Affekts korrelierten, verzeichnet. Die daraus resultierende Abbildung der Beziehungen zwischen Affekt und Persönlichkeit ist in Abbildung 3.1 wiedergegeben. Persönlichkeitsvariablen, die hohe Korrelationen mit Affektzuständen zeigen, tauchen im allgemeinen in der Nähe dieser Affektzustände auf dem Circumplex auf. So sieht man zum Beispiel, daß *Extraversion* im oberen rechten Quadranten neben der Diagonalachse des PA (aktivierter angenehmer Affekt) angesiedelt ist. Das zeigt, daß Menschen, die hohe Werte bei der Extraversion erzielen, auch von hohen PA-Niveaus und variierenden NA-Niveaus berichten (d. h. Extraversion korreliert nicht mit NA). Eine weitere Persönlichkeitsvariable, das *Maß der Affektintensität* (AIM, Affect Intensity Measure, Larsen & Diener, 1987) findet sich ganz oben auf der vertikalen (Aktivierungs-)Achse. Das deutet darauf hin, daß eine positive Korrelation mit sowohl NA als auch PA vorliegt. Das Circumplex-Modell von Larsen und Diener bietet zweifellos eine nützliche Zusammenfassung einiger möglicher Beziehungen zwischen Persönlichkeit und Stimmung.

Im restlichen Teil dieses Kapitels wollen wir zwei allgemeine Gruppen von Persönlichkeitsvariablen erörtern. Zur ersten gehören Variablen, die auf einer ziemlich allgemeinen oder elementaren Ebene operieren, und von denen angenommen wird, daß sie abgesehen von der Stimmung mit einer Vielzahl weiterer Faktoren zusammenhängen. So sind die sogenannten »großen fünf« Persönlichkeitsdimensionen *Extraversion, Neurotizismus, Verträglichkeit, Gewissenhaftigkeit* und *Offenheit für Erfahrungen* anscheinend relevant für viele verschiedene Aspekte der psychischen Funktion (Block, 1995; Goldberg, 1990; McCrae & Costa, 1987). Die zweite erörterte Gruppe umfaßt Persönlichkeitsvariablen, die speziell in bezug auf die Stimmung konzeptualisiert und operationalisiert wurden. So weisen beispielsweise die Messungen der positiven und negativen Affektivität (Watson & Clark, 1984; Watson & Pennebaker, 1989) und der Affektintensität (Larsen & Diener, 1987) offenkundige und direkte Verbindungen zur Stimmung auf und sind in der erklärten Absicht entwickelt worden, diese Zusammenhänge zu untersuchen. Beide Arten von Persönlichkeitsvariablen werden der Reihe nach erörtert.

Für zwei der *Big Five*, für die Persönlichkeitsvariablen Neurotizismus und Extraversion, ist in zahlreichen Studien nachgewiesen worden, daß sie jeweils mit NA und PA zusammenhängen. Larsen und Diener (1992) kommen in dieser Hinsicht zu folgendem Schluß: »Die Liste der Forscher, die unabhängig voneinander eine Verbindung zwischen Extraversion und aktiviertem angenehmem Affekt und/oder eine Verbindung zwischen Neurotizismus und aktiviertem unangenehmen Affekt nachgewiesen haben, ist so lang, daß man auf eine solide Replizierbarkeit schließen kann« (S. 37, siehe auch Meyer & Shack, 1989). Im Hinblick auf die Beziehungen zwischen den drei anderen *Big Five*-Variablen und dem Affekt gibt es kaum relevante Nachweise, und aus theoretischer Sicht besteht kein besonderer Grund zu der Annahme, daß solche Beziehungen existieren sollten.

Bei zwei Persönlichkeitsvariablen, die mit Neurotizismus und Extraversion verglichen (oder gleichgesetzt) werden, nämlich *negative Affektivität* und *positive Affektivität* (Watson & Clark, 1984; Watson & Pennebaker, 1989) hat man ebenfalls nachgewiesen, daß sie jeweils NA und PA vorhersagen. Nach Watson und Pennebaker (1989) besteht bei Personen, die hohe Werte bei Messungen der negativen Affektivität oder beim TNA (Trait Negative Affect – negativer Affekt als Persönlichkeitsmerkmal) erzielen, eine höhere Wahrscheinlichkeit, daß sie: a) sich immer und in allen Situationen in stärkerem Maße unglücklich fühlen; b) sich selbst stärker beobachten und über ihre Mißerfolge und Unzulänglichkeiten nachgrübeln; c) ihre Aufmerksamkeit auf die negativen Seiten anderer Menschen und der Welt im allgemeinen richten; und d) ein weniger positives Selbstbild haben und weniger zufrieden mit ihrem Leben sind. Personen mit niedrigem TNA neigen dazu, »zufrieden, selbstsicher und mit sich selbst im reinen zu sein« (S. 235), während es bei Personen, die beim TPA (Trait Positive Affect – positiver Affekt als Persönlichkeitsmerkmal) hohe Werte erreichen, wahrscheinlicher ist, daß sie »ein erfülltes, glückliches und interessantes Leben führen und ein allgemein hohes Aktivitätsniveau aufrechterhalten« (S. 235).

McCrae und Costa (1991) wandten sich von den oben skizzierten, rein deskriptiven Interpretationen der Verbindungen zwischen Persönlichkeit und Stimmung ab und trafen eine möglicherweise wichtige Unterscheidung zwischen *veranlagungsmäßigen* und *instrumentellen* Erklärungsansätzen für solche Zusammenhänge. Der Veranlagungsansatz legt nahe, daß Persönlichkeitsvariablen endogene Dispositionen sind, die festlegen, wie *empfänglich* man gegenüber negativen emotionalen Situationen ist, und die dadurch das Ausmaß der negativen Reaktion vermitteln. Die oben gegebene Beschreibung des TNA scheint teilweise mit diesem Ansatz übereinzustimmen: Menschen mit hohem TNA neigen dazu, die negativen Seiten einer Situation, der eigenen Person und anderer Menschen wahrzunehmen oder sogar aktiv zu suchen. Interessant ist in diesem Zusammenhang eine experimentelle stimmungsmanipulierende Studie von Larson und Ketelaar (1991), die ergab, daß eine Technik zur Herbeiführung des positiven Affekts erfolgreicher war, wenn sie bei Teilnehmern angewendet wurde, die hohe Werte bei einer TPA-Messung erzielten, während eine Technik zur Auslösung des negativen Affekts besser bei Teilnehmern funktionierte, die hohe Werte beim TPA erreichten. Das scheint eine gewisse Bestätigung für den Veranlagungsansatz zu liefern.

Im Gegensatz dazu legt die instrumentelle Auffassung nahe, daß die Persönlichkeit unsere eher objektiven Lebensumstände beeinflußt, die sich wiederum darauf auswirken, inwieweit der einzelne mehr positiven oder mehr negativen Situationen und Ereignissen ausgesetzt ist. Bei Menschen mit hohem TPA ist es beispielsweise wahrscheinlicher, daß sie zahlreichen Aktivitäten nachgehen, was möglicherweise dazu führt, daß sie ein größeres soziales Netzwerk von Freunden und Bekannten aufbauen, die zur Aufrechterhaltung des positiven Affekts beitragen. Diese Sichtweise macht deutlich, wie ein innerer Stimmungsprädiktor operiert, indem er äußere Stimmungsprädiktoren, zum Beispiel die Situation, beeinflußt. Es gibt einige Hinweise darauf, daß in der Praxis der Veranlagungs- und der instrumentelle Ansatz zusammenwirken. Eine Studie, die das Auftreten von negativen Alltagsereignissen und die dadurch ausgelösten Reaktionen untersuchte, kam zum Beispiel zu dem Ergebnis, daß Teilnehmer, die höhere Scores bei einer TNA-Messung erzielten (Neurotizismus), eine größere Anzahl negativer Ereignisse erlebten und stärker darauf reagierten (Bolger & Schilling, 1991).

In jüngeren Studien über die Abhängigkeit zwischen TNA und NA sowie zwischen TPA und PA hat man versucht, die Interaktionen zwischen TNA und TPA bei der Vorhersage von Stimmungen zu erforschen. Mit anderen Worten: Hängt die Verbindung zwischen, sagen wir, TNA und Stimmung, auch vom TPA-Niveau ab? Eine Studie von McFatter (1994) zeigte, daß TPA (oder in diesem Fall Extraversion) sowohl mit dem positiven als auch mit dem negativen Affekt verbunden war, aber nur bei Teilnehmern, die hohe Werte bei einer TNA-Messung (Neurotizismus) erzielt hatten. Das deutet darauf hin, daß das Wesen der Beziehungen zwischen Eigenschafts- und Zustandsaffekt wahrscheinlich komplexer ist, als ursprünglich angenommen.

Obwohl TNA und TPA nach allgemeiner Auffassung entweder mit NA oder PA zusammenhängen, haben einige Forscher die Meinung vertreten, daß es vielleicht auch eine Disposition für ein generell stärkeres Affekterleben gibt. Diese Disposition ist als *Affektintensität* bezeichnet worden (Diener, Larsen, Levine & Emmons, 1985). Zwei von Larsen u. a. geleitete Studien (Larsen, Diener & Emmons, 1986) erbrachten einige Hinweise für einen derartigen individuellen Unterschied. In der ersten Studie protokollierten die Teilnehmer alltägliche Lebensereignisse und ihre Affektreaktionen. Die Forscher kodierten dann diese Ereignisse, um objektivere Ratings über die positive oder negative Qualität der einzelnen Ereignisse zu erhalten. In der zweiten Studie wurden die Versuchspersonen gefragt, wie sie auf unterschiedliche Lebensereignisse reagieren würden. Beide Studien zeigten, daß die Teilnehmer mit höheren Werten beim Maß der Affektintensität (AIM) stärker auf sowohl positive als auch negative Ereignisse reagierten.

Sehr viele Persönlichkeitsvariablen sind wahrscheinlich, wie oben angedeutet, Stimmungsprädiktoren. Wir haben in diesem Abschnitt einige der Variablen betrachtet, die sich auf den Grad oder die Qualität der Stimmung beziehen; weitere wichtige Persönlichkeitsvariablen, die relevant für die Veränderlichkeit von Stimmungen und für die Stimmungsregulation sind, werden jeweils in Kapitel 5 und 6 behandelt.

Die bisherige Erörterung wirft die interessante Frage auf, welche der beiden Faktorengruppen – innere oder äußere – im allgemeinen als die stärkeren Stimmungsprädiktoren gelten können. Wie Thayer (1989) es formuliert: »... unklar ist, welche *relative* Bedeutung äußere Ereignisse im Gegensatz zu natürlichen inneren Prozessen und kognitiven Konstrukten bei der Festlegung und Aufrechterhaltung von Stimmungen haben« (S. 167). Diese Frage ist auf der Grundlage der zur Zeit verfügbaren Nachweise schwer zu beantworten. Die oben angesprochenen konzeptuellen Schwierigkeiten, die mit einer klaren Unterscheidung zwischen inneren und äußeren Stimmungsprädiktoren verbunden sind, erschweren auch jede praktische Abgrenzung. Wir wenden uns nun den transaktionalen Ansätzen zu, die versuchen, einige dieser begrifflichen Schwierigkeiten in Angriff zu nehmen.

Transaktionen als »Prädiktoren« von Stimmungen

Bislang haben wir über die Bedeutung von äußeren Faktoren wie widrigen Alltagsumständen und von inneren Faktoren wie Persönlichkeit für die Stimmungsvorhersage gesprochen. Im Rahmen dieser Erörterung haben wir wiederholt darauf hingewiesen, daß es sehr schwierig ist, äußere und innere Faktoren klar und eindeutig voneinander abzugrenzen. Auch haben wir betont, wie unwahrscheinlich es ist, daß Stimmungsprädiktoren die Gestalt einer klaren Ursache annehmen, die geradewegs zu einer einzigen Reaktion, nämlich einer bestimmten Stimmung, führt.

Ein anderes Verständnis von Stimmungen findet sich innerhalb der *transaktionalen Modelle*, die versuchen, Stimmung als einen eher dynamischen und komplexen Prozeß oder als Zusammenspiel mehrerer Prozesse zu beschreiben. Diese Ansätze stellen eine relativ neue theoretische Entwicklung dar und sind schon von ihrem Wesen her schwer zu konzeptualisieren und zu erforschen. In der Psychologie (ebenso wie im normalen

Alltagsdenken) sind wir daran gewöhnt, innerpersönliche Phänomene und Situationsphänomene als etwas voneinander Getrenntes zu betrachten (Heider, 1958; Ross & Nisbett, 1991). Entsprechend arbeiten viele Studien mit der experimentellen Logik der unabhängigen und abhängigen Variablen und beruhen größtenteils auf einem Ursache-Wirkung-Denken. Transaktionale Ansätze mit ihrer Betonung von Prozessen gehen nicht von diesen Unterscheidungen oder dieser Logik aus und lehnen sie in einigen Fällen sogar ab.

Wir wollen in diesem Abschnitt zunächst die transaktionale Theorie betrachten und dann anhand einiger Beispiele erläutern, welche Art von Untersuchungen innerhalb des transaktionalen Rahmens oder Ansatzes durchgeführt wurden. Zum Schluß werden wir einige Stärken und Schwächen dieser Position erörtern.

Transaktionale Theorie

Was ist eine Transaktion? Man kann sie zum Beispiel beschreiben, indem man betrachtet, wie sie sich von der Vorstellung einer *Interaktion* zwischen Person und Umwelt abhebt. Interaktion heißt, daß ein Merkmal (oder mehrere Merkmale) der Person und ein Merkmal (oder mehrere Merkmale) der Umwelt aufeinandertreffen und eine bestimmte Wirkung oder ein bestimmtes Ergebnis hervorbringen. So könnte man zum Beispiel sagen, daß zwischen einem Umweltereignis (z. B. einem Alltagsärgernis) und der Persönlichkeit des einzelnen (z. B. Neurotizismus) eine Interaktion stattfindet, die eine Reaktion (z. B. negativen Affekt) auslöst. Ohne das Ärgernis oder ohne die innere Neigung, auf den Ärger zu reagieren, gäbe es praktisch keine Affektreaktion; der Effekt hängt also von dem gemeinsamen Effekt der inneren und äußeren Faktoren ab, die in Interaktion miteinander stehen. Das Konzept der Interaktion enthält demnach den Gedanken von Ursache und Wirkung (schließt aber die interagierenden Merkmale von sowohl Umwelt als auch Person als Ursachen mit ein), konzentriert sich auf eine bestimmte Wirkung in einem bestimmten Zeitpunkt (und weniger auf einen Prozeß, der sich im Laufe der Zeit entfaltet) und unterstellt, daß die Kausalität in eine Richtung verläuft (normalerweise von der Umwelt zur Person).

Das kann man als Gegensatz zu transaktionalen Ansätzen auffassen, »die davon ausgehen, daß Person und Umwelt in einer dynamischen, wechselseitigen, in zwei Richtungen verlaufenden Beziehung stehen. Was eine Konsequenz aus Situation 1 ist kann zum Vorläufer für Situation 2 werden; und die Ursache kann entweder in der Person oder in der Umwelt liegen« (Lazarus & Folkman, 1984, S. 293). Obwohl Lazarus und Folkman dieses transaktionale Modell speziell für »Streß«-Phänomene entwickelten, lassen sich dieselben Grundsätze auch in einem allgemeineren Sinn anwenden. In der Tat hat Lazarus (1991) in jüngerer Zeit einen transaktionalen oder *relationalen* Ansatz im Hinblick auf Emotionen vertreten.

Lazarus und Folkman (1984) setzen ihre Beschreibung einer Transaktion folgendermaßen fort:

> Ein weiteres kennzeichnendes Merkmal der transaktionalen Perspektive ... ist, daß zur Transaktion eine neu geschaffene Abstraktionsstufe gehört, auf der die voneinander getrennten Elemente Person und Umwelt zu einer neuen relationalen Bedeutung zusammengefügt werden. Bei der Interaktion, insbesondere in statistischen Analysen, die die Varianzen einer Ursache-Wirkung-Sequenz fraktionieren (wie in der Varianzanalyse), behalten die interagierenden Variablen ihre getrennten Identitäten. Aus transaktionaler Perspektive werden die Merkmale der getrennten Variablen zusammengefaßt (S. 294).

Mit anderen Worten: Mit einer Transaktion ist die reziproke Beziehung zwischen Person und Umwelt gemeint und nicht nur eine einfache Interaktion der beiden. Anstatt davon auszugehen, daß Variablen unabhängig voneinander bestehen oder sie als getrennte Phasen in einer kausalen Abfolge zu sehen, geht der transaktionale Ansatz davon aus, daß sie sich verbinden und überlappen und dadurch eine Struktur auf einer höheren Ebene erzeugen. Kurz, das Ganze ist größer als die Summe seiner Teile (Wertheimer, 1925).

Schließlich legen transaktionale Ansätze auch mehr Gewicht auf Prozesse als auf Ergebnisse oder Wirkungen, insbesondere auf Prozesse, in denen sich sowohl die Umwelt als auch die Person ständig verändern und in denen sich auch die Transaktion zwischen der Person und der Umwelt stetig wandelt.

Allgemein ausgedrückt ist ein Großteil der psychologischen Theorie und Forschung nicht auf ein Verständnis von Prozessen ausgerichtet, sondern versucht vielmehr, die Ursachen und Wirkungen von bestimmten Phänomenen aufzudecken. Deshalb sind transaktionale Ansätze mitunter etwas schwer zu verstehen. Man muß betonen, daß ein transaktionaler Ansatz keine Theorie als solche ist. Er ist eher eine allgemeine Denk- oder Sichtweise, die sich darauf bezieht, wie man das Wesen der Beziehung zwischen Person und Umwelt bei der Entstehung einer Vielzahl von psychologischen Phänomenen auffaßt.

Beispiele für transaktionale Ansätze

Bislang hat kein Forscher Stimmungen aus einer rein transaktionalen Perspektive untersucht. In den unten beschriebenen Studien werden immer noch unabhängige und abhängige Variablen gemessen, es wird normalerweise eine bestimmte Richtung der Kausalität unterstellt, und die Stimmung wird nicht als Prozeß betrachtet, der sich im Laufe der Zeit entfaltet. Dennoch sind die Studien in dem Sinne transaktional, daß sie versuchen, die Beziehung zwischen Person und Umwelt (wenn auch zu einem bestimmten Zeitpunkt) einzuschätzen und den Zusammenhang zwischen dieser Beziehung und der Stimmung zu untersuchen. Wir werden auch ein Affektmodell erörtern, das den Prozeß und die Beziehung zwischen Person und Umwelt besonders hervorhebt.

Die Studien über Alltagsärgernisse von Lazarus und anderen (DeLongis et al., 1988; Kanner et al., 1981) sind vom Ansatz her nicht besonders transaktional, weil sie sich auf einfache Messungen der Alltagsärgernisse und Wertungen der hervorgerufenen Affektauswirkungen stützen. Diese Wissenschaftler haben jedoch zur Rechtfertigung ihrer oben kurz erwähnten Ärgernismessung ausdrücklich darauf hingewiesen, daß sie Transaktionen untersucht haben. Diese Debatte veranschaulicht sehr schön, wie sich ein transaktionaler von einem eher traditionellen Ansatz unterscheidet.

In Reaktion auf Kritiker, die bemängelten, daß die angewendete Ärgernisskala mit Stimmungen vermengt sei und daß die Anwendung derartiger Messungen »fast unter Garantie positive Korrelationen« zwischen Ärgernissen und Stimmungen ergebe, argumentierten Lazarus et al. (1985), daß solche Messungen nicht nur vertretbar, sondern unabdingbar seien:

> Diese Vermengung spiegelt zum Teil die natürliche Vermischung von Variablen wider und nicht nur die Meßfehler der Forscher. Wenn wir versuchen, die Überlappung der Variablen, die von echter Bedeutung sind, auszuschalten, verzerren wir die Realität, um sie sie dem einfacheren metatheoretischen Mythos von trennbaren Vorläufer- und Folgevariablen anzupassen. Wir sind überzeugt, daß Forscher sich davor hüten müssen, das Kind mit dem Bade ausschütten, wenn sie sich bemühen, den Streß als Umweltereignis zu objektivieren. Die positivistische Position ist in den letzten fünfzehn Jahren wiederholt daran gescheitert, ihre Nützlichkeit bei der Streß- und Bewältigungsforschung unter Beweis zu stellen. (S. 778)

Lazarus und seine Mitarbeiter vertreten also die Auffassung, daß man aus einer transaktionalen Perspektive nicht zwischen dem, was uns geschieht, und dem, was wir empfinden, trennen kann und daß deshalb Forschungsmethoden und Theorien, die eine solche Unterscheidung zu treffen versuchen, nicht in der Lage sein werden, das Wesen menschlicher Erfahrungen zu erfassen und zu verstehen.

Auch wenn es bei dieser Debatte vor allem um die Messung von Streß (oder Stressoren) ging, gilt dieses Argument – aus transaktionaler Perspektive – für jede beabsichtigte Messung von äußeren, subjektiv beurteilten Stimmungsprädiktoren. Dohrenwend und Shrout (1985) hielten ihre Kritik am Ansatz von Lazarus u. a. allerdings aufrecht, indem sie folgende Ansicht vertraten: »Nach unserer Überzeugung ist es notwendig, die Ärgernisse in Ereignisse und in Reaktionen auf Ereignisse aufzuspalten« (S. 785). Aus transaktionaler Sicht würde man darauf beharren, daß eine solche Unterscheidung im sich entfaltenden Fluß von alltäglichen Ereignissen und Begegnungen keinen Sinn ergibt.

Die von Csikszentmihalyi u. a. geleiteten Studien (Csikszentmihalyi, 1992; Csikszentmihalyi & Csikszentmihalyi, 1988; Csikszentmihalyi & LeFevre, 1989) bieten ein sehr gutes Beispiel für den Versuch, einen bestimmten Aspekt der transaktionalen Beziehung zwischen Person und Umwelt zu beschreiben. Sie haben argumentiert, daß optimales Erleben oder *flow* auftritt, wenn Menschen der Auffassung sind, daß ihre persönlichen Fähigkeiten zu den Herausforderungen oder Anforderungen der momentanen Aktivität passen, und vor allem, wenn Fähigkeiten und Anforderungen ein hohes Niveau haben. *Flow*-Studien stützen sich auf die Methodik der Erfahrungsstichproben (ESM, s. oben). Bei dieser Technik werden die Versuchspersonen durch einen »Piepser«

oder ein Funkrufsignal bei ihren Tätigkeiten unterbrochen und aufgefordert, eine Reihe von Variablen zu bewerten, einschließlich solcher, die sich auf Fähigkeiten, Herausforderungen und Stimmung beziehen.

Man hat festgestellt, daß Menschen unter *flow*-Bedingungen »aktiver, aufmerksamer, konzentrierter, glücklicher, zufriedener und kreativer – aber nicht notwendigerweise fröhlicher oder geselliger sind« (Csikszentmihalyi & LeFevre, 1989, S. 816). Obwohl *flow* grundsätzlich bei jeder Aktivität, die hohe Fähigkeiten und hohe Herausforderungen umfaßt, auftreten kann, wird kein *flow* erlebt, wenn die Person eine Fähigkeit einsetzt, die sich im Rahmen ihres durchschnittlichen Könnens bewegt, oder wenn die Aktivität simple oder routinemäßige Anforderungen stellt. In einer Vergleichsstudie über *flow* bei der Arbeit und bei Freizeitaktivitäten stellten Csikszentmihalyi und LeFevre (1989) zum Beispiel fest, daß weit mehr *flow*-Erlebnisse bei der Arbeit als in der Freizeit auftraten.

Ein weiterer Forschungsansatz, der sich bemüht, die Beziehung zwischen Person und Umwelt zu charakterisieren, findet sich in der Arbeit von Williams u. a. (Williams, Suls, Alliger, Learner & Wan, 1991; Williams & Alliger, 1994), die ebenfalls die ESM-Methodik anwenden, um das Jonglieren mit mehreren Rollen (*Multiple role juggling*) zu untersuchen. Zu diesem »Jongleurakt« kommt es, wenn eine Person überwacht, wie gut sie die Anforderungen verschiedener gleichzeitiger Rollen erfüllt. In ihrer Studie über berufstätige Mütter vertraten Williams u. a. (1991) zum Beispiel folgende Ansicht: »Wenn Rollen jongliert werden, wird das zielorientierte Verhalten in einem Bereich (z. B. Arbeit) durch Anforderungen aus einem anderen Bereich (z. B. Familie) gestört. Diese Störung des Verhaltens ist mit Angst und negativen Affekten verbunden« (S. 665). Außerdem ist es möglich, daß die Zielerreichung in allen Bereichen behindert wird, wenn es zu starken Störungen kommt, so daß zusätzlich zu den Wirkungen der eigentlichen Störung auch das fortgesetzte Nicht-Erreichen von Zielen einen negativen Affekt erzeugt. Williams u. a. stellten fest, daß in Situationen, in denen die Teilnehmer von einem Jonglieren mit Rollen berichteten, auch die Freude an Aufgaben und die allgemeine positive Stimmung niedriger bewertetet wurden.

Carver und Scheier (1990) haben ein Modell entwickelt, das sie als »Kontrollprozeß« bezeichnen, und das ebenfalls nahelegt, daß die spezielle Beziehung zwischen Person und Umwelt den Affekt determiniert. Viele andere Theorien gehen zwar davon aus, daß die Zielerreichung einen angenehmen Affekt erzeugt (Oatley & Johnson-Laird, 1987; Weiner, 1986), aber diese Modelle stoßen im allgemeinen auf Probleme, wenn sie Veränderungen des angenehmen Affekts in Situationen erklären sollen, in denen die Ziele nicht wirklich erreicht wurden. Carver und Scheier (1990) boten eine Lösung für dieses Problem, indem sie vorschlugen, daß die Affektreaktionen eher von der *Fortschrittsrate* (rate of progress) auf dem Weg zum Ziel abhängen als von dem eigentlichen Erreichen des Zieles. Nach ihrer Auffassung wird ein angenehmer Affekt erzeugt, wenn man sich schneller auf die angestrebten Ziele zubewegt als erwartet, und ein negativer Affekt, wenn man langsamer als erwartet vorankommt. Wie andere transaktionale Ansätze besagt also auch das Modell von Carver und Scheier, daß es nicht einfach ein Merkmal der

Person oder der Umwelt oder eine simple Interaktion der beiden ist, die zum Affekt führt, sondern vielmehr die Art der sich entfaltenden Beziehung zwischen den Aktivitäten der Person und den Ereignissen in der Umwelt.

Die einflußreiche *Einschätzungstheorie* (*Appraisal theory*) von Lazarus (1991; 1994) bietet eine allgemeinere transaktionale Erklärung dafür, wie unterschiedliche Arten von Stimmungen und Emotionen verursacht werden könnten. Lazarus zufolge wird die *Intensität* des Affekts von dem hauptsächlich kognitiven Prozeß der *primären Einschätzung* determiniert, durch den ermittelt wird, wie relevant kürzlich abgeschlossene, derzeitige oder bevorstehende Transaktionen für die aktuellen Lebensbelange des einzelnen sind. Mit anderen Worten: Nur äußere Faktoren, die in irgendeiner Weise die aktiven Ziele und Absichten des Individuums berühren, werden in Affektbegriffen gedeutet (Lavallee & Campbell, 1995, und s. oben). Die primäre Einschätzung legt außerdem fest, ob der Affektzustand angenehm oder unangenehm ist, indem bewertet wird, ob die Situation im Einklang mit motivationalen Prozessen steht oder damit in Konflikt gerät. Die Person fühlt sich wohl, wenn sie sich ihren Zielen nähert oder sie erreicht, und sie fühlt sich unwohl, wenn sie auf dem Weg zu ihren Zielen in irgendeiner Weise behindert wird. Darüber hinaus argumentierte Lazarus, daß die spezifische Qualität des erlebten angenehmen oder unangenehmen Affekts von der *sekundären Einschätzung* der Optionen abhängt, die dem einzelnen für eine *Bewältigung* der Situation zur Verfügung stehen. Nach dieser Auffassung wägt der einzelne also die persönlichen und situativen Ressourcen ab, die er in Anspruch nehmen kann, um entweder das Hindernis während eines unangenehmen Affekts aus dem Weg zu räumen oder um den Zielfortschritt während eines angenehmen Affekts voll auszunutzen. Das Ergebnis dieses Prozesses legt dann genau fest, welche Art von Affekt erlebt wird. Wenn die Ereignisse beispielsweise mehreren allgemeinen Zielen in die Quere kommen, aber scheinbar kaum die Aussicht oder Möglichkeit besteht, irgend etwas gegen diese Störung zu unternehmen, wird sich die Person hilflos fühlen und in eine traurige oder deprimierte Stimmung geraten. Lazarus nimmt außerdem an, daß der einzelne versuchen kann, sein Wohlbefinden zu steigern, indem er an seinen eigenen Gefühlen arbeitet (*emotionsgerichtete Bewältigung*), wenn er die Möglichkeiten für eine Veränderung der unangenehmen Transaktion als begrenzt einschätzt (niedriges *problemgerichtetes Bewältigungspotential*). Die Theorie von Lazarus bietet also nicht nur eine Erklärung dafür, wie Transaktionen unterschiedliche affektive Folgen auslösen können, sondern sagt auch vorher, wann die Wahrscheinlichkeit einer Affektregulation besonders hoch ist (s. Kapitel 6 und 8).

Stärken und Schwächen von transaktionalen Ansätzen

Eine Stärke von transaktionalen Ansätzen ist, daß sie versuchen, Prozesse zu beschreiben und zu verstehen, die sowohl Ursachen als auch Wirkungen von Stimmungen sind. In diesem Sinne erkennen sie an, daß Stimmungen eng damit zusammenhängen und Teil dessen sind, was wir tun, und nicht nur Reaktionen auf einen inneren oder äußeren

Reiz. Transaktionale Ansätze stellen die Stimmung als einen Prozeß dar, der sich in ständigem Fluß befindet. Das sind natürlich nur dann Stärken, wenn man die Grundprämisse des transaktionalen Ansatzes akzeptiert, nämlich daß das Wesen der *Beziehung* zwischen der Person und ihrer Umwelt den Schlüssel zu einem Verständnis von Stimmungen liefert. Wenn Stimmungen tatsächlich in stärkerem Maße von den getrennten Wirkungen einzelner persönlicher und situativer Variablen abhängen, dann ist natürlich auch der transaktionale Ansatz hinfällig.

Eine zweite potentielle Stärke des transaktionalen Ansatzes liegt darin, daß er den aktiven Beitrag betont, den der einzelne zur Entwicklung und Gestaltung seines eigenen Erlebens leistet. In den meisten Situationen warten Menschen nicht einfach passiv ab, bis der nächsten Reiz auftritt und irgendeine Reaktion in ihnen auslöst. Sie spielen vielmehr eine aktive Rolle bei der Erzeugung, Deutung und Handhabung ihrer Erfahrungen. Die Stimmungsregulation (s. Kapitel 6) ist ein gutes Beispiel dafür, wie Menschen aus eigenem Antrieb versuchen, ihr subjektives Erleben zu beeinflussen und zu verändern.

Eine Schwäche von transaktionalen Ansätzen ist, daß sie mitunter etwas vage und unklar wirken. Die Wahl eines solchen Ansatzes wirft eine Reihe von Fragen auf: Wann und wie treten Transaktionen auf? Was genau ist mit der »Beziehung« zwischen Person und Umwelt gemeint? Wie kann man Ursache und Wirkung im Rahmen eines transaktionalen Ansatzes berücksichtigen? Es ist eindeutig noch jede Menge theoretischer Arbeiten erforderlich, bevor diese Fragen angemessen beantwortet werden können.

Ein zweiter, damit zusammenhängender Punkt ist, daß Transaktionen schwer zu erforschen sind. In den oben beschriebenen Beispielstudien untersucht man im Grunde keine Prozesse als solche, sondern unterbricht die Aktivitäten einer Person, um eine Momentaufnahme von ihnen zu machen. Ob man diese sektorübergreifenden »Schnappschüsse« je zum Gesamtbild eines transaktionalen Prozesses zusammenfügen kann, ist alles andere als klar. Allgemein ausgedrückt: Um Rückschlüsse auf den Prozeß zu ziehen, braucht man entsprechende Daten, und da es so schwierig ist, Prozesse zu untersuchen, sind diese Daten zur Zeit immer noch sehr begrenzt.

Schließlich scheint es auch durchaus plausibel, daß transaktionale Stimmungstheorien und traditionellere Ursache-Wirkung-Theorien beide in unterschiedlichen Situationen anwendbar sein könnten. In einigen Situationen liefern vielleicht die transaktionalen Theorien die beste Erklärung für das Geschehen, während in anderen eine relativ unkomplizierte Ursache-Wirkung-Erklärung ausreicht. Eine letzte Schwäche der transaktionalen Theorien ist also, daß sie idealerweise in der Lage sein sollten, genau anzugeben, wann und wo die Wahrscheinlichkeit von transaktionalen Prozessen größer ist als die von Ursache-Wirkung-Prozessen und was den Wechsel zwischen diesen beiden Operationsweisen bedingt.

Zusammenfassend: Auch wenn transaktionale Ansätze intuitiv reizvoll und plausibel erscheinen, sind noch viele theoretische, methodische und empirische Anstrengungen erforderlich, bevor ihr Beitrag angemessen bewertet werden kann.

Zusammenfassung

Es gibt zahlreiche Stimmungsprädiktoren, und die Wahrscheinlichkeit, daß ein einzelner die Stimmungsvarianz hinlänglich erklären kann, ist gering. Wir haben in diesem Kapitel drei Grundkategorien von Stimmungsprädiktoren erörtert: Prädiktoren, die außerhalb der Person liegen (Alltagsärgernisse, Aktivitäten und Situationen sowie experimentelle Manipulationen); Prädiktoren, die in der Person liegen (physiologische Vorstufen und die Persönlichkeit) sowie Transaktionen zwischen Person und Umwelt. Es ist unklar, ob die Stimmung stärker von inneren oder von äußeren Faktoren beeinflußt wird, und die Schwierigkeit, klare Unterscheidungen zwischen äußeren und inneren Prädiktoren zu treffen, könnte diese Frage praktisch unbeantwortbar machen. Im allgemeinen sind Stimmungsprädiktoren nicht eindeutig spezifiziert worden. Wir haben Prädiktoren nicht in erster Linie unter dem Aspekt betrachtet, ob sie innerlich oder äußerlich sind, sondern besonderes Gewicht darauf gelegt, welche Rolle die Beziehung oder Transaktion zwischen Person und Umwelt als Stimmungsprädiktor spielt. In diesem Sinne ist die Stimmung weder eine bloße abhängige noch eine unabhängige Variable, sondern vielmehr ein Prozeß.

4

Auswirkungen von Stimmungen

Nachdem wir in Kapitel 3 die Determinanten der Stimmung erörtert haben, werden wir uns jetzt mit den *Wirkungen* von Stimmungen auf andere Aspekte des psychologischen Geschehens befassen. Wenn Menschen in einer angenehmen oder unangenehmen Stimmung sind, werden Urteilsvermögen, Verhalten, kognitive Prozesse und Gedächtnis offenbar häufig auf eine Weise beeinflußt, die im Einklang mit der evaluativen Stimmungstönung steht (*Stimmungskongruenz*). Wenn wir glücklich sind, erscheint uns die Welt zum Beispiel häufig als angenehmerer Ort, und unsere Gedanken und Erinnerungen kreisen eher um positive als um negative Dinge. Doch manchmal bewirken Stimmungen auch das genaue Gegenteil dessen, was man aufgrund ihrer angenehmen oder unangenehmen Tönung erwarten könnte (*Stimmungsinkongruenz*). Einige Stimmungseffekte stehen schließlich in überhaupt keinem direkten Zusammenhang mit evaluativen Aspekten, sondern hängen offenbar eher von den allgemeineren Auswirkungen der Stimmung auf das Denken, Handeln und Fühlen ab. In diesem Kapitel besprechen wir die vorliegenden Nachweise für diese Varianten des Stimmungseffekts und erörtern einige der Prozesse, die ihnen möglicherweise zugrunde liegen. Wie sich herausgestellt hat, bewirken unangenehme Stimmungen nicht immer das genaue Gegenteil von angenehmen Stimmungen, was darauf hindeutet, daß jeweils unterschiedliche Kombinationen von Prozessen am Werk sind. Außerdem sprechen die vielfältigen Forschungsergebnisse, die für diesen Bereich vorliegen, sehr stark dafür, daß nicht alle Stimmungseffekte auf einen einzigen Verursachungsmechanismus zurückgeführt werden können. Wir wollen daher in diesem Kapitel keine Universaltheorie aufstellen, die alle Stimmungsauswirkungen erklären kann, sondern vielmehr aufzeigen, wie und warum unterschiedliche Stimmungslagen in unterschiedlichen Situationen unterschiedliche Auswirkungen auf unterschiedliche Menschen haben können.

Einführung

Viele Menschen glauben, daß Stimmungen die Art der evaluativen Beziehung zur Erfahrungsumwelt des einzelnen verändern (s. Kapitel 1). Es ist eine Binsenweisheit, daß Affektzustände darin zum Ausdruck kommen, wie wir die Welt wahrnehmen und darauf reagieren. In gehobener Stimmung sieht man die Welt in einem freundlicheren Licht und unangenehme Aufgaben erscheinen weniger belastend, während man in gedrückter Stimmung sogar auf kleinere Behinderungen mäkelig und intolerant reagiert. Aus der Perspektive einer speziellen Gemütsverfassung erscheint uns eine bestimmte Aktivität reizvoll, während wir vor anderen zurückschrecken oder sie ablehnen, weil wir »einfach nicht in der Stimmung dazu sind«. Entsprechend halten wir auch andere Menschen für verträglicher und kooperativer, wenn sie guter Laune sind. Wir wissen zum Beispiel, daß es nicht ratsam ist, um Gefälligkeiten zu bitten, wenn der potentielle Wohltäter mißmutig oder gereizt wirkt. Durch die Erfahrungen, die wir mit unseren eigenen und den Stimmungen anderer gemacht haben, sind wir mit vielen offenkundigen und relativ direkten Auswirkungen einzelner Stimmungen vertraut.

Die psychologische Forschung erweitert dieses praktische Alltagswissen, indem sie versucht, die verschiedenen Auswirkungen von Stimmungen auf die Kognition und das Handeln zu beschreiben und genau zu bestimmen, wann und wie diese Effekte auftreten. Wir geben in diesem Kapitel einen Überblick über die verschiedenen Stimmungseffekte, die in der psychologischen Forschung nachgewiesen wurden, und bewerten die einflußreichsten Theorien, die zur Erklärung dieser Wirkungen entwickelt wurden. Wir kommen zu dem Schluß, daß Stimmungen verschiedene direkte ebenso wie indirekte Wirkungen auf das Denken, Fühlen und Verhalten haben, die von vielfältigen Prozessen abhängen. Wir möchten uns in diesem Kapitel einer integrativen Analyse annähern, die vielleicht die Möglichkeit eröffnet, Vorhersagen über die Arten von Prozessen zu treffen, die in bestimmten Situationen wahrscheinlicher sind. In den folgenden Kapiteln werden wir diese Analyse ausdehnen, indem wir erläutern, warum wir die Stimmung als Teil eines dynamischen, zeitlichen Prozesses verstehen und nicht einfach als unabhängige Variable mit einbahnigen Wirkungen.

Wir beginnen das Kapitel mit einem allgemeinen Überblick über die Arten von Stimmungseffekten, die untersucht worden sind. Als nächstes betrachten wir die Theorien, mit denen man diese unterschiedlichen Wirkungen zu erklären versucht hat. Schließlich erörtern wir, wann und wie unterschiedliche Aspekte der psychologischen Funktion vom Affekt beeinflußt werden und beschreiben repräsentative Studien, die nachgewiesen haben, daß sich die Stimmung auf die Wahrnehmung und Verschlüsselung, auf das schlußfolgernde Denken und die Urteilsbildung, auf Gedächtnis und Verhalten auswirkt. Es ist nicht unser Ziel, einen umfassenden und erschöpfenden Überblick über dieses umfangreiches Forschungsgebiet zu geben; wir wollen vielmehr die wichtigsten Prozesse hervorheben, durch die Stimmungen unterschiedliche Arten von psychischen Vorgängen beeinflussen könnten.

Unterschiede zwischen Stimmungseffekten

Da eine Fülle von Forschungsergebnissen über Stimmungseffekte vorliegt, scheint es hilfreich, eine allgemeine Einführung in diesen Bereich zu geben, bevor man mögliche Erklärungen für die unterschiedlichen Befunde diskutiert. In diesem Abschnitt wollen wir die vielen unterschiedlichen Arten von nachgewiesenen Stimmungseffekten skizzieren. Man kann Stimmungseffekte nach den psychologischen Prozessen unterscheiden, die beeinflußt werden (von Wahrnehmung und Verschlüsselung über schlußfolgerndes Denken und Urteilen bis hin zu Gedächtnis und Verhalten), und nach der Richtung und der Art des wirkenden Einflusses (z. B. nach der stimmungskongruenten oder -inkongruenten Wirkungsweise). In einem späteren Abschnitt dieses Kapitels werden wir die unterschiedlichen Auswirkungen der Stimmung auf unterschiedliche Funktionsaspekte und Verarbeitungsstufen einzeln betrachten. In diesem Teil befassen wir uns explizit mit dem Unterschied zwischen direkten und indirekten Stimmungseffekten, zwischen bewußten und unbewußten Einflüssen und zwischen Auswirkungen, die hauptsächlich evaluativer Art sind (i. e. entweder stimmungskongruent oder stimmungsinkongruent), und Auswirkungen, die nicht bewertungsorientiert sind.

Direkte Auswirkungen

Viele Stimmungseffekte hängen direkt mit dem eigentlichen Wesen des Phänomens zusammen und nicht mit den sekundären Faktoren, die eine Stimmung begleiten oder daraus resultieren. In diesem Abschnitt werden wir uns speziell auf diese direkten Effekte konzentrieren. In Kapitel 1 haben wir Stimmung als den mehr oder weniger langandauernden Zustand definiert, der den einzelnen geneigt macht, Ereignisse auf eine bestimmte Weise zu deuten und auf eine bestimmte Weise darauf zu reagieren. Welche Arten von Stimmungseinflüssen würde man auf der Grundlage dieser provisorischen Definition erwarten? Zunächst können wir Effekte nach unterschiedlichen Aspekten des Stimmungszustands unterscheiden, d. h. nach der Affektqualität, der Richtung der Aufmerksamkeit und der charakteristischen Verhaltensorientierung. Da Stimmungen evaluative Zustände sind, haben sie zwangsläufig eine Wirkung auf evaluative Prozesse; da Stimmungen unterschiedliche Haltungen gegenüber bestimmten Informationsarten umfassen, erleichtern sie die Aufnahme und Verarbeitung dieser Informationsart zum Nachteil alternativer Informationen; und da Stimmungen unterschiedliche Arten der Handlungsbereitschaft implizieren, motivieren sie häufig zu bestimmten Verhaltensweisen.

Der evaluative Aspekt ist zentral für die meisten derzeitigen Stimmungskonzepte; von daher ist es nicht überraschend, daß sich Untersuchungen von Stimmungseffekten größtenteils mit den Auswirkungen der Affektqualität (normalerweise operationalisiert über Begriffe des angenehmen oder unangenehmen Empfindens) auf verschiedene psychische Funktionen befassen. Der häufigste und voraussagbarste Befund ist, daß angenehme Stimmungen die Wahrnehmung, das Denken, das Urteilen, das Gedächtnis und das Handeln in Richtung auf einen positiven Wertungsgehalt verschieben, während sich unangenehme Stimmungen häufig (aber weniger konsistent) in die entgegengesetzte Richtung auswirken. Wenn man zum Beispiel Versuchspersonen eine mehrdeutige Persönlichkeitsbeschreibung vorlegt, die sowohl positive als auch negative Eigenschaften umfaßt, legen Teilnehmer, die schlechter Stimmung sind, mehr Gewicht auf die angeführten negativen Merkmale, und denken länger darüber nach, während Teilnehmer, die guter Stimmung sind, die positiven Aspekte hervorheben (Forgas & Bower, 1987). Ähnliches gilt für depressiv gestimmte Personen, die sich offenbar eher an negative Lebensereignisse erinnern und mehr Mühe haben, an etwas Positives zu denken (Teasdale &

Fogarty, 1979). Schließlich neigen positiv gestimmte Menschen auch eher zu wohltätigen Verhaltensweisen und sind zum Beispiel eher bereit, anderen zu helfen (Isen & Levin, 1972). Stimmungen zeichnen sich also durch die allgemeine Tendenz aus, psychische Vorgänge in eine Richtung zu schieben, die mit ihrem evaluativen Gehalt übereinstimmt; diese Tendenz wird als *stimmungskongruenter Effekt* bezeichnet.

Wenn man sich mit der Stimmungskongruenz auseinandersetzt, muß man als erstes wissen, daß sie nicht immer funktioniert, vor allem nicht bei unangenehmen Stimmungen. So verringert zwar eine schlechte Stimmung normalerweise die Wahrscheinlichkeit, daß man anderen Menschen hilft, hat aber manchmal auch den gegenteiligen Effekt (Isen & Levin, 1972). Und obwohl Personen, die schlechter Stimmung sind, häufig dazu neigen, sich an weit mehr negative als positive Dinge zu erinnern, zeigen sie unter bestimmten Bedingungen auch die *stimmungsinkongruente* Neigung zu mehr positiven Erinnerungen (Parrott & Sabini, 1990). Einige Gründe für diese und andere Unbeständigkeiten (die eher von den indirekten als den direkten Stimmungseffekten abhängen) werden weiter unten erörtert. An dieser Stelle sei lediglich darauf hingewiesen, daß die Stimmungskongruenz alles andere als ein konsequent auftretendes Phänomen ist. Wie andere Stimmungseffekte hängt sie offenbar entscheidend von zahlreichen, mitunter subtilen persönlichen und situativen Faktoren ab. Theoretische Erklärungen der Stimmungskongruenz und -inkongruenz werden später in diesem Kapitel ausführlich behandelt.

Indirekte Auswirkungen

Obwohl die naheliegendste Erklärung für die Stimmungskongruenz ist, daß sie von dem direkten Einfluß des evaluativen Stimmungsgehalts abhängt, wird zum Teil auch die Meinung vertreten, daß es nicht notwendigerweise die Stimmungen selbst sind, die diese Wirkung ausüben, sondern eher äußere Faktoren, die zufällig mit der Stimmung verbunden sind. Nach Ansicht von Schwarz und Clore (1983) übt die Stimmung zum Beispiel nur dann Einfluß auf die Urteilsbildung aus, wenn sie dem Individuum relevante und bewußt verfügbare Informationen zur Verfügung stellt, die mit dem Urteil zusammenhängen (s. unten). Demzufolge wirken Stimmungen also nicht direkt, sondern mittels ihrer kognitiven Repräsentationen. Thesen über weitere mögliche Mediatoren, die mit den Auswirkungen der Stimmung auf die Kognition oder mit ihrer motivationalen Bedeutung zusammenhängen, werden ausführlicher in späteren Abschnitten dieses Kapitels behandelt.

Die meisten Erklärungen der Stimmungsinkongruenz betonen die indirekten Einflüsse, und zwar aus dem offensichtlichen Grund, daß man sich quasi selbst widerspricht, wenn man behauptet, daß die Stimmung *direkt* zu Wirkungen führt, deren Wertungsgehalt im Gegensatz zum stimmungsinhärenten Wertungsgehalt steht. So wird zum Beispiel häufig argumentiert, daß Menschen ihre schlechten Stimmungen bekämpfen, indem sie versuchen, an etwas Positives zu denken, und dadurch der Stimmungskongruenz entgegenwirken.

Bewußte und unbewußte Stimmungseffekte

Als einer der wichtigsten Vermittlungsfaktoren bei der Festlegung indirekter Stimmungseffekte gilt die Stimmungsbewußtheit (Morris, 1989). Mit anderen Worten: Der Grad, in dem wir uns über unsere augenblickliche Stimmung bewußt sind, wirkt sich darauf aus, wie sie unser Denken, Fühlen und Handeln beeinflußt. Obwohl man argumentieren könnte, daß die Präsenz der Stimmung das bewußte Erleben grundsätzlich färbt, ist uns nicht immer völlig klar, daß wir uns in einer bestimmten Stimmung befinden (Frijda, 1986, s. Kap. 6). Studien, die wir selbst in letzter Zeit geleitet haben, deuten darauf hin, daß die Stimmung häufig erst bei relativen hohen Intensitätsgraden auffällig wird. Wenn eine Stimmung ins reflexive Bewußtsein dringt, fängt sie an, kognitive Wirkungen auszuüben, die ihre direkten Einflüsse überlagern können. Diese Effekte sind indirekt, weil sie von der Repräsentation der Stimmung abhängen und nicht von der Stimmung selbst.

Einer der Gründe, weshalb das Bewußtsein zu unterschiedlichen Stimmungseffekten führen kann, ist, daß es Einfluß darauf nimmt, wie relevante Informationen verarbeitet werden. Eine nützliche Unterscheidung in diesem Zusammenhang ist die zwischen *kontrollierter* (bewußt gesteuerter) und *automatischer* Verarbeitung (Shiffrin & Schneider, 1977). Direkte und unbewußte Stimmungseffekte sind wahrscheinlich *automatisch*, was bedeutet, daß sie wenig kognitive Kapazität beanspruchen, relativ unempfänglich für Anforderungen an alternative Ressourcen sind und sich einer gezielten Steuerung weitgehend entziehen. Im Gegensatz dazu hängen indirekte Stimmungswirkungen, die durch die bewußte Wahrnehmung vermittelt werden, vermutlich von einer *kontrollierten*, gezielten Verarbeitung ab, die ein relativ hohes Aufmerksamkeitsniveau erfordert und hohe Ansprüche an kognitive Ressourcen stellt. Wenn man sich der eigenen Stimmung bewußt ist, dann ist es wahrscheinlicher, daß die Stimmungsinformationen eine explizite Rolle in den Denkprozessen spielen, aber die kontrollierte Nutzung dieser Informationen verringert auch die kognitive Kapazität, die für andere untergeordnete Aufgaben zur Verfügung steht. Die kontrollierte Verarbeitung von Stimmungsinformationen ist also mit Vor- und Nachteilen verbunden.

Daß Stimmungen sowohl bewußte/kontrollierte/indirekte Auswirkungen als auch unbewußte/automatische/direkte Auswirkungen haben können, zeigt sich, wenn man untersucht, wie Menschen auf unangenehme Stimmungen reagieren (s. auch Kapitel 6). Isen (1984) hat in diesem Zusammenhang darauf hingewiesen, daß Menschen häufig systematische Anstrengungen unternehmen, um eine ins Bewußtsein dringende unangenehme Stimmung zu vertreiben, und dazu eine Vielzahl von *stimmungskorrigierenden* Strategien einsetzen. Das kann dazu führen, daß alle automatischen, stimmungskongruenten Wirkungen durch eine kontrollierte Verarbeitung aufgehoben werden, die selektiv auf positive Aspekte der Situation gerichtet ist und unangenehme Empfindungen abschwächen soll. Wer schlechter Stimmung ist, wird also mögicherweise automatisch auf die unangenehmen Merkmale der Situation eingestimmt, versucht aber vielleicht gleichzeitig, die Ereignisse von der heiteren Seite zu betrachten, weil er gezielt darauf hinwirkt, sich selbst von der schlechten Stimmung zu befreien.

Natürlich hängen nicht alle indirekten Stimmungseffekte von dieser Form der kontrollierten Verarbeitung ab. So werden wir durch eine angenehme Stimmung vielleicht automatisch auf die angenehmen Aspekte der Situation eingestimmt, und unsere positive Reaktion auf diese Merkmale beeinflußt möglicherweise, wie andere Leute die Situation deuten und auf uns reagieren, was wiederum unser eigenes Verhalten beeinflußt usw. Wenn man Stimmungen in ihrem alltäglichen zwischenmenschlichen Kontext betrachtet, können sich die Auswirkungen über einen schier unendlichen Zeitraum erstrecken. Die meisten der in diesem Kapitel erörterten Forschungsarbeiten konzentrieren sich jedoch auf kurzfristige Stimmungseffekte unter Laborbedingungen.

Nicht-evaluative Stimmungseffekte

Die meisten der bis jetzt beschriebenen Stimmungseffekte beziehen sich speziell auf die evaluativen Aspekte des Verhaltens und Erlebens. Tatsächlich ist die Art der Übereinstimmung, um die es bei der Stimmungskongruenz geht, eine evaluative Kongruenz. Doch Stimmungen können auch nicht-evaluative Komponenten von anderen Prozessen beeinflussen, was darauf hindeutet, daß es neben der Stimmungskongruenz und Stimmungsinkongruenz noch eine dritte mögliche Kategorie von Stimmungseffekten gibt.

Die vielleicht am häufigsten untersuchten nicht-evaluativen Stimmungsauswirkungen betreffen das Wesen und das Ausmaß der kognitiven Verarbeitung. Schwarz und Bless (1991) haben zum Beispiel argumentiert, daß unangenehme Affekte eher zu einer *analytischen* (mühevollen, detailorientierten und systematischen) Denkweise führen, während angenehme Affekte für gewöhnlich einen *heuristischen* (entspannten, unfokussierten und divergierenden) Verarbeitungstil nach sich ziehen. Die Nachweise für diese allgemein anerkannten Unterschiede in dem Verarbeitungsstil, der mit angenehmen und unangenehmen Stimmungen verbunden ist, sind größtenteils indirekter Art. Bless, Mackie und Schwarz (1992) konnten jedoch belegen, daß positiv gestimmte Versuchspersonen, die eine persuasive Mitteilung verarbeitet hatten, im allgemeinen zu einer weniger detailorientierten Denkweise neigten als Teilnehmer, die dieselbe Überredungsbotschaft in einer negativen Stimmung verarbeitet hatten.

Stimmungskontingente Unterschiede im Verarbeitungsstil können von direkten oder indirekten und von automatischen oder kontrollierten Stimmungseffekten abhängen. Eine Erklärung für indirekte und kontrollierte Auswirkungen auf den Verarbeitungstil wurde von Schwarz und Bless (1991) vorgelegt. Nach ihrer Auffassung löst die bewußte Wahrnehmung einer negativen Stimmung den Wunsch aus, genau zu ergründen, was an der momentanen Situation nicht in Ordnung ist, was wiederum die Aktivierung eines analytischen, problemorientierten Verarbeitungsstils begünstigt.

Man kann die Verarbeitungsunterschiede auch als direkte und automatische Effekte von bestimmten Stimmungszuständen deuten. Wir haben zum Beispiel weiter oben argumentiert, daß unterschiedliche Stimmungszustände unterschiedliche Einstellungsmuster im Hinblick auf situative und persönliche Informationen umfassen (s. Kapitel 1). Wenn diese Annahme richtig ist, dann gehören spezifische Verarbeitungsweisen zum Wesen von Stimmungen, unabhängig davon, ob die Stimmungsinformationen bewußt oder unbewußt registriert werden. Eine reizbare Stimmung umfaßt zum Beispiel die Bereitschaft, unangenehme Ereignisse als persönliche Kränkungen aufzufassen, und lenkt daher besondere Aufmerksamkeit auf relevante Aspekte der Situation. Allgemeiner ausgedrückt sind unangenehme Stimmungen unterschiedlichster Art tendenziell damit verbunden, daß kognitive Ressourcen in problemorientierter Weise auf potentielle Schwierigkeiten verteilt werden.

Nach unserer Ansicht hängen also viele Verarbeitungsunterschiede davon ab, worauf die Aufmerksamkeit während unterschiedlicher Stimmungszustände gerichtet wird. In diesem Zusammenhang haben viele Forscher argumentiert, daß Stimmungen den Grad der Selbstaufmerksamkeit beeinflussen. So hat beispielsweise Tomkins (1962; 1963) die Meinung vertreten, daß der angenehme Affekt die Aufmerksamkeit auf andere Personen lenkt, während der unangenehme Affekt die Aufmerksamkeit nach innen richtet. Jüngere Studien haben ebenfalls bestätigt, daß unangenehme Stimmungen bestimmte Effekte haben, die die Selbstaufmerksamkeit erhöhen (Ingram & Smith, 1984; Watson & Pennebaker, 1989; Wood, Saltzberg & Goldsant, 1990; s. Ingram, 1990, für einen Überblick). Eine verbreitete Erklärung für diese Auswirkungen beruht auf der Vorstellung, daß unangenehme Affekte normalerweise ein Anzeichen für irgendein Problem oder für eine Diskrepanz zwischen Erwartung und Realität sind und daher besondere Aufmerksamkeit verlangen. Man richtet die Aufmerksamkeit nach innen, um zu verstehen, was die Gefühle bedeuten und wie sie sich auf das Wohlbefinden auswirken. Ein solcher Effekt ist zweifellos vereinbar mit dem oben beschriebenen analytischen Stil während einer negativen Stimmung.

Eine letzte nicht-evaluative Konsequenz unterschiedlicher Stimmungen betrifft die affektregulierenden Strategien, die von der jeweiligen Stimmung möglicherweise ausgelöst werden. Nach Isen (1984) setzen unangenehme Stimmungen häufig *stimmungskorrigierende Strategien* in Gang, die das persönliche Wohlbefinden steigern sollen, während angenehme Stimmungen im allgemeinen zu Maßnahmen führen, die der Bewahrung des momentanen Stimmungszustands dienen (*stimmungserhaltende Strategien*). Die unterschiedliche Anwendung solcher Strategien hängt wahrscheinlich von kontrollierten und indirekten Stimmungseffekten ab, bei denen die Person entscheidet, ob sie etwas gegen ihren derzeitigen Affekt unternehmen will oder nicht, nachdem sie ihren Stimmungszustand bewußt wahrgenommen hat. Möglicherweise führen jedoch einige Stimmungen oder Stimmungsumschwünge auch direkt zu automatischen selbstregulatorischen Prozessen, die das affektive Gleichgewicht wiederherstellen sollen (s. Kapitel 3 und 5).

Die Stimmungsregulation hilft zu erklären, warum die Auswirkungen von angenehmen und unangenehmen Stimmungen auf die Verschlüsselung und die Urteilsbildung nicht immer symmetrisch sind. So lenkt man seine Aufmerksamkeit vielleicht absichtlich von unangenehmen Aspekten der Situation ab, um sich selbst aus einer schlechten Stimmung herauszuholen. Außerdem liefern stimmungsbewahrende und stimmungskorrigierende Strategien möglicherweise eine Teilerklärung für die Auswirkungen auf den Verarbeitungsstil. So übernimmt man möglicherweise während einer unangenehmen Stimmung einen analytischen Stil, weil man die klare Absicht hat, einen Ausweg aus dem momentanen Affekt zu finden. Das Thema Stimmungsregulation wird ausführlich in Kapitel 6 behandelt.

Erklärungen für Stimmungseffekte

Nachdem wir einige Arten von möglichen Stimmungsauswirkungen skizziert haben, wollen wir uns jetzt ausführlicher mit der Frage befassen, wie man sie erklären kann. Wir geben in diesem Abschnitt einen zusammenfassenden Überblick über theoretische Modelle der Stimmung und der Stimmungsauswirkungen. Obwohl es in bezug auf die präzisen Details bei einigen dieser Theorien unübersehbare Probleme gibt, kommen wir zu dem Schluß, daß viele von ihnen zumindest im Hinblick auf einige Bereiche der Affektfunktionen über eine gewisse Validität verfügen. Wir gehen nicht davon aus, daß eines dieser Modelle den Stein des Weisen darstellt, sondern sind vielmehr der Ansicht, daß mehrere Modelle jeweils eine Erklärung für bestimmte Stimmungsprozesse in bestimmten Situationen bieten. Forscher sollten sich also das Ziel setzen, die Grenzbedingungen für bestimmte theoretische Grundsätze abzubilden, anstatt ein Allzweckmodell gegen ein anderes ins Feld zu führen (Forgas, 1995).

Die Bandbreite der Erklärungen für Stimmungseffekte

Frühe Theorien über Stimmungsauswirkungen haben psychodynamische oder Lernprinzipien hervorgehoben. Nach Jacobsen (1957), der sich dem Phänomen aus psychoanalytischer Sicht näherte, spiegeln Stimmungen Affekte wider, deren wahre Ursachen man sich nicht eingestehen kann, weil sie zu bedrohlich sind; deshalb ist man gezwungen, die damit einhergehende Energie an einer Vielzahl von Verschiebungsobjekten zu entladen. Mit anderen Worten: Die Stimmung beeinflußt die Bewertung und das Verhalten gegenüber verschiedenen Umweltaspekten, weil der einzelne eine gefahrlose Methode finden muß, um die damit verbundene Energie freizusetzen. (S. Kapitel 7 für eine ausführliche Beschreibung von psychodynamischen Theorien der Affektstörung).

Aus lerntheoretischer Perspektive vertrat Byrne (1971) die Ansicht, daß die evaluative Tönung einer Stimmung häufig entsprechend einiger simpler Grundsätze der klassischen Konditionierung mit situativen Aspekten assoziiert wird (Pavlov, 1927; Watson & Rayner, 1920); nach dieser Auffassung führt zum Beispiel eine negative Stimmung, die häufig in Gegenwart einer bestimmten Person erlebt wird, zu einer negativen Einstellung gegenüber dieser Person.

Heutige Theorien weisen viele Gemeinsamkeiten mit diesen psychoanalytischen und assoziativen Erklärungen auf, legen aber im allgemeinen mehr Gewicht auf kognitive Prinzipien. Man geht im großen und ganzen davon aus, daß die Stimmung andere psychologische Prozesse beeinflußt, entweder aufgrund ihres Informationswertes (*Informationstheorien*) oder weil sie die Art und Weise verändert, in der hereinkommende (oder innerlich erzeugte) Daten registriert oder verarbeitet werden (*schematische Theorien*). Einige schematische Theorien stützen sich allerdings auch auf die Annahme, daß der *Informationsgehalt* unterschiedlicher Stimmungen spezifische Aufmerksamkeitsmuster und Verarbeitungsstile aktiviert (Schwarz & Bless, 1991; s. auch oben); man kann also nicht alle kognitiven Modelle eindeutig in die eine oder andere Kategorie einordnen.

Außerdem umfassen einige Theorien auch noch *motivationale* Prinzipien, was damit begründet wird, daß die Erfassung von Stimmungsinformationen bestimmte zielgerichtete Verarbeitungs- oder Handlungsmuster aktivieren kann.

Im allgemeinen unterscheiden sich die kognitiven Theorien von Stimmungseffekten also hauptsächlich in ihrem Verständnis der Frage, auf welche Weise Stimmungsinformationen erfaßt werden und welche Konsequenzen diese Erfassung hat. Wie weiter oben ausgeführt, nehmen einige Theorien an, daß Stimmungen *automatisch* bestimmte Prozesse in Gang setzen (Bower, 1981), während andere behaupten, daß die *bewußte* Wahrnehmung der Stimmung entscheidend ist (Schwarz & Clore, 1983). Einige Theorien gehen im Hinblick auf die Bewußtseinsbeteiligung sogar noch einen Schritt weiter und legen nahe, daß die Auswirkungen der Stimmung auch davon abhängen, welche spezifische Bedeutung sie für den einzelnen hat und für welche Verhaltensmaßnahmen er sich entscheidet (Wegener & Petty, 1994). Man kann die kognitiven Theorien folglich danach ordnen, von welchem Grad und von welcher Art der kognitiven Verarbeitung sie im Hinblick auf die Vermittlung von Stimmungseffekten ausgehen. Im Rest dieses Abschnitts befassen wir uns sowohl mit Theorien, die die impliziten und automatischen Auswirkungen von Stimmungen betonen, als auch mit Modellen, die sich stärker auf die expliziten und kontrollierten Prozesse konzentrieren.

Affekt-Priming

Eine der einflußreichsten Theorien über automatische Stimmungseffekte ist das Modell des *Affekt-Priming* (Bower, 1981; Isen, 1984), dem zufolge Stimmungszustände auf selektive Weise Informationen aktivieren, die im Gedächtnis gespeichert sind. So hat etwa Bower argumentiert, daß Begriffe im kognitiven System als Verbindungspunkte oder Knoten in einem Gitter von gegenseitigen Verbindungen repräsentiert sind, wobei ähnliche oder miteinander verknüpfte Konzepte im semantischen Raum dicht beieinanderliegen (s. Abbildung 4.1). Wenn irgendein Begriff aktiviert wird, so überträgt sich ein Teil dieser Aktivierung auch auf die damit verbundenen Begriffe. Ein Anstieg des Aktivierungsniveaus macht den Begriff generell zugänglicher für Rückführprozesse und erhöht die Wahrscheinlichkeit, daß er ins Bewußtsein dringt.

Laut Bower gibt es bestimmte Knoten in diesem semantischen Netzwerk, die speziell den negativen oder positiven Affekt repräsentieren, und wenn die eine oder andere Stimmung auftritt, wird der relevante Knoten aktiviert. Diese Aktivierung greift wiederum auf damit verbundene Knoten über und stellt dadurch mehr bewertungskongruente Informationen für eine Verarbeitung zur Verfügung. Nach dieser Auffassung lösen angenehme Stimmungen also selektiv bestimmte Vorstellungs- und Gedankenketten aus, die mit positiven früheren Erfahrungen oder mit angenehmen Bedeutungen verknüpft sind, was wiederum beeinflußt, wie die Informationen über die momentane Situation verarbeitet werden. Mit anderen Worten: Stimmungen erzeugen einen bewertungskongruenten kognitiven Kontext für die Informationsverarbeitung und beeinflussen dadurch, wie wir die Welt wahrnehmen.

Es gibt eine Vielzahl von Nachweisquellen für die Theorie des Affekt-Priming. Forgas und Bower (1987) untersuchten zum Beispiel, wie sich die Stimmung auf die Beurteilung anderer Menschen auswirkt. Die Teilnehmer ihrer Studie wurden in eine positive oder negative Stimmung versetzt und dann gebeten, sich ein Urteil über eine Person zu bilden, die durch mehrere positive und negative Computeraussagen beschrieben wurde. Die positiv gestimmten Teilnehmer beschrieben die Zielperson in positiveren Begriffen als die negativ gestimmten.

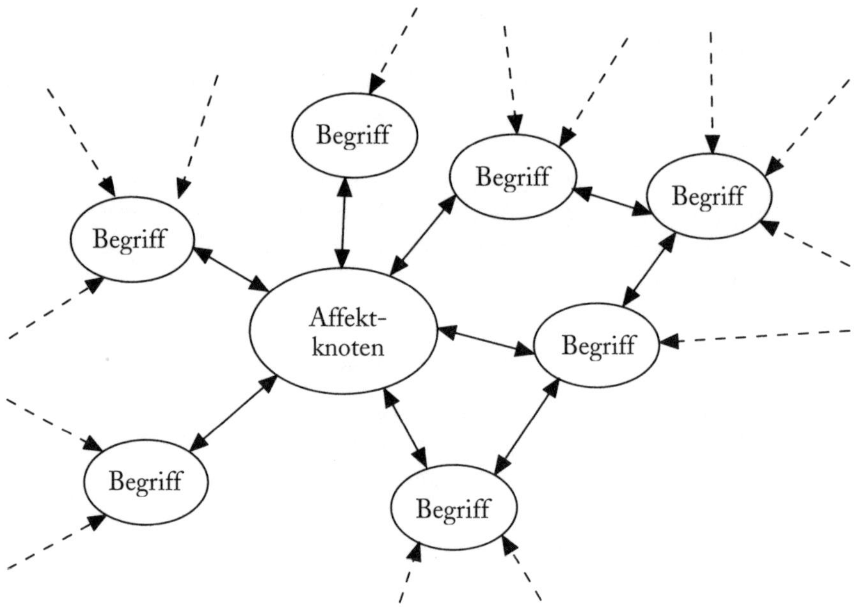

Abbildung 4.1 Verknüpfung eines Affektknotens mit ähnlichen Begriffen nach dem Affekt-Priming-Modell von Bower (1981)

Die Reaktionszeit, die die Versuchsteilnehmer benötigten, um die Computerinformationen über die Zielperson zu verarbeiten, lieferte Hinweise auf die Prozesse, die diesem stimmungskongruenten Effekt zugrunde liegen. Man stellte fest, daß die positiv gestimmten Teilnehmer mehr Zeit auf die Lektüre der positiven als der negativen Aussagen verwendeten, bevor sie ihr Urteil fällten. Das deutet darauf hin, daß dieses Informationsmaterial mit Materialien verknüpft war, die die angenehme Stimmung im Gedächtnis aktiviert hatte. Im Hinblick auf die Entscheidungsaufgabe, gelangten die positiv gestimmten Teilnehmer jedoch schneller zu ihren stimmungskongruenten Urteilen, was den Schluß nahelegt, daß die relevanten stimmungskongruenten Informationen leichter zugänglich sind, wenn man sich im entsprechenden Affektzustand befindet.

Das Modell des Affekt-Priming bietet sowohl eine Erklärung für Verarbeitungsunterschiede zwischen angenehmen und unangenehmen Stimmungen als auch für stimmungskongruente Auswirkungen. Nach Ansicht mehrerer Theoretiker (Isen, 1987; Mackie & Worth, 1991) sind wir mit angenehmen Affekterlebnissen besser vertraut (Diener, 1984), was dazu führt, daß die damit verbundenen semantischen Knoten umfangreichere Verbindungen zu anderen Konzepten aufweisen (Matlin & Stang, 1979). Nach dieser Auffassung aktiviert eine angenehme Stimmung ein größeres Assoziationsnetzwerk als eine unangenehme Stimmung, so daß weniger Kapazität für andere kognitive Aufgaben übrig bleibt. Aufgrund dieser eingeschränkten Kapazität müssen Personen, die in gehobener Stimmung sind, ihre Informationsverarbeitung möglicherweise abkürzen, was in einem sorgloseren *heuristischen* Stil resultiert. Mackie und Worth (1989) haben beispielsweise festgestellt, daß die angenehme Stimmung weniger Auswirkungen auf die Urteilsbildung hatte, wenn man die Kapazitätsbeschränkungen abmilderte.

Da die Assoziationen, die von einer angenehmen Stimmung ausgelöst werden, mehr kognitive Kapazität beanspruchen, ist die Person nach Ansicht von Mackie und Worth gezwungen, sich auf weniger gründliche Verarbeitungsstrategien zu stützen. Doch neuere Studien haben gezeigt, daß dieselbe Stimmung je nach Mitteilungsgehalt unterschiedliche Auswirkungen auf die Verarbeitung haben kann, was bedeutet, daß die Theorie der Kapazitätsbeschränkung die Auswirkungen auf den Verarbeitungsstil nicht vollständig erklären kann (Wegener, Petty & Smith, 1995). Außerdem erscheint es rein intuitiv nicht plausibel, daß man durch eine gute Stimmung immer und bei *jeder* Aufgabenart daran gehindert wird, seine volle Aufmerksamkeit zu entfalten. Entsprechend gibt es vielleicht auch einige Menschen, zum Beispiel Personen mit einer chronischen Depression, bei denen die unangenehme Stimmung umfangreichere und stärkere Verbindungen mit ähnlichen Konzepten aufweist (Teasdale & Barnard, 1993).

Obwohl Bowers Modell eine relative gute Erklärung für viele Arten von Stimmungseffekten zu bieten scheint, ist auch klar, daß es nicht ausreicht, um alle Auswirkungen zu erklären. So sagt die Theorie beispielsweise voraus, daß Stimmungen die Verfügbarkeit von bewertungskongruenten Informationen erhöhen, wodurch der einzelne empfänglicher für relevante Reize wird und sie besser erkennen kann. Doch einige dieser vorausgesagten Auswirkungen auf die Wahrnehmungsschwellen für affektbezogene Wörter bestätigen sich nicht immer in der Form, die von der Theorie vorausgesagt wird (Clark, Teasdale, Broadbent & Martin, 1983). Zudem stößt die These, daß sich die Aktivierung von bestimmten Orten im semantischen Raum ausbreitet, in der Praxis offenbar auf ziemlich schwerwiegende Probleme. So scheinen recht spezifische Stimmungsmanipulationen für gewöhnlich relativ allgemeine Auswirkungen auf die Urteilsbildung zu haben: Eine unangenehme Stimmung, die durch die Vorstellung amouröser Verwicklungen induziert wird, beeinflußt zum Beispiel die Einschätzung einer Situation, in der es um die erfolgreiche Handhabung von Schlangen geht, im selben Maße wie die Wahrscheinlichkeitseinschätzungen, die sich auf die Freude an künftigen Verabredungen beziehen (Kavanagh & Bower, 1985). Wenn man unterstellt, daß der Umgang mit einer Schlange semantisch weniger eng mit Fehlschlägen in Liebesangelegenheiten verbunden ist, als die Freude an einem Rendezvous, dann würde das assoziative Netzwerkmodell voraussagen, daß die Auswirkungen auf die Beurteilung der letztgenannten Situation stärker sind als auf die der erstgenannten.

Ein damit zusammenhängendes technisches Problem besteht darin, daß die sich ausweitende Aktivierung auf alle assoziierten Konzepte im semantischen Netzwerk gleichmäßig verteilt sein soll. Doch wenn das in der dargelegten Form geschähe, dann würde die Summe der sich ausbreitenden Aktivierung zwischen allen verbundenen Konzepten aufgespalten werden und rapide an Stärke verlieren, wenn die Verbindungen sich fächerförmig ausbreiten (Simon, 1982). Im Fall der vielen möglichen Assoziationen von guten und schlechten Stimmungen würde es zu einer sehr schnellen Abschwächung der Effekte führen, wenn sich die Aktivierung vom eigentlichen Affektknoten aus nach außen ausbreitet (Teasdale & Barnard, 1993). Solche Vorhersagen sind schwer mit den Studien in Einklang zu bringen, die relativ durchgängige und relativ starke Auswirkungen der Stimmung auf die Urteilsbildung ergeben haben.

Eine weitere Schwierigkeit betrifft die Mehrdeutigkeit im Hinblick auf das Wesen der Affektknoten selbst. In gewisser Hinsicht sind diese Knoten einfach Repräsentationen des Affekts, die durch die bloße Vorstellung des in Frage stehenden Konzepts genauso leicht auszulösen wären wie durch das tatsächliche Erleben der betreffenden Stimmung. Da das Modell jedoch argumentiert, daß Stimmungseffekte ausschließlich durch die Aktivierung dieser Affektknoten entstehen, würde man also vorhersagen, daß das bloße Denken an die Stimmung haargenau dieselbe Wirkung auf die Urteilsbildung oder das Gedächtnis hat wie das echte Stimmungserleben. Das ist eindeutig nicht der Fall.

Um dieses Problem zu lösen, haben Bower und Cohen (1982) argumentiert, daß es getrennte Knoten in den assoziativen Netzwerken gibt, die dem Affekt selbst (*heiße* Knoten) und seiner Repräsentation (*kalte* Knoten) entsprechen. Diese Theorieanpassung erklärt aber nicht, wie das Affekterleben mit seiner Repräsentation verbunden sein könnte, und spezifiziert auch nicht die zusätzlichen Merkmale, die dem heißen Knoten seine spezielle Affektqualität verleihen (s. auch Teasdale & Barnard, 1993). Aus derzeitiger Sicht werden nur einige der Stimmungseffekte durch ihre Repräsentationen vermittelt, während andere direkter von den evaluativen und motivationalen Merkmalen des Zustands abhängen.

Ein letztes Problem mit der Theorie des Affekt-Priming besteht darin, daß sie Schwierigkeiten hat, Stimmungseffekte zu erklären, die in besonderer Weise davon abhängen, wie die Person die Stimmung, die sie erlebt, interpretiert oder erfaßt. Diese Effekte werden ausführlich im folgenden Abschnitt erörtert. Für eine gründliche Bewertung der Vor- und Nachteile von Bowers assoziativer Netzwerktheorie der Stimmungseffekte siehe Teasdale und Barnard (1993).

Stimmung als bewußte Information

Nach dem Modell des Affekt-Priming sind Stimmungsauswirkungen größtenteils automatisch und verborgen. Stimmungen entfalten ihre Wirkung nicht deshalb, weil der einzelne ihr Vorhandensein klar erkennt, sondern weil sie direkt innere Repräsentationen aktivieren. Eine zweite wichtige Theorie über die Art, wie der Informationswert der Stimmung andere Prozesse beeinflußt, geht davon aus, daß die bewußten Anteile von Stimmungen von wesentlicher Bedeutung für ihre Auswirkungen sind (Schwarz & Clore, 1983). Nach diesem Modell wirken Stimmungen über bewußte Informationen, die man zur Beurteilung der momentanen Situation nutzen kann.

Nach Schwarz und Clore ist es eine einfache und allgemein verbreitete Methode der Situationsbewertung, daß man überlegt, wie man affektiv darauf reagiert. Wenn wir zum Bespiel als Laien gebeten werden, ein Urteil darüber abzugeben, wie gut jemand eine komplexe oder unklare Aufgabe gemeistert hat (z.B. im Eiskunstlauf, Sport oder bei einem öffentlicher Vortrag), machen wir uns möglicherweise nicht die Mühe, alle relevanten Informationen abzuwägen, sondern orientieren uns einfach daran, was wir im Moment ganz allgemein empfinden. Schwarz und Clore (1988) nannten diese Verarbeitungsstrategie die »Was sagt mir mein Gefühl?«-Heuristik. Nach ihrer Auffassung kann die momentane Stimmung uns relevante Informationen darüber liefern, was die vorherrschende Situation für uns persönlich bedeutet. Diese Informationen können jedoch mitunter falsch angewendet werden, wenn unsere Stimmung im Grunde von anderen Faktoren abhängt als jenen, die gerade Gegenstand unserer Aufmerksamkeit sind. Schwarz und Clore stellten die These auf, daß es gelegentlich zu *Fehlattributionen* kommt, d.h. man schreibt die momentane Stimmung fälschlicherweise bestimmten Objekten zu und zieht dann Schlüsse über die eigene Einstellung gegenüber diesen Objekten, die in Richtung auf die evaluative Tönung der Stimmung verzerrt sind.

Nach Schwarz und Clore wird eine Person, die schlechter Stimmung ist, also nur dann negativ über ihre allgemeine Situation denken, wenn ihr keine andere, spezifischere Erklärung für die Stimmung zur Verfügung steht. Mit anderen Worten: Wenn wir uns völlig darüber im klaren sind, daß wir aufgrund einer ganz bestimmten Widrigkeit unglücklich sind, dann ist es weniger wahrscheinlich, daß wir unsere negative Einstellung auf andere unbeteiligte Objekte oder Ereignisse verallgemeinern. Wenn man uns zum Beispiel eine Bitte abgeschlagen hat, dann führt diese konkrete Enttäuschung normalerweise nicht dazu, daß wir auch alle anderen Aspekte unseres Lebens, einschließlich Abwasch, bevorstehender Verabredung am Abend oder Höhe unseres Einkommens u. ä., negativ bewerten.

Schwarz und Clore haben in zwei einfallsreichen Studien nachgewiesen, daß stimmungskongruente Bewertungseffekte von einer Fehlattribution abhängen. In der ersten dieser beiden Studien erzählten Schwarz und Clore den Versuchspersonen, daß sie einen Gedächtnistest für akustische Stimuli machen sollten, den man ihnen in einem ungewöhnlichen schalldichten Raum vorlegen würde. Eine Gruppe von Teilnehmern wurde darauf hingewiesen, daß frühere Versuchspersonen diese räumliche Umgebung als unangenehm empfunden und sich angespannt und deprimiert gefühlt hätten; der anderen Gruppe wurde gesagt, daß sich frühere Teilnehmer in dem Raum in Hochstimmung und »irgendwie high« gefühlt hätten, möglicherweise aufgrund der Schallisolierung. Mit diesen Instruktionen sollte manipuliert werden, wie die Teilnehmer ihre im Laufe der Studie erlebten Affekte erklären würden. Als nächstes wurden die Versuchspersonen in eine angenehme oder unangenehme Stimmung versetzt, indem man sie aufforderte, über glückliche oder traurige Ereignisse aus ihrem Leben zu berichten. Schließlich wurden sie gebeten, den Grad ihrer allgemeinen Lebenszufriedenheit zu bewerten.

Schwarz und Clore stellten fest, daß die Teilnehmer, die in negativer Stimmung waren, ihre Lebenszufriedenheit im allgemeinen niedriger einschätzten als die positiv gestimmten, außer wenn man sie vorher gewarnt hatte, daß der Raum möglicherweise deprimierend wirken würde. Wenn sich Menschen ihre momentane schlechte Stimmung durch die Situation erklären können, machen sie diese offenbar nicht zur Bewertungsgrundlage für andere Faktoren. Bei den Teilnehmern, die man in eine positive Stimmung versetzt hatte, zeichnete sich allerdings ein anderes Muster ab. In diesem Fall stuften die Teilnehmer ihre allgemeine Lebenszufriedenheit höher ein, auch wenn man ihnen gesagt hatte, daß der Raum sich positiv auf ihre Stimmung auswirken könnte. Der Grund hierfür ist nach Schwarz und Clore, daß Menschen weniger motiviert sind, nach expliziten Erklärungen für ihre guten Stimmungen zu suchen, und diesen Zustand bereitwillig so akzeptieren, wie er ist; schlechte Stimmungen verlangen dagegen eher nach einer Erklärung, zum Teil weil sie unerwartet kommen und zum Teil, weil man sie möglicherweise leichter bewältigen kann, wenn man die Ursachen kennt.

In ihrer zweiten Studie stellten Schwarz und Clore fest, daß die Teilnehmer eines Telefoninterviews ihre Lebenszufriedenheit bei gutem Wetter höher einstuften als bei schlechtem Wetter. Doch dieser Unterschied verschwand, wenn die Interviewerin die Aufmerksamkeit auf den möglichen Einfluß des Wetters lenkte, indem sie ihre Fragen mit dem Satz einleitete: »Wie ist denn das Wetter da unten?« Wenn man die Stimmung einem konkreten Umstand zuschreibt, wird die Wirkung auf das Urteil also anscheinend aufgehoben.

Das Modell von Schwarz und Clore scheint am besten auf Situationen anwendbar, in denen es um die explizite Einschätzung und Beurteilung komplexer Fragen geht (Schwarz, Strack, Kommer & Wagner, 1987), was den einzelnen dazu veranlaßt, Stimmungsinformationen auf kontrollierte und bewußte Weise zu verarbeiten. Die Theorie ist offenkundig weniger relevant für Auswirkungen der Stimmung auf die Verschlüsselung und das Gedächtnis; diese Effekte werden anscheinend häufig durch direktere und automatischere Prozesse vermittelt (Forgas, 1995, und s. unten). So wäre es zum Beispiel schwierig, irgendwelche unbewußten Stimmungsauswirkungen auf der Grundlage dieser Prinzipien zu erklären. Die Auffassung, daß Stimmungen als bewußte Informationen genutzt werden können, bietet also keine umfassende Theorie, die alle Formen von Stimmungseffekten abdeckt, sondern liefert eher eine spezifische Erklärung, die nur in bestimmten Kontexten anwendbar ist.

Im Hinblick auf die dokumentierten Auswirkungen der Stimmung auf den Verarbeitungsstil könnte der bewußte Informationswert von Stimmungszuständen allerdings eine plausible Alternative zu der Erklärung sein, die von der Theorie des Affekt-Priming geboten wird. Vor allem wenn eine unangenehme Stimmung uns mitteilt, daß wir unsere momentane Situation nicht mögen, werden wir durch diese Erkenntnis sehr wahrscheinlich motiviert, die konkrete Ursache für unser Unbehagen ausfindig zu machen und über Gegenmaßnahmen nachzudenken. Wenn man sich fragt, was an der Situation nicht stimmt, damit man etwas dagegen unternehmen kann, wird es wiederum wahrscheinlich, daß man einen gründlicheren und analytischeren Stil der Informationsverarbeitung anwendet. Entsprechend erhält man durch eine angenehme Stimmung die Botschaft, daß man im großen und ganzen alles richtig macht und nicht so viel Aufmerksamkeit auf die Situation verwenden muß (Schwarz & Bless, 1991).

Schematische Theorien

Die bis jetzt erörteren Erklärungen schreiben die Auswirkungen von Stimmungen ihrem Informationsgehalt zu (unabhängig davon, ob der Zugriff auf diesen Inhalt automatisch oder kontrolliert erfolgt). Jetzt wollen wir uns Erklärungen zuwenden, die den Schwerpunkt darauf legen, wie sich Stimmungen auf unterschiedliche Arten der Informationserfassung und -verarbeitung auswirken; die Vertreter dieses Ansatzes behaupten, daß Unterschiede in der Art, wie das kognitive System in unterschiedlichen Stimmungen mit Informationen umgeht, zu unterschiedlichen Effekten führen. Bei diesen beiden Erklärungsansätzen handelt es sich nicht zwangsläufig um unvereinbare Gegensätze. Wie wir bereits ausgeführt haben, können die Verarbeitungsstile, die mit unterschiedlichen Stimmungen einhergehen, entweder entsprechend dem Modell von Bower von den Assoziationen abhängen, die von der Stimmung aktiviert werden, oder entsprechend dem Modell von Schwarz und Clore von der expliziten Qualität der Informationen, die der Person durch das Stimmungserleben vermittelt werden.

Es ist jedoch auch richtig, daß einige schematische Modelle die Annahme ablehnen würden, daß Stimmungseffekte überhaupt in irgendeiner Form vom Informationsgehalt abhängen. So halten etwa Teasdale und Barnard (1993) die bewußte Wahrnehmung der Stimmung für ein Nebenprodukt bestimmter Verarbeitungsweisen und nicht für eine

Determinante dieser Verarbeitungsstile (s. unten). Ähnlich geht auch der in diesem Buch entwickelte Ansatz davon aus, daß zahlreiche Stimmungseffekte eine Folge der *direkten* und unbewußten Auswirkungen sind, die die Stimmung auf die Einstellung gegenüber bestimmten Situationsaspekten hat, und deshalb keine Erfassung der Stimmungsinformation als solcher erfordern.

Nach Meinung von Martin u.a (Martin, Wart, Achee & Wyer, 1993) hängen die unterschiedlichen Auswirkungen von angenehmen und unangenehmen Stimmungen auf die Verarbeitung damit zusammen, daß der Situationstyp, in dem der jeweilige Stimmungszustand normalerweise auftritt, unterschiedliche Anforderungen stellt. Unangenehme Affekte sind mit Vermeidungssituationen verbunden, in denen der Erfolg davon abhängt, daß man alle potentiellen Pfade zum unerwünschten Ergebnis blockiert, und erfordern deshalb große Wachsamkeit und eine sorgfältige Untersuchung aller potentiellen Handlungskonsequenzen. Im Gegensatz dazu treten angenehme Stimmungen eher in Annäherungssituationen auf, in denen jeder Weg zum erwünschten Ziel willkommen ist, so daß eine einfache »Alles geht«-Strategie angemessener erscheint.

Aus unserer Sicht ergeben sich stimmungskontingente Verarbeitungsstile nicht allein aus situativen Erwägungen, wie Martin und seine Kollegen nahelegen. Wie wir im vorigen Kapitel ausgeführt haben, hängen Stimmungen typischerweise von Transaktionen ab, bei denen Person und Situation wechselseitig interaktive Rollen spielen. Demgemäß können Stimmungen dazu beitragen, wie die Situation wahrgenommen und interpretiert wird, so wie andererseits auch die Situation unsere Stimmungen beeinflussen kann. Folglich ist der Verarbeitungsstil, der mit einer Stimmung einhergeht, eine gemeinsame Funktion der Stimmungsmerkmale selbst, der Situation, in der diese Stimmung auftritt, und der Art, wie die Stimmung die Wahrnehmung und Deutung der sich entwickelnden Situation beeinflußt. Eine unangenehme Stimmung kann unsere Aufmerksamkeit zum Beispiel auf negative Aspekte der momentanen Situation lenken, die wir dann kognitiv und durch unser Verhalten zu verändern suchen. Allgemeiner ausgedrückt entwickeln sich Stimmungen aus der Beziehung zwischen Person und Situation, wozu auch gehört, daß die Aufmerksamkeit auf Fragen gerichtet wird, die während dieses transaktionalen Prozesses erkannt werden. Mit anderen Worten: Stimmungen haben immer direkte Auswirkungen auf die Aufnahme und Verarbeitung von Informationen. Darüber hinaus kann die bewußte Erkenntnis, daß man sich in einer bestimmten Stimmung befindet, auch zu einer stärker kontrollierten Verarbeitung führen, die im Einklang mit den evaluativen Bedeutungen der Gefühle steht, wie von Schwarz und Bless (1991) beschrieben.

Explizite Affektregulation

Die Erkenntnis, daß wir eine bestimmte Stimmung erleben, wirkt sich nicht nur darauf aus, wie wir unsere momentane Situation interpretieren, sondern beeinflußt auch, wie wir unsere Beziehung zu dieser Situation, einschließlich der Art unserer eigenen Affektreaktion, wahrnehmen. Mit anderen Worten, die bewußte Erfassung von Stimmungsinformationen kann dazu führen, daß wir explizit bewerten, was wir fühlen, wo wir uns befinden und was wir tun. So bewerten wir die Stimmung vielleicht insbesondere im Hinblick auf ihre Vor- und Nachteile, und entscheiden daraufhin, ob wir versuchen wollen, sie aufrechtzuerhalten oder zu verändern.

Mehrere Theoretiker haben die Auffassung vertreten, daß einige Stimmungseffekte von überlegten Versuchen der Affektregulation oder Affektkontrolle abhängen. So hat beispielsweise Isen (1984) argumentiert, daß angenehme Stimmungen im allgemeinen mit der Anwendung von *stimmungserhaltenden* Strategien verbunden sind, die auf die Bewahrung der angenehmen Gefühle zielen. Im Gegensatz dazu umfassen unangenehme Stimmungen häufig *stimmungskorrigierende* Strategien, mit denen versucht wird, alle negativen Gefühle auszuschalten oder in Ordnung zu bringen. Stimmungserhaltende und stimmungskorrigierende Strategien können auf vielfältige Weise umgesetzt werden. Wer schlechter Stimmung ist, bemüht sich vielleicht angestrengt, die Situation von ihrer positiven Seite zu betrachten, um sein Wohlbefinden zu steigern, und wer seine gute Stimmung aufrechterhalten will, entscheidet sich möglicherweise dafür, mit Freunden auszugehen, die seine positive Einstellung erwidern und bestärken.

Eine experimentelle Studie von Forgas (1991) zeigt, wie stimmungskorrigierende Strategien in der Praxis aussehen könnten. In dieser Studie wählten Personen, die sich in unterschiedlichen Stimmungszuständen befanden, einen Partner für eine Entscheidungsaufgabe. Forgas stellte fest, daß Teilnehmer, die zuvor einen traurigen Film gesehen hatten, einem in sozialer Hinsicht »lohnenden« Partner den Vorzug vor einem aufgabenkompetenten Partner gaben. Wenn sie jedoch einen Partner für eine andere Person auswählten, war eine vergleichbare Auswahlpräferenz nicht feststellbar, was darauf hindeutet, daß die ursprüngliche Wahl von dem spezifischen Wunsch geleitet war, die eigene Stimmung zu verbessern.

Das Prinzip der Stimmungserhaltung und Stimmungskorrektur kann möglicherweise einen Teil der asymmetrischen Effekte von angenehmen und unangenehmen Affekten erklären. Wenn Menschen im allgemeinen motiviert sind, sich selbst in eine gute Stimmung zu versetzen oder sie aufrechtzuerhalten, dann bedeutet das, daß sie sich in jedem gerade erlebten unangenehmen Affektzustand *bewußt* auf wertpositive Aspekte konzentrieren und Handlungsschritte ergreifen, die auf eine Maximierung des angenehmen Erlebens gerichtet sind. Im Fall guter Stimmungen würden diese kontrollierten Prozesse in dieselbe Richtung wirken wie alle automatischen stimmungskongruenten Effekte, während bei unangenehmen Stimmungen die beiden Prozeßarten in entgegengesetzte Richtungen laufen würden. Die Auswirkungen unangenehmer Stimmungen können also kongruent, inkongruent oder unentdeckbar sein, je nachdem, wie stark die entgegengesetzten Tendenzen der direkten Bewertungseffekte und der überlegten Regulationsversuche sind.

In neueren Arbeiten wird die Ansicht vertreten, daß Strategien der Affektregulation nicht notwendigerweise mit bestimmten Stimmungszuständen verbunden sind, sondern daß die Art der angewandten Strategie in einer bestimmten Situation eher von relativ komplexen Einschätzungen der Nützlichkeit und Tolerierbarkeit des Affektzustandes im momentanen Kontext abhängt. So versuchen Menschen vielleicht unter bestimmten Umständen ihre unangenehme Stimmung aufrechtzuerhalten (Parrott, 1993; Parrott & Sabini, 1990). In der Tat liegt es in der Natur kontrollierter Prozesse, daß sie flexibel sind und daß man bei ihrer Umsetzung sensibel auf die Geschehnisse in der sich entfaltenden Umwelt achtet. Trotzdem ist es immer noch möglich, daß man in Verbindung mit bestimmten Stimmungen automatisch gewohnheitsmäßige Regulationsreaktionen umsetzt. Wer in einer westlichen Gesellschaft aufgewachsen ist, hat möglicherweise schon früh gelernt, »tief durchzuatmen und bis zehn zu zählen«, wenn er wütend wird, und hat diese Norm vielleicht auf einer relativ tiefen Ebene verinnerlicht. Es gibt also mögliche individuelle und kulturelle Unterschiede in der Automatik von Regulationsstrategien. Kurz, einige Strategien können bei einigen Menschen in einigen Situationen und in einigen Affektzuständen mehr oder weniger automatisch und unkontrollierbar sein. (Das Thema Stimmungsregulation wird ausführlicher in Kapitel 6 behandelt.)

Integrative Modelle von Stimmungseffekten

Die meisten Modelle, die wir bislang beschrieben haben, sind für den speziellen Zweck entwickelt worden, ganz bestimmte Stimmungsauswirkungen zu erklären. Deshalb verlieren viele von ihnen ihre Gültigkeit, wenn man Effekte in Erwägung zieht, die außerhalb dieses zentralen Anwendungsbereichs liegen. In diesem Abschnitt wollen wir zwei Modelle besprechen, die versucht haben, eine relativ weitreichende und umfassende Erklärung vom Einfluß der Stimmung auf psychologische Funktionen zu liefern. Das erste dieser Modelle geht explizit davon aus, daß bei unterschiedlichen Stimmungsauswirkungen unterschiedliche Arten von Prozessen ablaufen, und bemüht sich um eine Skizzierung der Faktoren, die darüber entscheiden, welcher spezifische Einfluß im spezifischen Fall wirksam wird (Forgas, 1995). Im Gegensatz dazu stützt sich das zweite Modell auf mehrere Theoriegrundsätze, die man entwickelt hat, um allgemeinere Aspekte der kognitiven Funktion für das spezifische Phänomen des Affekts zu erklären, und versucht, dieselben Prinzipien auf die gesamte Bandbreite von Stimmungseffekten anzuwenden (Teasdale & Barnard, 1993). Wir werden diese beiden Modelle der Reihe nach vorstellen.

Das Modell der *Affekt-Infusion* von Forgas geht von der zentralen These aus, daß der Einfluß des Affekts auf das Urteil um so größer ist, je gründlicher und umfassender relevante Informationen vom Individuum verarbeitet werden.

Forgas unterscheidet zwischen vier möglichen Formen der Informationsverarbeitung, die bei unterschiedlichen Problemarten angewendet werden können, angefangen bei der einfachsten Strategie des *direkten Zugriffs* (vorgefertigte Standardlösungen werden auf vertraute, häufig behandelte Probleme angewendet), über die *motivierte Verarbeitung* (Personen neigen von vornherein zu einer bestimmten Schlußfolgerung, die ihre eigenen Interessen befriedigt), die *heuristische Verarbeitung* (Man nimmt Abkürzungen, um zu einer praktischen Entscheidung zu gelangen) bis hin zur höchsten Ebene der *systematischen Verarbeitung* (gründliche und ausformulierte Erwägung von Alternativen).

Bei der direkten Zugriffsstrategie ist es nach Forgas unwahrscheinlich, daß die Stimmung die Urteilsbildung in irgendeiner Form beeinflußt, weil das Ergebnis dieses Prozesses von vornherein genau festgelegt ist. Auch die motivierte Verarbeitung wird von der Affektpräsenz normalerweise nicht berührt, weil sie eine fokussierte und zielgerichtete Informationssuche umfaßt, die es unwahrscheinlich macht, daß Stimmungsdaten im Gedächtnis registriert werden. Forgas erkannte jedoch an, daß die Stimmung möglicherweise den Anstoß für die motivierte Verarbeitung gibt, sei es, weil sie signalisiert, daß ein Aspekt der aktuellen Situation besondere Aufmerksamkeit verlangt (Schwarz & Bless, 1991; s. auch oben), oder weil sie zur Anwendung von stimmungserhaltenden oder -korrigierenden Strategien anregt. Obwohl also die motivierte Verarbeitung relativ unberührt vom Stimmungszustand bleibt, sobald sie einmal in Gang gesetzt ist, kann die Stimmung mit darüber entscheiden, wann und auf welche Weise die Verarbeitung ausgelöst wird.

Wenn Daten dagegen heuristisch verarbeitet werden, kann das Urteil durch die allgemeinen evaluativen Informationen, die von der Stimmung zur Verfügung gestellt werden, beeinflußt werden (Schwarz & Bless, 1991; und s. oben). Mit anderen Worten: Wenn man eine schnelle und einfache Lösung für ein Beurteilungsproblem braucht, das die eigenen Interessen nicht sonderlich berührt und für das keine vorgefertigten Lösungen zur Verfügung stehen, orientiert man sich bei der Einschätzung möglicherweise an seiner momentanen Stimmung (Schwarz & Clore, 1988).

Wenn die Informationsverarbeitung schließlich auf systematische Weise erfolgt und eine gründliche Gedächtniserforschung umfaßt, dann werden alle gespeicherten Daten, die von der Stimmung aktiviert wurden, wahrscheinlich in das abschließende Urteil miteinfließen (das deshalb eine stärkere Affekt*infusion* erhält). Der Affekt kann also eine »voreingenommene« Datenbasis für die darauf aufbauenden Schlußfolgerungen erzeugen. Forgas (1993) überprüfte diese These in einer Studie, die sich damit befaßte, wie Menschen von der Stimmung beeinflußt werden, wenn sie die Qualität von Beziehungen beurteilen. Zu diesem Zweck wurden den Versuchspersonen Bilder von Paaren vorgelegt, bei denen ein starkes Attraktivitätsgefälle zwischen den Partnern bestand. Forgas stellte fest, daß der stimmungskongruente Effekt bei diesen atypischen Reizen größer war, vermutlich weil sie eine systematischere Verarbeitung erforderten. Andere Studien bestätigen im großen und ganzen die Auffassung, daß eine angenehme Stimmung das Urteil stärker verzerrt, wenn die Situation eine besonders sorgfältige Analyse von den Teilnehmern verlangt (s. Forgas, 1995, für einen Überblick). Allgemein ausgedrückt: Der Ansatz von Forgas scheint die vielversprechende Möglichkeit zu bieten, die diverse und unstrukturierte Literatur über Stimmungseffekte systematisch zu ordnen. Es bleibt abzuwarten, ob diese Möglichkeit durch weitere Forschungsergebnisse bestätigt wird.

Anstatt Minitheorien über die Wirkungsweise unterschiedlicher Stimmungseffekte zu kombinieren und zu verbinden, haben Teasdale und Barnard (1993) versucht, die allgemeinen Merkmale des kognitiven Systems zu skizzieren und diese dann zur Erklärung der vielfältigen beobachteten Affektphänomene zu nutzen. Ihre Absicht war es, ein Universalmodell der kognitiven Funktion zu entwickeln, das auch in der Lage sein sollte, den Affekt zu erklären. Eine derart inklusive Theorie zeichnet sich zwangsläufig durch einen hohen Grad an innerer Komplexität aus, da es allen komplexen Prozessen gerecht werden will, die charakteristisch für das in Frage stehende Phänomenen sind. Wir können hier bestenfalls einen allgemeinen Eindruck von diesem hochkomplexen Modell vermitteln. Weitere Einzelheiten finden sich in der umfassenden Darstellung, die Teasdale und Barnard selbst von ihrem Modell geben. (Teasdale & Barnard, 1993).

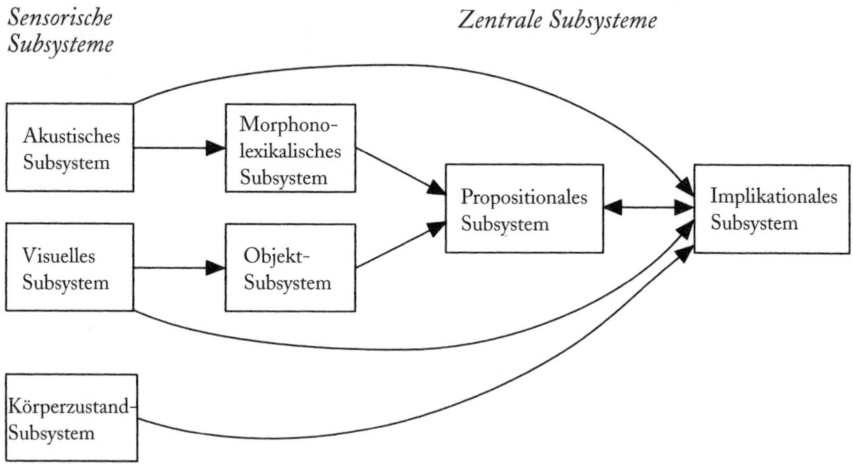

Abbildung 4.2 Schematischer Aufbau von interagierenden kognitiven Subsystemen

Die Theorie von Teasdale und Barnard geht von der zentralen Annahme aus, daß das kognitive System modular ist und ein Netzwerk von teilweise unabhängigen Subsystemen umfaßt, die jeweils eine bestimmte Informationsart verarbeiten. Getrennte sensorische Subsysteme registrieren und transformieren zum Beispiel akustische und visuelle Daten sowie Informationen über den körperlichen Zustand und geben das verarbeitete Ergebnis an übergeordnete Subsysteme weiter, die diese Informationen auf unterschiedliche Weise integrieren. Auch diese mehr zentralen Subsysteme erfassen und verändern das Input, das sie von peripheren Subsystemen erhalten, und leiten ihr Output an Effektor-Subsysteme weiter, die die Sprache und die Körperbewegung steuern; außerdem senden sie Nachrichten an andere zentrale Subsysteme. Kurz, die Informationsverarbeitung ist gekennzeichnet durch das Zusammenwirken einer Reihe von interagierenden kognitiven Subsystemen (ICS), die Botschaften untereinander austauschen. (S. Abbildung 4.2 für eine schematische Darstellung des ICS-Aufbaus.)

Das ICS-Modell legt besonderes Gewicht auf zwei zentrale Subsysteme, deren Interaktionen bestimmte »Exekutiv«-Funktionen erfüllen und Informationen aus dem übrigen System miteinander verbinden. Das erste ist das *propositionale* Subsystem, das sich mit Fakten und Meinungen über das Selbst und die Welt befaßt. So könnte das propositionale Subsystem zum Beispiel eine verarbeitete Sprachinformation erhalten und diese transformieren, um eine Bedeutungsrepräsentation der verarbeiteten Äußerung zu erzeugen. Alternativ könnte eine visuelle Information, die bereits von zentralen Objekt-Subsystemen verarbeitet wurde, an das propositionale Subsystem weitergeleitet werden, das eine innere Beschreibung vom aktuellen Zustand der wahrnehmbaren Welt erstellt. Beide Repräsentationen werden dann vielleicht vom propositionalen Subsystem wiederum als Output an das spracherzeugende Effektor-Subsystem weitergeben, so daß die Bedeutungen einer anderen Person mitgeteilt werden können.

Während das propositionale Subsystem nur Informationen erhält, die bereits entweder von *morphonolexikalischen* Subsystemen (Sprach-Entschlüsselung) oder Subsystemen der Objekterkennung verarbeitet wurden, integriert das *implikationale Subsystem* Informationen, die sowohl von sensorischen als auch von zentralen Subsystemen geliefert werden. Anstatt sich einfach mit faktischen Informationen über die Welt auseinanderzusetzen, befaßt sich das implikationale Subsystem mit dem allgemeinen Daseinszustand. Da das ICS-Modell annimmt, daß das Bewußtsein durch das Erfassen oder *Reproduzieren* von Informationen in einem Subsystem entsteht, führt die Arbeit des propositionalen Subsystems zur Bedeutungsbewußtheit, während die Arbeit des implikationalen Subsystems ein allgemeines Gefühl des In-der-Welt-Seins erzeugt.

Das ICS-Modell erklärt das Affekterleben über die implikationale Verarbeitung. Wenn das implikationale Subsystem auf ein Muster hereinkommender Informationen stößt, das zu früheren (erlernten oder genetischen) Affektthemen paßt, erzeugt es Affektschemata, die zu ganz bestimmten Auswirkungen auf die Informationsverarbeitung im gesamten System führen. Hereinströmende Daten von den körperbezogenen, visuellen, akustischen und propositionalen Subsystemen können folglich alle zum Affekt beitragen. Wenn Sie sich beispielsweise in Gesellschaft einer Person befinden, deren Aussehen und Stimme Sie an einen früheren Liebespartner erinnern, und zwar in einer Situation, die Sie ähnlich interpretieren wie ein früher erlebtes Treffen, und wenn auch Ihre körperlichen Symptome mit denen übereinstimmen, die Sie in Verbindung mit Liebe erlebt haben, dann kommt es zu einer deutlichen Affektreaktion. In diesem Fall erzeugt das implikationale Subsystem einen entsprechenden affektiven Code, der nicht völlig in eine einfache propositionale Beschreibung des Geschehens übersetzbar ist, so daß Sie die Situation möglicherweise als plötzlich über Sie hereinbrechende Affektreaktion erleben.

Die obige Theorie hilft, das momentane Affekterleben in *emotionalen* Situationen zu erklären, aber man muß auch spezifizieren, wodurch länger anhaltende *Stimmungs*zustände im einzelnen verursacht werden. Nach dem ICS-Modell wird eine Stimmung aufrechterhalten, wenn der Affektcode des implikationalen Subsystems immer wieder in einer von zwei Formen *regeneriert* wird. Erstens: Die Stimmung hält an, weil das Muster der hereinkommenden Informationen weiterhin Affekthemen aktiviert. Wenn zum Beispiel schönes Wetter ist und man etwas freie Zeit hat, wird man möglicherweise wiederholt Informationen ausgesetzt, die in Repräsentationen des Wohlbefindens eingebunden sind. Folglich wird die Stimmung durch einen Strom angenehmer Reize aus der Umwelt aufrechterhalten.

Die zweite Hauptmethode zur Bewahrung einer Stimmung ist das Ergebnis innerer Interaktionen zwischen zentralen Subsystemen. So kann zum Beispiel die Repräsentation eines Affektthemas, das im implikationalen Subsystem aktiviert wird, an das propositionale Subsystem weitergeleitet werden, das dieses Input umwandelt und eine Bedeutung erzeugt, die wiederum den Affekt reaktiviert, wenn sie an das implikationale Subsystem zurückgeleitet wird. So kommt man durch eine deprimierte Stimmung vielleicht auf den Gedanken, daß man ein wertloser Mensch ist, wodurch man noch deprimierter wird usw.

Was bedeutet all das für die Erklärung von Stimmungseffekten? Das ICS-Modell legt nahe, daß die *schematischen Modelle*, die durch das implikationale Subsystem während des Affekts erzeugt werden, die Verarbeitung beeinflussen. Die spezielle Beschaffenheit der Auswirkungen hängt nicht nur davon ab, ob die Stimmung angenehm oder unangenehm ist, sondern auch von der speziellen Repräsentation, die im implikationalen Subsystem wachgerufen wird, und, noch allgemeiner gesprochen, von der Prozeßkonfiguration des Gesamtsystems. So haben Teasdale und Barnard (1993) zum Beispiel argumentiert, daß Stimmungen, die durch die inneren Interaktionen zwischen den zentralen Subsystemen regeneriert werden, mit stärkeren Auswirkungen auf die kognitive Verarbeitung einhergehen als Stimmungen, die durch eine anhaltende äußere Stimulation aufrechterhalten werden.

Nach dem ICS-Modell sind es also nicht die Stimmungen selbst oder bewußte Stimmungsrepräsentationen (Schwarz & Clore, 1983), die andere Aspekte der psychologischen Funktion beeinflussen, sondern vielmehr die spezifischen Verarbeitungsweisen, die mit der Stimmung verbunden sind. Mit anderen Worten: Die Theorie betrachtet alle Stimmungsauswirkungen als relativ indirekt. Wie Forgas (1995) argumentieren auch Teasdale und Barnard (1993), daß Stimmungen unterschiedliche Auswirkungen auf unterschiedliche Verarbeitungsarten haben, und vertreten insbesondere die Auffassung, daß jene Verarbeitung, die mit dem implikationalen Subsystem zusammenhängt, besonders stark beeinflußt wird. Doch das genaue Wesen der Stimmungseffekte hängt auch davon ab, wie der Affektzustand aktiviert wurde und wie er aufrechterhalten wird.

Im deutlichen Gegensatz zu Forgas, der unterschiedliche Stimmungseffekte als Ausdruck unterschiedlicher Prozesse betrachtet, haben Teasdale und Barnard versucht, ein inklusives Modell zu entwickeln, das eine allgemeine Erklärung für alle Formen von Affekteinflüssen auf die kognitive Funktion liefert. Doch sogar innerhalb des integrativen ICS-Modells braucht man eine Reihe unterschiedlicher Grundsätze, um die vielfältigen Daten zu erfassen. Wie tragfähig diese allgemeine Theorie ist, wird zweifellos deutlicher, wenn wir in späteren Abschnitten dieses Kapitels einige ihrer spezifischen Anwendungen erörtern.

Zusammenfassung

Man hat verschiedene Theorien darüber entwickelt, wie Stimmungen andere psychologische Prozesse beeinflussen; einige dieser Modelle stellen auf automatische Prozesse ab, und einige gehen davon aus, daß auch kontrollierte Prozesse beteiligt sind. Nicht alle Theorien schließen sich notwendigerweise gegenseitig aus, und es wird im allgemeinen angenommen, daß unterschiedliche Effektarten in unterschiedlichen Kontexten entstehen (Forgas, 1992; 1995). Die Stimmung übt wahrscheinlich direkte Kongruenzeffekte auf die Verschlüsselung und Interpretation von Informationen aus, und diese Prozesse laufen vermutlich automatisch und unabhängig von der Stimmungsbewußtheit ab. Eine weitere mögliche Gruppe von automatischen Effekten hängt damit zusammen, daß der Affekt dem kognitiven System relevante Anpassungsfragen signalisiert. Die Stimmung aktiviert möglicherweise auf direktem Wege bestimmte Verarbeitungsstile und unterschiedliche Verhaltensreaktionen, die auf laufende transaktionale Themen ausgerichtet sind (s. Kapitel 3). Dementsprechend könnte die bewußte Wahrnehmung der Stimmung zu kontrollierten und überlegten Versuchen führen, das relevante Problem zu erkennen und zu bewältigen oder etwas gegen den Affektzustand selbst zu unternehmen. Schließlich beeinflußt das bewußte Stimmungserleben möglicherweise auch direkt verschiedenen Arten von Bewertungsreaktionen, falls es relevant für die anstehende Aufgabe erscheint (Schwarz & Clore, 1983). Im wesentlichen hat die Stimmung direkte Auswirkungen auf die Verschlüsselung, Bewertung und Verarbeitung, während die bewußte Registrierung der Stimmung auch indirekte Auswirkungen auf jeden dieser Aspekte der psychologischen Funktion haben kann; diese indirekten Effekte können die direkten Auswirkungen manchmal ergänzen und ihnen manchmal entgegenwirken, je nach der spezifischen Beschaffenheit der eingeschätzten Transaktion. Ausgerüstet mit diesen theoretischen Grundsätzen sind wir jetzt in der Lage, sie speziell auf die Gruppe der beschriebenen Stimmungseffekte anzuwenden.

Auswirkungen von Stimmungen auf verschiedene Aspekte der psychischen Funktion

Bis jetzt haben wir mögliche Stimmungsauswirkungen und mögliche Erklärungen für diese Effekte erörtert. Jetzt wollen wir untersuchen, wie diese unterschiedlichen Auswirkungen verschiedene Aspekte der psychischen Funktion und verschiedene Stufen der Informationsverarbeitung beeinflussen können. Die diesbezügliche Literatur ist umfangreich und wächst rapide an, was es unmöglich macht, sie an dieser Stelle erschöpfend zu behandeln. Wir wollen statt dessen einige repräsentative Beispiele für relevante Forschungen ausführlich besprechen und die Ergebnisse anderer Studien nur zusammenfassen. Im folgenden Abschnitt werden wir uns insbesondere mit den dokumentierten Auswirkungen der Stimmung auf die Wahrnehmung, das schlußfolgernde Denken, die Nachrichtenverarbeitung, das Gedächtnis und das Handeln befassen und erörtern, welche der verfügbaren Theorien diese verschiedenen Auswirkungen erklären können.

Auswirkungen der Stimmung auf die Wahrnehmung

Zu den besonders auffälligen und direkten Auswirkungen der Stimmung gehört ihr Einfluß auf die Wahrnehmung und Interpretation der Umwelt. Es wird für gewöhnlich unterstellt, daß die Welt als besonders angenehmer und freundlicher Ort erscheint, wenn man sich in einer glücklichen Stimmung befindet: Für diese Erkenntnis hat man den Begriff der stimmungskongruenten Wahrnehmung geprägt. Wenn wir uns wohlfühlen, sehen wir die Welt in warmen, leuchtenden Farben, durch eine rosarote Brille; wenn wir schlechter Stimmung sind, erscheint uns die Welt dagegen eher grau und trostlos. Wie vielleicht nicht anders zu erwarten, gibt es eine Vielzahl psychologischer Nachweise, die solche stimmungskongruenten Auswirkungen auf die Informationswahrnehmung bestätigen.

Die Vorstellung, daß motivationale und affektive Erwägungen die Interpretation von Sinnesdaten beeinflussen, verbreitete sich im im Zuge des »New look« in der Wahrnehmungsforschung (Bruner & Postman, 1947). So hat man zum Beispiel festgestellt, daß die physikalische Größe von höherwertigen Gegenständen (z. B. Münzen und Briefmarken) typischerweise überschätzt wird (Tajfel, 1957), was ein Beleg dafür zu sein scheint, daß die Zielrelevanz die Wahrnehmung teilweise beeinflussen kann. Diese Befunde wurden normalerweise dahingehend interpretiert, daß der Mensch Reize nicht einfach passiv registriert, sondern sie statt dessen aktiv mit Bedeutungen belegt, die im Einklang mit seinen aktuellen Interessen stehen.

In dem Maße, in dem Stimmungen zu neuen Zielsetzungen und zur Festlegung von Bewertungsprogrammen führen können (s. Kapitel 1), spielen sie möglicherweise auch eine Rolle in der aktiven Wahrnehmung der Umwelt, was wiederum die Reizverschlüsselung beeinflussen könnte. Mit anderen Worten: Gute Stimmungen versetzen uns in einen Zustand, der uns dazu veranlaßt, bei allem, was wir wahrnehmen, die positiven Seiten herzuvorheben oder sogar zu übertreiben, und eine schlechte Stimmung fördert auf die gleiche Weise die Wahrnehmung negativer Dinge. So können zum Beispiel unterschiedliche Merkmale eines Objekts unterschiedliche evaluative Bedeutungen tragen, und die Stimmung kann zu einer selektiven Wahrnehmung dieser Aspekte führen, so daß der evaluative Gesamteindruck verändert wird. Wer in schlechter Stimmung ist, hält das Glas für halb leer, während der positiv Gestimmte dasselbe Glas für halb voll hält. Eine gute Stimmung kann uns also dazu veranlassen, bestimmte bewertungsinkongruente Informationen auszublenden und uns auf die positiven Merkmale eines Objekts oder einer Situation zu konzentrieren. Entsprechend kann eine unangenehme Stimmung dazu führen, daß man die eher negativen Seiten des Geschehens wahrnimmt.

Ein Beispiel für die stimmungskongruente Selektivität der Aufmerksamkeit liefert eine Studie von Izard u. a. (Izard, Whemer, Livsey & Jennings, 1965). Bei diesem Experiment zeigte man den Teilnehmern, die vorher vom Versuchsleiter entweder kritisiert oder gelobt worden waren, zwei gegensätzliche Bilder durch ein Stereoskop und forderte sie dann auf, zu beschreiben, was sie sahen. Die Stereobilder zeigten jeweils eine freundliche und eine feindselige Interaktion zwischen denselben beiden Personen. Die Teilnehmer, die man vorher kritisiert hatte, nahmen die feindselige Interaktion häufiger wahr, als die Teilnehmer, die gelobt worden waren. Ein offenkundiges Problem bei der Interpretation dieses Ergebnisses besteht darin, daß unklar ist, ob der nachgewiesene Effekt tatsächlich durch die Stimmung und nicht einfach durch die Konfrontation mit dem feindseligen oder freundlichen Verhalten vermittelt wurde. In jüngeren Studien hat man jedoch ähnliche Effekte mit eindeutigeren Stimmungsmanipulationen nachgewiesen (Schiffenbauer, 1974).

Baron (1987) beobachtete anhand eines simulierten Bewerbungsgesprächs, wie sich die Stimmung auf die laufende Interpretation von Informationen auswirkte. Die Versuchspersonen wurden jeweils in eine angenehme, neutrale oder unangenehme Stimmung versetzt, bevor sie ein Bewerbungsgespräch nach einem festgelegten Drehbuch führten, bei dem ein Mitarbeiter des Versuchsleiters die Rolle des Stellenbewerbers übernahm. Der »Bewerber« gab in allen Fällen dieselben eingeübten mehrdeutigen Antworten, aber die Teilnehmer in guter Stimmung beurteilten seine Persönlichkeit insgesamt positiver und wären eher bereit gewesen, ihn einzustellen, als die Teilnehmer in schlechter oder neutraler Stimmung.

Forgas, Bower und Krantz (1984) untersuchten, wie sich die Stimmung auswirkt, wenn Versuchspersonen ihr eigenes Verhalten beurteilen und mit dem Verhalten anderer Personen vergleichen. Die Teilnehmer wurden beim Gespräch mit anderen Personen gefilmt und schauten sich die Aufnahme an, nachdem sie durch Hypnose in eine angenehme oder unangenehme Stimmung versetzt worden waren. Versuchspersonen in gehobener Stimmung erkannten eine größere Zahl von positiven sozialkompetenten Verhaltensweisen und weniger negative und ungeschickte Verhaltensweisen, sowohl bei sich selbst als auch bei ihren Interaktionspartnern. Ein entsprechendes Muster ergab sich für die gedrückte Stimmung, außer daß die Teilnehmer in diesem Fall *mit sich selbst* wesentlich härter ins Gericht gingen als mit den Interaktionspartnern. Das könnte ein Hinweis darauf sein, daß die Aufmerksamkeit bei unangenehmen Stimmungen nicht nur speziell auf bewertungskongruente Informationseinheiten gelenkt wird, sondern auch in verstärktem Maße auf die eigene Person.

Die Selbstausrichtung bei einem unangenehmen Affekt könnte unter anderem zur Folge haben, daß man eher von verschiedensten Krankheitssymptomen berichtet. So ist zum Beispiel gut belegt, daß Menschen mit einer Prädisposition zum negativen Affekt dazu neigen, über Krankheiten, Schmerzen und andere körperliche Probleme zu klagen

(Larsen, 1992; Watson & Clark, 1984). Natürlich ist es möglich, daß Personen, die während einer schlechten Stimmung verstärkt von Krankheitssymptomen berichten, dies nicht nur aufgrund der momentanen inneren Einstellung tun, sondern im zwischenmenschlichen Umgang generell zum Übertreiben eigener Probleme neigen. Andere Interpretationen des Phänomens verweisen auf den Einfluß der Stimmung auf das Gedächtnis (s. unten) und auf streßbedingte physiologische Veränderungen (Salovey, OLeary, Stretton, Fishkin & Drake, 1991). Allgemeine stimmungskongruente Auswirkungen auf die Wahrnehmung und Interpretation würden natürlich auch dafür sprechen, daß Menschen eher zu negativen Schlußfolgerungen über die eigene Gesundheit neigen, wenn sie schlechter Stimmung sind (Stretton, 1990, zitiert in Salovey et al., 1992).

Zusätzlich zu diesen stimmungskongruenten Auswirkungen auf die selektive Erfassung von Reizmerkmalen, hat man vielfach nachgewiesen, daß Menschen bei einem ungehinderten Informationszugang mehr Verarbeitungszeit auf stimmungskongruente als auf stimmungsinkongruente Informationen verwenden. Bower (1983) stellte fest, daß Studenten, die in eine positive oder negative Stimmung versetzt wurden, indem man sie über glückliche oder traurige Lebenserfahrungen berichten ließ, mehr Zeit mit der Betrachtung von Dias verbrachten, die stimmungskongruente Szenen darstellten. In einer ähnlichen Studie kamen Forgas und Bower (1987) zu dem Ergebnis, daß Versuchspersonen, die ein positives Feedback über ihre Leistung bei einem Persönlichkeitstest erhalten hatten, mehr Zeit mit dem Durchlesen positiver Informationen verbrachten, als sie sich anschließend ein Urteil über eine Zielperson bilden sollten. Vergleichbare, wenn auch schwächere Effekte wurden für die unangenehme Stimmungsbedingung ermittelt. Mit anderen Worten: Menschen reagieren nicht nur unterschiedlich empfänglich auf stimmungskongruente Informationen, sie verwenden auch in zeitlicher Hinsicht mehr Aufmerksamkeit auf diese Art von Daten.

Ein deutliches Beispiel für eine überlegte Auswahl von stimmungskongruenten Informationen liefert ein Experiment von Swann und anderen (Swann, Wenzlaff, Krull & Pelham, 1992); sie ließen leicht depressive und nicht-depressive Studenten drei unterschiedliche Einschätzungen ihrer Persönlichkeit lesen; diese Beurteilungen beruhten angeblich auf den Antworten, die die Studenten zuvor in einem Fragebogen gegeben hatten. Eine Einschätzung war positiv, eine neutral und eine negativ. Nachdem die Studenten die Beurteilungen gelesen hatte, gaben sie an, welchen der drei Bewerter sie am liebsten treffen würden. Bei den nicht-depressiven Studenten war die Wahrscheinlichkeit höher, daß sie mit dem Bewerter reden wollten, der sie am positivsten beurteilt hatte. Die leicht-depressiven Studenten zeigten eine Präferenz für eine Begegnung mit dem Bewerter, der die negativste Beurteilung erstellt hatte.

Auf den ersten Blick wirkt die Vorliebe der depressiven Teilnehmer für den schärfsten Kritiker ziemlich merkwürdig. Warum sollte irgend jemand, der sich sowieso schon mies fühlt, den Wunsch haben, sich noch schlechter zu fühlen, indem er sich selbst in eine potentiell unangenehme Situation begibt? Um diese Frage zu beantworten, muß man zunächst die grob vereinfachende Vorstellung aufgeben, daß das Verhalten ausschließlich simplen und kurzfristigen hedonistischen Motiven folgt. So ist zum Beispiel auch denkbar, daß die leicht depressiven Studenten den besonders kritischen Bewerter treffen wollten, um mehr über ihre Probleme und mögliche Gegenmaßnahmen zu erfahren, was wiederum dazu führen könnte, daß sie die Ursachen der Depression schließlich überwinden.

Die Mehrzahl der bislang besprochenen Ergebnisse impliziert, daß zahlreiche Auswirkungen der Stimmung auf die Wahrnehmung davon abhängen, daß der Wahrnehmende eine relativ aktive Rolle übernimmt und sich auf eine kontrollierte Informationsverarbeitung einläßt. Einige automatische Auswirkungen der Stimmung auf die Wahrnehmung sind jedoch auch möglich. So erklärt man zum Beispiel Belege, die darauf hindeuten, daß Affektzustände die Wahrnehmungsschwellen für bewertungskonsistente Informationen senken, normalerweise mit dem Affekt-Priming (Niedenthal & Setterland, 1994), obwohl man dieses Phänomen auch über eine motivierte selektive Einstellung oder sogar über eine *Wahrnehmungsabwehr* erklären könnte (Postman & Brown, 1952). Tatsächlich beeinflußt die Stimmung die Wahrnehmungsschwellen für entsprechende Materialien nicht konsequent in der abgestuften Form, die das Modell der sich ausweitenden Aktivierung nahelegt (Clark, Teasdale, Broadbent & Martin, 1983), und die beobachteten Auswirkungen sind oft recht spezifisch für die besondere Art des induzierten Stimmungszustandes (Niedenthal & Setterland, 1994).

Die Schlußfolgerung dieses Abschnitts lautet, daß eine gewisse Anzahl von parallel laufenden kontrollierten und automatischen Wahrnehmungs- und Interpretationsprozessen darüber bestimmen, wie ein Objekt wahrgenommen wird, und daß viele dieser Prozesse durch die Stimmung beeinflußt werden. Die Stimmung könnte durch ihre kognitive Repräsentation und ihre Assoziationen auf die Wahrnehmung wirken oder infolge einer eher motivierten Verarbeitung von Affekt-relevanten Informationen. Die Stimmung kann die Wahrnehmung also sowohl direkt als auch indirekt auf stimmungskongruente Merkmale von Objekten lenken und folglich deren Bewertung und Deutung beeinflussen.

Auswirkungen der Stimmung auf das Denken und Urteilen

Wenn die Stimmung die Wahrnehmung von wertungskonsistenten Materialien beeinflußt, könnte dies wiederum weitere Konsequenzen für die nachfolgende Informationsverarbeitung haben. So wird beispielsweise eine eher positive Wahrnehmung von angeführten Argumenten wahrscheinlich zu optimisterischen Schlußfolgerungen bei der Entscheidungsfindung führen. In diesem Abschnitt betrachten wir einige der nachgewiesenen Auswirkungen der Stimmung auf verschiedende Formen des Denkens und Urteilens.

Johnson und Tversky (1983) untersuchten den Einfluß der Stimmung auf Wahrscheinlichkeitseinschätzungen. Grundthese ihrer Studie war, daß man Ereignisse, die in der Erinnerung leichter zugänglich sind, für verbreiteter und daher entsprechend der *Verfügbarkeitsheuristik* für wahrscheinlicher hält (Tversky & Kahnemann, 1973). Mit anderen Worten: Wenn man einschätzt, wie wahrscheinlich ein bestimmtes Geschehen ist, denkt man an ähnliche Beispiele, die man aus eigener Erfahrung kennt oder die man beobachtet hat, und beurteilt die Wahrscheinlichkeit danach, wie leicht man sich diese Beispiele ins Gedächtnis rufen kann. Diese Strategie ist eine nützliche Abkürzung, wenn die Auswahl der Ereignisse repräsentativ ist und wenn die Verfügbarkeit ausschließlich die Häufigkeit widerspiegelt, kann jedoch zu voreingenommenen Schlußfolgerungen führen, wenn fremde Faktoren, die sich – zum Beispiel – auf die Auffälligkeit von Ereignissen beziehen, den Gedächtniszugang beeinflussen. Zu diesen potentiell verzerrenden fremden Faktoren gehört der Affekt. Wenn stimmungskongruente Episoden leichter zugänglich werden, dann erscheinen sie durch ihre leichtere Rückführung ins aktuelle Bewußtsein auch als wahrscheinlicher.

Johnson und Tversky (1983) wiesen einen solchen stimmungskongruenten Effekt auf Wahrscheinlichkeitseinschätzungen nach. Bei ihrem Experiment wurden die Versuchspersonen in eine negative Stimmung versetzt, indem man sie Berichte über verschiedene Katastrophen lesen ließ; die Teilnehmer hielten daraufhin andere Arten von Katastrophen allgemein für wahrscheinlicher und hielten es auch für wahrscheinlicher, daß sie persönlich davon betroffen sein könnten. Wenn Sie den neuesten Katastrophenbericht in der Zeitung gelesen haben, werden Sie also möglicherweise in einen allgemeinen unangenehmen Affektzustand versetzt, der dazu führt, daß Sie die Gefahr schlimmer Ereignisse, einschließlich Sie selbst betreffender Unglücksfälle oder schwerer Krankheiten, überschätzen.

Obwohl eine naheliegende Erklärung für die Befunde von Johnson und Tversky ist, daß die Affektmanipulationen assoziierte Materialien im Gedächtnis aktivierten (Bower, 1981; und s. oben), spricht die festgestellte generelle Wirkung auf die Urteilsbildung im Grunde gegen die einfache Erklärung einer sich ausbreitenden Aktivierung. So hatten die manipulierten Informationen zum Beispiel die gleichen Auswirkungen auf die Wahrscheinlichkeiteinschätzung bezüglich semantisch verwandter und unverwandter Ereignisse, solange diese Ereignisse wertungskongruent mit der Manipulation waren. Es scheint also, daß nicht so sehr der informative, sondern eher der evaluative Gehalt der Manipulation entscheidend für den Verlauf dieser Studie war.

Da die Aufmerksamkeit durch die Stimmung tendenziell auf bewertungskonsistente Ereignisse gelenkt wird, ist es auch denkbar, daß positiv gestimmte Personen verglichen mit negativ gestimmten Personen das Ausmaß vorteilhafter Ereignisse in ihrem eigenen Leben überschätzen. Mehrere Studien deuten darauf hin, daß deprimierte Personen eine negativere Einstellung haben als nicht-deprimierte Menschen, auch wenn sie sich in objektiv ähnlichen Situationen befinden. Nach Meinung einiger Wissenschaftler sind Depressionen sogar mit einer realistischeren Weltanschauung verbunden, während das psychische Wohlbefinden dazu führt, daß man die Dinge fälschlicherweise in einem zu günstigen Licht sieht (Taylor & Brown, 1988). Diese letztere These ist umstritten

(Campbell & Fehr, 1990; Colvin & Block, 1994; Colvin, Block & Funder, 1995; Taylor & Brown, 1994) und hängt wahrscheinlich zum Teil davon ab, inwieweit die bewerteten Umstände tatsächlich objektiv ungünstig sind. Ganz gleich, wie es letztlich um das Verhältnis von Eindruck und Realität bestellt sein mag, gibt es doch auf alle Fälle stichhaltige Beweise dafür, daß ein unangenehmer Affekt (einschließlich des unangenehmen Affekts, der mit klinischen Depressionszuständen einhergeht) zu negativeren Folgerungen über aktuelle Lebensereignisse führt.

Alloy, Abramson und Viscusi (1981) führten zum Beispiel ein Experiment durch, bei dem die Teilnehmer den Erhalt finanzieller Belohnungen steuern sollten, indem sie eine bestimmte Taste drückten oder nicht drückten, was in Wahrheit keinen Einfluß auf die Wahrscheinlichkeit der Verstärkung hatte. Leicht depressive Versuchspersonen schätzten ihre Kontrollmöglichkeiten in dieser Situation geringer (und zutreffender) ein. Nicht-depressive Teilnehmer, die man mit Hilfe des Velten-Verfahrens in eine traurige Stimmung versetzt hatte, waren in ihren Einschätzungen ebenfalls realistischer.

Die wahrscheinlichste Erklärung für diesen Effekt ist, daß die Stimmung sich verzerrend auf die Wahrnehmung und auf die Erinnerung von bewertungskonsistenten Ereignissen auswirkt. So ist es bei relativ positiv gestimmten Menschen insbesondere wahrscheinlicher, daß sie ihre Aufmerksamkeit auf positive Ergebnisse richten, wie zum Beispiel auf den Erhalt von Belohnungen bei einer bestimmten Aufgabe, und sich dann auch besser an frühere Erfolge erinnern. Wenn relativ glückliche Versuchspersonen das Ausmaß ihrer Kontrolle einschätzen, ist es daher wahrscheinlicher, daß sie zu viel Gewicht auf diese erinnerten Erfolgsereignisse legen, was zu der *Illusion von Kontrolle* führt (Langer, 1975).

Interessanterweise schätzen depressive Versuchsteilnehmer das Ausmaß der Kontrolle, über das *eine andere Person* bei einer beobachteten Kontingenzaufgabe verfügt, mitunter unrealistisch hoch ein (Martin, Abramson & Alloy, 1984); das deutet darauf hin, daß ihre eher negative Kontingenzeinschätzung nur gilt, wenn sie selbst die Belohnung erhalten sollen. Auch dieser Befund spricht wiederum dafür, daß der unangenehme Affekt eine spezielle Wirkung auf selbstbezogene Informationen hat. So könnte es insbesondere sein, daß eine deprimierte Stimmung die Aufmerksamkeit für mangelnde Kontrollmöglichkeiten nur dann fördert, wenn man selbst von dieser unangenehmen Erfahrung betroffen ist. Alternativ empfinden Menschen in deprimierter Stimmung die Erfolge anderer Personen möglicherweise als unangenehm, weil sie dadurch an ihre eigenen vermeintlichen Mißerfolge erinnert werden. In diesem Fall wird die Aufmerksamkeit möglicherweise einfach deshalb auf diese Erfolge gelenkt, weil sie stimmungskongruente Informationen darstellen.

In eine ähnliche Richtung wie das Konzept, daß nichtdeprimierte Personen einer Illusion von Kontrolle erliegen, geht auch die *eigennützige Attributionstendenz* (Johnson, Feigenbaum & Weiby, 1964; Miller & Ross, 1975). Damit ist gemeint, daß Menschen normalerweise das Ausmaß, in dem sie selbst zu angenehmen Ergebnissen beigetragen haben, überschätzen, während sie ihre persönliche Verantwortung für negative Folgen unterschätzen. Mit anderen Worten: Menschen neigen dazu, ihren Erfolg ausschließlich als eigenen Verdienst zu betrachten, während sie ihre Mißerfolge widrigen Umständen oder anderen Personen zuschreiben (Überblick in Tetlock & Levi, 1982). Forschungsarbeiten von Forgas, Bower und Moylan (1990) haben gezeigt, daß der angenehme Affekt diese eigennützigen Tendenzen verstärkt. In ihrer Studie führten sie studentischen Versuchspersonen verschiedene Filme vor, um sie in eine glückliche, traurige oder neutrale Stimmung zu versetzen. Dann wurden die Teilnehmer aufgefordert, die Gründe für ihr Abschneiden bei einem kürzlich abgelegten Examen zu benennen und außerdem die Prüfungsleistung eines »typischen Durchschnittsstudenten« zu beurteilen. Wie immer hatten einige Studenten diese Prüfung gut gemeistert und andere weniger gut. Man stellte fest, daß Teilnehmer in neutraler Stimmung die übliche eigennützige Tendenz zeigten und ihren eigenen Erfolg in stärkerem Maß auf innere Faktoren zurückführten als ihren eigenen Mißerfolg. Positiv gestimmte Versuchspersonen zeigten diese Tendenz nicht nur, wenn sie ihre eigenen Prüfungsergebnisse beurteilten, sondern auch, wenn sie die Leistung des Durchschnittsstudenten bewerteten. Mit anderen Worten, sie gingen davon aus, daß der Erfolg einer anderen Person durch innere Faktoren verursacht war, während sie den Mißerfolg derselben Person auf äußere Einflüsse zurückführten.

Bei den Teilnehmern, die man in eine traurige Stimmung versetzt hatte, stellte man dagegen fest, daß sie sich selbst für ihren Mißerfolg verantwortlich machten und die übliche eigennützige Tendenz nicht zeigten. Wenn sie jedoch die Leistung einer anderen Person beurteilten, wurde der Erfolg wiederum inneren Faktoren zugeschrieben. Das scheint darauf hinzudeuten, daß eine gute Stimmung zu positiveren Urteilen über die eigenen und die Leistungen anderer führen kann, während eine schlechte Stimmung eher negative Urteile über die eigene Person bestärkt. Diese Selbstgerichtetheit könnte damit zusammenhängen, daß deprimierte Personen häufig dazu neigen, ihre eigene Leistung und deren Unzulänglichkeiten sehr gründlich unter die Lupe zu nehmen, damit sie erkennen, was falsch läuft, und etwas dagegen unternehmen können.

Wir können an dieser Stelle nicht ausführlich auf die große Anzahl von Studien eingehen, die den Einfluß der Stimmung auf die Leistung und auf eine Vielzahl weiterer Beurteilungs- und Denkaufgaben nachgewiesen haben (Isen & Daubman, 1984; Murray, Sujan, Hirt & Sujan, 1990; Überblick in Forgas, 1995). Diese vielfältigen Befunde lassen ebenso wie die bereits erörterten Nachweise den Schluß zu, daß den Auswirkungen der Stimmung auf das Denken eine Reihe von unterschiedlichen automatischen und kontrollierten Prozessen zugrunde liegen.

Auswirkungen der Stimmung auf die Verarbeitung von persuasiven Mitteilungen

Im Alltagsleben schreckt man häufig davor zurück, andere Leute um einen Gefallen zu bitten, wenn sie schlecht gelaunt wirken. Dahinter steht offenbar die verbreitete Überzeugung, daß man die Einstellung oder Meinung anderer Menschen leichter beeinflussen kann, wenn sie angenehmer Stimmung sind, während eine schlechte Stimmung diese Unterfangen erschwert. Bei einer Erhebung von Mackie und Worth (1991) gaben

90 Prozent der befragten Collegestudenten an, daß der Empfänger der Mitteilung guter Stimmung sein sollte, wenn man die Aussicht auf eine erfolgreiche Persuasion maximieren möchte. Doch psychologische Studien deuten darauf hin, daß die Auswirkungen der Stimmung auf persuasive Gespräche wesentlich komplexer sind, als dieses Alltagsmodell nahelegt.

Die wohl einflußreichste neuere Theorie über den Persuasionsprozeß ist das *Ausarbeitungs-Wahrscheinlichkeits- Modell* (ELM – Elaboration Likelihood Model) von Petty und Cacioppo (1986). Nach Petty und Cacioppo haben wir nicht immer Zeit oder Lust, sorgfältig über den Inhalt einer Mitteilung und ihre zahlreichen Bedeutungen nachzudenken (Elaboration), und fällen deshalb mitunter Urteile, die auf unserem allgemeinen Eindruck von oberflächlichen Aspekten der Situation beruhen. Kurz, Petty und Cacioppo vertreten die Ansicht, daß es zwei grundsätzliche Verarbeitungswege für persuasive Informationen gibt, nämlich eine gründliche und detaillierte Methode und eine schnelle und einfache Methode, die vom allgemeinen Eindruck abhängt. Wenn es zu einem Meinungswandel kommt, weil man sehr aufmerksam auf die eigentliche Mitteilung achtet und gründlich darüber nachdenkt, handelt es sich um den sogenannten *zentralen Weg* zur Persuasion; wenn die Persuasion einfach dadurch zustande kommt, daß positive oder negative Bewertungen direkt mit dem Meinungsobjekt assoziiert werden, um den *peripheren Weg* (s. auch Chaiken, 1980, der ein ähnliches Modell vorstellt).

Der Persuasionserfolg wird von unterschiedlichen Faktoren beeinflußt, je nachdem auf welchem Weg die Verarbeitung erfolgt. Auf dem zentralen Weg wird die Persuasion im allgemeinen durch rationale Appelle und überzeugende Argumente erreicht, während der periphere Verarbeitungsweg eher sensibel auf Hinweise reagiert, die nichts mit dem eigentlichen Mitteilungsinhalt zu tun haben, wie Attraktivität des Gesprächspartners oder Klang der Stimme. Außerdem können die Folgen einer erfolgreichen Persuasion unterschiedlich sein, weil ein Einstellungswandel, der auf peripherem Weg erzeugt wurde, häufig flüchtiger und kurzlebiger ist.

Als wichtigste Determinanten für die Auswahl des jeweiligen Verarbeitungsweges gelten *Motivation* und *Fähigkeit:* Die Person muß ein gewisses Interesse an einer gründlichen Verarbeitung der Informationen haben, die in der Botschaft enthalten sind, und über die notwendigen Ressourcen verfügen, um sich auf eine sorgfältige Analyse einzulassen, sonst kommt es zur peripheren Verarbeitung. Ob der einzelne motiviert und fähig ist, eine persuasive Botschaft auf zentralem Wege zu verarbeiten, kann unter anderem von der Stimmung beeinflußt werden. Wer in angenehmer Stimmung ist, könnte zum Beispiel so sehr mit positiven Gedanken beschäftigt sein, daß wenig Kapazität für die Verarbeitung von persuasiven Mitteilungen übrig bleibt. Wer guter Stimmung ist, ist außerdem nicht unbedingt vorrangig daran interessiert, die Informationen, die er erhält, gründlich zu analysieren.

Worth und Mackie (1987) haben untersucht, wie die Reaktionen auf ein persuasives Gespräch durch angenehme und neutrale Stimmungen beeinflußt werden. Sie stellten fest, daß sich Teilnehmer, die in angenehmer Stimmung waren, von sachlichen und unsachlichen Argumenten gleichermaßen überzeugen ließen, während sich neutral gestimmte Versuchspersonen von den stichhaltigen Argumenten stärker beeindrucken ließen. Andererseits war es bei positiv gestimmten Teilnehmern eher wahrscheinlich, daß sie ihre Meinung änderten, wenn der Sprecher als ein Experte beschrieben wurde, während das Fachwissen des Sprechers bei den neutral gestimmten Teilnehmern kaum eine Rolle spielte. Die positiv gestimmten Versuchspersonen neigten also offenbar stärker zu einem peripheren Verarbeitungsweg als die Teilnehmer, die in keinem spezifischen Stimmungszustand waren. Dieser Befund erhärtet die These, daß sich angenehme Stimmungszustände im allgemeinen durch einen heuristischen im Gegensatz zu einem analytischen Verarbeitungsstil auszeichnen (s. oben). Für die Praxis kann man daraus offenbar den Schluß ziehen, daß es hilfreich ist, den Gesprächspartner in eine gute Laune zu versetzen, wenn die eigenen Argumente auf schwachen Beinen stehen oder wenn man sich als Experte ausgibt, daß eine positive Stimmung jedoch eher hinderlich ist, wenn man sachlich überzeugende Argumente hat, weil diese Argumente vom Zuhörer dann nicht gründlich verarbeitet werden.

Eine Folgestudie befaßte sich speziell mit der Frage, ob diese unterschiedlichen Auswirkungen auf die Mitteilungsverarbeitung von den Motivationsaspekten der Stimmung oder von ihrem Informationswert abhängen. Mackie und Worth (1989) ließen Versuchspersonen selbst darüber bestimmen, wie lange sie einer persuasiven Mitteilung ausgesetzt sein wollten; sie stellten fest, daß sich positiv gestimmte Teilnehmer länger mit der Botschaft auseinanderzusetzen als neutral gestimmte Teilnehmer. Das spricht dafür, daß die *Motivation* zur Verarbeitung von persuasiven Informationen von einer angenehmen Stimmung nicht beeinträchtigt wird (s. jedoch Martin, Ward, Achee & Wyer, 1993). Wenn die positiv gestimmten Teilnehmer unbegrenzte Zeit erhielten, um die Nachricht zu verarbeiten, ließen sie sich eher von den starken als von den schwachen Beweisgründen überzeugen und reagierten weniger beeindruckt auf die scheinbare Glaubwürdigkeit der beweisführenden Person. Menschen in guter Stimmung verarbeiten Mitteilungen also gründlich und analytisch, wenn sie sich genügend Zeit dafür lassen können. Wenn man negativ gestimmte Teilnehmer daran hindert, sich auf eine sorgfältige Verarbeitung einzulassen, weil man ihnen gleichzeitig eine ablenkenden Aufgabe stellt, decken sich ihre Reaktionen mit denen von positiv gestimmten Teilnehmern (Bless, Bohner, Schwarz & Strack, 1990).

Worth, Mackie und Asuncion (s. Mackie & Worth, 1991) legten noch weitere Belege dafür vor, daß die Auswirkungen positiver Stimmungen auf die Persuasion nicht von Motivationsfaktoren abhängen. In ihrer Studie wurde die Motivation der Teilnehmer direkt manipuliert, indem man ihnen finanzielle Anreize für eine korrekte Verarbeitung von persuasiven Mitteilungen bot. Sogar unter diesen hohen Motivationsbedingungen unterschieden positiv gestimmte Teilnehmer, denen man ein bestimmtes Zeitlimit für die Informationsverarbeitung setzte, trotzdem nicht zwischen starken und schwachen Argumenten; das deutet darauf hin, daß die Auswirkungen der angenehmen Stimmung auf die Verarbeitung offenbar nicht durch Motivationsdefizite verursacht werden.

Wegener, Petty und Smith (1995) stellten die Schlußfolgerung in Frage, daß angenehme Stimmungen *immer* zu einem entspannteren Verarbeitungsstil führen. Nach ihrem *hedonistischen Kontingenz*-Modell hängt der wichtigste Unterschied zwischen angenehmen und unangenehmen Stimmungen damit zusammen, welche Optionen für eine Stimmungsverbesserung zur Verfügung stehen. Sie vertreten insbesondere die Auffassung, daß bei einer angenehmen Stimmung viele der möglichen Handlungsschritte, die man unternehmen könnte, zu einer Verschlechterung der Stimmung führen würden. Deshalb muß man sorgfältig darauf achten, wie sich das, was man tun will, auf den Affekt auswirkt, wenn man eine gute Stimmung bewahren oder steigern will. Wenn man dagegen in einer unangenehmen Stimmung ist, werden die meisten Handlungsschritte, die man unternimmt, den aktuellen Zustand verbessern, deshalb ist es weniger wichtig, sich auf die affektiven Bedeutungen der Situation zu konzentrieren. Folgt man dieser Analyse, so schränken angenehme Stimmungen eine systematische Informationsverarbeitung nur dann ein, wenn der einzelne diese Informationen als potentiell deprimierend wahrnimmt (z. B. wenn sie wahrscheinlich mit der bestehenden Einstellung in Konflikt geraten). Wenn die Mitteilung einen scheinbar stimmungsverbessernden Inhalt hat (z. B. wenn sie mit der bestehenden Einstellung übereinstimmt), wird sie in angenehmer Stimmung sorgfältiger verarbeitet. Bestätigt wurde diese These durch eine Studie von Wegener u. a. (1995), die ergab, daß angenehme Stimmungen die relative Empfänglichkeit für stichhaltige Argumente erhöhte, wenn das Gesprächsthema erfreulich war und die Stimmung nicht bedrohte. Dieser Befund deutet auch darauf hin, daß die Auswirkung der Stimmung auf die Verarbeitung unter bestimmten Bedingungen zumindest teilweise von Motivationsaspekten abhängt.

Es gibt noch weitere Prozesse, die möglicherweise zu den Auswirkungen der Stimmung auf die Persuasion beitragen. So könnte die Stimmung als Information dienen, die sich auf die Bewertung der persuasiven Mitteilungen bezieht (Schwarz & Clore, 1983), oder als Signal, ob es an der Zeit ist, die Verarbeitung von Informationen abzubrechen oder fortzusetzen, je nachdem ob sie weiterhin von Interesse sind oder nicht (Martin, Ward, Achee & Wyer, 1993). Weitere Untersuchungen werden wahrscheinlich noch komplexere interaktive Auswirkungen zwischen Stimmungsqualität, Verarbeitungsstilen und Nachrichteninhalt ergeben (Forgas, 1995).

Stimmung und Gedächtnis: Auswirkungen auf die Verschlüsselung und Rückführung

Die vermutlich am besten untersuchten Auswirkungen der Stimmung betreffen in der einen oder anderen Form das Gedächtnis. In diesem und dem folgenden Abschnitt wollen wir versuchen, einen Überblick über diese äußerst umfangreiche und häufig nicht schlüssige Literatur zu geben. Die Stimmung beeinflußt das Gedächtnis offenbar hauptsächlich auf dreierlei Art: Sie könnte eine Rolle bei der *Verschlüsselung* des Erinnerungsmaterials spielen, die *Speicherung* des Erinnerungsmaterials behindern oder fördern und die *Rückführung* des Erinnerungsmaterials ins aktuelle Bewußtsein beeinflussen. Für den ersten und den dritten Effekt liegen Nachweise vor, die hauptsächlich zeigen, daß stimmungskonsistente Informationen normalerweise besser verschlüsselt und zurückgeführt werden als stimmungsinkonsistente Materialien (Blaney, 1986). Doch in der unten erörterten Literatur gibt es auch einige Beispiele für stimmungsinkongruente Erinnerungen. Wie bei der Urteilsbildung scheinen unangenehme Stimmungen auch beim Gedächtnis weniger einheitliche Auswirkungen zu haben als angenehme Stimmungen.

Die Verschlüsselungs- und Rückführungskongruenz wurde von Nasby und Yando (1982) untersucht. In ihrer Studie wurden Kinder in eine angenehme, unangenehme oder neutrale Stimmung versetzt, bevor sie eine Liste mit Wörtern auswendig lernten, die einen positiven, negativen oder wertungsneutralen semantischen Gehalt hatten. Als nächstes wurde dann eine ähnliche oder andere Stimmung induziert, und die Kinder wurden aufgefordert, sich an so viele Wörter wie möglich zu erinnern. Das Gedächtnis für wertpositive Begriffe erwies sich als besser, wenn die Stimmung zur Zeit der Verschlüsselung oder Rückführung angenehm gewesen war. Eine negative Stimmung, ob bei der Verschlüsselung oder der Rückführung, hatte dagegen keine Auswirkung auf die Erinnerung an negativ getönte Wörter. Nasby und Yando stellten allerdings fest, daß eine unangenehme Stimmung zum Zeitpunkt der Verschlüsselung das Erlernen positiver Begriffe *behinderte.*

Obgleich es denkbar ist, daß sich die Stimmungen von Kindern durch andere Merkmale und Auswirkungen auszeichnen als die von Erwachsenen (Erwachsene könnten zum Beispiel besser in der Lage sein, sich auf eine kontrollierte Verarbeitung von stimmungsbezogenen Informationen einzulassen), scheinen die Ergebnisse von Nasby und Yando ein ähnliches Muster aufzuweisen, wie die Befunde über das Gedächtnis und die Stimmung von Erwachsenen (Mayer, Gayle, Meehan & Haarman, 1990). Sogar im Fall der angenehmen Stimmungen scheint das stimmungskongruente Erinnern jedoch entscheidend von dem verschlüsselten Material abzuhängen und von der Art, wie es verschlüsselt wird (Teasdale & Barnard, 1993).

Einer der Gründe für die Widersprüche beim stimmungskongruenten Erinnern ist offenbar, daß wir häufig spontan stimmungskorrigierende Strategien einsetzen (Isen, 1984), um jede Art von schlechter Stimmung zu verbessern. Mit anderen Worten, Menschen versuchen aktiv, sich auf positive Reize zu konzentrieren und die negativen auszublenden. Folglich können unangenehme Aspekte der Situation und unangenehme Erinnerungen in einer negativen Stimmung absichtlich ignoriert werden, vor allem, wenn das Material die Stimmung zu verschlechtern droht (Blaney, 1986; Singer & Salovey, 1988).

Stimmungskorrigierende Strategien dieser Art können umgangen werden, wenn Versuchspersonen glauben, daß es notwendig ist, in einer unangenehmen Stimmung zu bleiben. Wenn man Teilnehmer zum Beispiel unter Hypnose anweist, sich in eine negative Stimmung zu versetzen, versuchen sie häufig, der hypnotischen Beeinflussung Folge zu leisten und diese Stimmung zu bewahren. Das gleiche gilt für bestimmte Verfahren, bei denen man die Teilnehmer ausdrücklich auffordert, negative Vorstellungen zu entwickeln und die damit einhergehende Stimmung während des gesamten Experiments beizubehalten. In diesen Fällen sind kongruente Auswirkungen der unangenehmen Stimmung wahrscheinlicher.

Nach Parrott und Sabini (1990) kann schon das simple Wissen, daß es bei einem Experiment um die Stimmung geht, die Teilnehmer dazu ermutigen, sich mit stimmungskongruenten Informationen zu beschäftigen. Parrott und Sabini belegen diese Interpretation mit mehreren Beispielfällen, in denen es zu stimmungs*inkongruenten* Erinnerungen kam, wenn die Stimmung nicht offen manipuliert worden war, während eine Studie, bei der die Teilnehmer ausdrücklich dazu aufgefordert wurden, eine bestimmte Stimmung beizubehalten, zu stimmungskongruenten Erinnerungen führte. Die Stimmungsinkongruenz galt offenbar gleichermaßen für gute und für schlechte Stimmungen: Die Teilnehmer erinnerten sich im allgemeinen zuerst an autobiographische Ereignisse, die jeweils im Gegensatz zur evaluativen Tönung ihrer aktuellen Stimmung standen. Parrot (1993) führt mehrere mögliche Gründe dafür an, weshalb Menschen den Wunsch haben können, eine negative ebenso wie eine positive Stimmung abzubauen oder aufzuheben, aber die genaue Ursache für die Stimmungsinkongruenz bleibt unklar (s. Teadale & Barnard, 1993; und unten).

Ein weiterer Faktor, der offenbar die Wahrscheinlichkeit von stimmungskongruenten Auswirkungen erhöht, ist die Relevanz der verschlüsselten Information für die eigene Person. In einem von Ingram, Smith und Brehm (1983) geleiteten Experiment versetzte man die Versuchspersonen in eine gute oder schlechte Stimmung, indem man ihnen ein Erfolgs- oder Mißerfolgsfeedback zu einem absolvierten Test der sozialen Wahrnehmung gab; dann legte man ihnen wertpositive und wertnegative Wörter vor. In der *selbstbezogenen* Bedingung sollten die Teilnehmer angeben, in welchem Ausmaß diese Wörter auf sie selbst zutrafen, während es in einer *semantischen* Bedingung nur darum ging, die Bedeutung des Wortes zu beurteilen. Danach wurde getestet, wie gut sich die Teilnehmer an die Wörter erinnerten. Stimmungskongruente Erinnerungen traten ausschließlich in der selbstbezogenen Bedingung auf, was darauf hindeutet, daß die Teilnehmer nur dann eine Verschlüsselungstendenz zugunsten des stimmungskongruenten Materials hatten, wenn die persönliche Bedeutung der Informationen besonders betont worden war.

Teasdale und Barnard (1993) vertraten die Meinung, daß stimmungskongruente Verschlüsselungseffekte häufiger sind, wenn das Material, das erinnert werden soll, eine implikationale Verarbeitung in Gang setzt (wenn es hohe Abstraktionsstufen für unterschiedliche Informationsarten umfaßt, s. oben). Der Grund ist, daß in diesem Fall bewertungsrelevantes Verschlüsselungsmaterial in die laufenden implikationalen Prozesse, die den Stimmungszustand aufrechterhalten, eingebunden werden kann, was zu einer breiteren Verteilung von Erinnerungsbelegen im gesamten System führt. Wenn Versuchspersonen zum Beispiel die Bedeutung des Materials auf die eigene Person beziehen müssen, ist es wahrscheinlicher, daß dies mit einer relativ gründlichen Verarbeitung einhergeht, die schematische Modelle innerhalb des implikationalen Subsystems umfaßt. Diese Verarbeitung wird insbesondere gefördert, wenn das Material stimmungskongruent ist und deshalb in die gerade aktiven stimmungsregenerierenden Prozesse eingebaut werden kann.

Nach dem ICS-Modell hängt eine stimmungskongruente *Rückführung* von dem aktuellen Stimmungszustand ab, der durch Interaktionen zwischen dem implikationalen Subsystem und anderen zentralen Verarbeitungsmodulen regeneriert wird. So argumentieren Teasdale und Barnard insbesondere, daß die wiederholte Überarbeitung von Affektthemen innerhalb des kognitiven Systems ein breites Spektrum von Assoziationen erzeugt, die Zugriff auf wertungskongruente Erinnerungen haben und diese aktivieren können. Wenn die unangenehme Stimmung zum Beispiel aufrechterhalten wird, weil man bewußt über seine eigene Wertlosigkeit nachgrübelt, dann kann das auch dazu führen, daß die Gedanken immer wieder auf eine negative Bewertungsrundreise geschickt werden und lauter negative Erinnerungen aufpicken. Da das implikationale Subsystem in umfangreicher Wechselbeziehung zu anderen Subsystemen steht, wird eine relativ große Anzahl von unangenehmen Erinnerungen zugänglich, wenn es negative Affektthemen verarbeitet. Wenn die negativen Empfindungen dagegen einfach aus einer fortgesetzten Aneinanderreihung von unangenehmen Ereignissen erwachsen, dann kommen die einzigen negativen Assoziationen aus den spezifischen Subsystemen, die durch diesen hereinfließenden Datenstrom aktiviert werden. Unter diesen Bedingungen wird nach Teasdale und Barnard eine stimmungsinkongruente Erinnerung wahrscheinlicher, weil das implikationale Subsystem frei ist, um sich mit allen unerledigten Korrekturaufgaben in bezug auf widersprüchliche Informationen zu beschäftigen, wie zum Beispiel mit Konflikten zwischen momentan aktiven Zielen und dem aktuellen Zustand der Umwelt (Carver & Scheier, 1990).

Zustandsabhängiges Erinnern

Eine weitere mögliche Auswirkung der Stimmung auf das Gedächtnis hängt damit zusammen, ob die Stimmungszustände zur Zeit der Verschlüsselung und der Rückführung übereinstimmen. So ist insbesondere die Auffassung vertreten worden, daß das Material besser erinnert wird, wenn sich Versuchspersonen in einem ähnlichen Stimmungszustand befinden wie zu der Zeit, als sie ursprünglich auf dieses Material gestoßen sind (Bower, 1981). Dieser vorausgesagte Effekt ist als *zustandsabhängiges Erinnern* bekannt; die Befundlage ist gemischt.

Nach der assoziativen Netzwerktheorie von Bower (1981) hängen Beziehungen zwischen gespeicherten Informationseinheiten davon ab, in welchem Grad sie in der Vergangenheit in Verbindung miteinander erlebt wurden. Danach werden also Knoten, die bestimmte Stimmungen repräsentieren, mit Knoten assoziiert, die bestimmte Erfahrungen in bezug auf die entsprechende Stimmung repräsentieren. Angenommen, Sie sind immer guter Stimmung, wenn Sie einen bestimmten Freund treffen, dann kann eine positive Stimmung dazu führen, daß Ihnen dieser Freund spontan in den Sinn kommt (so wie die Begegnung mit dem Freund irgendwann eine positive Stimmung aktivieren kann, Watson & Rayner, 1920). Dieses Assoziationsprinzip bedeutet im wesentlichen, daß die Stimmung das Erinnerungsvermögen für Materialien verbessern kann, die vorher mit einem ähnlichen Stimmungszustand verbunden waren, unabhängig davon, ob irgendeine semantische Verbindung besteht. Mit anderen Worten: Man würde erwarten, daß man sich besser an Dinge erinnert, wenn man sich zum Zeitpunkt des Erinnerns in einer ähnlichen Stimmung befindet wie zu dem Zeitpunkt, als man diesen Dingen ursprünglich begegnet ist. Dieser vorausgesagte Effekt entspricht der Zustandsabhängigkeit, die man in bezug auf drogeninduzierte Zustände wie beispielsweise Trunkenheit häufig beobachtet hat (Eich, 1977). So ist es zum Beispiel ein bekanntes Phänomen, daß Menschen, die unter dem Einfluß von Alkohol etwas Bestimmtes getan haben, sich manchmal nur an dieses Verhalten erinnern können, wenn sie wieder betrunken sind. Ähnlich haben mehrere Forscher argumentiert, daß die Stimmung einen charakteristischen Kontext für das Lernen erzeugt, so daß man sich besser erinnern kann, wenn dieser Kontext wiederhergestellt wird.

Frühe Untersuchungen zum zustandsabhängigen Erinnern erschienen vielversprechend, aber nicht schlüssig. So stellten zum Beispiel Henry, Weingartner und Murphy (1973) fest, daß Patienten mit bipolaren Affektstörungen (einschließlich regelmäßiger Stimmungsumschwünge von Depression zu Manie) besser in der Lage waren, sich an zuvor gebildete freie Assoziationen zu erinnern, wenn sie in derselben Stimmung waren wie zu dem Zeitpunkt, als sie die Gedankenverbindungen erstmalig hergestellt hatten. Man könnte diesen Effekt jedoch auch damit erklären, daß Patienten, die von der Manie zur Depression oder von der Depression zur Manie wechselten, anstatt im selben Stimmungszustand zu bleiben, in der Zeit zwischen dem Lernen und Erinnern wahrscheinlich eine größere Zahl von einzelnen und einprägsamen Ereignissen erlebt hatten und daß diese zwischenzeitlichen Ereignisse die Erinnerung an die ersten Assoziationen beeinträchtigten.

Bower, Monteiro und Gilligan (1978) versuchten, das Phänomen des zustandsabhängigen Erinnerns in einem experimentellen Kontext nachzuweisen. In ihrer Studie versetzte man die Teilnehmer mittels eines hypnotischen Induktionsverfahrens in eine angenehme oder unangenehme Stimmung (s. Kapitel 3) und legte ihnen dann eine Liste mit Wörtern vor, die sie sich einprägen sollten. Die Erinnerung an diese Begriffe wurde am folgenden Tag überprüft, nachdem man die Versuchspersonen entweder in eine ähnliche oder gegensätzliche Stimmung versetzt hatte. Entsprechend der Vorhersage sollten Teilnehmer, die sich in einer anderen Stimmung befanden als an dem Tag, als sie die Wörter ursprünglich gelernt hatten, eine schlechtere Gedächtnisleistung zeigen als die Teilnehmer, die in derselben Stimmung waren. Dieser Effekt konnte jedoch nicht nachgewiesen werden. Auch die Studie von Nasby und Yando (1982, s. oben) ergab keinen Nachweis für ein vom Stimmungszustand abhängiges Erinnern.

In einer weiteren Studie schloßen Bower u. a. eine zweite Distraktorliste ein, um das Ausmaß zu manipulieren, in dem die Stimmung einen charakteristischen Kontext für das spezifische Erinnerungsmaterial erzeugte. Die Teilnehmer prägten sich die eine Wortliste ein, während sie in einer glücklichen oder traurigen Stimmung waren, und prägten sich dann die andere Wortliste ein, als sie in einer ähnlichen oder entgegengesetzten Stimmung waren. Nach einer Verzögerung wurden sie dann gebeten, sich an die erste Liste zu erinnern, wobei sie entweder in dieselbe oder in die entgegengesetzte Stimmung versetzt wurden wie beim ursprünglichen Lernen der Liste. Diese zweite Stimmung war zudem entweder die gleiche oder eine andere Stimmung als diejenige, die beim Lernen der Ablenkungsliste erzeugt worden war. Laut Vorhersage sollten die größten stimmungsabhängigen Einschränkungen des Gedächtnisses auftreten, wenn sich die Teilnehmer beim Erinnern der Wortliste in einer anderen Stimmung befanden als beim Lernen und wenn diese Stimmung außerdem mit derjenigen übereinstimmte, die man beim Lernen der zweiten Liste induziert hatte.

Die Ergebnisse dieser Studie deuteten schließlich darauf hin, daß ein zustandsabhängiges Erinnern vorlag. So zeigten Teilnehmer in der maximalen Störungsbedingung (unterschiedliche Stimmung zwischen Lern- und Erinnerungszeitpunkt, aber gleiche Stimmung beim Lernen der Ablenkungsliste) die schlechteste Gedächtnisleistung und die Teilnehmer in der minimalen Störungsbedingung (gleiche Stimmung beim Lernen und Erinnern, unterschiedliche Stimmung beim Lernen der Ablenkungsliste) die beste Gedächtnisleistung.

Ein potentielles Problem bei dieser Studie ergibt sich aus ihrem intra-individuellen Aufbau, was bedeutete, daß sich jeder Teilnehmer zwei unterschiedliche Wortlisten unter ähnlichen oder gegensätzlichen Stimmungsmanipulationen einprägte. Dieses Designmerkmal könnte Versuchspersonen auf die Möglichkeit aufmerksam gemacht haben, daß der Versuchsleiter ihre Gedächtnisleistung durch Stimmungen beeinflussen wollte, was zu dem bewußten oder unbewußten Versuch geführt haben könnte, diesen Anforderungsmerkmalen zu entsprechen. So haben sich die Teilnehmer möglicherweise mehr Mühe gegeben, wenn sie sich an Worte erinnern sollten, die ihrer Ansicht nach besser erinnert werden sollten, und ihr Gedächtnis möglicherweise weniger angestrengt, wenn sie den Eindruck hatten, daß eine schwache Erinnerungsleistung erwartet wurde. Diese alternative Erklärung erscheint noch plausibler, wenn man weiß, daß man die Teilnehmer unter anderem nach ihrer Beeinflußbarkeit auswählte, um die Hypnose zu erleichtern.

Nachfolgende Versuche, den zustandsabhängigen Erinnerungseffekt zu replizieren, haben zu gemischten Ergebnissen geführt (Leight & Ellis, 1981; Nasby & Yando, 1982). Es scheint, daß unterstützende Befunde im allgemeinen ein Design erfordern, bei dem unterschiedliche Inhalte in kontrastierenden Stimmungen gelernt werden und bei dem ein Interferenzpotential zwischen den Lerninhalten dieser beiden Bedingungen besteht (Schare, Lisman & Spear, 1984). Doch sogar unter diesen Bedingungen zeichnet sich der Effekt nicht konsequent ab (Wetzler, 1985). Bower und Mayer (1989) kamen zu dem

Schluß, daß es ihnen nicht gelungen war, irgendeine entscheidende Variable zu ermitteln, die das Auftreten oder Nichtauftreten eines zustandsabhängigen Erinnerns beeinflussen konnte, und daß der Effekt ein »nicht reliables Zufallsereignis« war (S. 145).

Im Gegensatz dazu hat Eich (1995) auf der Grundlage seiner eigenen Studien argumentiert, daß das zustandsabhängige Erinnern ein reliables Phänomen ist, das vom Vorhandensein mehrerer Faktoren, einschließlich Stimmungsstärke und -qualität, abhängt sowie von der aktiven Beteiligung bei der Erzeugung von Erinnerungseinheiten. Auch hier besteht die Möglichkeit, daß diese Faktoren den Aufforderungscharakter der Versuchsanordnung bestärken, und die Teilnehmer direkt ermutigen, bestätigende Ergebnisse für ein stimmungabhängiges Erinnern zu produzieren. So hingen zum Beispiel alle von Eich berichteten positiven Nachweise von expliziten Stimmungsmanipulationen ab, die sich auf die Kooperation der Teilnehmer bei der Erzeugung und Bewahrung des erforderlichen Affekts stützten. Zusammenfassend läßt sich sagen, daß ein abschließendes Urteil über die Reliabilität und Validität des vom Stimmungszustand abhängigen Erinnerns noch aussteht.

Auswirkungen der Stimmung auf ein hilfreiches Verhalten

Die Auswirkungen der Stimmung auf Wahrnehmung, Denken und Gedächtnis führen wahrscheinlich auch zu indirekten Auswirkungen auf das Verhalten. So könnte das Verhalten der Person von ihrer stimmungskongruenten Wahrnehmung des Objekts, auf das ihr Verhalten gerichtet ist, bestimmt werden. Außerdem beeinflußt die affektbeeinflußte Bewertung eines bestimmten Ziels, wie energisch dieses Ziel verfolgt wird. Auf ähnliche Weise kann die Stimmung Zuschreibungen und Urteile beeinflussen, die wiederum das Handeln beeinflussen. Schließlich kann der gezielte Versuch, die eigene Stimmung zu verändern, dazu führen, daß man sich auf bestimmte Verhaltensweisen einläßt, die, zum Beispiel, der eigenen Belohnung oder Ablenkung dienen (Morris & Reilly, 1987). In Kapitel 6 werden wir uns speziell mit dem Thema der gezielten Affektregulation durch das Handeln konzentrieren. Im vorliegenden Abschnitt erörtern wir die Verhaltenskategorie, die in Verbindung mit der Stimmung am häufigsten untersucht wurde, nämlich das Helfen.

Im allgemeinen scheinen positiv gestimmte Personen eher bereit zu sein, anderen Menschen Hilfe zu gewähren. Diese Beobachtung stimmt mit unserer intuitiven Einschätzung überein, daß glückliche Menschen normalerweise kooperativer reagieren, was zum Beispiel darin zum Ausdruck kommt, daß man ungern um Gefälligkeiten bittet, wenn der potentielle Wohltäter schlecht gelaunt wirkt. Doch wie bei den Auswirkungen der Stimmung auf die Persuasion ergeben die Befunde über den Zusammenhang zwischen Stimmung und Helfen ein komplexeres Bild, als die Alltagserfahrung vermuten läßt.

Daß Personen in angenehmer Stimmung grundsätzlich eher bereit sind, anderen zu helfen, wird durch eine von Isen und Levin (1972) geleitete Studie veranschaulicht.

Diese Forscher stellten fest, daß Teilnehmer, die ein Zehncentstück im Rückgabefach einer öffentlichen Telefonzelle fanden, hinterher eher bereit waren, einer unbekannten Person beim Aufsammeln heruntergefallener Papiere zu helfen. Nachfolgende Studien deuteten jedoch darauf hin, daß die durch eine gute Stimmung ausgelöste Hilfsbereitschaft ihre Grenzen hat. So hat man insbesondere argumentiert, daß positiv gestimmte Personen weniger hilfsbereit sind, wenn dieses Verhalten sie in irgendeiner Weise von ihrer eigenen guten Stimmung abbringen könnte. So ergab zum Beispiel eine Studie von Isen und Simmons (1978), daß positiv gestimmte Versuchspersonen eher bereit waren, anderen Teilnehmern beim Lesen und Deuten von Aussagen zu helfen, die angeblich stimmungsverbessernd wirkten, daß diese Hilfsbereitschaft jedoch abnahm, wenn es um Aussagen ging, die angeblich negativ auf die Stimmung wirkten. Mit anderen Worten: Stimmungserhaltende Motive können der Hilfsbereitschaft während angenehmer Stimmungen in die Quere kommen.

Nach dem Modell von der *Erleichterung des negativen Zustands* von Cialdini, Bauman und Kendricks (1981) hängt die Hilfsbereitschaft gegenüber anderen häufig damit zusammen, daß man sich in den Kummer der anderen Person einfühlt und dadurch einen unangenehmen Affektzustand erlebt. Nach dieser Auffassung ist ein helfendes Verhalten nicht durch ein altruistisches Hilfsbedürfnis motiviert, sondern eher durch den Wunsch, die eigenen schlechten Gefühle, die der Kummer einer anderen Person auslöst, abzuschwächen. Cialdini und andere (Cialdini, Schaller, Houlihan, Arps, Fultz & Beaman, 1987) stellten fest, daß Versuchspersonen, die man in einen empathischen Zustand mit einem Opfer versetzt hatte, weniger hilfsbereit waren, wenn sie eine finanzielle Belohnung (oder lobende Anerkennung) erhielten, die ihren unangenehmen Affekt zerstreute, bevor sich die Möglichkeit zum Helfen ergab. Das deutet darauf hin, daß ihre Hilfsbereitschaft vom Vorhandensein eigener unangenehmer Gefühle abhing. Nach dieser Theorie ist die Hilfsbereitschaft gegenüber einer Person in Bedrängnis also davon abhängig, ob ein unangenehmer Affekt besteht, und kann sich verringern, wenn der potentielle Helfer in gute Stimmung versetzt wird. Das Helfen fungiert als eine Art affektkorrigierende Strategie, die durch eine spezifische Anordnung unangenehmer Gefühle ausgelöst wird.

Gute Stimmungen wirken sich nicht nur auf die Hilfsbereitschaft aus, sondern machen es erwiesenermaßen auch wahrscheinlicher, daß Menschen ein Gespräch anknüpfen, schneller sprechen, mehr Risiken eingehen und generell mehr Sympathien und positive Einstellungen gegenüber anderen Personen bekunden. Viele dieser Effekte hängen zweifellos mit dem oben beschriebenen Einfluß zusammen, den die angenehme Stimmung auf die Urteilsbildung ausübt.

Wie bei der Urteilsbildung sind die Effekte der unangenehmen Stimmung auf das Verhalten komplizierter und uneinheitlicher als die der angenehmen Stimmung. Der Grund ist auch in diesem Fall, daß die unangenehme Stimmung das Denken teilweise in einer stimmungskongruenten Weise verzerrt und gleichzeitig dazu ermutigt, die eigene Stimmung zu verbessern, indem man gezielt nach positiven Dingen Ausschau hält und Beschäftigungen sucht, die die Laune verbessern (stimmungskorrigierende Strategien). So können unangenehme Stimmungen zwar das aggressive Verhalten gegenüber anderen Menschen steigern (Berkowitz & Turner, 1974), aber unter bestimmten Umständen auch die Hilfsbereitschaft erhöhen (Isen, Horn & Rosenhan, 1973). Manchmal scheinen sich stimmungskorrigierende und stimmungskongruente Tendenzen gegenseitig aufzuheben, so daß die unangenehme Stimmung überhaupt keinen Einfluß auf das Verhalten hat, obwohl die entsprechende angenehme Stimmung eine große Rolle zu spielen scheint (Isen, 1970). Die Nachweise deuten darauf hin, daß Menschen im allgemeinen versuchen, den stimmungskongruenten Auswirkungen einer schlechten Stimmung entgegenzuwirken, wenn sie dazu in der Lage sind.

Zusammenfassung

Obwohl man festgestellt hat, daß die Stimmung viele direkte und augenfällige Auswirkungen auf psychologische Vorgänge hat und dabei im allgemeinen dem Prinzip der Stimmungskongruenz folgt, zeigt sie zum Teil auch ein weniger vorhersagbares Einflußmuster. So können Stimmungen zum Beispiel unter gewissen Bedingungen zu stimmungsinkongruenten Erinnerungen führen, und unangenehme Stimmungen haben generell weniger einheitliche Effekte als angenehme Stimmungen. Es scheint also, daß Stimmungsauswirkungen häufig von Kombinationen und Interaktionen zwischen automatischen und kontrollierten Prozessen abhängen. So wird eine Person, die schlechter Stimmung ist, automatisch auf negative Aspekte der Situation eingestimmt, aber die bewußte Wahrnehmung der unangenehmen Stimmung kann dazu führen, daß die Person entweder gezielt versucht, ihre Stimmung zu verändern, oder nach den Ursachen der Stimmung forscht, möglicherweise in der Absicht, ein erneutes Auftreten dieser Stimmung in Zukunft zu verhindern. Ob die kontrollierten Prozesse, die als Folge der Stimmungsbewußtheit in Gang gesetzt werden, zur direkten Stimmungsregulation (emotions- oder affektfokussierte Bewältigung) führen oder zu dem Versuch, die Situation zu meistern (problemfokussierte Bewältigung), hängt wahrscheinlich vom speziellen Charakter der aktuellen Transaktion und von dem wahrgenommenen Grad der verfügbaren Fähigkeiten ab; die Einschätzung dieser Wahrnehmungen kann jedoch auch wiederum von der Stimmung beeinflußt werden, was die Situation in unangenehmen Stimmungen generell weniger kontrollierbar macht.

Wenn diese Analyse zutrifft, dann hängen die Auswirkungen der Stimmung von Variablen ab, die mit der Bewußtheit, mit der Attribution von Stimmungsursachen und mit spezifischen Situationsfaktoren zusammenhängen. Es gibt also möglicherweise keine feste Gruppe von Prinzipien, über die man alle potentiellen Stimmungsauswirkungen erklären könnte; deshalb sollte sich die Forschung darauf konzentrieren, die Unterschiede und Interaktionen zwischen den Prozeßarten zu klären, die den verschiedenartigen Befunden zugrunde liegen (Forgas, 1995). Eine alternative Möglichkeit ist die Entwicklung relativ unspezifischer Modelle, die so flexibel sind, daß man eine größere Bandbreite von Effekten erfassen und bestimmen kann, wann und wie diese Effekte auftreten (Teasdale & Barnard, 1993).

In diesem Kapitel haben wir uns insbesondere auf Forschungsarbeiten konzentriert, die die Stimmung als unabhängige Variable und als Ursache in einer Ursache-Wirkung- oder Input-Output-Abfolge behandeln. Ein solcher Ansatz bietet zweifellos eine eingeschränkte Perspektive auf ein Phänomen, das sich im Grunde ständig verändert und in ständiger Wechselwirkung mit anderen Aspekten der psychischen Funktion steht. Im vorigen Kapitel haben wir argumentiert, daß man die Stimmung am besten als Teil eines fortgesetzten transaktionalen Prozesses betrachten sollte, und dasselbe Argument gilt auch hier. In den folgenden Kapiteln wollen wir versuchen, unser Verständnis von Stimmungsvorgängen darauf zu erweitern, wie sie sich im Laufe der Zeit verändern; wir werden untersuchen, welche Veränderungen auftreten, wie diese Variationen möglicherweise gesteuert werden und wie es sich auf die allgemeine psychische Funktion auswirkt, wenn diese Regulationsversuche scheitern. Im letzten Kapitel werden wir die bislang erörterten Forschungsergebnisse noch einmal unter besonderer Berücksichtigung eines prozessualen Ansatzes bewerten und auf die möglichen Einschränkungen der in diesem Kapitel behandelten Untersuchungen aufmerksam machen.

5

Stimmungsdynamik

In vorherigen Kapiteln haben wir einige Ursachen, Korrelate und Konsequenzen von Stimmungen untersucht. In diesem Kapitel konzentrieren wir uns auf die Erkenntnisse darüber, wie Stimmungen sich im Laufe der Zeit entwickeln und was solche Stimmungsveränderungen über die ihnen zugrundeliegenden affektiven Prozesse aussagen. Insbesondere untersucht das vorliegende Kapitel die Stimmungsdynamik aus der Sicht von drei verschiedenen begrifflichen Modellen, die ursprünglich zur Erklärung von allgemeineren psychischen Veränderungsprozessen entwickelt wurden: dem Modell des *dynamischen Gleichgewichts*, dem Modell der *sozialen Beeinflussung* und dem Modell der *nichtlinearen Dynamik*. Die Grenzen dieser noch relativ wenig überprüften Modelle werden besprochen. Im letzten Teil des Kapitels wenden wir uns dann der Überlegung zu, welche Art von Methodik sich für eine Erforschung der Stimmungsdynamik anbietet. Bei vielen der in den vorhergehenden Kapiteln dargestellten Untersuchungen wurden herkömmliche Erhebungsmethoden oder Experimente eingesetzt, die sich für eine Erforschung von Veränderungen, die in realer Zeit stattfinden, nicht gut eignen. Aus diesem Grund haben Forscher kürzlich begonnen, bei psychischen Phänomenen mit zeitlichen Dimensionen einen alternativen, *prozeßorientierten Ansatz* zu verwenden, den wir im Schlußteil des Kapitels kurz darstellen.

Veränderungen der Stimmung

Jeder weiß, daß Stimmungen sich mit der Zeit verändern. Wenn man im Gespräch die eigene Stimmung oder die eines anderen beschreibt, verwendet man die Zeit häufig als Bezugspunkt. Man hört zum Beispiel Sätze wie: »Du bist heute guter Dinge«; »Er hat seit Wochen schlechte Laune« oder »Ihre Stimmung schlägt von einem Moment zum andern um.« Außerdem ist es wohl offensichtlich, daß Stimmungen sich bei manchen Menschen schneller ändern als bei anderen und daß Stimmungswechsel mit dem Alter und mit äußeren Umständen variieren können. Daraus ergibt sich die Frage, was Stimmungswechsel möglicherweise über die affektiven Prozesse aussagen, von denen sie hervorgerufen werden. Leider hat die Psychologie sich bisher im allgemeinen mehr für die Stabilität von Stimmungslagen als für ihre Veränderlichkeit interessiert. Beispielsweise wurden in vielen psychologischen Untersuchungen Maßstäbe verwendet, die auf der durchschnittlichen Stimmungslage über längere Zeitspannen hinweg beruhten. In den letzten Jahren zeigen Psychologen allerdings zunehmend Interesse dafür, wie Stimmungen sich im Laufe der Zeit verändern.

In Kapitel 3 haben wir eine Reihe von Faktoren dargestellt, die einen ursächlichen Einfluß auf die Stimmung haben, darunter äußere Faktoren, wie Alltagsärger und Aktivitäten, und innere Faktoren, wie physiologische Prozesse und Persönlichkeit. In Kapitel 4 wurden einige mentale Prozesse beschrieben, die von der Stimmung beeinflußt werden, wie die Verschlüsselung, Bewertung und Verarbeitung. Wie die meisten Forscher auf diesem Gebiet haben wir also bisher Stimmungsursachen und Stimmungsauswirkungen als getrennte Themen behandelt. Diese Trennung ist zwar für Forschungszwecke vorteilhaft, doch in der Praxis gehen Ursachen und Wirkungen wahrscheinlich ineinander über und erzeugen so im Laufe der Zeit komplexe Muster von Stimmungsveränderungen. Ein negativer Stimmungswechsel, der durch Alltagsärger, etwa einen Streit, ausgelöst wird, könnte zu einer Veränderung in der kognitiven Verarbeitung führen. Diese Veränderung wiederum könnte möglicherweise die Reaktion auf die auslösende Situation beeinflussen, was letztendlich eine Verschlechterung oder eine Aufhellung der unerfreulichen Stimmung zur Folge haben könnte und so weiter.

Es erscheint daher möglich, die Stimmung als Element in einer Kette von interaktiven, miteinander verknüpften Ereignissen aufzufassen, wobei sie abwechselnd als Ursache und als Wirkung auftritt. Als Alternative und um der Einfachheit willen können wir die Grundannahme aufstellen, daß die Stimmung ihrem Wesen nach ein Prozeß der Veränderung ist, der sich im Laufe der Zeit abspielt. Dieser Ansatz gestattet es uns, die Entwicklung von Stimmungslagen zu untersuchen, um charakteristische Veränderungsmuster zu finden. Solche Muster kann man anschließend zu inneren und äußeren Faktoren in Beziehung setzen. Wenn man sich dann anschaut, wie sich diese Faktoren mit der Zeit in Relation zu den Stimmungswechseln verändern, müßte es außerdem möglich sein, wahrscheinliche Ursachen und Wirkungen anzugeben.

Im Laufe dieses Kapitels wird deutlich werden, daß es zahlreiche Methoden gibt, um Stimmungsveränderungen zu beschreiben. Das Kapitel wird sich unter anderem mit der Veränderlichkeit von Stimmungen, mit der Geschwindigkeit von Stimmungswechseln, mit Stimmungsumschwüngen, Stimmungsrhythmen und nichtlinearen Stimmungwechseln befassen. Leider gibt es gegenwärtig keine spezifischen Theorien oder Modelle des Stimmungswandels, die diese verschiedenen Veränderungsmuster erklären. Wir werden daher aus allgemeinen Modellen für psychische Veränderungen einige Prinzipien herausnehmen und mit ihrer Hilfe unser derzeitiges Wissen über die verschiedenen Arten von häufig auftretenden Stimmungswechseln ordnen und untersuchen.

Stimmung als dynamisches Gleichgewicht

Seit über hundert Jahren werden die Prozesse, die in gesunden lebenden Systemen ablaufen, im allgemeinen mit *Homöostase* und verwandten Begriffen, wie *Stabilität* und *Gleichgewicht* (Edlund, 1987), beschrieben. Die homöostatische Betrachtungsweise nimmt an, daß ein gesundes System immer bemüht ist, einen normalen, gleichmäßigen Zustand aufrechtzuerhalten. In einem homöostatischen Modell werden daher Faktoren, die Abweichungen vom Gleichgewichtszustand hervorrufen, als Bedrohung für die Gesundheit des Systems angesehen. Inzwischen wird diese Sichtweise jedoch von vielen Forschern in Frage gestellt. Heute gelten dynamische Veränderungen, wie Anpassungsreaktionen, entwicklungsbedingte Übergangsphasen, Rhythmen und selbst instabile Zustände als wichtige Merkmale gesunder Systeme. Manche Krankheiten sind tatsächlich an ihrer abnormen zeitlichen Dynamik zu erkennen (Glass & Mackey, 1988). In vielen Fällen gilt die Stabilität eines Prozesses mittlerweile sogar als Zeichen für Abnormalität und nicht mehr für Normalität (Gottschalk, Bauer & Whybrow, 1995).

Das Modell des *dynamischen Gleichgewichts* stellt eine Alternative zum homöostatischen Modell dar. Es wahrt insofern die homöostatische Sichtweise, als es weiterhin annimmt, daß lebende Systeme bemüht sind, ihre Stabilität zu erhalten, doch gleichzeitig bietet es Raum, Abweichungen vom Gleichgewicht als Teil des normalen Funktionierens eines Systems zu deuten. Dieses Modell wird verwendet, um Veränderungen des subjektiven Wohlbefindens und psychischer Symptome zu erklären, beides Phänomene, die eindeutig eine affektive oder stimmungsbezogene Komponente haben können. Das subjektive Wohlbefinden zum Beispiel wird normalerweise anhand von drei Komponenten begrifflich gefaßt: positiver Affekt, negativer Affekt und Lebenszufriedenheit (Diener, 1984).

Headey und Wearing (1989) entwickelten ihr Modell des dynamischen Gleichgewichts für das Wohlbefinden, um Mängel früherer Modelle zu beheben, die subjektives Wohlbefinden in erster Linie mit Persönlichkeitsmerkmalen oder mit exogenen (umweltbedingten) Variablen, wie Lebensereignissen, zu begründen suchten. In einer Langzeitstudie über sechs Jahre fanden Headey und Wearing heraus, daß Persönlichkeitsmerkmale zwar eine Prädisposition für ein relativ einheitliches Erfahren von Lebensereignissen und für ein maßvoll stabiles Niveau des Wohlbefindens schaffen können, daß die Lebensereignisse aber außerdem einen zusätzlichen, eigenständigen Einfluß auf das Wohlbefinden haben, der stärker wiegt als die Persönlichkeit. Das Modell der beiden Forscher erklärt diese Ergebnisse mit der Aussage, jeder Mensch sei durch ein normales Muster von Lebensereignissen und ein normales, ausgeglichenes Niveau des Wohlbefindens charakterisiert, und beide Charakteristika seien auf der Basis stabiler Persönlichkeitsfaktoren vorhersagbar. Ereignisse führen demnach nur dann zu Veränderungen im Wohlbefinden, wenn sie von ihrem Gleichgewichtsniveau abweichen, und Abweichungen im Wohlbefinden werden unter dem Einfluß der konstanten Persönlichkeitsmerkmale irgendwann wieder korrigiert. Die Rückkehr zum Gleichgewicht findet jedoch so langsam statt, daß Ereignisse kurzfristig eine meßbare Wirkung auf das Wohlbefinden haben. Dieses letzte Element unterscheidet das Modell von einfachen Anpassungsmodellen, nach denen die Anpassung so schnell erfolgt, daß die Ereignisse keine meßbaren Wirkungen haben. Eine der interessanten Vorhersagen im Modell von Headey und Wearing lautet, daß sich die Geschichten in einem Menschenleben wahrscheinlich deswegen wiederholen, weil die konstanten Persönlichkeitsmerkmale eine Prädisposition schaffen, wiederholt die gleichen oder ähnliche günstige oder ungünstige Ereignisse zu erleben (Headey & Wearing, 1991).

Ormel und Schaufeli (1991) entwickelten ein verwandtes Modell des dynamischen Gleichgewichts, um Veränderungen von psychischen Symptomen oder von Leid im Laufe der Zeit zu erklären. Dieses Modell beruht auf der Annahme, daß jedem Menschen ein charakteristisches Symptomniveau zu eigen ist, das durch äußere Ereignisse verändert werden kann und dann durch adaptive Mechanismen wiederhergestellt wird. Wie bei dem Modell von Headey und Wearing wird weiterhin angenommen, daß der Mensch Zeit braucht, um zum normalen Gleichgewichtszustand zurückzukehren, und daß daher kurzfristig eine Auswirkung auf das Symptomniveau meßbar ist. Auch dieses Modell ist offensichtlich bedeutsam für die Prozesse, die Affektveränderungen zugrunde liegen, vor allem, weil Ormel und Schaufelis Meßmethode für das Unglücklichsein eine Skala für negative Affekte und eine Symptomskala enthielt, die Fragen zu nervöser Spannung und depressiver Stimmung umfaßte. Bei einem Test ihres Modells fanden die Forscher heraus, daß die Unterschiede im Unglücklichsein über die Zeit hinweg zu zwei Dritteln den Unterschieden in den charakteristischen Symptomniveaus der Versuchspersonen zuzuschreiben waren und daß das restliche Drittel von Veränderungen in der Umgebung herrührte. Außerdem stellten sie fest, daß Abweichungen vom Gleichgewicht im großen und ganzen innerhalb eines Jahres nach Beginn des Prozesses durch Anpassungsmechanismen wieder aufgehoben wurden.

Die Anwendung eines dynamischen Gleichgewichts-Modells auf die Stimmung beruht auf der Grundannahme, daß ein Affekt sowohl einen stabilen als auch einen veränderlichen Aspekt hat, einen stabilen insofern, als jeder Mensch aufgrund seiner dauerhaften Persönlichkeitsmerkmale ein charakteristisches Stimmungsniveau besitzt, und einen veränderlichen Aspekt, weil dieses Stimmungsniveau durch Abweichungen vom üblichen Geschehen beeinflußt wird. Weiterhin geht ein derartiges Modell davon aus, daß eine Art Anpassungsmechanismus wirksam wird, um die Grundstimmung wiederherzustellen. In den nächsten beiden Abschnitten sollen die stabilen und die veränderlichen Kennzeichen der Stimmung untersucht werden. Danach werden wir Stimmungsumschwünge besprechen, als Beispiel für eine Art des Stimmungswandels, die mit den derzeitigen Modellen des dynamischen Gleichgewichts schwer in Einklang zu bringen ist.

Stabilität der Stimmung

Im Hinblick auf die Festsetzung einer Grundstimmung oder eines charakteristischen Stimmungsniveaus legen gegenwärtige Forschungsergebnisse nahe, daß Stimmungen im allgemeinen beständig und leicht positiv sind. Zum Beispiel wurde in einer Untersuchung, bei der im Laufe von zwei Wochen über 3000 Stimmungsberichte von 133 Befragten gesammelt wurden, festgestellt, daß »Kein Affekt« insgesamt nur in zwanzig Fällen angegeben wurde (Diener, Fujita & Sandvik, 1994). 87 Prozent der Selbstbeobachtungen deuteten auf eine im allgemeinen angenehme Gefühlslage hin, nur ein Prozent allerdings gab das höchstmögliche Niveau an. In ähnlicher Weise stellte man im überwiegenden Teil der zahlreichen Untersuchungen zum Glücklichsein, die weltweit vorgenommen wurden, ebenfalls fest, daß die Versuchspersonen im allgemeinen von sich berichteten, sie seien mäßig glücklich. Dieses Ergebnis könnte allerdings auch zum Teil die Tatsache widerspiegeln, daß Versuchspersonen sich gern in positiver oder sozial erwünschter Weise darstellen, auch wenn sie sich innerlich weniger positiv fühlen. In Übereinstimmung mit diesem Argument stellten Schwarz und Strack (1991) fest, daß öffentliche Berichte über das eigene Wohlergehen signifikant günstiger ausfielen als vermeintlich private Berichte.

Trotz der Anhaltspunkte dafür, daß die Stimmung sich normalerweise auf einem stabilen und eher angenehmen Niveau hält, ist es auch offensichtlich, daß Stimmungen sich unterscheiden, sowohl von Mensch zu Mensch als auch zu verschiedenen Zeitpunkten. Persönlichkeitsmodelle gehen davon aus, daß das Stimmungsniveau vor allem von Persönlichkeitsfaktoren abhängig ist, wohingegen Situationsmodelle die Bedeutung von Ereignissen betonen. Diener und Mitarbeiter (1994) legten nahe, daß die Persönlichkeit eine starke Wirkung auf das langfristige Stimmungsniveau hat, nicht jedoch auf momentane Stimmungen, während Situationen einen starken Einfluß auf momentane Stimmungen ausüben, nicht aber auf die langfristige Stimmungslage.

Nicht nur das Niveau der Stimmung, sondern auch ihre Veränderlichkeit scheint von stabilen Persönlichkeitsmerkmalen abhängig zu sein. Penner u. a. (Penner, Shiffman, Paty & Fritzsche, 1994) sammelten zwei Wochen lang Stimmungsberichte von 54 Studienteilnehmern und werteten dann die 75–100 Protokolle aus, die jede Versuchsperson abgegeben hatte. Die Forscher stellten fest, daß der Grad der individuellen Stimmungsvariabilität für sämtliche Items der Stimmungsskala über die Zeit hinweg und in verschiedenen Situationen konstant blieb. Ähnlich fanden Cooper und McConville (1990) heraus, daß individuelle Unterschiede 25 Prozent der Gesamtvariabilität von Stimmungsscores ausmachten. Stimmungsschwankungen hängen also nicht nur von den Situationen ab, denen Menschen begegnen, sondern auch von ihren persönlichen Eigenschaften.

Mehrere Untersuchungen haben gezeigt, daß Stimmungsschwankungen mit bestimmten Persönlichkeitsmerkmalen einhergehen. Hepburn und Eysenck (1989) fanden zum Beispiel heraus, daß Extraversion mit einer größeren Bandbreite positiver Affekte und daß Neurotizismus mit einer größeren Bandbreite negativer Affekte in Zusammenhang steht. Die Untersuchung von Penner u. a. weist jedoch darauf hin, daß man die Veränderlichkeit der Stimmung als eigenständiges Persönlichkeits- oder Dispositionsmerkmal und nicht nur als Ausdruck einer anderen individuellen Eigenschaft auffassen kann. Es ist zwar möglich, daß Stimmungsschwankungen einfach die Aktivität von Anpassungsmechanismen widerspiegeln, die die Stimmung auf ihr normales Niveau zurückführen, wenn die Ereignisse vom Gewohnten abweichen, doch wie wir im nächsten Abschnitt sehen werden, verändert sich die Stimmung auch als Reaktion auf Ereignisse, die eigentlich keine wesentlichen Abweichungen vom typischen Gleichgewichtsniveau eines Menschen darstellen.

Obwohl Stimmungsniveau und Stimmungsschwankungen von stabilen Persönlichkeitsmerkmalen abhängig sind, werden sie auch vom jeweiligen Befinden eines Menschen beeinflußt und können sich daher mit der Zeit verändern. Slavney, Breitner und Rabins (1977) zeigten zum Beispiel, daß die Stimmung von Frauen meistens labiler ist, wenn sie in einer vorübergehenden depressiven Verfassung sind. In einigen Untersuchungen hat man außerdem festgestellt, daß die Stimmung während einer klinischen Depression im Laufe eines Tages stärker schwankt (Hall, Sing & Romanoski, 1991). Im Gegensatz dazu haben Cowdry u. a. (Cowdry, Gardner, O'Leary, Leibenflut & Rubinow, 1991) herausgefunden, daß Patienten mit schwerer Depression weniger starke Stimmungsschwankungen erfuhren, sowohl im Laufe eines Tages als auch über mehrere Tage hinweg, als eine nicht-depressive Vergleichsgruppe, daß aber Patienten mit Borderline-Störungen größere Stimmungsschwankungen zeigten. Diese Ergebnisse legen nahe, daß der Zusammenhang zwischen Affektstörungen, Stimmungsniveau und Stimmungsschwankungen komplex ist und von der Art und der Schwere des gesundheitlichen Problems abhängt. Für unsere Zwecke allerdings noch wichtiger ist, daß die Ergebnisse darauf hinweisen, daß die Stimmung sich nicht nur als Reaktion auf ungewöhnliche äußere Ereignisse, sondern auch als Folge einer komplexen, dynamischen Beziehung zwischen persönlichen Eigenschaften und äußeren Ereignissen verändert.

Veränderlichkeit von Stimmungen

Bestimmte Ereignisse lösen zwar starke Stimmungsreaktionen aus, aber oft wirkt ein Anpassungsprozeß diesen Reaktionen rasch entgegen. Die Grundstimmung scheint sich schnell wieder einzustellen, selbst nach großen Veränderungen im Leben (Costa, McCrae & Zonderman, 1987), wie etwa nach den Auswirkungen von schweren Verletzungen oder Lotteriegewinnen (Brickman, Coates & Janoff-Bulman, 1978). Offenbar verlieren Ereignisse also mit der Zeit die Kraft, Affekte hervorzurufen (Diener, 1984). Mit anderen Worten, Menschen passen sich so an oder gewöhnen sich so an Ereignisse, daß diese bei wiederholtem Auftreten weniger Glücksgefühle oder geringeres Unglücklichsein mit sich bringen. Man nimmt an, daß Vorfälle, die die Stimmung verändern, Anpassungsmechanismen aktivieren, welche die Affekte auf ihr Grundniveau zurückführen. Unklar ist jedoch, wie diese Anpassung vor sich geht. Eine Möglichkeit ist, daß die Beurteilung des Wohlbefindens auf einem Maßstab beruht, den der Mensch aus seinen eigenen Erfahrungen abgeleitet hat, und daß es dieser Maßstab ist, den man verändert, um das Niveau des Wohlbefindens nach einschneidenden Ereignissen wieder zu normalisieren. Wer zum Beispiel eine schwere Beinverletzung erleidet, schraubt vielleicht die Erwartungen an seine persönliche Mobilität herunter und zieht daher nun aus einem kurzen Spaziergang ebensoviel Befriedigung wie früher aus einem Squashspiel.

Nach Solomons (1980) Theorie des gegenläufigen Prozesses allerdings erzeugt der Verlust eines wohltuenden Objektes, an das man sich gewöhnt hat, größeres Unglück, als wenn der Verlust entsteht, bevor die Gewöhnung eingetreten ist. Ereignisse verlieren also mit der Häufigkeit ihres Auftretens an affektiver Wirkung, aber der Verlust solcher Ereignisse hat eine größere und gegenteilige Wirkung, wenn er sich nach ihrem wiederholten Auftreten ereignet. Dieser Erklärung zufolge zeigt möglicherweise erst der Verlust eines Objektes, wie wichtig es für die Aufrechterhaltung des Wohlbefindens war. So wirkt sich ein Lottogewinn möglicherweise nicht dauerhaft positiv auf Zustände des Wohlbefindens, wie etwa die Stimmung, aus, aber wenn der Gewinner sich einmal daran gewöhnt hat, das Geld zu besitzen, wird ein Verlust sich wahrscheinlich nachteilig auf die Stimmung auswirken.

Eine Möglichkeit, die Veränderlichkeit der Stimmung zu betrachten, besteht darin zu untersuchen, wie sie sich in Relation zu anstrengenden Ereignissen oder zu Alltagsärgernissen verändert. Marco und Suls (1993) fanden heraus, daß schlechte Laune als Reaktion auf ein Streßerlebnis stärker war, wenn in der Phase vor dem Ereignis keine Probleme aufgetreten waren. Außerdem stellten sie fest, daß die meisten anstrengenden Ereignisse kurzfristige Auswirkungen auf die Stimmung hatten, die nicht länger als 24 Stunden anhielten, daß diese Ereignisse aber mit größerer Wahrscheinlichkeit bis in den nächsten Tag hineinwirkten, wenn die Person einen hohen Wert bei der negativen Affektivität als Persönlichkeitsmerkmal (TNA) aufwies. Auch andere Untersuchungen haben gezeigt, daß die Wirkung eines Ereignisses auf die Stimmung selten länger als einen Tag anhält (Stone & Neale, 1984) und daß es sogar zu einem Kontrasteffekt kommen kann, insofern als die Stimmung am Tag nach einem schlimmen Ereignis besser sein kann als gewöhnlich (DeLongis, Folkman & Lazarus, 1988, und s. Kapitel 3). Ein derartiger Kontrasteffekt entspricht Solomons Theorie des gegenläufigen Prozesses.

Wenn streßauslösende Ereignisse mehrere Tage lang dauern, scheint am zweiten Tag eine emotionale Gewöhnung einzusetzen, außer im Fall von interpersonellen Konflikten (Bolger, DeLongis, Kessler & Schilling, 1989). Bolger u. a. stellten fest, daß eine gedrückte Stimmung im Laufe mehrerer Tage immer schlechter wurde, wenn die Betreffenden in einen anhaltenden Streit verwickelt waren, daß die Stimmung jedoch besser wurde, wenn der Streßfaktor kein Konflikt war. Eine Ausnahme war, daß die Stimmung von Frauen sich nach dem ersten Tag eines Konfliktes besserte, wenn Kinder an dem Konflikt beteiligt waren. Bolger u. a. sind der Meinung, daß die Grundstimmung möglicherweise deshalb schneller wiederhergestellt wurde, weil Frauen größere Erfahrung in der Bewältigung von Konflikten mit Kindern haben und daher in der Lage sind, das Problem rascher zu lösen. Die Forscher wiesen jedoch gleichzeitig darauf hin, daß die Ergebnisse auch durch die Tatsache erklärt werden könnten, daß Mütter nicht so oft schwerwiegende Konflikte mit ihren Kindern austragen wie Väter. Die Untersuchung von Bolger u. a. zeigte außerdem, daß eine Anzahl von streßauslösenden Ereignissen, die am selben Tag eintreten, insgesamt eine weniger starke Wirkung auf die Stimmung haben als vergleichbare Ereignisse, die sich über mehr als einen Tag verteilen.

Die Veränderlichkeit von Stimmungen kann auch von einer Reihe äußerer Faktoren beeinflußt werden. Caspi, Bolger und Eckenrode (1987) stellten zum Beispiel fest, daß chronischer Umweltstreß, bewertet danach, wie die Betroffenen die Qualität ihres Wohnviertels einschätzten, die Wahrscheinlichkeit erhöhte, daß Alltagsereignisse eine anhaltende Wirkung auf die Stimmung des nächsten Tages hatten. Ein vorangegangenes bedeutendes Lebensereignis dagegen schwächte die Wirkung von Alltagsereignissen ab. Außerdem zeigte diese Untersuchung, daß soziale Unterstützung, gemessen an der Zahl der Menschen, an die der Betreffende sich in Notzeiten wenden konnte, die Auswirkungen von Ereignissen auf die Stimmung des nächsten Tages verringerte. Andere Ergebnisse zeigen, daß unerwünschte Ereignisse weniger eine bleibende Auswirkung auf die Stimmung haben als vielmehr physische Symptome, wie Grippe, Kopfschmerzen und Rückenschmerzen, hervorrufen. Zum Beispiel wurde noch vier Tage nach dem Auftreten von Alltagsstressoren ein Anstieg der Symptome von Infektionskrankheiten wie Erkältungen und Grippe festgestellt (Stone, Reed & Neale, 1987).

Viele Menschen sind überzeugt, daß die Stimmungen Jugendlicher unbeständiger sind als die von Erwachsenen. Larson, Csikszentmihalyi und Graef (1980) setzten die Methodik der Erlebnisstichproben (*ESM – Experience Sampling Method*) ein, um die Gültigkeit dieser Verallgemeinerung zu bewerten. Sie stellten fest, daß sich die Stimmung bei Jugendlichen im allgemeinen tatsächlich schneller ändert als bei Erwachsenen: Im Durchschnitt sanken atypisch angenehme Stimmungen bei Jugendlichen innerhalb von 30 Minuten auf zwei Drittel ihrer ursprünglichen Stärke, während sie bei Erwachsenen noch nach zwei Stunden die halbe Stärke aufwiesen. Jugendliche erlebten außerdem häufig schlechtere Laune und größere Stimmungsumschwünge, wobei diese aber anscheinend eher mit der Art ihrer Aktivität als mit innerem Aufruhr oder Fehlanpassungen zusammenhingen. In der Tat gibt es Hinweise darauf, daß emotional labile Menschen möglicherweise eher längere als kürzere Zeitspannen in unangenehmen oder angenehmen Stimmungen verweilen (Brandstätter, 1994).

Die Veränderlichkeit von Stimmungen hängt anscheinend von einer ganzen Reihe von Faktoren ab, wie Persönlichkeitsmerkmalen, Geschlecht, Alter, Art des Ereignisses, Art der Aktivität, vorangegangenen Stressoren und sozialer Unterstützung. Ein Modell des dynamischen Gleichgewichts ist zwar nützlich, um Stimmungsprozesse zu beschreiben, weil es in der Lage ist, sowohl persönliche als auch äußere Einflüsse der beschriebenen Arten zu integrieren, doch die vorhandenen Modelle müßten dahingehend modifiziert werden, daß sie Stimmungsänderungen beschreiben können, die auf stabilen Persönlichkeitsmerkmalen beruhen und sich im Bereich normaler, nicht außergewöhnlicher Ereignisse abspielen. Der letzt Teil dieses Abschnitts beschreibt einen sehr häufigen Typus der Stimmungsänderung, der genau diese Kennzeichen aufweist und daher für die derzeitigen Modelle des dynamischen Gleichgewichtes ein Problem darstellt.

Stimmungsumschwünge

Ein einheitlicher Stimmungswechsel, der sich in negativer oder in positiver Richtung vollzieht, wird als Stimmungsumschwung bezeichnet. Für die Forschung steht die täglich wiederkehrende Art des Stimmungsumschwungs im Brennpunkt des Interesses. Sie wird manchmal als tägliche oder *diurnale Stimmungsveränderung* (DV) bezeichnet. Normalerweise denkt man dabei an eine sehr schlechte Stimmung am Morgen und ein

Stimmungshoch am Abend, aber auch das umgekehrte Muster ist möglich. Wood und Magnello (1992) stellten fest, daß der positive Affekt zwischen zehn und zwölf Uhr vormittags signifikant höher ist als beim Aufstehen oder beim Zubettgehen, allerdings fanden sie auch heraus, daß der negative Affekt keine täglich wiederkehrenden Veränderungen zeigte. Einige unserer eigenen Ergebnisse deuten auf ein ähnliches Muster hin. Abbildung 5.1 zum Beispiel zeigt Einschätzungen der Stimmung zu verschiedenen Tageszeiten, erhoben bei 30 Versuchsteilnehmern, die über einen Zeitraum von zwei Wochen beobachtet wurden.

Bei einer Untersuchung von täglich wiederkehrenden Mustern der depressiven Stimmung baten Robbins und Tanck (1987) 105 Studenten, zehn Tage lang die Veränderungen ihrer Stimmung festzuhalten. Bedrückte Stimmung wurde etwa an einem Drittel der Tage angegeben, und an 84 Prozent dieser Tage fand eine Art Stimmungsumschwung statt. Das häufigste Muster war eine Aufhellung der bedrückten Stimmung im Laufe des Tages. Diejenigen Studenten, die Tage mit durchgehend bedrückter Stimmung erlebten, zeigten außerdem auch höhere Symptomniveaus und weniger Vergnügen an sozialen Interaktionen als diejenigen, deren Tage stets Stimmungsumschwünge aufwiesen. Diese Ergebnisse zeigen, daß täglich wiederkehrende Stimmungsveränderungen nicht nur häufig auftreten, sondern auch ein Zeichen für größere geistig-seelische Gesundheit sein können.

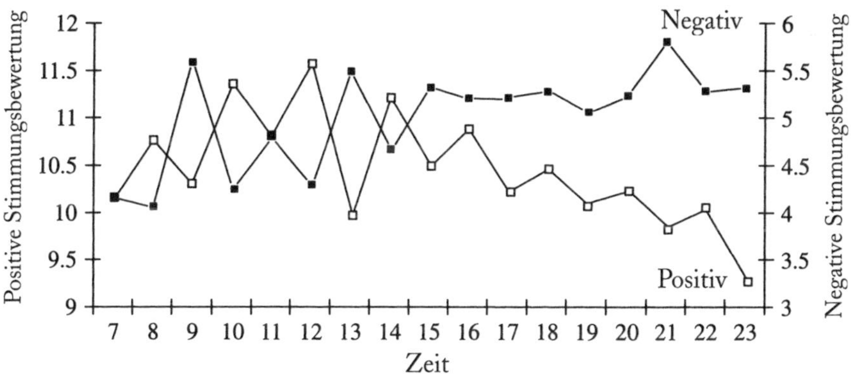

Abbildung 5.1 Selbsteinschätzungen von positiver und negativer Stimmung zu verschiedenen Tageszeiten

Es gibt Hinweise darauf, daß täglich wiederkehrende Stimmungswechsel sich mit dem Alter ändern. Templer, Ruff, Ayers und Beshai (1981) stellten zum Beispiel fest, daß jüngere Erwachsene zum Abend hin besser gelaunt sind, während ältere Erwachsene meistens von besserer Laune am Morgen berichteten. Das könnte auf eine Veränderung der zugrundeliegenden affektiven Prozesse zurückzuführen sein; es könnte auch damit zusammenhängen, daß die Aktivitäten, die zu den verschiedenen Tageszeiten geplant sind, unterschiedlich viel Vergnügen bereiten. Zum Beispiel erscheint es plausibel, daß jüngere Erwachsene größeres Vergnügen an abendlichen sozialen Ereignissen haben.

Diurnale Stimmungswechsel sind auch wohlbekannte Begleiterscheinungen bestimmter Arten der Depression. Das übliche Muster ist, daß die Stimmung während depressiver Phasen am Vormittag schlechter ist. Unsere eigenen Forschungen ergaben, daß die Stimmungen gesunder Personen, die höhere Werte bei einer Standardmessung der Depression (BDI) erzielten, im Laufe des Tages schlechter wurden, während die Stimmungen von Personen mit niedrigeren Werten relativ stabil blieben (Totterdell, 1995). Ede, Kravitz und Templer (1976) fanden jedoch bei einer klinischen Stichprobe keinen Zusammenhang zwischen täglich wiederkehrender Veränderung der Stimmung und Schwere der Depression. Die Tatsache, daß diurnale Stimmungswechsel bei gesunden Menschen normal sind, läßt bezweifeln, daß dieses Muster als charakteristisches Symptom einer depressiven Störung angesehen werden kann.

Allerdings gibt es Hinweise darauf, daß depressive Patienten, deren Stimmung sich täglich wiederkehrend ändert, mit größerer Wahrscheinlichkeit auf bestimmte Therapieformen reagieren. Zum Beispiel scheinen Patienten mit schlechter Stimmung am Morgen besser auf teilweisen Schlafentzug und auf *Phototherapie* (zeitlich begrenzte Bestrahlung mit hellem Licht) anzusprechen. Eine Tendenz zu Stimmungsumschwüngen kann geradezu ein allgemeiner Hinweis darauf sein, daß die Depression behandelbar ist, denn bei schweren Depressionen scheint sich die Stimmung im Laufe des Tages nicht mehr zu verändern. Das würde die Auffassung unterstützen, daß ein gesundes System manchmal eher durch dynamische, systematische Veränderung als durch Stabilität gekennzeichnet ist.

Der diurnale Stimmungsumschwung wurde auch mit jahreszeitlich bedingten Affektstörungen (*Seasonal Affective Disorder* -SAD) in Verbindung gebracht, die normalerweise die Form einer insbesondere im Winter auftretenden Depression annehmen. Graw u. a. (Graw, Kräuchi, Wirz-Justice & Pöldinger, 1991) stellten fest, daß etwa 75 Prozent der SAD-Patienten morgens schlechter gelaunt waren. Der Stimmungsumschwung im Laufe des Tages sagte zwar nicht vorher, daß der Patient auf eine Phototherapie ansprechen würde, aber bei Patienten, bei denen dieser Umschwung nicht stattfand, trat mit größerer Wahrscheinlichkeit innerhalb von einer Woche nach der Behandlung ein Rückfall auf. Inzwischen ist allgemein anerkannt, daß Behandlungen wie die Phototherapie zum Teil deswegen Erfolg haben, weil sie auf zirkadiane (24-Stunden-)Rhythmen verschiedener Art Einfluß haben (Volz, Mackert, Stieglitz & Müller-Oerlinghausen, 1991).

Haug und Wirz-Justice (1993) argumentierten, daß die diurnale Stimmungsveränderung einen zugrundeliegenden zirkadianen Rhythmus widerspiegele, der normalerweise von äußeren Faktoren verdeckt, von der Depression aber enthüllt werde. Damit meinen die Forscher, daß die Stimmung einen natürlichen Rhythmus von etwa 24 Stunden hat, der tagsüber normalerweise von den affektiven Reaktionen auf äußere Ereignisse überlagert wird, der aber während einer Depression aufgrund von Veränderungen in der Umwelt oder in der affektiven Reaktivität auf die Umwelt wieder sichtbar wird. Es gibt eine Fülle von Forschungsergebnissen, die darauf hindeuten, daß das zirkadiane System bei Depressionen möglicherweise eine wichtige Rolle spielt. Die genauen Mechanismen sind jedoch unbekannt. Zum Beispiel haben verschiedene Forscher die Behauptung aufgestellt, Depressionen seien eine Folge von asynchron verlaufenden, zu schnellen, verlangsamten oder instabilen zirkadianen Rhythmen (Healy & Waterhouse, 1990).

Die zentrale Folgerung, die aus den in diesem Abschnitt aufgeführten Ergebnissen zu ziehen ist, besagt, daß viele Arten der Stimmungsveränderung anscheinend auf *rhythmischen* Prozessen beruhen. Gegenwärtige Modelle des dynamischen Gleichgewichts sind nicht in der Lage, derartige Prozesse zu erklären. Das Modell jedoch, welches als nächstes dargestellt werden soll – das Modell der sozialen Beeinflussung – nimmt an, daß alle Stimmungsveränderungen auf Rhythmen beruhen. Diese Rhythmen, darunter auch zirkadiane Rhythmen, werden durch innere und äußere Prozesse gesteuert.

Stimmungen als sozial beeinflußte Rhythmen (*Social entrainment model*)

Das Modell der sozialen Beeinflussung (McGrath & Kelly, 1986) wurde entwickelt, um dynamische Aspekte physiologischen, psychischen und sozialen Verhaltens begrifflich zu fassen. Dem Modell liegt die Beobachtung zugrunde, daß viele biologische Prozesse eine rhythmische Form zeigen. Zum Beispiel weisen viele physiologische Marker, wie die Körpertemperatur und der Blutdruck, Rhythmen auf. Weiterhin gibt es psychische und physiologische Rhythmen. McGrath und Kelly schildern zum Beispiel, daß auch in vielen persönlichen Verhaltensweisen (etwa in Schlaf-Wach-Zyklen, in Aktivitätsmustern und in der Expressivität) sowie auch in vielen zwischenmenschlichen Verhaltensweisen (etwa dem abwechselnden Sprechen bei Zweier- und Gruppengesprachen) Rhythmen entdeckt wurden. Rhythmen scheinen also in der Entfaltung vieler biologischer und psychischer Prozesse eine bedeutende Rolle zu spielen.

Rhythmen können sich durch eine Reihe von Merkmalen, wie Periodizität, Phase und Amplitude, voneinander unterscheiden. Die *Periode* eines Rhythmus ist die Zeit, die der Rhythmus braucht, um wieder den gleichen Punkt im Zyklus zu erreichen. Die *Phase* eines Rhythmus ist die Zeit, in der der Rhythmus einen bestimmten Punkt in seinem Zyklus erreicht (die häufig genannte *Akrophase* zum Beispiel bezeichnet den Zeitpunkt, an dem der Rhythmus seinen Höhepunkt erreicht). Die *Amplitude* eines Rhythmus gibt seine Stärke an. Ihr Maß ist der Abstand zwischen der Mittellinie und dem höchsten Punkt des Rhythmus.

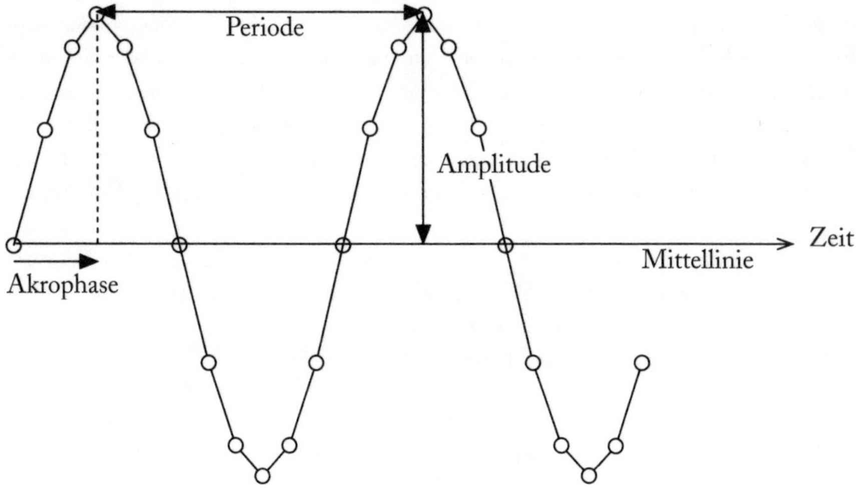

Abbildung 5.2 Parameter eines Rhythmus

Im Kern des Modells von McGrath und Kelly steckt die Vorstellung, daß verschiedene Rhythmen durch einen als *Entrainment* bezeichneten Beeinflussungsprozeß koordiniert werden, wobei ein zyklischer Prozeß von einem anderen zyklischen Prozeß erfaßt und dazu gebracht wird, im gleichen Rhythmus zu oszillieren. Das Modell der sozialen Beeinflussung beruht auf fünf Schlüsselbehauptungen. Die erste besagt, daß ein großer Teil des menschlichen Verhaltens von Natur aus zeitabhängig ist und durch zyklische oder rhythmische Prozesse reguliert wird. Zweitens sind diese Rhythmen endogen, das heißt, sie gehören zum Wesen des Individuums. Drittens beeinflussen innere Rhythmen sich gegenseitig, so daß sie im Individuum synchron ablaufen. Viertens beeinflussen die zeitabhängigen Verhaltensmuster interagierender Personen sich gegenseitig. Fünftens werden die zeitabhängigen Verhaltensmuster auch kollektiv eingeübt und auf bestimmte äußere Schrittmacher-Ereignisse (auch manchmal als Zeitgeber bezeichnet) und Einflußzyklen eingestimmt. Die Theorie besitzt also das Potential zu erklären, in welcher Weise sich kulturelle und soziale Prozesse indirekt auf innere Rhythmen, darunter auch stimmungsrelevante Rhythmen, auswirken könnten.

McGrath und Kelly haben ihre fünf Behauptungen in ein Modell eingefügt, das vier temporale Funktionskomponenten angibt: Rhythmus, Verzahnung, Geschwindigkeit und Zeitgeber. *Rhythmus* bezieht sich auf alle endogenen rhythmischen Prozesse, deren Periodizität von Sekunden bis zu Jahren reichen kann. *Verzahnung* meint die Regulationsprozesse, die die Verflechtung der Rhythmen untereinander aufrechterhalten und so sicherstellen, daß Phase und Periodizität der Rhythmen gleich sind. *Geschwindigkeit* bezieht sich auf die Struktur der daraus folgenden zeitabhängigen Verhaltensmuster. *Zeitgeber* schließlich bezeichnet die äußeren Schrittmacher-Ereignisse und Einflußzyklen, die entweder die Phase oder die Periodizität des Rhythmus modifizieren.

Auch wenn bisher niemand Stimmungswechsel speziell mit dem Modell der sozialen Beeinflussung begrifflich erfaßt hat, scheint es doch möglich, die gegenwärtige Forschung zu bestimmten Aspekten von Affektveränderungen mit Hilfe der Komponenten dieses Modells zu interpretieren. Wie wir gesehen haben, gibt das Modell der sozialen Beeinflussung rhythmische Prozesse, äußere Zeitgeber, gegenseitige Beeinflussung und Geschwindigkeit als Schlüsselkomponenten an, die zur Erklärung von Verhalten in der Zeit beitragen. In den nächsten vier Abschnitten beschäftigen wir uns mit diesen Komponenten und ihrer Beziehung zu Stimmungswechseln.

Stimmungsrhythmen

Die Rhythmus-Forschung hat sich bisher meistens auf zirkadiane Rhythmen konzentriert, also auf Rhythmen mit einer Periode von etwa 24 Stunden. Untersuchungen der zirkadianen Stimmungsrhythmen verwenden normalerweise die subjektive geistige Regsamkeit als Hauptindex für die Stimmung (Folkard, Hume, Minors, Waterhouse & Watson, 1985), aber man fand auch einen zuverlässigen zirkadianen Rhythmus des Gesamtaffektes, der Einschätzungen von Glück und Gelassenheit umfaßte (Monk, Buysse, Reynolds, Jarrett & Kupfer, 1992). Wie andere Rhythmusarten auch spiegeln die zirkadianen Rhythmen den gemeinsamen Einfluß endogener und exogener Komponenten wider. Die endogene Komponente wird durch einen inneren Schrittmacher erzeugt, während die exogene Komponente den Einfluß einer Reihe von äußeren Faktoren, wie Aktivität und Lebensstil, widerspiegelt.

Zirkadiane Rhythmen verschafften den Organismen wahrscheinlich während der Evolution einen Vorteil, weil sie ihnen erlaubten, tägliche Veränderungen, insbesondere den Wechsel von Helligkeit und Dunkelheit, vorherzusehen. Die Menschheit entwickelte sich zu einer tagaktiven Spezies, und daher machten ihre zirkadianen Rhythmen sie dazu bereit, tagsüber wach zu sein und nachts zu schlafen (Folkard, 1983). Diese Tatsache trägt mit zu der Erklärung bei, warum die zirkadianen Rhythmen des Menschen normalerweise etwa um vier Uhr morgens ihren Tiefpunkt erreichen und ungefähr zwölf Stunden später ihren Höhepunkt.

Nach allgemeiner Ansicht ist der suprachiasmatische Nukleus (SCN) im menschlichen Gehirn für die Erzeugung der endogenen zirkadianen Rhythmen verantwortlich, denn man hat festgestellt, daß Schädigungen des suprachiasmatischen Nukleus und seiner Projektionen ins limbische System hinein beträchtliche störende Auswirkungen auf diese Rhythmen haben (Stephan & Zucker, 1972). Möglicherweise gibt es jedoch auch noch andere endogene Oszillatoren. Außerdem existieren Hinweise darauf, daß endogene zirkadiane Rhythmen durch einen genetischen Mechanismus erzeugt werden (Ashkenazi, Reinber, Bicakova-Rocher & Ticher, 1993).

Die zirkadianen Rhythmen sind individuell verschieden. Unterschiedlich sind unter anderem die Phase, die Stabilität und das Anpassungstempo der Rhythmen. Man hat verschiedene Fragebögen entwickelt, die auf diesen Kategorien beruhen, um die unterschiedlichen Typen von Menschen zu unterscheiden. Zum Beispiel sind Testreihen erhältlich, mit deren Hilfe sich bestimmen läßt, ob jemand ein Morgen- oder ein Abendtyp ist (Horne & Östberg, 1976; Smith, Reilly & Midkiff, 1989). Die zirkadianen Rhythmen der Morgentypen haben ihren Höhepunkt normalerweise früher am Tag als die der Abendtypen. Das heißt, daß Morgentypen abends geistig weniger rege, aber dafür morgens geistig regsamer sind als Abendtypen.

Es gibt außerdem kürzere (oder schnellere) und längere (oder langsamere) Rhythmen als zirkadiane Rhythmen. Rhythmen mit einer Länge von weniger als 20 Stunden bezeichnet man als *ultradiane* Rhythmen, und Rhythmen von mehr als 28 Stunden werden *infradiane* Rhythmen genannt. Zu den wichtigen physiologischen und verhaltensrelevanten ultradianen Rhythmen zählt der etwa 90-minütige Zyklus des REM-Schlafs und der Schlafphasen ohne schnelle Augenbewegungen sowie der ungefähr 90-minütige Zyklus von grundlegender Ruhe und Aktivität. Auch von ultradianen Rhythmen der Stimmung wurde berichtet. Zum Beispiel stellten Tsuji, Fukuda, Okuno und Kobayashi (1981) bei einer Gruppe von gesunden Männern für angenehme und unangenehme Stimmungen Rhythmen von vier bis sechs Stunden fest. Hall, Sing und Romanoski (1991) stellten fest, daß sich die Beurteilung einer glücklichen Stimmung bei einer nicht-depressiven und einer depressiven Gruppe im drei- bis neunstündige Rhythmus veränderte. Die Rhythmen der depressiven Gruppe wiesen dabei größere Amplituden auf. Cowdry (1992) stellte diese Ergebnisse jedoch in Frage, indem er die Untersuchungsmethode und die Auswahl der Stichprobe kritisierte. Bei unseren eigenen Forschungen haben wir ebenfalls Hinweise auf ultradiane Rhythmen für fröhliche und niedergeschlagene Stimmung gefunden und auch auf eine Beziehung zwischen Rhythmus-Amplitude und depressiver Stimmung, aber es ist schwierig, einen Einfluß durch äußere Faktoren auszuschließen (Totterdell, 1995).

Der infradiane Rhythmusbereich umfaßt *zirkaseptale* Rhythmen von etwa einer Woche, *zirkatrigintane* Rhythmen von etwa einem Monat und *zirkaannuelle* Rhythmen von etwa einem Jahr (Reinberg, 1974). Man hat über infradiane Stimmungsrhythmen mit einer Länge von zwischen einer und neun Wochen berichtet (Hersey, 1931; Whitton, 1978). Der am besten bekannte infradiane Stimmungsrhythmus allerdings begleitet nach weitverbreiteter Überzeugung den etwa 28-tägigen Menstruationszyklus der Frauen. Leider weisen viele Untersuchungen zu menstruationsabhängigen Stimmungsveränderungen begriffliche und methodologische Mängel auf (Sommer, 1973). Patkai (1985) zog den Schluß, daß die prämenstruellen und die menstruellen Zyklusphasen bei einer Mehrheit von Frauen mit unangenehmen Stimmungen und somatischen Beschwerden einhergehen, daß die Ergebnisse aber in bezug auf Muster, Aufreten und Stärke der Symptome widersprüchlich sind.

McFarlane, Martin und Williams (1988) sammelten prospektive und retrospektive Stimmungsberichte, darunter auch Einschätzungen der Stabilität der Stimmung von einer Gruppe aus Frauen und Männern. Den prospektiven Berichten zufolge bestand die einzige Auswirkung des Menstruationszyklus auf die Stimmung darin, daß Frauen mit normalen Zyklen in der Follikelphase und während der Menstruationsphase von besseren Stimmungen berichteten als Frauen, die »die Pille« nahmen, oder als Männer. Man stellte allerdings fest, daß die Veränderung der Stimmung bei Frauen weniger von der Zyklusphase als vom Wochentag abhängt. Interessanterweise wurden in den *retrospektiven* Berichten die unangenehmen Stimmungen in der prämenstruellen und der menstruellen Phase übertrieben, und das gilt auch für die Stimmungshochs am Wochenende und die Tiefs am Montag. Andere Untersuchungen stellten ebenfalls fest, daß retrospektive Schilderungen von stärkeren Auswirkungen berichteten als Gegenwartsbeschreibungen, wahrscheinlich, weil die Erinnerungsberichte eher stereotype Überzeugungen über die Menstruation widerspiegeln. Eine Untersuchung, in der man bei Stimmungs- und Symptomeinschätzungen einen mit der Menstruation zusammenhängenden Zyklus feststellte, zeigte andererseits auch, daß die Veränderungen normalerweise im Bereich der Stimmungswechsel lagen, die auch von einer männlichen Vergleichsgruppe angegeben wurde (Gallant, Hamilton, Popiel, Morokoff & Chakraborty, 1991).

Mehrere Studien haben gezeigt, daß die Stimmung des Menschen einem Wochenrhythmus unterliegt (Almagor & Ehrlich, 1990; Larsen & Kasimatis, 1990). Larsen und Kasimatis fanden beispielsweise, daß die gute Laune bei einer Gruppe von Studenten einen deutlichen Wochenrythmus aufwies. Vierzig Prozent der Varianz in den täglichen Stimmungsdaten waren durch eine Sinuskurve mit einer Periode von sieben Tagen zu erklären. Um Freitag oder Sonnabend herum erreichte die gute Stimmung einen Höhepunkt, und etwa am Montag oder am Dienstag ein Tief. Stone u. a. (Stone, Hedges, Neale & Satin, 1985) fanden allerdings keinen Beweis für den sogenannten »Montagsblues«, also für die weitverbreitete Überzeugung, daß die Stimmung montags am schlechtesten ist. Stattdessen stellten sie fest, daß am Wochenende die positive Stimmung am besten und die negative am schlechtesten war, daß sich die Stimmung in der Woche aber nicht abhängig von den Wochentagen veränderte.

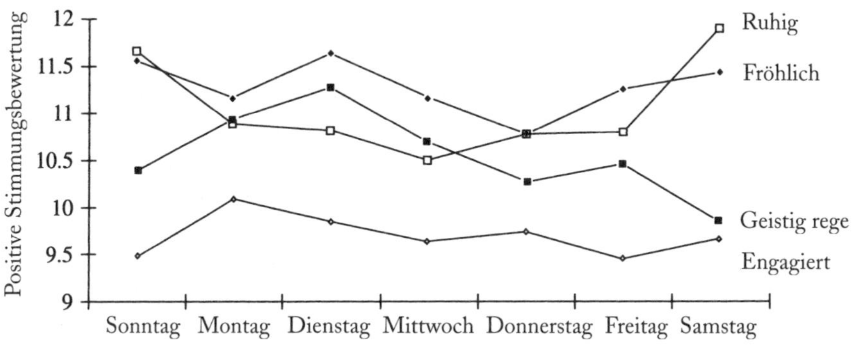

Abbildung 5.3 Selbsteinschätzungen nach Adjektiven, die positive Stimmung ausdrücken, an verschiedenen Wochentagen

Abbildung 5.3 zeigt gute Stimmungen an verschiedenen Wochentagen, so wie sie in einer unserer Untersuchungen von beruftstätigen Versuchspersonen im Laufe von zwei Wochen angegeben wurden. Die Abbildung zeigt, daß Fröhlichkeit und innere Ruhe an den Wochenenden am größten und mitten in der Woche am niedrigsten waren. Die geistige Regsamkeit allerdings ließ im Laufe der Woche nach, erreichte ihr niedrigstes Niveau an den Samstagen und besserte sich dann an den Sonntagen wieder. Das läßt vermuten, daß die Versuchsteilnehmer das Wochenende dazu verwendeten, sich von der ermüdenden Wirkung ihrer Arbeitswoche zu erholen. Auch anderswo werden im Hinblick auf die Erholung der geistigen Regsamkeit an Ruhetagen ähnliche Ergebnisse angeführt (Totterdell, Spelten, Smith, Barton & Folkard, 1995).

Zeitgeber für die Stimmung

Möglicherweise ist der Wochenrhythmus der Stimmung biologischen Ursprungs. Larsen und Kasimatis (1990) haben zum Beispiel gezeigt, daß die Stimmung extrovertierter Personen dem Wochenrhythmus meistens weniger unterworfen ist. Eine Erklärung dafür ist, daß Extrovertierte versuchen, ihr Erregungsniveau anzuheben, indem sie Veränderungen in der Alltagsroutine suchen, die mit ihren biologischen Rhythmen nicht übereinstimmen. Höchstwahrscheinlich jedoch ist der Wochenrhythmus sozialen Ursprungs und wird durch unsere Arbeitswoche von sieben Tagen vorgegeben. Für die meisten Menschen ist die Unterscheidung zwischen Arbeitstagen und Wochenende im Hinblick auf die unterschiedlichen Aktivitäten wichtig, und das erklärt vermutlich die entsprechende Beeinflussung ihrer Stimmung.

Auch andere Rhythmen können sozial beeinflußt sein. Beispielsweise hat man festgestellt, daß verschiedene Zeitgeber sich auf die Stimmung auswirken können, vorausgesetzt, daß sie für den betreffenden Menschen Bedeutung haben. Nelson (1971) etwa hat herausgefunden, daß die Stimmung von Studenten insofern vom akademischen Semester beeinflußt wurde, als sie sich bei regelmäßigen Veränderungen der Arbeitsbelastung und beim Näherrücken von Terminen veränderte. Die Fröhlichkeit war demzufolge normalerweise zu Beginn des Semesters am größten und zum Schluß am niedrigsten. Diese Art der Herausbildung von zeitabhängigen Stimmungsmustern stellt allerdings wohl eine relativ schwache Form der Beeinflussung dar, weil der Stimmungszyklus vermutlich nach oder jedenfalls bald nach Abschaffung der spezifischen akademischen Anforderungen oder Taktgeber wieder verschwunden wäre.

Unter normalen Umständen sind die zirkadianen Rhythmen so getaktet, daß sie mit einer Frequenz von 24 Stunden oszillieren. Die Beeinflussung wird durch Zeitgeber verstärkt, wie Helligkeit und Dunkelheit, durch soziale Auslöser, wie Mahlzeiten, und durch innere Mechanismen, wie denjenigen, die den Schlaf-Aktivitäts-Zyklus bestimmen. Untersuchungen, in denen Menschen über lange Phasen hinweg keine Anhaltspunkte für die Tageszeit bekamen, haben allerdings gezeigt, daß die natürliche Umlaufzeit der inneren Uhr eher 25 als 24 Stunden beträgt (Wever, 1979). Die Teilnehmer derartiger Untersuchungen neigen unwissentlich dazu, jeden »Tag« eine Stunde später schlafen zu gehen, wobei das Ergebnis allerdings große individuelle Unterschiede zeigt. Andere Experimente, in denen der Tag künstlich verkürzt oder über die Bandbreite der Beeinflussung hinaus verlängert wurde, haben gezeigt, daß die zirkadianen Rhythmen verschiedener psychophysiologischer Funktionen allmählich auseinanderlaufen, bis sie frei ihren eigenen, natürlichen Frequenzen gehorchen (z. B. Folkard, Wever & Wildgruber, 1983). Bei manchen Rhythmen, wie denen der Rektaltemperatur und der Reaktionszeit bei einer Reihe von kognitiven Aufgaben, stellt sich heraus, daß sie stärker an die innere Uhr gekoppelt sind als andere, beispielsweise die Rhythmen, die der geistigen Regsamkeit und der Geschwindigkeit der Gedächtnisdurchforschung zugrunde liegen (Folkard, Totterdell, Minors & Waterhouse, 1993).

Das Timing des Schlafes hat eine beträchtliche Wirkung auf den zirkadianen Stimmungsrhythmus. Zum Beispiel haben kürzlich zwei Forschungsgruppen unabhängig voneinander gezeigt, daß sich das angegebene Glücklichsein nicht nur mit der zirkadianen Phase verändert, sondern daß es auch durch eine Interaktion zwischen zirkadianer Phase und der seit dem Aufwachen verstrichenen Zeit beeinflußt wird (Boivin et al., im Druck). Dieses Ergebnis unterstützt die Resultate von einer unserer eigenen Untersuchungen (Totterdell, Reynolds, Parkinson & Briner, 1994), in der wie feststellten, daß die Wahl der Schlafphase sich auf die Stimmung des nächsten Tages auswirkte. Insbesondere fanden wir heraus, daß ein Zusammenhang zwischen früherem Schlafengehen als gewöhnlich und größerer geistiger Regsamkeit am nächsten Morgen sowie einer fröhlicheren Stimmung während des gesamten nächsten Tages bestand.

Die menschlichen Aktivitäten sind zwar normalerweise auf das zirkadiane System abgestimmt, doch bei manchen Anlässen ist es erforderlich, wach zu bleiben, obwohl man der Körperuhr zufolge schlafen sollte. Wenn die zirkadianen Rhythmen auf diese Art gestört werden, geben die Betroffenen normalerweise ein allgemeines Gefühl von Unwohlsein an. Wenn Flugreisende sich zum Beispiel plötzlich in eine andere Zeitzone begeben, bezeichnet man diese Störung als Jet-lag. Dieses Phänomen tritt auf, weil der zirkadiane Rhythmus des Reisenden noch auf die ursprüngliche Zeitzone eingestellt ist, wenn er in der neuen Zeitzone ankommt. Daher kommt es zu einer Phase der inneren Desynchronisation, während sich die Rhythmen mit unterschiedlicher Geschwindigkeit an die neue Zeitzone anpassen Allerdings wird diese Anpassung durch äußere Anhaltspunkte, wie Helligkeit, Aktivität und örtliche Gebräuche erleichtert. Nachtarbeiter sind ebenfalls gezwungen, ihre Aktivitäten zeitlich zu verschieben, doch für sie kann die Anpassung der Körperuhr schwieriger sein, weil alle sozialen Anhaltspunkte sie dazu auffordern, einen normalen Tagesrhythmus beizubehalten.

Nachtarbeiter müssen dann arbeiten, wenn ihre zirkadianen Rhythmen den tiefsten Punkt und ihre Widerstandskraft gegen den Schlaf ein Minimum erreicht haben. Umgekehrt sollen sie schlafen, wenn ihre Rhythmen sie aufs Wachsein vorbereiten. Nach mehreren Nachtschichten beginnt das zirkadiane System, sich an den veränderten Ablauf anzupassen, doch die verschiedenen Rhythmen tun das unterschiedlich schnell. Das heißt, daß die Rhythmen von Nachtarbeitern nicht nur andere Frequenzen haben als sonst, sondern daß sie sich zudem noch gegeneinander verschieben, so daß sie zu unterschiedlichen Tageszeiten ihre Höhepunkte erreichen. Außerdem werden normalerweise während dieser Phase der Desynchronisation die Amplituden der Rhythmen abgeflacht, die Rhythmen sind also schwächer ausgeprägt. Die Anpassung an Nachtarbeit kann mehrere Wochen dauern, und bei manchen Menschen paßt sich das zirkadiane System möglicherweise nie ganz an (Knauth & Ilmarinen, 1975).

Die Desynchronisierung der Rhythmen während der Schichtarbeit kann zu Stimmungsstörungen führen. Die meisten Untersuchungen, die sich mit den Auswirkungen von Nachtarbeit auf die Stimmung beschäftigten, konzentrierten sich auf Veränderungen der Müdigkeit und der geistigen Regsamkeit. Folkard und Akerstedt (1989) zum Beispiel entwickelten ein Modell, das auf der kombinierten Wirkung von Körperuhr und Schlaf-Wach-Zyklus beruht und die geistige Regsamkeit von Nachtarbeitern zu verschiedenen Tageszeiten vorhersagen kann. In einer der wenigen Studien, die tägliche Stimmungsveränderungen im Laufe einer Reihe von Nachtschichten untersuchten, stellten Bohle und Tilley (1993) fest, daß Nachtarbeit den Grad von Müdigkeit und Aktivität beeinflußt, nicht aber den von Angespanntheit, Niedergeschlagenheit, Wut oder Verwirrung. Allerdings stellte man fest, daß bei Krankenschwestern, die in rotierenden Schichten arbeiteten, das Niveau der Niedergeschlagenheit höher war als normal (Tasto, Colligan, Skjei & Polly, 1978).

Derzeit entwickelt man therapeutische Interventionen, bei denen künstliche Zeitgeber verwendet werden, um die Phase der zirkadianen Rhythmen zu verändern. Nützlich bei der Entwicklung dieser Techniken war die Entdeckung, daß sehr helles Licht (etwa 2500 Lux) die natürliche nächtliche Melatoninsekretion der Zirbeldrüse unterdrücken kann (Lewy, Wehr, Goodwin, Newsome & Markey, 1980). Nachfolgende Forschungen haben gezeigt, daß der richtige Zeitpunkt und die richtige Helligkeit des Lichtes zirkadiane Rhythmen beschleunigen, verzögern und sogar unterdrücken können (Jewett, Kronauer & Czeisler, 1991). Eine mögliche Anwendung dieser Interventionen könnte darin bestehen, die zirkadianen Rhythmen von Schichtarbeitern so anzupassen, daß sie ihren Arbeitszeiten besser entsprechen. Studien über Behandlungen mit hellem Licht während simulierter Nachtschichten haben große zirkadiane Phasenverschiebungen ergeben sowie vermehrte geistige Regsamkeit und bessere Leistungen (Campbell & Dawson, 1990; Czeisler, Johnson, Duffy, Brown, Ronda & Kronauer, 1990; Eastman, 1992). Auch die Einnahme von Melatonin führt, wie man festgestellt hat, zu Phasenverschiebungen im natürlichen Rhythmus der körpereigenen Melatoninproduktion. Schichtarbeiter, die vor der Veränderung ihrer Schlafenszeiten Melatonin einnahmen, konnten besser schlafen und zeigten einen Anstieg der Munterkeit (Folkard, Arendt & Clark, 1993). Durch den Einsatz zeitlich gut koordinierte Korrekturmaßnahmen kann man also möglicherweise einige der schädlichen Auswirkungen von äußeren Zeitgebern auf die stimmungsrelevanten Variablen ausgleichen.

Gegenseitige Beeinflussung der Stimmung

Mehrere Untersuchungen haben gezeigt, daß sich zwischen Menschen, die über längere Zeiträume interagieren, eine gegenseitige Beeinflussung oder eine Synchronizität der Stimmung entwickeln kann. Mit anderen Worten, die Stimmungsrhythmen zweier Menschen können sich im Laufe der Zeit aufeinander einstellen. Zum Beispiel haben Mansfield, Hood und Henderson (1989) herausgefunden, daß manche Paare signifikante positive Korrelationen in ihren täglichen Stimmungsberichten aufweisen, was einen Übertragungsprozeß vermuten läßt, bei dem ein Partner den anderen mit seiner Stimmung »ansteckt«. Durch Untersuchung der Zusammenhänge zwischen den Stimmungsberichten des einen Partners und den vorhergehenden Stimmungsprotokollen des anderen Partners zeigten die Forscher, daß in einigen Fällen ein Partner die Stimmung des anderen steuerte.

Anscheinend wirkt sich die Länge der Zeit, die Menschen miteinander verbringen, auf die Wahrscheinlichkeit der gegenseitigen Stimmungsbeeinflussung aus. Zum Beispiel ist es bei Zimmergenossen von depressiven Personen wahrscheinlicher, daß sie selbst mit der Zeit depressiv werden (Howes, Hokanson & Loewenstein, 1985), und bei Frauen, die viel Zeit miteinander verbringen, besteht eher die Wahrscheinlichkeit, daß ihre Menstruationszyklen sich aneinander anpassen (McClintock, 1971).

Ehepaare verbringen normalerweise viel Zeit miteinander, was erwarten läßt, daß sie einen hohen Grad an gegenseitiger Beeinflussung der Stimmung aufweisen. Tatsächlich scheint das Ausmaß der Beeinflussung unter Ehepartnern ein guter Prädiktor dafür zu sein, wie unglücklich eine Ehe ist. Levenson und Gottman (1983) stellten fest, daß die interpersonale Interdependenz zwischen den physiologischen Reaktionen von Partnern bei der Diskussion eines Beziehungsproblems sehr stark mit dem angegebenen Maß der Unzufriedenheit mit ihrer Ehe zusammenhing. Mit anderen Worten, wenn bei Paaren in Konfliktzeiten das Niveau der inneren körperlichen Erregung des einen Partners mit dem des anderen korrespondierte, war die Partnerschaft im allgemeinen schlechter als bei Paaren, bei denen sich die Reaktionen gegenseitig nicht so aufschaukelten. Levenson und Gottman stellten außerdem fest, daß bestimmte, charakteristische Muster der Affektreziprozität mit größerer Wahrscheinlichkeit auftraten, wenn die Zufriedenheit in der Ehe gering war. Insbesondere entsprach die Stimmung von Ehefrauen eher der des Ehemannes, gleichgültig ob diese gut oder schlecht war, wohingegen Ehemänner die gute Laune ihrer Frau weniger oft widerspiegelten. Es scheint daher möglich, daß Partner in unbefriedigenden Beziehungen in eine Sackgasse geraten, weil sie sich in bestimmte Muster eines destruktiven gegenseitigen Stimmungsaustauschs verwickeln. Eine Frau mag zum Beispiel anfangs guter Laune sein, was von ihrem Ehemann aber nicht aufgenommen wird, woraufhin sie seine schlechte Laune mit eigener schlechter Laune erwidert, die er dann wiederum zurückgibt. Auf diese Weise kann eine schlechte Stimmung zwischen Partnern hin- und hergehen und sich im Laufe dieses Prozesses immer weiter verschlechtern.

Auch die jeweiligen Aktivierungsniveaus von Partnern haben möglicherweise einen Einfluß auf den Verlauf ihrer Beziehung. Hoskins (1989) fand zum Beispiel heraus, daß Partner in Situationen, in denen die Aktivierung nicht synchron verlief, auch größere interaktional-emotionelle Bedürfnisse hatten. Dieses Ergebnis hat offensichtlich Folgen für Partner, deren Beruf erfordert, daß sie zu unterschiedlichen Zeiten aktiv und geistig regsam sind. Ein Nachtarbeiter zum Beispiel ist vielleicht zu einer Zeit müde, wenn seine Partnerin hellwach ist, was auf beiden Seiten zu Frustrationen führen könnte.

Auch wenn die Gleichzeitigkeit der affektiven Rhythmen wahrscheinlich in den meisten Situationen erwünscht und vorteilhaft ist, kann es auch Gelegenheiten geben, bei denen es besser ist, wenn die Rhythmen nicht im Einklang stehen. Zum Beispiel entdeckten Merten und Krause (1994), daß Psychotherapiesitzungen erfolgreicher waren, wenn die in der Mimik von Therapeut und Klient zutage tretenden Affekte anfangs nicht im Einklang waren, sich im Laufe der Zeit jedoch gegenseitig beeinflußten. Retrospektive Analysen der Sitzungen ergaben, daß der Therapeut in erfolgreichen Sitzungen die Affekte des Klienten steuerte, während er in erfolglosen Sitzungen versuchte, es dem Klienten recht zu machen, indem er von Anfang dessen Affekte erwiderte, so daß der Therapeut also vom Klienten gesteuert wurde. Wie effektiv diese beiden Arten der therapeutischen Beziehung sind, kann natürlich vom Sinn und Zweck der jeweiligen Therapie abhängen (s. Kapitel 7), dennoch bietet die Untersuchung von Merten und Krause einen vielversprechenden neuen Ansatz zur Erforschung der interpersonellen Affektsteuerung. Im nächsten Kapitel werden wir näher auf das Thema der Stimmungsregulation eingehen.

Die Beobachtung, daß sich Therapeuten während einer Therapiesitzung häufig in einer Stimmung wiederfinden, die der ihres Klienten entspricht, veranlaßte Hatfield, Cacioppo und Rapson (1994), das Phänomen der *emotionalen Ansteckung* zu erforschen. Ihrer Theorie zufolge liegt einer der Hauptgründe der emotionalen Ansteckung darin, daß Menschen automatisch dazu neigen, den Gesichtsausdruck, die Körperhaltung und das Verhalten anderer nachzuahmen. Selbstwahrgenommenes Feedback, das aus diesen nachgeahmten Reaktionen entsteht, führt oft wiederum zur Erfahrung einer ähnlichen Emotion wie der, die das Gegenüber zeigt (Laird & Bresler, 1992). Mit anderen Worten: Man kann den Eindruck haben, emotional zu reagieren, wenn man eigentlich das emotionale Verhalten einer anderen Person kopiert, und diese Gefühle als Teil der eigenen emotionalen Reaktion wahrnehmen. Die Ergebnisse deuten darauf hin, daß die emotionale Ansteckung normalerweise sehr rasch vor sich geht und für gewöhnlich geschieht, ohne daß der Betreffende es merkt.

Hatfield und Mitarbeiter stellten fest, daß manche Menschen durchgehend mit größerer Wahrscheinlichkeit andere mit ihren Emotionen anstecken, während andere empfänglicher für die emotionale Ansteckung sind. Emotional ansteckende Menschen sind diejenigen, die anscheinend starke Emotionen haben, sie ausdrücken können und auf die Gefühle anderer relativ schwach reagieren. Im Gegensatz dazu sind diejenigen Menschen der Ansteckung stärker ausgesetzt, die anderen viel Aufmerksamkeit schenken, ihre Identität über ihre Beziehungen zu anderen definieren, den Gesichtsausdruck anderer nachahmen und gut interpretieren können, Bewußtheit für ihre eigenen Emotionen zeigen und allgemein emotional ansprechbar sind. In vielen Situationen könnte es von persönlichem Vorteil sein, wenn man die Emotionen anderer durch einen Ansteckungsprozeß mit den eigenen in Einklang bringen könnte, oder sich alternativ auf direkte, automatische Weise in die Gefühle anderer einfühlen und hineinversetzen könnte. Leider scheint es jedoch nicht möglich, diese Fähigkeiten explizit zu lehren oder gezielt zu entwickeln, weil die emotionale Ansteckung ein sehr komplexer und großenteils automatisch verlaufender Prozeß ist.

Geschwindigkeit von Stimmungsveränderungen

Nach dem Modell der sozialen Beeinflussung ruft die Beeinflussung eine charakteristische Struktur oder Geschwindigkeit im Verhalten hervor. Stimmungsveränderungen vollziehen sich daher innerhalb der umfassenderen zeitlichen Struktur von Umwelt- und Verhaltensereignissen, und die Kennzeichen dieser zeitlichen Struktur spielen bei der Beeinflussung von Stimmungswechseln eine wichtige Rolle. In diesem Abschnitt werden wir uns im Hinblick auf die Geschwindigkeit mit zwei Fragen beschäftigen, die eine besondere Bedeutung für die Stimmung haben. Zunächst wollen wir klären, wie die Struktur und Regelmäßigkeit von Ereignissen mit der Stimmung zusammenhängen. Dann befassen wir uns mit der Frage, wie die Anordnung und das Tempo von Ereignissen mit der Stimmung verbunden sind.

Bond und Feather (1988) fanden heraus, daß das Ausmaß, in dem Personen ihre Zeit als strukturiert und zweckgebunden wahrnehmen, in einem positiven Zusammenhang mit ihrem Selbstwertgefühl, ihrem Optimismus, der von ihnen angegebenen Gesundheit und der Zielstrebigkeit im Leben steht und negativ mit Depression, Sorge, Angst, Neurotizismus, physischen Symptomen, Hoffnungslosigkeit und mangelnder gesellschaftlicher Integration zusammenhängt. Hassard (1991) zufolge wird der Sinn für Zeitstruktur vor allem in formalen Organisationen geprägt. Familie, Schule und Arbeit bringen den Menschen also die Regeln der gesellschaftlichen Zeit bei. Genauer gesagt, die Teilnahme am Leben in Organisationen stattet den Menschen mit einer Zeitstruktur aus, die die Fähigkeit besitzt, sein Wohlbefinden und damit seine Stimmung zu beeinflussen.

Genauso wie die Zugehörigkeit zu einer Organisation eine Zeitstruktur für alltägliche Aktivitäten schaffen kann, kann das Ausscheiden aus solchen Organisationen einem Menschen diese Struktur entziehen. Arbeitslosigkeit zum Beispiel, durch die die Regelmäßigkeit des Alltags verloren geht, kann zu verstärkter Depression führen (Feather & Bond, 1983). Ein weiteres Problem für Arbeitslose ist es, die freie Zeit auszufüllen. Diesbezüglich haben Warr, Banks und Ullah (1985) herausgefunden, daß die Fähigkeit, etwas mit seiner Zeit anzufangen, bei einer Gruppe von Arbeitslosen in negativem Zusammenhang mit dem seelischen Kummer stand. Ähnlich zeigten Kilpatrick und Trew (1985), daß ein Nachlassen des Wohlbefindens bei Arbeitslosen mit nachlassender Aktivität und dem Rückzug in die eigene Wohnung einherging.

Mehrere Forscher haben versucht, die Regelmäßigkeit des Alltagslebens zu messen und Veränderungen in dieser Routine mit dem mentalen Wohlbefinden in Beziehung zu setzen. Zum Beispiel stellten Monk u. a. (Monk, Petrie, Hayes & Kupfer, 1994) fest, daß Regelmäßigkeit im täglichen Leben (ermittelt durch die Messung des sozialen Rhythmus) mit einer Reihe von Variablen zusammenhing, darunter auch mit Veränderungen der geistigen Regsamkeit im Laufe des Tages.

Nach Healy und Waterhouse (1995) sind veränderte Rhythmen während einer Depression eher auf Veränderungen des Lebensstils zurückzuführen als auf Störungen bei einer endogenen zirkadianen Uhr. Diese Ansicht wird durch ein Ergebnis unterstützt, welches zeigt, daß die sozialen zirkadianen Rhythmen während einer Depression normalerweise gestört sind (Szuba, Yager, Guze, Allen & Baxter, 1992). Healy und Waterhouse zufolge wird eine Depression, wie die Fehlanpassung eines Schichtarbeiters, durch eine Störung in der Umwelt ausgelöst. Zum Beispiel kann Isolation manchmal zu einer Depression führen (Kripke, Drennan & Elliot, 1992). Das kann an der Störung von zirkadianen Rhythmen oder an sozialen Faktoren wie Einsamkeit liegen.

Ebenso wie die Regelmäßigkeit kann auch das Tempo von Ereignissen eine verändernde Wirkung auf die Stimmung und die Zufriedenheit haben. Experimente haben gezeigt, daß die Zufriedenheit mit einem Ergebnis nicht nur davon abhängt, wie positiv das Ergebnis ist, sondern auch von der Veränderung, dem Tempo der Veränderung (Geschwindigkeit) und der Veränderung der Geschwindigkeit (quasi der Beschleunigung) von Ergebnissen im Laufe der Zeit (Hsee, Salovey & Abelson, 1994). Zum Beispiel sind bei finanziellen Investitionen solche, die erst langsam und dann beschleunigt an Wert gewinnen, beliebter als solche mit stetigem Wertzuwachs. Ähnlich richten Menschen Ereignisse oft so ein, daß Geschwindigkeitseffekte dieser Art auftreten (Salovey, Hsee & Mayer, 1993). Beispielsweise haben Experimente gezeigt, daß Geburtstagskinder ihre Geschenke nicht nur lieber in einer Reihenfolge auspacken, die dem zunehmenden Wert entspricht, sondern daß sie dabei auch eine Beschleunigung des Wertzuwachses bevorzugen. Zudem scheint es, daß Menschen Vorlieben in bezug auf die zeitliche Nähe von Ereignissen haben. So ist es Menschen zum Beispiel lieber, wenn zwei Ereignisse, die beide positiv oder beide negativ sind, zeitlich getrennt auftreten. Wenn es sich dagegen um ein positives und ein negatives Ereignis handelt, ziehen sie es vor, daß die Ereignisse zusammen auftreten (Linville & Fischer, 1991).

Nach dem Modell des Kontrollprozesses von Carver und Scheier (1990) entstehen Affekte aus der Diskrepanz zwischen der erwarteten und der tatsächlichen Geschwindigkeit, mit der man sich auf ein Ziel zubewegt. So ist es insbesondere mit angenehmen Affekten verbunden, wenn man sich schneller als erwartet auf ein Ziel zubewegt, und mit unangenehmen Affekten, wenn der Fortschritt langsamer vonstatten geht als erwartet. Folglich wird eine Veränderung in der Fortschrittsgeschwindigkeit als Veränderung des Affekts erlebt. Wenn man sich zum Beispiel erheblich schneller als erwartet auf ein Ziel zubewegt, führt das zu einem Gefühl der Hochstimmung. Das Modell von Carver und Scheier impliziert unter anderem, daß Menschen, die höhere Erwartungen an das

Tempo ihres Fortschreitens stellen, eher selten guter Stimmung sind. Erfolgserlebnisse oder Fehlschläge im Hinblick auf die erwartete Geschwindigkeit, mit der man ein Ziel erreicht, können allerdings auch zu einer Veränderung der angelegten Maßstäbe führen, mit dem Ergebnis, daß Personen im Laufe der Zeit etwa die gleiche ausgewogene Mischung von angenehmen und unangenehmen Gefühlen erleben. Ein ähnlicher Prozeß der Zielanpassung könnte auch erklären, warum Menschen sich auf einschneidende Ereignisse im Leben einstellen können, wie bereits im Zusammenhang mit dem Modell des dynamischen Gleichgewichts besprochen.

McGrath und Kelly (1986) erwähnen auch, daß sich die Gleichgewichtszustände oder Sollwerte von Prozessen im Laufe der Zeit verändern können, und sie weisen darauf hin, daß es möglicherweise zwischen dem Modell der sozialen Beeinflussung und dem Modell des dynamischen Gleichgewichtes Gemeinsamkeiten gibt. Tatsächlich wurde dieser Zusammenhang von McGrath und Kelly mit folgenden Worten unterstrichen: »Das Modell der sozialen Beeinflussung ist besonders nützlich für die Verhaltens- und die Sozialwissenschaften, weil ihm die Vorstellung vom dynamischen Gleichgewicht zugrunde liegt, das heißt die Vorstellung, daß ein Großteil des menschlichen Verhaltens mit Mustern von Verhaltenssystemen zusammenhängt, die im Laufe der Zeit systematischen Schwankungen unterworfen sind« (S. 90). Doch genauso, wie das Modell der sozialen Beeinflussung und das Modell des dynamischen Gleichgewichts annähernd gleiche Erklärungen für viele zeitlich zusammenhängende psychische Prozesse bieten, gibt es auch Phänomene, bei deren Erläuterung beide Modelle Schwierigkeiten haben. Im nächsten Abschnitt beschreiben wir eine Art des Stimmungswechsels, deren Erklärung für beide Theorien gleichermaßen problematisch ist.

Stimmung als nichtlineare Dynamik

Die meisten Modelle nehmen an, daß Stimmungen sich proportional zur Häufigkeit oder zur Größe des Ereignisses verändern. Dieser Sichtweise zufolge haben solche Ereignismerkmale, wenn sie sich wiederholen, wieder die gleiche Wirkung auf die Stimmung, und wenn die Ereignismerkmale verändert werden, verändern sich auch ihre Wirkungen, und zwar auf eine Art, die auf der Grundlage direkter linearer Transformationsgesetze vorhersagbar ist. Die Mehrzahl der Untersuchungen, die wir bisher in diesem Buch vorgestellt haben, verwendet sogar statistische Verfahren, die auf linearen Gleichungen basieren. Lineare Gleichungen sind nützlich, weil sie additiv sind und daher kombiniert werden können, um eindeutige Lösungen hervorzubringen. In der Praxis jedoch wirken Ereignisse nicht immer einfach additiv auf die Stimmung (Bolger et al., 1989). Allgemeiner gesagt mehren sich die Hinweise, daß sich viele natürliche Systeme nicht in linearer, sondern in nichtlinearer Weise verändern (s. Barton (1994) für einen Bericht über die Anwendung nichtlinearer Veränderungen auf psychische Systeme).

In einem nichtlinearen System kann die kontinuierliche Veränderung eines Parameters eine Mischung aus kontinuierlichen und nichtkontinuierlichen Veränderungen im Verhalten eines anderen Parameters hervorrufen. Das heißt, daß ohne ersichtlichen Grund Sprünge im Verhalten auftreten können. Nichtlineare Systeme lassen sich durch nichtlineare Gleichungen beschreiben, die nicht additiv sind und nicht notwendigerweise eindeutige Lösungen ergeben. Solche Gleichungen sind zudem häufig *iterativ*, das heißt, daß ihre Lösungen wieder in die gleiche Gleichung eingespeist werden. Das impliziert, daß die Zustandsgeschichte des Systems für die Bestimmung seines Verhaltens eine wichtige Rolle spielt. Mit anderen Worten, das System kann, je nach gegenwärtigem Zustand, auf ein und dasselbe Ereignis unterschiedlich reagieren. Wenn wir also annehmen, daß Stimmung nichtlinear ist, kann zum Beispiel ein Lied, daß bei einer Gelegenheit eine traurige Stimmung hervorruft, bei einer anderen Gelegenheit überhaupt keine affektive Wirkung haben. Ebenso sind wir vielleicht überrascht, wenn eine harmlose Bemerkung, die einmal mit Gelächter begrüßt wurde, jetzt zu einem Tränenstrom führt.

Verstehen kann man das Verhalten nichtlinearer Systeme, wenn man ihre *Attraktoren im Phasenraum* bestimmt. Das bedeutet, daß jeder Zustand des Systems von einer Koordinate in einer Fläche oder einem Volumenelement des Raumes dargestellt wird, die alle möglichen Zustände des Systems umfassen. Wenn der Prozeß nicht willkürlich ist, werden diese möglichen Koordinaten gegen ein Flächensegment des Raumes konvergieren, das als Attraktor bezeichnet wird. Die Form oder die Art des Attraktors ist von der Art des betreffenden nichtlinearen Systems abhängig. Eine bestimmte Art von Attraktor, bekannt als *seltsamer Attraktor (strange attractor)*, wird insbesondere von *chaotischen* Systemen hervorgerufen.

Das Verhalten chaotischer Systeme ist sehr unregelmäßig und daher schwer vorherzusagen. Doch das chaotische Verhalten entspringt einem deterministischen oder auf Regeln beruhenden System und ist daher, auch wenn es komplex ist, nicht willkürlich. Bei ganz ähnlichen Augangspunkten kann das Verhalten chaotischer Systeme stark divergieren. Zum Beispiel werden zwei Steine, die zusammen in einen Fluß gelegt werden, normalerweise an ganz verschiedenen Stellen landen. Diese Tatsache wird als *Sensitivität für die Ausgangsbedingungen* bezeichnet. Sie macht langfristige Vorhersagen praktisch unmöglich.

Es ist daher denkbar, daß Stimmungsveränderungen oder zumindest einige Aspekte dieser Prozesse, chaotisch sind. Wenn dem so ist, folgt, daß es fast unmöglich sein muß, die Stimmung eines Menschen zu einem bestimmten Zeitpunkt vorherzusagen. Das schließt jedoch eine allgemeinere Charakterisierung des gesamten Erscheinungsbildes von Stimmungswechseln bei einem Menschen nicht aus.

Chaotische Stimmungsdynamik

Eine Reihe von Forschern haben begonnen zu untersuchen, ob Stimmungswechsel sich mittels der Begriffe und Techniken einer nichtlinearen Dynamik verstehen lassen. Bei unseren eigenen Forschungen (Totterdell, Briner, Parkinson & Reynolds, 1996) setzen wir zum Beispiel eine nichtlineare graphische Technik namens Poincaré-Diagramm ein, um zu zeigen, daß unterschiedliche Stimmungsvariablen ein unterschiedliches dynamisches Verhalten aufweisen. Zwei Wochen lang schätzten 30 Teilnehmer in zweistündigen Abständen ihre Stimmungen ein und hielten sie fest. Abbildung 5.4 zeigt ein Poincaré-Diagramm für depressive Stimmung, das auf diesen Daten beruht. Das Diagramm wurde entworfen, indem die Einschätzung der depressiven Stimmung eines jeden Teilnehmers im Vergleich zu dem Wert seiner Einschätzung von vor zwei Stunden eingetragen wurde. Einschätzungen werden als Abweichungen vom Mittelwert eines Teilnahmers angegeben, so daß die Daten aller Teilnehmer in das gleiche Diagramm eingetragen werden können. Die Abbildung zeigt, daß niedrigere Stimmungswerte dazu neigten, stärker von der x=y-Achse abzuweichen, was darauf hindeutet, daß die Stimmungsschwankungen größer waren, wenn die Teilnehmer stärker depressiv waren. Ähnlich fanden auch Combs, Winkler und Daley (1994) heraus, daß die Stimmung stärker oszillierte, wenn die Menschen weniger glücklich waren. Diese Ergebnisse könnten die Tatsache widerspiegeln, daß Menschen Strategien zur Stimmungsregulierung wohl eher einsetzen, um sich aus schlechten Stimmungen herauszuholen als um gute Stimmungen loszuwerden (s. Kapitel 6).

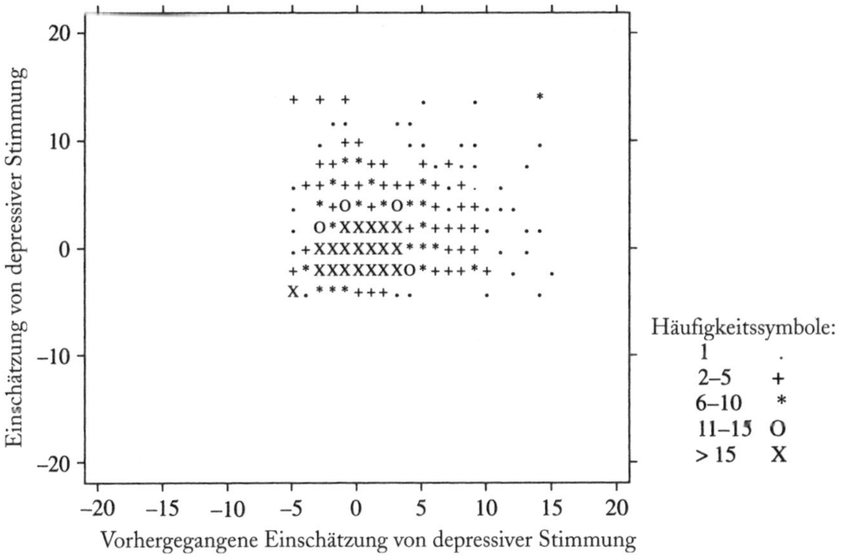

Abbildung 5.4 Poincaré-Diagramm für Selbsteinschätzungen von depressiver Stimmung

Möglicherweise gleiten Stimmungen, wenn die Regulation fehlschlägt, in einen Bereich chaotischen Verhaltens hinein. Zum Beispiel wurde darauf hingewiesen, daß eine klinisch depressive Stimmung chaotische Merkmale aufweist (Heiby, 1994). Um diese Behauptung zu stützen, hat Heiby eine aufwendige Untersuchung begonnen: Um zu überprüfen, ob das Stimmungsmuster während einer Depression chaotisch ist, sammelt er Traurigkeitsratings von einer nicht-depressiven und einer depressiven Person, die bis zu einem Jahr lang alle 20 Minuten ihre Stimmung bewerten.

Es gibt bereits Hinweise darauf, daß die Stimmung bei Menschen, die unter bipolaren affektiven Störungen leiden, chaotische Merkmale aufweist. In einer neueren Untersuchung stellten Gottschalk, Bauer und Whybrow (1995) fest, daß die Stimmung bipolarer Patienten als niedrig-dimensionaler chaotischer Prozeß beschrieben werden kann. Die Untersuchung zeigte, daß die Stimmung bei dieser Störung nicht, wie vorher angenommen wurde, über lange Phasen hinweg zyklisch verläuft, sondern daß sie einen höheren Grad an zeitlicher Organisation aufweist als die Stimmung bei Menschen ohne Stimmungsstörung.

Eine neuere Theorie, die sogenannte Komplexitätstheorie (Lewin, 1993), legt nahe, daß viele natürliche Systeme auf der Grenze zwischen Ordnung und Chaos operieren. Das scheint diesen Systemen neuartige Kräfte zu verleihen, beispielsweise einen Zuwachs an Fähigkeiten in der Informationsverarbeitung. Es ist möglich, daß sich auch Stimmungsprozesse normalerweise an dieser Grenze bewegen, daß sie aber während anomaler Zustände, wie etwa bei affektiven Störungen, davon abweichen. Diese Abweichung könnte entweder in Richtung auf stark geordnete, unflexible Veränderungen oder in Richtung auf unkontrollierbare, chaotische Veränderungen stattfinden. Derartige Gedanken sind allerdings zur Zeit vollkommen hypothetisch und es wäre wahrscheinlich schwer, sie in der Praxis einem Test zu unterziehen.

Es wäre falsch, anzunehmen, daß die Stimmung nur bei Stimmungsstörungen chaotische Merkmale zeigt. Combs u. a. (1994) fanden zum Beispiel heraus, daß die Stimmung der fünf gesunden Teilnehmer an ihrer Untersuchung eine chaosähnliche Struktur aufwies. Außerdem wiesen Gottschalk u. a. (1995) darauf hin, daß die Stimmung ihrer gesunden Vergleichsgruppe möglicherweise eine hochchaotische Dimension aufwies, die jenseits des Meßbereiches lag. Zudem besteht die Wahrscheinlichkeit, daß Stimmungsänderungen je nach Art der speziellen Affektstörung unterschiedlich aussehen können. Zum Beispiel haben Möller und Leitner (1987) ein nichtlineares Modell zur Analyse von Stimmungskurven entwickelt, das sie benutzen, um Unterschiede in den Stimmungsveränderungen von Patienten zu erkennen, die unter verschiedenen Arten affektiver Störungen leiden.

Es ist wichtig zu betonen, daß das nichtlineare Modell der Stimmungsveränderung, welches im vorliegenden Abschnitt dargestellt wird, das rhythmusbestimmte Modell aus dem vorigen Abschnitt nicht ausschließt. Nach Gottschalk u. a. (1995) könnte »ein anomal gekoppelter oder konfigurierter innerer zirkadianer Oszillator, der an der Stimmungsregulation beteiligt ist, durch äußere Schwingungen zu einem chaotischem Verhalten getrieben werden« (S. 957). Mit anderen Worten, Stimmungschaos kann aus zugrundeliegenden zyklischen Prozessen entstehen. Im Hinblick auf bipolare Störungen vermuten Gottschalk und Mitarbeiter, daß psychosoziale Streßfaktorem möglicherweise anhaltende pathologische Veränderungen hervorrufen, die für nachfolgende bipolare Phasen verantwortlich sind, aber zu den ursprünglichen Streßfaktoren keine Verbindung zu haben scheinen. Zur Unterstützung dieser Ansicht behauptet Ehlers (1995), daß Patienten mit bipolarer Störung vielleicht besonders empfindlich auf soziale Faktoren reagieren, die ihre biologischen Rhythmen stören, und er schlägt vor, Verhaltenstherapien und kognitive Therapien einzusetzen, um diese Rhythmen wieder herzustellen (für eine ausführlichere Besprechung der Therapien bei Stimmungsstörungen s. Kapitel 7).

Zusammenfassend ist zu sagen, daß das nichtlineare Modell Hoffnung auf eine einheitliche Sichtweise von dynamischen Prozessen gibt und daß es insbesondere ein umfassenderes Verständnis von Stimmungsveränderungen verspricht. Doch obwohl die in diesem Abschnitt geschilderten Untersuchungen einen spannenden neuen Ansatz in der Erforschung affektiver Prozesse darstellen, ist immer noch sehr viel Forschungsarbeit nötig, bevor dieses oder eins der anderen Modelle für sich in Anspruch nehmen kann, die ganze Bandbreite der Stimmungsveränderungen zu erklären. Für diese Forschungsarbeit bedarf es einer verbesserten Forschungsstrategie im Hinblick auf die Stimmungsdynamik, und dieser Strategie wollen wir uns als nächstes zuwenden.

Erforschung der Stimmungsdynamik: Der prozeßorientierte Ansatz

Die meisten Psychologen haben sich der Stimmung bisher auf experimentellem Weg genähert, indem sie das Phänomen als abhängige oder als unabhängige Variable in einer einfachen und intakten zweistufigen Kausalfolge behandelten. Diese Methode hat drei grundlegende Grenzen. Erstens beinhalten experimentelle Forschungen oft, daß Menschen aus ihrem normalen Umfeld herausgeholt werden, und dieser Schritt kann natürlich Einfluß auf die Stimmung haben. Zweitens, wie aus den Erörterungen in diesem und den vorigen Kapiteln bereits klargeworden sein sollte, kann die Stimmung sowohl die Rolle der Ursache als auch die der Wirkung übernehmen und sowohl als Input- als auch als Output-Variable fungieren. Drittens und letztens messen Experimente, die die Wirkung von Stimmungen einschätzen, die abhängige Variable normalerweise nur einmal, in einem einzigen, bestimmten Moment nach der experimentellen Manipulation, womit sie alle möglichen Effekte, die sich aus dem zeitlichen Ablauf ergeben, außer acht lassen.

Um diesen letzten Punkt zu veranschaulichen, hat Sedikides (1994) gezeigt, daß ein Teil der Widersprüche beim Auftreten von stimmungskongruenten Effekten (s. Kapitel 4) möglicherweise einfach deswegen entstanden ist, weil die Forscher es versäumten, den Faktor Zeit in ihr Experiment mit einzubeziehen. Insbesondere demonstrierte Sedikides, daß sich Menschen unmittelbar nach der Auslösung einer traurigen Stimmung (stimmungskongruenter Effekt) negativ beschreiben, daß sie sich aber nach einer zeitlichen Verzögerung positiver schildern (stimmungsinkongruenter Effekt). Auch die Existenz von Stimmungsrhythmen könnte die Zeit zu einem maßgebenden Faktor bei der Ergebnisbestimmung machen. Untersuchungen zum Beispiel, bei denen die Stimmung nur einmal oder nur wenige Male erfaßt wird, laufen Gefahr, nur den niedrigen oder nur den hohen Punkt der Rhythmuskurve zu berücksichtigen und dadurch die Ergebnisse zu verzerren.

Die Grenzen der herkömmlichen experimentellen Methode haben bei jüngeren Studien über die Stimmung zu einer alternativen Untersuchungsstrategie geführt. Diese Studien erforschen, wie sich die Stimmung im Laufe der Zeit entwickelt, in natürlichen Umgebungen und mit Hilfe eines Modells, das bei vielen Menschen zu vielen Gelegenheiten viele Variablen mißt. Die Anwendung dieses Designs zur Untersuchung von Veränderungsmustern bei Personen im Laufe der Zeit wird als prozeßorientierter Ansatz bezeichnet (Larsen, 1989). Ein grundlegender Vorteil dieser Vorgehensweise liegt darin, daß sie es ermöglicht, zu besseren Schlußfolgerungen über Kausalbeziehungen zu kommen.

Der prozeßorientierte Ansatz integriert statische und variable Herangehensweisen an die Persönlichkeit. Die *statische* Methode ist darauf ausgerichtet, fundamentale Persönlichkeitsmerkmale zu finden, und stützt sich dabei auf durchschnittliche Verhaltenstendenzen, die mit einer gewissen Beständigkeit von unterschiedlichen Menschen zum Ausdruck gebracht werden. Die *variable* Methode konzentriert sich auf dynamische Persönlichkeitsprozesse, indem sie den Zustand einer Person zu verschiedenen Zeitpunkten vergleicht, nicht den Zustand verschiedener Personen zum gleichen Zeitpunkt. Der prozeßorientierte Ansatz verbindet diese beiden Verfahren, indem sie sich auf stabile, aber nicht-statische Persönlichkeitsprozesse konzentriert. Insbesondere ermittelt man damit Zeitmuster bei Personen und vergleicht die Muster verschiedener Personen miteinander, um übereinstimmende Veränderungsmuster zu finden. Zum Beispiel können verschiedene Menschen insgesamt mehr oder weniger Stimmungsschwankungen zeigen (Larsen, 1987), oder ihre Stimmung kann mehr oder weniger von bestimmten Rhythmen abhängen, wie etwa denjenigen, die mit dem Menstruationszyklus zusammenhängen (Larsen & Kasimatis, 1990). Diese regelmäßigen, zeitbezogenen Veränderungsmuster, die von Mensch zu Mensch verschieden sind, werden als Konsistenzen zweiter Ordnung bezeichnet. Die Prozeßmethode erkennt an, »daß unsere Forschungsobjekte in die Zeit eingebettet sind und daß die Zeit für das Leben, wie es gelebt wird, grundlegende Bedeutung hat und daß Persönlichkeitsprozesse in der Zeit ablaufen« (Larsen, 1989, S. 179). Somit kombiniert der prozeßorientierte Ansatz ein *idiographisches* (auf den einzelnen bezogenes) und ein *nomothetisches* (auf die Gesamtbevölkerung bezogenes) Verfahren.

Die Methode, Messungen von persönlichen Erfahrungen häufig zu wiederholen, nennt man *intensive Zeitstichproben*, und die Untersuchungen, die diese Methode einsetzen, werden manchmal als *Tagebuchstudien* oder *Untersuchungen des täglichen Erlebens* bezeichnet (auch wenn Messungen mit einer anderen Häufigkeit als einmal am Tag zu Protokoll gebracht werden). Die grundlegende Methodik umfaßt das Sammeln von Berichten über eigene Erfahrungen (und manchmal das Messen von Leistungen), die sich auf Gefühle und andere Variablen beziehen, und zwar in bestimmten, ereignisabhängigen oder aber in willkürlichen Abständen im Laufe eines Tages und/oder einer Woche. Anschließend ist es möglich, die sich im Laufe der Zeit entwickelnde Beziehung zwischen diesen Variablen graphisch darzustellen.

Die Anzahl von Untersuchungen, die Methoden der intensiven Zeitstichproben einsetzen, hat sich in den letzten zehn Jahren stark erhöht (Tennen, Suls & Affleck, 1991) und bisher gibt es keine Anzeichen für eine Rückläufigkeit. Wir sind überzeugt, daß die Prozeßmethode das Potential besitzt, unser allgemeines Verständnis von der Abhängigkeit psychischer Funktionen von zeitbezogenen Variablen zu erweitern und zu vertiefen, und daß sie besonders für die Erforschung der Stimmungsdynamik vielversprechend ist. (Eine ausführlichere Besprechung der spezifischen Methoden und Analysetechniken, die in intensiven Zeitstichprobe n eingesetzt werden, findet sich in Anhang 1).

Zusammenfassung

In diesem Kapitel haben wir gezeigt, daß die Erforschung von Stimmungswechseln im Laufe der Zeit nicht nur den Psychologen hilft, die allgemeinen Eigenschaften affektiver Prozesse zu verstehen, sondern daß sie möglicherweise auch Informationen über die Persönlichkeit und die geistige Verfassung einer Person liefert. Wir haben Stimmungswechsel mit Hilfe dreier begrifflicher Modelle beschrieben. Dem Modell des dynamischen Gleichgewichts zufolge sind Veränderungen der Stimmung die Konsequenz aus Prozessen mit einem stabilen und einem veränderlichen Aspekt. Stabile persönliche Eigenschaften und wiederkehrende Ereignisse im Leben halten die Stimmung in einem Gleichgewichtszustand. Veränderungen dieses Zustandes haben Einfluß auf die Stimmung, aber nach einer Weile wird das Gleichgewicht durch Anpassungsmechanismen wiederhergestellt. Nach dem Modell der sozialen Beeinflussung entstehen Stimmungsveränderungen aufgrund von inneren Rhythmen, die durch den Einfluß äußerer Schrittmacher-Ereignisse und anderer zeitlich strukturierter Faktoren, darunter auch solcher, die mit der Stimmung anderer Menschen zusammenhängen, beeinflußt werden. Die wichtigsten Stimmungsrhythmen scheinen tägliche (zirkadiane) und wöchentliche (zirkaseptale) Rhythmen zu sein. Es gibt zwar Verbindungen zwischen dem Modell des dynamischen Gleichgewichts und dem Modell der sozialen Beeinflussung, doch einige Phänomene, darunter bestimmte Typen der nichtlinearen Stimmungsveränderung, werden bisher von keinem der beiden Modelle erklärt. Das nichtlineare dynamische Modell jedoch ist in der Lage, solche Veränderungen zu erfassen. Diesem Modell zufolge hängt die Stimmungsdynamik von deterministischen Prozessen ab, die komplexes und manchmal scheinbar beliebiges oder chaotisches Verhalten erzeugen. Das schließt allerdings die Möglichkeit nicht aus, daß diese Prozesse auf rhythmischen Schrittmachern beruhen, die durch psychosoziale Ereignisse beeinflußt werden. Es ist daher denkbar, daß die drei Modelle irgendwann innerhalb eines leistungsfähigeren Systems zur Erklärung der Stimmungsdynamik zusammengefügt werden. Im Hinblick auf die Methodik haben wir nahegelegt, daß sich der prozeßorientierte Ansatz wahrscheinlich am besten eignet, wenn man die Stimmungsdynamik untersuchen will. Diese Methode studiert einzelne Personen über einen gewissen Zeitraum hinweg intensiv, um konsistente zwischenmenschliche Veränderungsmuster zu entdecken.

6

Stimmungsregulation

In den vorangehenden Kapiteln haben wir einige Faktoren erörtert, die die Stimmung beeinflussen können, und beschrieben, wie sie sich im Laufe der Zeit verändert. Doch die Stimmung ist kein Phänomen, das einfach in Reaktion auf innere und äußere Ereignisse automatisch einen bestimmten Verlauf nimmt, der außerhalb unserer Kontrolle liegt. Vielmehr nehmen wir häufig Einschätzungen unserer Stimmung vor, die dann wiederum zu dem aktiven Versuch führen können, die Stimmung in irgendeiner Form zu verändern. Dieses Kapitel befaßt sich mit diesem Prozeß der Stimmungsregulierung. Menschen setzen eine Vielzahl von kognitiven und Verhaltensstrategien ein, um ihre Stimmung zu steuern: Sie lenken sich ab, nehmen Tabletten oder Alkohol, besprechen ihre Situation mit einem Freund oder versuchen, sich direkt mit ihrem aktuellen Problem auseinanderzusetzen. In diesem Kapitel besprechen wir die Bandbreite der verfügbaren stimmungsregulierenden Strategien, betrachten ihre relative Wirksamkeit für unterschiedliche Menschen in unterschiedlichen Situationen und untersuchen, ob einige Menschen ihre Stimmungen generell erfolgreicher steuern können als andere. Schließlich besprechen wir die Prozesse, die der Stimmungsregulierung möglicherweise zugrunde liegen sowie die Faktoren, die ihre Wirkungsweise beeinflussen könnten. Damit ebnen wir den Weg für Kapitel 7, das sich mit der Frage befaßt, ob klinische Stimmungsstörungen mit einer fehlerhaften Regulierung zusammenhängen.

Einführung

Zu den offensichtlichsten und unstrittigsten Tatsachen im Hinblick auf die Stimmungen gehört, daß wir uns häufig auf einer bewußten Ebene über sie im klaren sind. So fühlen wir uns mitunter ohne jeden konkreten Grund niedergeschlagen, wenn wir morgens »mit dem falschen Fuß aufstehen«, oder werden bei anderer Gelegenheit urplötzlich von einer Aufwallung optimistischer und positiver Gefühle überwältigt. Gelegentlich fragen wir uns vielleicht sogar, ob diese Art von Erlebnissen irgendeinen tieferen Sinn hat, ob die Aufdringlichkeit von Stimmungen einem bestimmten Zweck dient. Nach Ansicht vieler Psychologen (Mandler, 1984) übernimmt das Bewußtsein eine Kontrollfunktion und erlaubt uns eine genauere Überwachung des Geschehens, damit wir gezielter und erfolgreicher auf Situationen reagieren können. Eine ähnliche Argumentation könnte auch im Hinblick auf unser Stimmungsbewußtsein gelten: Wenn wir uns eines Affektzustandes bewußt werden, können wir seine Bedeutung bewerten und dann entscheiden, ob es nötig ist, etwas dagegen zu unternehmen. Das macht im wesentlichen den Prozeß der Stimmungsregulierung aus, den wir in diesem Kapitel ausführlich behandeln werden. Die Bewußtheit der Stimmung führt zu ihrer Bewertung und Einschätzung, was wiederum dazu führen kann, daß man überlegte Strategien anwendet, um den ursprünglichen Affektzustand aufrechtzuerhalten oder zu verändern.

Diese Art von Prozeß wird am häufigsten in Gang gesetzt, wenn Menschen merken, daß sie schlechter Stimmung sind, zu dem Schluß kommen, daß dieser Zustand nicht wünschenswert ist, und deshalb aus ganz einfachen hedonistischen Motiven versuchen, sich daraus zu befreien. Es gibt jedoch noch weitere mögliche Variationen der Stimmungsregulierung. Gute oder schlechte Stimmungen können manchmal in neutrale Stimmungen umgewandelt werden, und eine gute Stimmung wird mitunter sogar absichtlich in eine schlechte transformiert (Parrot, 1993). Außerdem umfaßt die Stimmungsregulierung nicht immer einen *Wechsel* der Stimmung, sondern kann auch ihrer Aufrechterhaltung dienen. Manche Leute versuchen zum Beispiel unter bestimmten Bedingungen in einer guten, schlechten oder neutralen Stimmung zu bleiben. Diese unterschiedlichen Formen der Stimmungsbeeinflussung versetzen uns möglicherweise in die Lage, einige der unterschiedlichen Auswirkungen von guten und schlechten Stimmungen herbeizuführen, die wir in Kapitel 4 beschrieben haben. So versucht man vielleicht, die eigene Aufregung zu dämpfen, damit man zur Ruhe kommt und konzentriert arbeiten kann. Später in diesem Kapitel werden wir ausführlicher auf einige der anderen Gründe eingehen, aus denen Menschen wünschen könnten, sich auf unterschiedliche Formen der Stimmungserhaltung oder Stimmungsveränderung einzulassen. Die meisten Beispiele für die Stimmungsregulierung, die wir in diesem Kapitel erörtern, beziehen sich jedoch auf die Verbesserung unangenehmer Stimmungen, einfach weil dies die am gründlichsten erforschte Form der Stimmungsbeeinflussung ist.

Bevor man versucht, etwas gegen seine Stimmung zu unternehmen, muß man wissen, was man will, weil man erst dann entscheiden kann, welche strategischen Möglichkeiten offenstehen. Damit die Stimmungsregulierung erfolgreich funktionieren kann, muß man die Stimmung also sowohl in irgendeiner Form *bewerten,* als auch ein Mittel finden, um ihre Wirkungsweise aufrechtzuerhalten oder zu verändern. Diese beiden Aspekte der Regulation werden wir unten der Reihe nach untersuchen. Im Hinblick auf die Stimmungsbewertung werden wir Prozesse besprechen, die mit der Überwachung der Stimmung zusammenhängen, und erörtern, welche Informationsquellen in bezug auf die Stimmung für diese Prozesse zur Verfügung stehen. Wir werden außerdem darauf eingehen, daß sich die Fähigkeit zur Bewertung von Stimmungen von Mensch zu Mensch unterscheiden kann und welche möglichen Folgen diese Unterschiede haben. Im Hinblick auf die Veränderung oder Bewahrung der Stimmung werden wir einige alternative Ansätze für ein Verständnis und für eine Klassifikation von stimmungsregulierenden Strategien vorstellen. Wir erläutern die Wirksamkeit unterschiedlicher Strategieformen und beschreiben individuelle Unterschiede in der Fähigkeit, die eigene Stimmung zu beeinflussen. Anschließend greifen wir einige allgemeine Fragen auf, die mit der Stimmungsregulation im Alltag zusammenhängen, zum Beispiel, ob Menschen ihre Lebenszufriedenheit erhöhen können, indem sie lernen oder darin unterwiesen werden, ihre Stimmungen besser zu regulieren. Im letzten Teil dieses Kapitels werden wir auf der Grundlage unseres derzeitigen Wissensstandes versuchen, die Grundfunktionen eines Modells der Stimmungsregulierung abzubilden. Zunächst wollen wir jedoch untersuchen, wie die Stimmungsregulation zu einigen der Phänomene paßt, die wir in den vorhergehenden Kapiteln beschrieben haben.

Die Regulierung im Verhältnis zu anderen Aspekten des Stimmungsprozesses

In Kapitel 4 haben wir beschrieben, daß gute und schlechte Stimmungen häufig unterschiedliche Auswirkungen haben. So hat man beispielsweise festgestellt, daß angenehme Stimmungen die Wahrnehmung, das Urteilen, das Gedächtnis und das Handeln in Richtung auf einen positiven Wertungsgehalt verschieben, während sich unangenehme Stimmungen häufig (aber weniger einheitlich) in die entgegengesetzte Richtung auswirken. Mit anderen Worten: Gute Stimmungen zeigen eher stimmungskongruente Effekte als schlechte Stimmungen. Eine Erklärung für diese Asymmetrie ist, daß negativ gestimmte Menschen eher dazu neigen, selbstregulierende Strategien anzuwenden, um aus einer schlechten Stimmung herauszukommen, während positiv gestimmte Menschen eher versuchen, ihren Zustand aufrechtzuerhalten. Solche Prozesse verhindern möglicherweise auch, daß negative Materialien im Gedächtnis verknüpft werden, und machen somit die assoziative Erinnerung an unangenehme Ereignisse weniger wahrscheinlich.

Im vorigen Kapitel haben wir unterschiedliche Arten von Stimmungswechseln beschrieben. Einige Stimmungsveränderungen können so umfangreich oder intensiv sein, daß sie automatisch bewußte Aufmerksamkeit auf sich ziehen. Die betroffene Person entscheidet sich dann möglicherweise für eine Handlungsweise, die eine Initiierung von kognitiven oder verhaltensbezogenen Strategien umfaßt, um die Stimmung zu korrigieren, aufrechtzuerhalten oder zu verändern. Wenn diese Vermutung richtig ist, dann kann man erwarten, daß unangenehme Stimmungen, die auf belastende Ereignisse folgen, relativ schnell korrigiert werden. Die Tatsache, daß schlechte Stimmungen selten sehr lange anhalten und nach einem Streßerlebnis normalerweise am nächsten Tag verschwunden sind (s. Kapitel 5), stimmt mit dieser Theorie überein. Morris (1989) gibt drei mögliche Erklärungen für diese relative Flüchtigkeit von Stimmungen. Erstens: Es ist möglich, daß Stimmungen spontan vergehen. Zweitens: Sie setzten möglicherweise automatisch gegenläufige Prozesse in Gang, die dem ursprünglichen Affektzustand entgegenwirken. Drittens und letztens: Stimmungen könnten durch bestimmte selbstregulatorische Prozesse verändert werden. Die zweite Erklärung der einsetzenden Gegenprozesse könnte man ebenfalls als eine Art Stimmungsregulierung betrachten, auch wenn diese Prozesse automatisch und wahrscheinlich unterhalb der Bewußtseinsschwelle ablaufen.

Stimmungsumschwünge können nicht nur die Ursache regulatorischer Prozesse, sondern auch deren direkte Folge sein. Obwohl viele der in Kapitel 5 beschriebenen Stimmungswechsel wahrscheinlich in Reaktion auf äußere Ereignisse stattfinden, könnten andere statt dessen (oder zusätzlich) von bewußten und/oder unbewußten stimmungsregulierenden Prozessen abhängen. Wir haben zum Beispiel Forschungsarbeiten beschrieben, die darauf hindeuten, daß Adoleszenten aufgrund ihrer Peer-orientierten Lebensweise zu stärkeren Stimmungsschwankungen neigen. Es ist jedoch auch möglich, daß sich Jugendliche gezielt auf viele der Aktivitäten einlassen, die zu Veränderungen ihrer Stimmung führen. Mit anderen Worten, Adoleszenten regulieren ihren Stimmungszustand möglicherweise durch die Auswahl ihrer Aktivitäten und machen ihn damit flexibler oder unbeständiger, als er andernfalls sein würde, auch wenn sie sich dieses Verhaltens nicht völlig bewußt sind.

Tabelle 6.1 zeigt die grundlegenden Unterschiede zwischen bewußten und unbewußten stimmungsregulierenden Prozessen. In diesem Kapitel werden wir uns auf die bewußten (im Sinne von erkannten und überlegten) Prozesse der Stimmungsregulierung konzentrieren, aber die Grenze zwischen der bewußten und unbewußten Stimmungsbeeinflussung ist nicht immer eindeutig (s. auch Kapitel 8). Ein hilfsbereites Verhalten kann zum Beispiel manchmal dazu dienen, die eigene negative Stimmung abzumildern, weil es die Selbstzufriedenheit des Helfers erhöht. Aber das bedeutet nicht notwendigerweise, daß man anderen in der eindeutigen, bewußten Absicht hilft, die eigene Stimmung zu verbessern, auch wenn das Helfen diesem Zweck zweifellos gerecht wird. Tatsächlich würde diese Form der Stimmungsregulierung wahrscheinlich fehlschlagen, wenn man sich voll bewußt wäre, daß man nicht aus altruistischen, sondern eher aus selbstsüchtigen Motiven hilft. Andererseits stellt ein hilfsbereites Verhalten eindeutig eine Form der Stimmungsregulation dar, weil es bis zu einem gewissen Grad davon abhängt, daß man die eigene Stimmung verbessern will und daß keine anderen, leichteren Möglichkeiten für diesen Zweck zur Verfügung stehen. So haben Cialdini, Darby und Vincent (1973) festgestellt, daß Menschen weniger geneigt sind, ihre Hilfe anzubieten, wenn sie ihre schlechte Stimmung durch andere Mittel abbauen können. Die Stimmungsregulierung kann also gezielt und zum Teil intentional erfolgen, ohne daß sich der Betreffende ihrer vollen Bedeutung bewußt ist.

Tabelle 6.1 Bewußte und unbewußte Prozesse der Stimmungsregulation

	Stimmungsbewertung	*Stimmungsveränderung*
Bewußte Prozesse	Bewußte Überwachung und Einschätzung der Stimmung (z. B. Stimmungsbewußtheit)	Überlegte Auswahl und Anwendung von Regulationsstrategien (z. B. positives Denken)
Unbewußte Prozesse	Unbewußte Überwachung und Einschätzung der Stimmung (z. B. ironischer Überwacher)	Automatische Auswahl und Anwendung von Regulationsstrategien (z. B. Gegenprozesse)

Die Bewertung der Stimmung

Die Fähigkeit, die eigenen psychischen Prozesse zu beeinflussen, wird als *mentale Kontrolle* bezeichnet (Wegner & Pennebaker, 1993). Zur mentalen Kontrolle gehört unter anderem, daß man Gefühle überwacht und als Orientierungshilfe für das künftige Denken und Handeln nutzt – eine Fähigkeit, die Salovey, Hsee und Mayer (1993) unter den Begriff der *emotionalen Intelligenz* gefaßt haben. Nach Ansicht dieser Forscher kann man drei Bereiche der emotionalen Intelligenz unterscheiden: der erste betrifft die korrekte Einschätzung und Darstellung von Emotionen bei sich selbst und anderen; der zweite bezieht sich auf die adaptive Regulierung von Emotionen (wieder sowohl bei sich selbst als auch bei anderen); und der dritte umfaßt die Fähigkeit, Emotionen nutzbar zu machen. Die ersten beiden Bereiche umfassen das allgemeine Thema der Stimmungsregulation, wie es in diesem Kapitel definiert wurde. In diesem Abschnitt besprechen wir den ersten Bereich, und zwar den speziellen Aspekt, der für die Stimmungsregulation erforderlich ist, nämlich die Fähigkeit der Stimmungsbewertung. Die Stimmungsbewertung umfaßt die Überwachung und Einschätzung der eigenen und fremder Stimmungen. Jede Theorie der Stimmungsregulierung setzt notwendigerweise irgendeinen Prozeß voraus, der sich auf eine derartige Stimmungsbewertung bezieht, weil man auf irgendeiner Ebene erkennen muß, ob eine Diskrepanz zwischen Stimmung und Bedürfnissen besteht und ob folglich eine Veränderung notwendig ist.

Prozesse der Stimmungsüberwachung

Zur Stimmungsüberwachung kommt es, sobald Informationen über die Stimmung von irgendeinem psychischen Prozeß oder einer psychischen Funktion erfaßt oder als Input aufgenommen werden. Stimmungsinformationen müssen also irgendwo im kognitiven System repräsentiert sein, damit eine Stimmungsüberwachung erfolgen kann. In einigen Fällen wird die Stimmung bewußt registriert, aber in anderen Fällen liefert die Stimmung auch ein Input für Überwachungsprozesse, die unterhalb der Bewußtseinsschwelle ablaufen. Eine überlegte Stimmungsregulation hängt wahrscheinlich von der expliziten, bewußten Repräsentation von Stimmungsinformationen ab, während die unbewußte Stimmungsregulation nicht notwendigerweise ein bewußtes Gewahrwerden erfordert. Nach Morris (1992) bleiben Stimmungszustände häufig unbemerkt, auch wenn selbstregulatorische Mechanismen kleinere Schwankungen registrieren und korrigieren. Doch größere Stimmungsveränderungen finden normalerweise Eingang in die fokale Bewußtheit und erfordern eine Erklärung und häufig auch Handlungsmaßnahmen.

Man hat zwei Formen des bewußten Affekterlebens unterschieden: Das *reflexive* Erleben umfaßt die Bewußtheit des Affekterlebens selbst, während das *unreflexive* Erleben bedeutet, daß man den Affekt »von innen« fühlt (Frijda, 1986; Sartre, 1962). Mit anderen Worten: Die unreflexive Komponente des Affekts färbt das Erleben, ist aber nicht notwendigerweise selbst das Objekt des Bewußtseins. Wenn man zum Beispiel *weiß*, daß man unglücklich ist, handelt es sich um ein reflexives Erleben; wenn man sich dagegen unglücklich *fühlt,* um ein unreflexives Erleben. Es ist möglich, eine Stimmung unreflexiv zu erleben, ohne sie zugleich in irgendeiner reflexiven Form wahrzunehmen: Während einer unreflexiven Erfahrung leugnen wir vielleicht sogar, in einer bestimmten Stimmung zu sein, was häufig geschieht, wenn man uns vorwirft, schlechter Laune zu sein. Doch viele verbreitete Stimmungserlebnisse haben sowohl reflexive als auch unreflexive Elemente, so daß der Betreffende die Stimmung fühlt und gleichzeitig weiß, wie er empfindet. Was den Überwachungsprozeß betrifft, muß die Stimmung wahrscheinlich reflexiv erlebt werden, wenn eine klare und bewußte Kontrolle ausgeübt werden soll, aber auch ein einfaches unreflexives Erleben kann Signale aussenden, die dann für eine unbewußte Überwachung genutzt werden.

Zu den allgemein anerkannten Funktionen des Bewußtseins gehört, daß es eine flexiblere Kontrolle über die kognitive Verarbeitung ermöglicht (Mandler, 1984). Von daher ist es wahrscheinlich, daß eine bewußte reflexive Stimmungsüberwachung eine kontrollierte Verarbeitung umfaßt und daß eine unbewußte Stimmungsüberwachung auf einer automatischen Verarbeitung beruht (Shiffrin & Schneider, 1977). Das müßte bedeuten, daß die bewußte Stimmungsüberwachung durch konkurrierende kognitive Anforderungen stärker beeinträchtigt wird als die automatische. Wegner, Erber & Zanakos (1993) haben einige Nachweise vorgelegt, die diese These stützen.

Wegner u. a. vertraten die Auffassung, daß es einen ironischen oder paradoxen Überwachungsprozeß gibt, der automatisch abläuft, sobald man sich auf eine intentionale Stimmungsregulierung einläßt (s. Kapitel 4). Dieser paradoxe Prozeß überprüft, ob Informationen vorliegen, die darauf hindeuten, daß der intentionale Prozeß sein Ziel verfehlt. Das hat zur Folge, daß der Betreffende überempfindlich auf das Auftauchen solcher Informationen reagiert. Wenn die Person zum Beispiel versucht, sich selbst in eine gute Stimmung zu versetzen, sucht der paradoxe Prozeß nach Beweisen dafür, daß diese gute Stimmung nicht erreicht wird und greift das leiseste Anzeichen eines unangenehmen Affekts auf. Wenn konkurrierende Anforderungen mit dem intentionalen Prozeß kollidieren, bringt das paradoxe Überwachungssystem also Affektmaterialien ins Bewußtsein, deren Wirkung auf die Stimmung das genaue Gegenteil des beabsichtigten Effekts ist. In unserem Beispiel werden also negative Informationen ins Bewußtsein gebracht, und die Person findet sich letztlich in einer Stimmung wieder, die noch unangenehmer ist als die ursprüngliche. Diese Argumentation hilft zu erklären, warum man häufig den Eindruck hat, daß alles nur noch schlimmer wird, wenn man sich bemüht, seine Furcht oder Niedergeschlagenheit zu unterdrücken (Wegner, 1989; 1994; s. auch Kapitel 7).

Zur Bestätigung ihrer Theorie haben Wegner u. a. nachgewiesen, daß Personen, die versuchten, in eine gute oder schlechte Stimmung zu kommen und dabei gleichzeitig mit einer kognitiven Aufgabe beschäftigt waren, sich schließlich in genau der gegenteiligen Stimmung befanden, die sie angestrebt hatten. Die Studie ergab außerdem, daß

Wörter, die sich eher auf die unbeabsichtigte als auf die beabsichtigte Stimmung bezogen, zu einer größeren semantischen Interferenz bei einer Farbbestimmungsaufgabe führten, wenn die Teilnehmer einer kognitiven Belastung ausgesetzt wurden. Das deutet darauf hin, daß ein besserer kognitiver Zugriff auf Themen bestand, die mit der unbeabsichtigten oder »paradoxen« Stimmung zusammenhingen.

Die Frage, wie Stimmungsinformationen repräsentiert sind und in welcher Form der Zugriff erfolgt, ist umstritten. Diese Meinungsunterschiede haben potentielle Konsequenzen für die angenommene Form oder Struktur der Überwachungsprozesse. Nach vorherrschender Meinung entspricht die Stimmung einer speziellen Art von innerem Signal, das einem Energielevel gleicht und durch irgendeine Form von simpler Abfrage direkt zugänglich ist (Buck, 1985). Andere Theorien gehen davon aus, daß es sich bei reflexiven Beurteilungen des Affektzustands um Schlußfolgerungen handelt, die aus wichtigen, dem Körper und der Umwelt entspringenden Informationsquellen gezogen werden (Valins, 1966). Das würde bedeuten, daß die Stimmungsüberwachung auf relativ hochentwickelten kognitiven Entscheidungsprozessen beruht. Nach einer anderen Auffassung basiert das Affekterleben nicht auf dem schlußfolgernden Denken, sondern auf einem komplexen Wahrnehmungskonstrukt, das aus vielfältigen Informationskanälen gespeist wird (Laird & Breseler, 1992). Im nächsten Abschnitt erörtern wir die unterschiedlichen Arten von inneren und äußeren Informationen, die für stimmungsüberwachende Prozesse genutzt werden könnten.

Informationsquellen über die Stimmung

Seit William James (James, 1898) ist man im allgemeinen davon ausgegangen, daß das affektive Erleben direkt oder indirekt mit Rückmeldungen über die körperliche Verfassung zusammenhängt, insbesondere mit physiologischen Veränderungen im Hinblick auf die Herzfrequenz, das innere Wärmeempfinden oder die allgemeine Erregung. Das Problem bei Überwachungserklärungen, die sich auf Sinneswahrnehmungen stützen, ist, daß Menschen die relevanten Stimuli offenbar relativ schlecht beurteilen können. Pennebaker (1981) hat zum Beispiel festgestellt, daß Versuchspersonen bei der Beurteilung der Herzfrequenz empfänglicher auf äußere als auf innere Reize reagierten. Doch die Tatsache, daß Menschen von einem Zusammenhang zwischen Affekt und körperlichen Reaktionen überzeugt sind (Parkinson, 1990), spricht dafür, daß sie körperliche Signale in bestimmten Situationen als Anzeichen ihres Affektzustandes deuten.

Die Theorie des mimischen Feedbacks (Facial-Feedback-Theory, z. B. Laird, 1974) geht davon aus, daß Menschen ihre eigenen Gesichtsausdrücke und Gesichtsbewegungen als Informationsgrundlage nutzen, um Schlüsse über ihr Affekterleben zu ziehen. Das Feedback von Körperhaltungen kann ebenfalls Anhaltspunkte für die Stimmung liefern. Menschen sagen zum Beispiel häufiger von sich selbst, daß sie traurig sind, wenn sie in zusammengekauerter Haltung sitzen (Duclos et al., 1989). Studien haben gezeigt, daß sowohl das mimische als auch das Feedback der Körperhaltung Affekteinschätzungen beeinflußt, unabhängig davon, ob dieses Feedback explizit im Bewußtsein repräsentiert wird (Stepper & Strack, 1993; Zajonc, Murphy & Inglehart, 1989).

Wenn man die Stimmung als ein Phänomen betrachtet, das unabhängig von seinen unterschiedlichen körperlichen Manifestationen besteht, dann ist es auch möglich, daß die Überwachung direkten Zugriff auf die intrinsische Qualität der Stimmung hat. Zajonc u. a. (1989) haben zum Beispiel argumentiert, daß spezielle Neurotransmitter direkte Auswirkungen auf den Affektzustand haben, die auf der subjektiven Ebene sofort entdeckt werden.

Man kann auch aufgrund von äußeren Hinweisen, zum Beispiel aufgrund des eigenen Verhaltens oder der Situation, den Schluß ziehen, daß man in einer bestimmten Stimmung ist. Nach der Selbstwahrnehmungstheorie von Bem (1972) schließen wir mitunter aus der Beobachtung des eigenen Verhaltens und der Umstände, in denen dieses Verhalten auftritt, auf unsere gefühlsmäßige Verfassung, wenn die inneren Hinweise schwach oder widersprüchlich sind. Kellerman, Lewis & Laird (1989) stellten fest, daß selbstbeurteilte Gefühle leidenschaftlicher Liebe davon beeinflußt wurden, ob gedämpftes Licht herrschte und ob »romantische« Musik gespielt wurde.

Eine weitere wichtige äußere Informationsquelle für den Affekt sind andere Menschen. Die Reaktionen anderer können uns Hinweise darauf liefern, daß unsere eigene Stimmung der Überwachung bedarf. So sind wir eher geneigt, die Aufmerksamkeit auf uns selbst und insbesondere auf unsere Stimmung und ihren Ausdruck zu richten, wenn andere Leute verstört auf etwas reagieren, was wir sagen oder tun. Ein solcher Prozeß der Selbstaufmerksamkeit hilft uns herauszufinden, warum unser Verhalten diese zwischenmenschliche Reaktion auslöst. In diesem Zusammenhang hat Buck (1989) argumentiert, daß ein biosozialer Feedbackprozeß zu einem besseren Verständnis der eigenen Gefühle führt. Nach seiner Ansicht erhalten wir durch die emotionale Ausdrucksverhalten anderer Personen Signale über unseren eigenen Ausdruck und damit wahrscheinlich auch über unser eigenes Erleben. Natürlich erhalten Menschen mitunter auch direktere verbale Beschreibungen ihrer Stimmung von anderen Personen, und auch diese Informationen können für den Prozeß der Stimmungsüberwachung genutzt werden.

Bis jetzt sind wir bei der Erörterung möglicher Affektinformationen von der bekannten Annahme ausgegangen, daß die relevanten inneren oder äußeren Signale eher in einem einzelnen Moment als über längere Zeiträume registriert werden. Um Schlüsse über die eigene Stimmung zu ziehen, könnte es jedoch unter Umständen auch erforderlich sein, daß man mehrere Augenblickserfahrungen, die sich mit der Zeit ansammeln, verallgemeinert. Wenn man zum Beispiel von anderen darauf hingewiesen wird, daß man schon den ganzen Tag über schlechte Laune verbreitet hat, denkt man möglicherweise darüber nach, was man seit dem Aufstehen gefühlt und getan hat und wie dieses Verhalten auf andere gewirkt haben könnte, und kommt zu dem Schluß, daß man tatsächlich schlechter Stimmung war und immer noch ist. Unsere eigenen Studien (Parkinson, Briner, Reynolds & Totterdell, 1995) deuten darauf hin, daß zusammenfassende Beurteilungen der Tagesstimmung recht genau mit dem Durchschnitt der Augenblickseinschätzungen übereinstimmen, die man im Laufe des Tages gemacht hat. Dieser Befund deutet darauf hin, daß man innerlich empfundene Stimmungsgrade, die sich mit der Zeit angesammelt haben, entweder recht präzise zusammenfassen kann oder daß jede einzelne Einschätzung bereits auf einem längeren Zeitraum beruht.

Individuelle Unterschiede bei der Stimmungsbewertung

Nach Salovey u. a. (1993) wird die emotionale Selbstregulation eingeleitet, wenn die Neigung besteht, sich auf eine Regulation einzulassen, und wenn Regulationsstrategien zur Verfügung stehen. In diesem Abschnitt werden wir einige der von Salovey u. a. ermittelten Faktoren beschreiben, die die Regulationsneigung beeinflussen, wie zum Beispiel die Meta-Erfahrung der Stimmung und der Grad der Emotionsbewußtheit.

Wir bereits an anderer Stelle ausgeführt, erfordert die Stimmungsregulation irgendeine Form der Stimmungsüberwachung, und eine bewußte Stimmungsüberwachung erfordert irgendeine Form der Selbst-Bewußtheit. Ein Aspekt dieser Selbst-Bewußtheit ist die *selbstfokussierte Aufmerksamkeit*, was bedeutet, daß die Aufmerksamkeit eher auf die eigenen Gedanken und Gefühle gerichtet wird als auf die Außenwelt. Diese Selbstfokussierung kann auf unterschiedliche Weise erfolgen. So fördern zum Beispiel personenorientierte Reize wie Spiegel oder Kameras normalerweise die Selbstfokussierung. Durch Stimmungen, insbesondere durch negative Stimmungen, kann die Aufmerksamkeit ebenfalls auf das Selbst gelenkt werden (Ingram, 1990; Salovey, 1992). Außerdem neigen einige Menschen von Natur aus zu einer stärkeren Konzentration auf die eigene Person. Selbstfokussierte Menschen erzielen häufig hohe Werte auf der Persönlichkeitsdimension des »privaten Selbst-Bewußtseins« (*private self-consciousness*) (Fenigstein, Scheier & Buss, 1975).

Von besonderer Bedeutung für die vorliegende Erörterung ist jener Aspekt der Selbst-Bewußtheit (*self-awareness*), der als *Stimmungsbewußtheit (mood-awareness)* bezeichnet wird und sich auf die Aufmerksamkeit gegenüber dem eigenen Stimmungszustand bezieht. Swinkels und Giuliano (1995) haben zwei Dimensionen der Stimmungsbewußtheit ermittelt: Die *Stimmungsüberwachung* und die *Stimmungsbezeichnung (mood monitoring* und *mood labelling)*. Personen, die hohe Werte auf der Dimension der Stimmungsüberwachung erzielen, neigen dazu, in einer Vielzahl von Situatonen auf ihre eigene Stimmung zu achten und sie kritisch zu überprüfen, während Personen, die hohe Werte auf der Dimension der Stimmungsbezeichnung erreichen, die Fähigkeit haben, ihre Stimmungen zu identifizieren und zu benennen. Verglichen mit den ausgeprägten Stimmungsüberwachern zeigen unausgeprägte Stimmungsüberwacher tendenziell höhere Werte beim Selbstbewußtsein, sind neurotischer, haben ein geringeres Selbstwertgefühl und erleben mehr negative Affekte. Verglichen mit ausgeprägten Stimmungsbezeichnern zeigen unausgeprägte Stimmungsbezeichner tendenziell weniger soziale Ängste, sind weniger neurotisch, stärker extravertiert, verfügen über größere nonverbale Ausdrucksfähigkeiten und erleben mehr positive Affekte. Ausgeprägte Stimmungsbezeichner erzielen auch niedrigere Werte auf einer *Alexithymie*-Skala, was intuitiv einleuchtend erscheint, weil sich dieser Begriff auf die Unfähigkeit bezieht, eigene Gefühle wahrzunehmen und auszudrücken.

Es gibt auch individuelle Unterschiede beim *Meta-Stimmungserleben*, was sich auf die reflexive Wahrnehmung der Stimmung bezieht und eine bewußte Bewertung und Steuerung der Stimmung umfaßt (Mayer & Gaschke, 1988). Zum Meta-Stimmungserleben kann zum Beispiel gehören, daß der einzelne erwägt, ob die Stimmung verständlich, akzeptabel, typisch, unter Kontrolle oder am Umkippen ist. Mayer und Gaschke haben nachgewiesen, daß das Erleben und das Meta-Erleben der Stimmung teilweise unabhängig voneinander sind. Auf der Meta-Stimmungsebene werden zum Beispiel entspannte Stimmungen als akzeptabler und als weniger unkontrolliert bewertet als Stimmungen, die sich durch den positiven Affekt auszeichnen.

Salovey u. a. (1993) unterscheiden zwischen zustands- und eigenschaftsbezogenen Stimmungserfahrungen. Mit ersteren sind Kognitionen gemeint, die während eines akuten Stimmungserlebens auftreten, während sich die zweite Kategorie auf allgemeinere, längeranhaltende Kognitionen bezieht, die der einzelne mit seinen Stimmungen verbindet. Salovey, Mayer, Goldman, Turvey und Palfai (1995) haben einen Fragebogen entwickelt, der das Meta-Stimmungserleben als Persönlichkeitsmerkmal mißt. Die drei Subskalen, in die der Fragebogen unterteilt ist, beziehen sich auf die Stimmung*aufmerksamkeit*, auf die *Klarheit* der emotionalen Differenzierung sowie auf *Ansichten* über das Bewahren guter und das Korrigieren schlechter Stimmungen. Im Hinblick auf das Verhältnis zu anderen Variablen entsprechen Aufmerksamkeit und Klarheit in etwa den Dimensionen der Stimmungsüberwachung und Stimmungsbezeichnung. So zeigen zum Beispiel Personen, die typischerweise mehr Aufmerksamkeit auf ihre Stimmungen richten, tendenziell ein höheres Selbst-Bewußtsein, während Personen, die klar zwischen ihren Stimmungen differenzieren können, tendenziell weniger depressiv und weniger unsicher bezüglich ihres emotionalen Ausdrucks sind.

Mayer und Stevens (1994), die sich um eine Zusammenfassung und Erweiterung der Ergebnisse in diesem Forschungsbereich bemüht haben, stützen sich auf einen Ansatz, der das Meta-Stimmungserleben in die zwei Bereiche Bewertung und Regulierung unterteilt. In ihrem System umfaßt die Bewertung von Gefühlen die Aspekte Klarheit, Akzeptanz, Neuartigkeit und Einfluß auf die Stimmung, während die Gefühlsregulation das Korrigieren, Bewahren und Dämpfen von Stimmungen umfaßt.

Die bisherige Erörterung hat gezeigt, daß es unterschiedliche Dimensionen bei der Stimmungsbewertung und -regulierung gibt und daß sich einzelne Menschen auf diesen Dimensionen unterscheiden. Eine weitere wichtige Frage ist jedoch, ob sich Unterschiede in der Stimmungsbewertung auf die individuelle Fähigkeit zur Stimmungsregulation auswirken. Giuliano (1995) hat nachgewiesen, daß individuelle Unterschiede in der Stimmungsbewußtheit Vorhersagen über die Stimmungsregulation erlauben. Insbesondere berichteten ausgeprägte Stimmungsbezeichner (s. oben) sowohl im Anschluß an positive als auch an negative Stimmungsinduktionen von stärkeren positiven Stimmungen als unausgeprägte Stimmungsbezeichner, und ausgeprägte Stimmungsüberwacher berichteten nach der Induktion einer negativen und einer positiven Stimmung von stärkeren negativen Stimmungen als unausgeprägte Stimmungsüberwacher. Mit anderen Worten: Wer seine Stimmung gut beschreiben kann, scheint auch besser in der Lage zu sein, sich selbst aus einer schlechten Stimmung herauszuholen oder eine gute Stimmung zu bewahren. Wer dagegen ständig auf seine Stimmungszustände achtet, reagiert auch sensibler auf unangenehme Ereignisse. Swinkels und Giuliano (1995) haben außerdem festgestellt, daß ausgeprägte Stimmungsüberwacher ihre eigene Stimmungsregulation für weniger erfolgreich halten als unausgeprägte Stimmungsüberwacher.

Bei ausgeprägten Stimmungsüberwachern zeigte sich auch eine verstärkte Neigung zu Regulationsstrategien, die ein *Nachgrübeln* umfaßten, d. h. die Tendenz, in Gedanken immer wieder um die negativen Aspekte einer Situation zu kreisen. Salovey und Kollegen (1995) stellten fest, daß Personen, die sich nach eigenen Angaben über ihre Stimmungen im klaren waren, nach der Induktion einer negativen Stimmung, schneller aufhörten zu grübeln und sich schneller erholten als Personen, die sich weniger über ihre Stimmungen im klaren waren. Wenn Menschen grübeln, so unter anderem, weil sie den Eindruck haben, daß sie ihre Gefühle dadurch besser verstehen (Lyubomirsky & Nolen-Hoeksema, 1993), doch in der Praxis scheint das Grübeln eher zur Fortsetzung einer deprimierten Stimmung zu führen. Bei Strategien, die die Aufmerksamkeit von der negativen Stimmung ablenken, hat man im allgemeinen festgestellt, daß sie erfolgreicher sind als das Nachgrübeln (Nolen-Hoeskema, Morrow & Frederickson, 1993). So haben zum Beispiel Lavallee und Campbell (1995) herausgefunden, daß negative Ereignisse, die sich auf die aktuellen Ziele der Person beziehen, stärkere Regulationsreaktionen, wie zum Beispiel Nachgrübeln, auslösen und daß genau diese Regulationsreaktionen für das stärkere Stimmungstief nach zielbezogenen negativen Ereignissen verantwortlich sind. Doch es scheint auch denkbar, daß das Grübeln wichtige Funktionen erfüllt, die nicht mit der unmittelbaren Affektregulierung zusammenhängen und daß diese stimmungsunabhängigen Vorteile manchmal die kurzfristigen Nachteile für die Stimmung aufwiegen.

Wir haben diesen Abschnitt über individuelle Unterschiede damit begonnen, daß wir die mögliche Bedeutung der selbstfokussierten Aufmerksamkeit für die Stimmungsbewertung beschrieben haben. Einige Forscher sind überzeugt, daß die selbstfokussierte Aufmerksamkeit zu unangenehmen Stimmungen führt und daß die unangenehme Stimmung dann wiederum die selbstfokussierte Aufmerksamkeit erhöht (Lavallee und Campbell, 1995). Die Befunde bezüglich des Grübelns scheinen diese Auffassung zu stützen. Doch wie wir im folgenden Abschnitt zeigen werden, kann die selbstfokussierte Aufmerksamkeit, die in Reaktion auf unangenehme Stimmungen entsteht, auch zu Regulationsreaktionen führen, die den Affekt abmildern. Glücklicherweise läßt sich dieser Widerspruch wahrscheinlich auflösen, indem man zwischen unterschiedlichen Dimensionen der Stimmungsbewertung unterscheidet. Eine starke Stimmungsüberwachung scheint zum Beispiel schlecht angepaßte Regulationsstrategien wie das Grübeln in Gang zu setzen, was sich dann negativ auf die Stimmung auswirkt, während die Stimmungsbezeichnung offenbar mit produktiveren Strategien wie der Suche nach sozialer Unterstützung verbunden ist (Swinkels & Giuliano, 1995). Es ist natürlich auch denkbar, daß unterschiedliche Strategien in unterschiedlichen Situationen unterschiedlich erfolgreich sind und daß sich sogar das Grübeln auf lange Sicht positiv auf die Stimmung auswirkt.

Zusammenfassend: Bis jetzt haben wir beschrieben, was zur Zeit über die Stimmungsbewertung bekannt ist. Wir haben die verschiedenen Prozesse erörtert, die möglicherweise bei der Überwachung und Einschätzung der Stimmung eine Rolle spielen, die verschiedenen Informationsquellen erläutert, die für diese Prozesse zur Verfügung stehen, und untersucht, wie sich einzelne Menschen in ihrer Fähigkeit der Stimmungsbewertung unterscheiden. Außerdem haben wir diskutiert, wie diese individuellen Unterschiede offenbar die Formen der eingesetzten stimmungsregulierenden Strategien beeinflussen, und auch den individuellen Erfolg bei der Stimmungsveränderung vorhersagen. Im nächsten Abschnitt wollen wir ausführlicher auf einzelne Aspekte stimmungsverändernder Strategien eingehen.

Stimmungen verändern

In diesem Abschnitt werden wir die unterschiedlichen Arten von überlegten Strategien betrachten, die Menschen einsetzen, um ihre Stimmungen zu verändern. In den meisten Fällen sind diese Strategien darauf ausgerichtet, negative Stimmungen zu korrigieren, aber es gibt auch andere Formen der Stimmungsregulation, die wir weiter unten beschreiben werden. Wir werden erörtern, was über die Wirksamkeit verschiedener stimmungsregulierender Strategieformen bekannt ist und kurz auf individuelle Unterschiede in bezug auf diese Strategien eingehen. Dieser Forschungsbereich steckt allerdings noch in den Kinderschuhen, deshalb sind die bislang vorliegenden Befunde relativ spärlich und die Theorien noch unausgereift. Die meisten relevanten konzeptuellen und empirischen Arbeiten haben sich entweder auf klinische Beobachtungen gestützt oder Anleihen bei verwandten Forschungsgebieten wie der Bewältigung gemacht. Wie mager die bisherige Forschungsausbeute ist, zeigt sich auch daran, daß wir nur drei Beispiele für den Versuch gefunden haben, eine einigermaßen umfassende Erklärung der stimmungsregulierenden Strategien zu liefern. Diese drei Modelle werden wir im folgenden beschreiben.

Klassifizierung von stimmungsregulierenden Strategien

Morris und Reilly (1987; s. auch Morris, 1989) haben ein Schema zur Klassifikation von stimmungsregulierenden Strategien vorgeschlagen, das sich an das von Pearlin und Scholler (1978) entwickelte Klassifikationsystem für Streß und Bewältigungsstategien anlehnt. Sie nennen drei Hauptkategorien der Regulierung. Erstens: Es gibt Strategien, die auf eine direkte Handhabung der Stimmung zielen oder sich direkt auf den Affekt auswirken. Zu diesen Strategien gehören Selbstbelohnungen, Alkoholkonsum, Ablenkung und die Steuerung des Ausdrucksverhaltens. Zweitens: Es gibt Strategien, die auf eine Neudefinition der Stimmungsbedeutung zielen. Mit anderen Worten: die Strategien führen dazu, daß der einzelne seine Stimmung umdeutet und anders auffaßt. Zu diesen Strategien gehören nach unten gerichtete Vergleiche (man denkt an Menschen, denen es noch schlechter geht als einem selbst), Attributionstendenzen (man verinnerlicht Erfolge, verlagert Mißerfolge nach außen) und kognitive Neu-Interpretationen. Drittens: Einige Strategien zielen auf eine Beseitigung der Stimmungsursache und umfassen ein direktes Vorgehen gegen die vermeintlichen Auslöser der Stimmung. Zu diesen Strategien gehören verschiedene Formen des problemfokussierten Handelns, zum Beispiel, daß man sich verstärkt bemüht, die Situation in den Griff zu bekommen.

Morris und Reilly haben außerdem eine vierte Regulationskategorie ermittelt, die sich darauf bezieht, daß man Anschluß an andere Menschen sucht. In diese Gruppe fallen Strategien, mit denen man nach sozialer Unterstützung strebt; sie wird als begrifflich eigenständige, aber mit den anderen Kategorien verwandte Gruppe beschrieben, weil man die darin enthaltenen Strategien nutzen kann, um jede der anderen Kategorien umzusetzen. Die soziale Interaktion erleichtert es zum Beispiel, die eigene Stimmung durch Ablenkungen zu steuern, sie kann die Bedeutung der Stimmung verringern oder das Problem beseitigen. Im folgenden Abschnitt erörtern wir die Nachweise für die Anwendung und Wirksamkeit einzelner Strategien aus diesen vier Kategorien.

Die von Thayer, Newman und McClain (1994) vorgestellte Klassifikation der stimmungsregulierenden Strategien stützt sich auf Thayers (1989) eigene zweidimensionale biopsychologische Stimmungstheorie. Nach dieser Theorie sind die beiden Stimmungsdimensionen mit zentralen Zuständen der körperlichen Erregung verbunden und hängen mit *Energie* (vergleichbar der in Kapitel 2 gegebenen Definition des positiven Affekts) und *Spannung* (vergleichbar dem negativen Affekt) zusammen. Selbstregulatorische Verhaltensweisen sind folglich entweder darauf angelegt, die Energie so zu erhöhen oder die Spannung so zu verringern, daß sie ein optimales (aber wahrscheinlich wechselndes) Niveau erreichen. Manchmal beeinflußt eine stimmungsregulierende Aktivität nur eine der beiden Dimensionen, aber zahlreiche Aktivitäten berühren beide gleichzeitig. So kann eine körperliche Betätigung gleichzeitig die Energie erhöhen und die Spannung reduzieren. Dies und die Tatsache, daß körperliche Bewegung viele verschiedene physische und kognitive Systeme gleichzeitig in Anspruch nehmen kann, macht die körperliche Betätigung zu einer besonders effektiven Strategie der Affektregulation.

Thayer u. a. ermittelten 32 Kategorien eines stimmungsregulierenden Verhaltens, indem sie Personen darüber befragten, wie sie normalerweise gegen eine schlechte Stimmung vorgingen, wie sie ihren Energielevel erhöhten und wie sie die Spannung abbauten. Die Verhaltenskategorien, die in bezug auf die Veränderung einer schlechten Stimmung genannt wurden, deckten sich nahezu vollständig mit jenen, die laut Voraussage die Energie erhöhen und die Spannung senken sollten, was als weiterer Beleg für die Validität des zweidimensionalen Modells betrachtet wurde. Die Strategien wurden dann in einen Fragebogen mit vorgefertigten Antworten aufgenommen und einer größeren Probandenauswahl vorgelegt. Eine Faktorenanalyse der Antworten ergab sechs Gruppen von Strategien, die zur Veränderung einer schlechten Stimmung eingesetzt wurden. Diese wurden wie folgt beschrieben: aktive Stimmungssteuerung; Suche nach erfreulichen Aktivitäten und Ablenkungen; passive Stimmungssteuerung; Unterstützung, Ventilierung und Gratifikation; direkter Spannungsabbau und Rückzug/Vermeidung. Eine ähnliche Analyse der Strategien, die zur Energiesteigerung genutzt wurden, ergab drei Faktoren: Aktivität; verringerte Aktivität und Ruhe; sowie den Einsatz von stimulierenden Substanzen (z. B. Koffein). Schließlich wurden die spannungsreduzierenden Strategien im Hinblick auf drei Faktoren ausgerichtet: emotionaler Ausdruck, Ernährung und Drogen; Muskelentspannung, kognitive Kontrolle und Streßmanagement; sowie angenehme Ablenkung. Thayer und seine Mitarbeiter räumen ein, daß die Struktur dieser Faktoren nicht die angestrebte Stärke aufwies. Das hängt vermutlich damit zusammen, daß die Faktoren unabhängige Verhaltenskategorien miteinander kombinieren. Die aktive Stimmungssteuerung umfaßt zum Beispiel solche Strategien wie Relativierung von Gefühlen, sportliche Betätigung, Duschen, Selbstgratifikation und Humor.

Westen (1994) entwickelte einen ganz anderen theoretischen Ansatz für ein Verständnis der Stimmungsregulation. In seinem Modell werden Gefühle als Mechanismen für die Auswahl und Beibehaltung von Regulationsstrategien aufgefaßt: Angenehme Affektzustände verstärken den Einsatz bestimmter Strategien, während unangenehme Affektzustände es unwahrscheinlicher machen, daß bestimmte Strategien weiterhin angewendet werden. Wenn man zum Beispiel die Erfahrung macht, daß körperliche Betätigung das Wohlbefinden steigert, wird man sich schließlich auch bei anderen Gelegenheiten aus diesem speziellen Zweck körperlich betätigen. So entwickeln Personen dann ein gewisses Repertoire von möglichen verhaltensbezogenen und mentalen Strategien, um aversive Affektzustände zu regulieren und um angenehme Zustände zu maximieren. Bei Strategien die sich als erfolgreich erwiesen haben, ist es wahrscheinlicher, daß sie in ähnlichen Situationen erneut benutzt werden.

Westen beschreibt, wie man sein Modell auch nutzen könnte, um Theorie und Forschung aus mehreren Domänen, einschließlich der behavioristischen, kognitiven, Evolutions- und psychodynamischen Psychologie, zu interpretieren und zu verbinden. Das Modell ist auch anwendbar auf eine Reihe von sozial-kognitiven Phänomenen, die mit den erlebten Diskrepanzen zwischen Realität und Selbstbild zusammenhängen. Wenn man auf eine offensichtlich hilfsbedürftige Person trifft, könnte zum Beispiel eine solche Diskrepanz entstehen, weil die persönlichen Wertmaßstäbe in bezug auf ein wünschenswertes soziales Verhalten nicht zu der Wahrnehmung passen, daß man selbst nichts getan hat, um diesen Ansprüchen gerecht zu werden. Die dadurch möglicherweise ausgelösten Schuldgefühle könnten wiederum eine Strategie, wie zum Beispiel ein hilfreiches Verhalten, in Gang setzen. Wenn das hilfreiche Verhalten die Schuldgefühle erfolgreich reguliert, dann ist es nach den oben beschriebenen Prinzipien wahrscheinlich, daß die Person dieses Verhalten in ähnlichen Situationen wiederholt. Doch wenn das Helfen keine tragfähige Option ist oder in früheren Situation fehlgeschlagen ist, dann wird die Person eine alternative Strategie, zum Beispiel eine Abwertung des Leidenden, aktivieren, um die Schuldgefühle zu verringern (Morris, 1989).

Aus einer evolutionspsychologischen Perspektive besagt das Modell von Westen, daß Gefühle genutzt werden, um das Verhalten in Richtungen zu steuern, die der Anpassung dienen. Einige primitive biologische Verhaltensreaktionen werden automatisch durch psychophysiologische Zustände ausgelöst, zum Beispiel eine Kampf- oder Fluchtreaktion bei Furcht, während andere Reaktionen komplexere Verfahrensfertigkeiten erfordern, die im Laufe der Zeit erlernt werden. Nach Ansicht von Westen bewahren und nutzen wir möglicherweise auch Verhaltensweisen, die ihren Anpassungszweck mittlerweile verloren haben. Zahlreiche Belege aus der psychodynamischen Forschung sprechen zum Beispiel dafür, daß Menschen häufig Informationen unterdrücken oder verzerren, um unangenehme Gefühle zu vermeiden (siehe Kapitel 7). Diese Reaktionen entwickeln sich mitunter in der Kindheit und setzen sich ins Erwachsenenalter fort, auch wenn dieses Verhalten aufgrund veränderter Umstände nicht mehr angemessen ist. Auch die Psychodynamik argumentiert, daß Menschen häufig eine Vielzahl widersprüchlicher Ziele verfolgen und deshalb eine Vielzahl gleichzeitiger Affekte regulieren müssen.

Das Modell von Westen unterscheidet sich vor allem dadurch von anderen Ansätzen, weil es von der Annahme ausgeht, daß Regulationsreaktionen speziell auf bestimmte Affekte zugeschnitten sind, während Bewältigungstheorien davon ausgehen, daß unter Streßbedingungen relativ allgemeine Reaktionen ausgelöst werden. In einer Überprüfung seines Modells konnte Westen (1994) nachweisen, daß unterschiedliche Emotionen unterschiedliche Arten von Regulationsreaktionen auslösten. So hing Angst zum Beispiel eher mit Reaktionen zusammen, die auf eine Unterdrückung der Emotion zielten, während Schuld eher mit Reaktionen zusammenhing, die auf eine Wiedergutmachung zielten, wie Entschuldigen oder Helfen. Westen stellte jedoch fest, daß Personen, die eine einzelne unangenehme Emotion erleben, auch eher dazu neigen, andere unangenehme Emotionen zu erleben und folglich eher eine Vielzahl von unterschiedlichen Regulationsstrategien einsetzen.

Einige Studien über das Meta-Stimmungserleben, die wir im vorigen Abschnitt beschrieben haben, legen ebenfalls nahe, daß Stimmungen zu einer selektiven Auswahl von Regulationsstrategien führen könnten. Wenn Stimmungen und Meta-Stimmungserfahrungen in zahlreichen Situationen gemeinsam auftreten, könnten nach Mayer und Gaschke (1988) Daten verfügbar werden, die den einzelnen in die Lage versetzen, Theorien über Situationen aufzustellen, die spezifische Stimmungen erzeugen. So könnte man zum Beispiel durch Erfahrung lernen, bestimmte Situationen herbeizuführen, die mit angenehmen und verständlichen Stimmungen verbunden sind.

Allgemeine Wirkung von Regulationsstrategien auf den Affekt

Obwohl die drei beschriebenen Modelle der Stimmungsregulation unterschiedliche theoretische Ansätze wählen und daher die Regulationsstrategien unterschiedlich klassifizieren, umfassen sie alle ähnliche Strategietypen. In diesem Abschnitt beschreiben wir Forschungsarbeiten, die die generelle Wirkungsweise dieser Strategien aufzeigen, und im nächsten Abschnitt stellen wir Forschungsarbeiten vor, die die relative Wirksamkeit einzelner Strategieformen bewerten.

Zunächst wollen wir einige kognitive Strategien betrachten, die der Abmilderung schlechter Stimmungen dienen. Eine derartige Strategie besteht darin, daß man an etwas Angenehmes denkt und zum Beispiel eine positive Erinnerung wachruft. Diese Strategie läuft vermutlich über die Auslösung angenehmer Assoziationen und das Priming weiterer positiver Gedanken und Gefühle. Wenn man dagegen während einer angenehmen Stimmung an unangenehme Erlebnisse denkt, müßte sich die gute Stimmung entsprechend verschlechtern. Erber und Erber (1994) stellten genau diese Auswirkungen eines stimmungsinkongruenten Erinnerns fest, nachdem sie Versuchspersonen zuvor in eine negative und positive Stimmung versetzt hatten. Die Auswirkungen waren am stärksten bei Teilnehmern, die besondere Anstrengungen investierten, um eine stimmungsinkongruente Erinnerung wachzurufen. Diese gesteigerte Anstrengung verringerte wahrscheinlich die verfügbare kognitive Kapazität, die für eine Verarbeitung von stimmungskongruenten Gedanken zur Verfügung stand.

Obwohl eine stimmungsinkongruente Erinnerung in der Praxis eine vorteilhafte Affektwirkung während unangenehmer Stimmung haben kann, reagieren Menschen in Experimenten, bei denen die Stimmung gemessen wird, offenbar eher mit einer stimmungskongruenten Erinnerung (s. Kapitel 4). Nach Parrott und Sabini (1990) ist dies jedoch unter anderem darauf zurückzuführen, daß die Versuchspersonen das Interesse der Forscher an der Wirkungsweise von Stimmungen erkennen und deshalb versuchen, sich kooperativ zu zeigen, indem sie ihre Stimmung eher bewahren als verändern. Im Einklang mit dieser Argumentation kamen diese Wissenschaftler zu dem Ergebnis, daß ein stimmungsinkongruentes Erinnern wahrscheinlicher war, wenn die Versuchspersonen nicht wußten, daß ihre Stimmungen relevant für die Studienzwecke waren. Erber und Erber (1994) stellten außerdem fest, daß eine stimmungsinkongruente Erinnerung häufiger auftrat, wenn die Teilnehmer einen speziellen Anreiz für eine Stimmungsveränderung hatten. So zeigte sich zum Beispiel, daß Studenten eine schlechte Stimmung häufiger durch stimmungsinkongruente Erinnerungen abzumildern versuchten, wenn sie sich am Unterricht beteiligen wollten und deshalb Ablenkungen ausblenden mußten, um sich voll zu konzentrieren, während gegen Ende des Unterrichts stimmungskongruente Gedanken wahrscheinlicher wurden.

Man kann die Stimmung auch durch Gedanken an die Zukunft regulieren. Persson und Sjöberg (1985) stellten fest, daß die negativen Aspekte von antizipierten Ereignissen die momentane Stimmung ungünstig beeinflußten. In eigenen Studien (Totterdell,

Parkinson, Briner & Reynolds, 1995) haben wir in diesem Zusammenhang festgestellt, daß die Tagesstimmung stärker durch erwartete Stimmungen und künftige Ereignisse beeinflußt wird als durch die Stimmungen und Ereignisse des vorhergehenden Tages. Wenn Menschen Gedanken an die Zukunft nutzen, um eine schlechte Stimmung abzumildern, würde man erwarten, daß sie sich in erster Linie Verhaltensweisen und Situationen vorstellen, die zu angenehmen Empfindungen führen. Bestätigt wurde diese Annahme durch Staats und Skowronski (1992), die feststellten, daß Versuchspersonen angenehme Emotionsbegriffe eher mit ihrem künftigen als mit ihrem derzeitigen Erleben verbanden. Nach Tversky und Griffin (1991) können Erwartungen eine hedonistische Wirkung haben, unabhängig davon, ob die erwarteten Ereignisse tatsächlich eintreffen oder nicht. Sie sind der Auffassung, daß Erwartungen die Stimmung in zwei gegensätzlichen Weisen beeinflussen können: Erstens: Das Angenehme oder Unangenehme des antizipierten Ereignisses kann direkte und kongruente Auswirkungen auf die Stimmung haben, so daß zum Beispiel hohe Erwartungen das Wohlbefinden steigern (*Ausstattungs*wirkung). Zweitens: Die Erwartungen können eine *Kontrast*wirkung ausüben, weil sie das tatsächliche Geschehen im Vergleich mit dem erwarteten Geschehen besser oder schlechter erscheinen lassen. Obwohl Tversky und Griffin der Ansicht sind, daß beide Effekte in Reaktion auf dieselbe Erwartung eintreten können, überwiegt häufig der eine oder der andere bei der gemeinsamen Wirkung auf die positive oder negative Stimmung. Sie illustrieren ihre Auffassung an dem Beispiel, daß der Wunschtraum vom Lottogewinn in seiner positiven Wirkung stärker wiegt, als die Enttäuschung, wenn man verliert.

Es gibt auch einige Hinweise darauf, daß ein positives Denken die Stimmung verbessert. Wenn wir zum Beispiel unterstellen, daß unsere Affektreaktionen auf Ereignisse hauptsächlich davon abhängen, daß diese Ereignisse kognitiv verarbeitet oder bewertet werden (Lazarus, 1991), dann spielt die selektive Aufmerksamkeit für unterschiedliche Aspekte dieser Ereignisse sehr wahrscheinlich eine Rolle für unser Befinden (Lazarus & Alfert, 1964). Die Konzentration auf die positiven Aspekte eines unangenehmen Ereignisses könnte folglich dessen negativen Effekt auf die Stimmung verringern oder ihn sogar ins Gegenteil umkehren. Goodhart (1985) stellte fest, daß positives Denken mit einer Stimmungsverbesserung und negatives Denken mit Stimmungsverschlechterung verbunden war, wenn Personen ein kürzlich eingetretenes belastendes Ereignis bewerteten, daß aber nur das negative Denken eine Vorhersage der (schlechteren) Stimmung in zwei Monaten erlaubte. Ein negatives Denken verschärfte offenbar auch die negative Wirkung von nachfolgenden Ereignissen auf den positiven Affekt. Außerdem wirkte sich ein positives und negatives Denken stärker auf die Stimmung aus, wenn es sich vor allem auf die eigene Person und weniger auf äußere Konsequenzen bezog. Diese Befunde deuten darauf hin, daß die Abwesenheit negativer Gedanken, insbesondere in bezug auf die eigene Person, wichtiger für die langfristige Stimmungsregulierung ist als ein positive Denken *per se*.

Wenn Menschen im Alltag über die Ursachen ihrer persönlichen Leistungen nachdenken, zeigen sie im allgemeinen Attributionstendenzen, die ein positives Selbstbild unterstützen. So neigen sie insbesondere dazu, ihre Mißerfolge auf äußere Ursachen wie »Pech« oder unglückliche Zufälle zurückzuführen, während sie ihre Erfolge inneren Ursachen wie Können oder Anstrengung zuschreiben (Zuckerman, 1979). Diese Zuschreibungstendenzen scheinen auch die Stimmung zu beeinflussen (McFarlane & Ross, 1982), und das Fehlen solcher Neigungen ist möglicherweise mit der Entwicklung und Aufrechterhaltung klinischer Depressionen verbunden (Alloy & Abramson, 1979). Von daher könnte man den Schluß ziehen, daß bestimmte Interpretationen von Ereignisursachen dem Zweck dienen, schlechte Stimmungen zu verhindern und gute zu fördern.

Morris (1989) beschreibt eine Reihe von weiteren kognitiven Anpassungen, die der einzelne vornehmen könnte, um die Bedeutung oder Signifikanz eines Problems zu modifizieren und dadurch den eigenen Kummer zu lindern. Dazu gehören zum Beispiel Abwärtsvergleiche, bei denen man sich im Verhältnis zu anderen bewertet, die noch schlechter dran sind als man selbst. Doch diese nach unten gerichteten Vergleiche sind unter Umständen nicht bei allen Menschen gleichermaßen wirksam und könnten sich in unterschiedlichen Situationen unterschiedlich auswirken. So kann der Gedanke an Menschen, die noch benachteiligter sind als man selbst, zur empathischen Besorgnis führen und unangenehme Assoziationen wecken, auch wenn die eigene Situation vergleichsweise positiv erscheint. Aspinwall und Taylor (1993) legten Versuchspersonen, die kürzlich einen Mißerfolg erlebt hatten oder in eine schlechte Stimmung versetzt worden waren, derartige Vergleichsinformationen vor und stellten fest, daß nur Personen mit niedrigem Selbstwertgefühl davon profitierten.

Man kann unterschiedliche verhaltensbezogene wie auch kognitive Strategien einsetzen, um die Stimmung zu regulieren. So wie man zum Beispiel an angenehme Dinge denken kann, um die eigene Stimmung zu verbessern, kann man auch angenehme Dinge *tun* (*Selbstbelohnung*). Die Technik der Selbstbelohnung zur Affektverbesserung ist kennzeichnend für viele Verhaltenstherapien, die von der allgemeinen Annahme ausgehen, daß klinische Depressionen durch fehlende Verstärkungserfahrungen aufrechterhalten werden (Lewinsohn & Graf, 1973). Im Einklang mit dieser Auffassung hat Heiby (1983) festgestellt, daß Menschen mit wenig Selbstverstärkung nach einer Abnahme äußerer Belohnungen zu verstärkten Depressionen neigen. Unter experimentellen Bedingungen zeigten nicht-depressive Studenten eine signifikante Verringerung ihres Depressionsniveaus, nachdem man sie angewiesen hatte, die Zahl der angenehmen Ereignisse, die sie erlebten, zu erhöhen, und sich auf die angenehmen Aspekte dieser Ereignisse zu konzentrieren (Dobson & Joffe, 1986). Morris (1989) beschreibt jedoch ähnliche Studien, die zu dem Ergebnis kamen, daß sich eine depressive Stimmung verstärken kann, wenn man Menschen dazu instruiert, die Häufigkeit von erfreulichen Aktivitäten zu erhöhen, möglicherweise weil die Befolgung der Anweisungen das subjektive Gefühl von Kontrolle verringert. Obwohl Studien, die spontanes Verhalten im Alltag untersuchen, positive Korrelationen zwischen angenehmen Aktivitäten und angenehmen Stimmungen gezeigt haben, ist nicht klar, ob sich darin die Wirkung der belohnenden Aktivität auf die Stimmung, die Auswirkung der angenehmen Stimmung auf die Aktivität oder beides widerspiegelt (Morris, 1989).

Bestimmte Nahrungsmittel sowie Koffein, Nikotin, Alkohol und andere Drogen können alle stimmungsregulierend wirken. Die Aufnahme von Kohlehydraten in Form von Süßigkeiten oder stärkereichen Nahrungsmitteln erhöht die Müdigkeit (Spring, Lieberman, Swope & Garfield, 1986), aber es gibt auch Hinweise darauf, daß eine spontan gesteigerte Süßigkeitszufuhr während einer Nachtschicht die Müdigkeit verringert (Kräuchi, Nussbaum & Wirz-Justice, 1990). Patienten mit jahreszeitlichen Affektstörungen steigern die Aufnahme von Kohlehydraten während einer Winterdepression, haben aber nach einer Lichttherapie kein Verlangen mehr nach Kohlehydraten, was darauf hindeutet, daß die erhöhte Zufuhr einem »Selbstheilungsversuch« gleichkommt (Kräuchi, Wirz-Justice & Graw, 1990). Es gibt auch Belege dafür, daß die Einnahme von Psychostimulanzien wie Tee, Kaffee und Nikotin teilweise mit individuellen Unterschieden im Aktivierungsniveau zu unterschiedlichen Tageszeiten zusammenhängt, daß Menschen also möglicherweise versuchen, dieses Niveau durch den Gebrauch derartiger Substanzen zu beeinflussen (Adan, 1994).

Alkohol steht allgemein in dem Ruf, Spannungen abzubauen. Doch obwohl einiges dafür spricht, daß Menschen Alkohol konsumieren, um negative Gefühle zu dämpfen (Marlatt, Kostrun & Lang, 1975) und ihre Stimmung zu verbessern (Hull & Bond, 1986), kann ein längerfristiger Alkoholkonsum zu einer Verstärkung depressiver Gefühle führen (Anshensel & Huba, 1983). Es gibt auch Hinweise darauf, daß die Entscheidung, Alkohol zu trinken, wenig mit der aktuellen Stimmung zu tun hat (De Castro, 1990), was darauf hindeutet, daß Alkohol nicht spontan für stimmungsregulierende Zwecke eingesetzt wird. Doch der Freizeitgebrauch von anderen Drogen wie Haschisch oder Ecstasy zeigt, daß man diese Substanzen einsetzen kann und tatsächlich einsetzt, um für bestimmte Aktivitäten in bestimmten Situationen ganz spezielle Stimmungswirkungen zu erzielen.

Aktivität und körperliche Bewegung können ebenfalls als Stimmungsregulatoren wirken. Man hat festgestellt, daß eine leichte körperliche Betätigung, wie etwa fünfminütiges schnelles Gehen, das Erregungsniveau von Versuchspersonen steigerte und ihr Bedürfnis nach einer Zigarette oder einem Snack verringerte. Das spricht dafür, daß diese alternativen Strategien austauschbar sind (Thayer, Peters, Takahashi & Birkhead-Flight, 1992). Berger und Owen (1992) verglichen die Wirkung von Schwimmen (aerobe Bewegung) und Yoga (nicht-aerobe Bewegung) und stellten fest, daß beide Aktivitäten zur Verringerung von Spannung, Müdigkeit und Ärger führten. Eine sehr intensive aerobe Betätigung kann dagegen zu einem Anstieg der Spannung und Müdigkeit führen, sogar bei Leuten, die gut trainiert sind (Steptoe & Cox, 1988). Diese Ergebnisse zeigen, daß moderate Bewegung besser geeignet ist, wenn man seine Stimmung verbessern will.

Am anderen Ende des Spektrums stehen Strategien, die auf Entspannung und

Ruhe zielen, und auch sie können positive Stimmungen fördern. Es gibt jedoch einige Belege dafür, daß Entspannungstechniken bei manchen Menschen Angst auslösen können (Heide & Borkovec, 1984), obwohl dies wahrscheinlich nur auf einen kleinen Personenkreis zutrifft. Entspannungsstrategien können bestimmte Schlafmuster und Nickerchen umfassen. Unsere eigene Forschung zeigt, daß Leute, die abends etwas früher als gewohnt ins Bett gehen, am nächsten Tag fröhlicher und geistig regsamer sind (Totterdell, Reynolds, Parkinson & Briner, 1994). Auch ein Nickerchen kann sich in einigen Situationen als wirksam erweisen. Man hat zum Beispiel festgestellt, daß ein kurzes Nickerchen vor oder während einer Nachtschicht (Harma, Knauth & Illmarinen, 1989; Smith & Wilson, 1990), sich vorteilhaft auf die geistige Regsamkeit auswirkt. Einige Studien haben allerdings auch negative Effekte nachgewiesen (Rosa, 1913).

Man kann seine Stimmung auch verändern, indem man sich auf Aktivitäten einläßt, die die Aufmerksamkeit von den unangenehmen Gefühlen ablenken. Fernsehen (Zillmann, 1998) und Musikhören (Locke & Keltner, 1993) werden manchmal zu diesem Zweck eingesetzt. Eine alternative Methode besteht darin, sich auf Aktivitäten einzulassen, die die Ursache der schlechten Stimmung ausschalten (Morris, 1989). So könnte man zum Beispiel Maßnahmen ergreifen, um eine hohe Arbeitsbelastung zu verringern. Es gibt eine Vielzahl möglicher Aktivitäten, die man für Ablenkungs- und problemgerichtete Regulierungszwecke einsetzen kann.

Früher in diesem Kapitel haben wir beschrieben, daß das Feedback von Mimik und Körperhaltung Informationen über die Stimmung liefern kann. Von daher ist auch denkbar, daß Menschen lernen, dieses Ausdrucksverhalten zu steuern, um ihr Befinden zu regulieren. Möglich ist auch, daß man den eigenen Ausdruck von Emotionen zu steuern versucht, weil er sich auf die Gefühle anderer auswirkt. Mit anderen Worten, man könnte aus sozialen Gründen eine Emotion zeigen, ohne sie tatsächlich zu erleben (Clark, Pataki & Carver, 1995). In einigen Berufen wie dem des Flugbegleiters wird dieses äußerliche Verhalten ausdrücklich verlangt und auch unterrichtet (Hochschild, 1983). Eine alternative Regulationsstrategie ist die von Hochschild beschriebene *tieferreichende* (oder *methodische*) *Darstellung,* bei der man auch die Bewertungen und Denkmuster übernimmt, die mit dem erforderlichen Affekt verbunden sind, und nicht nur den damit assoziierten wahrnehmbaren Ausdruck. Natürlich ist ein ausdrucksstarkes Verhalten nicht immer darauf ausgerichtet, andere Menschen zu täuschen, und kann in vielen Situationen speziell dafür genutzt werden, echte Gefühle zu vermitteln. Diese Art von bewußtem Ausdruck echter Stimmungen kann ebenfalls als Regulationsstrategie eingesetzt werden. Wer zum Beispiel signalisiert, daß er leidet, erhält vielleicht soziale Unterstützung und kann dadurch indirekt das eigene Unglück lindern. Die vorliegenden Nachweise deuten jedoch darauf hin, daß Menschen die Gesellschaft anderer genauso häufig suchen wie meiden, wenn sie in schlechter Stimmung sind (Coyne, 1976; s. auch Morris, 1989).

Tabelle 6.2 Beispiele für unterschiedliche stimmungsregulierende Strategien, die man anwenden kann, um aus einer schlechten Stimmung herauszukommen

Art der Strategie	*Strategiebeispiel*
Kognitive Strategien	
An etwas Schönes denken	Ich denke an Dinge, die mich glücklich machen.
Antizipation	Ich denke an ein künftiges Ereignis, auf das ich mich freue
Positives Denken	Das Leben von seiner heiteren Seite betrachten
Neu-Interpretation	Ich denke an Leute, denen es noch schlechter geht als mir
Entspannung	Meditieren
Rationale Erklärung	Ich versuche, meine Gefühle zu verstehen
Akzeptanz	Ich gebe mich meiner schlechten Stimmung hin
Vermeidung	Ich versuche, meine schlechte Laune zu ignorieren
Verhaltensstrategien	
Angenehme Dinge tun	Ich kaufe mir was Schönes.
Einsatz von Stimulanzien	Eine Tasse Kaffee trinken
Körperliche Betätigung	Joggen
Entspannung	Eine Pause einlegen
Ablenkung	Beschäftigt bleiben
Problemgerichtet	Ich versuche, das Problem zu lösen.
Sozial ausgerichtet	Ich erzähle jemandem, wie ich mich fühle
Expressiv	Ich tu so, als wär ich gut drauf
Gefühle herauslassen	Dampf ablassen
Rückzug	Ich bleibe eine Weile für mich allein

In unserer eigenen Studien haben wir Beispiele dafür gesammelt, welche Regulationsstrategien Menschen nach eigenen Angaben einsetzen, um etwas gegen ihre negativen Stimmungen zu unternehmen. Wir haben mehrere Quellen genutzt, um diese Beispiele zusammenzutragen, einschließlich Fragebogen- und Interviewstudien. Auch nachdem wir alle identischen oder fast identischen Strategien aus der Sammlung gestrichen hatten, blieben noch 200 Strategien übrig. Obwohl einige sich inhaltlich gleichen, ist keine völlig identisch mit einer anderen. Zweifellos gibt es weitere Methoden, die wir bislang noch nicht entdeckt haben oder die noch entwickelt werden müssen. Tabelle 6.2 gibt einige ausgewählte Strategiebeispiele aus unserer Liste wieder, die den oben erörterten Formen der Stimmungsregulierung entsprechen.

Unterschiedliche Anwendung und Wirksamkeit von Regulationsstrategien

Nachdem wir das Spektrum möglicher Regulationsstrategien und ihre allgemeine Funktionsweise beschrieben haben, wollen wir uns jetzt Fragen zuwenden, die ihre relative Häufigkeit im Alltagsleben und, noch wichtiger, ihre unterschiedliche Wirksamkeit in unterschiedlichen Situationen betreffen. Die oben erwähnte Studie von Thayer u. a. (1994) liefert einige diesbezügliche Informationen. Die Ergebnisse ihrer Untersuchung beruhten auf *Beurteilungen* unterschiedlicher Strategien: Die Versuchspersonen schätzten ein, welche Strategien sie am häufigsten verwendeten und gaben an, welche sie für die wirksamsten hielten. Der tatsächliche Gebrauch und die tatsächliche Effektivität könnten also in der Praxis anders aussehen. Davon abgesehen kam die Studie zu dem Ergebnis, daß die soziale Interaktion und kognitive Techniken als die gebräuchlichsten Methoden der Stimmungsregulation eingestuft wurden. Die fünf am häufigsten benutzten Strategien zur Veränderung einer schlechten Stimmung waren, in fallender Reihenfolge: Mit einer anderen Person reden oder zusammen sein; die eigenen Gedanken steuern (z. B. durch positives Denken); Musikhören; die Ursache der Stimmung vermeiden; und Alleinsein. Die fünf Strategien, die als am effektivsten eingeschätzt wurden, waren, in fallender Reihenfolge: Körperliche Betätigung, Musikhören, mit jemandem reden oder zusammen sein, unangenehme Aufgaben erledigen; sowie Ausruhen, ein Nickerchen halten oder Schlafen. Als relativ häufige, aber wenig effektive Strategien galten: Das Vermeiden einer Stimmungsursache und das Alleinsein. Ein Problem bei diesen deskriptiven Befunden besteht allerdings darin, daß unterschiedliche Strategien mit unterschiedlicher Generalisierbarkeit vertreten waren. So könnte man »Musikhören«, »körperliche Betätigung« und »Alleinsein« in vielen Situationen als Unterkategorien der übergeordneten Strategie »Vermeiden der Stimmungsursache« betrachten.

Als die Strategien den sechs Faktoren zugeordnet wurden, die wir an früherer Stelle beschrieben haben, belegten Strategien aus der Gruppe der aktiven Stimmungssteuerung und der Suche nach angenehmen Aktivitäten/Ablenkung den ersten bzw. zweiten Platz in der bewerteten Effektivität. Als unwirksamste Methode galt ein direkter Spannungsabbau mittels Drogen, Alkohol oder Sex. Von Psychotherapeuten abgegebene »Expertenratings« über die wahrscheinliche Wirksamkeit der sechs Faktoren bestätigten diese Rangordnung. Im Hinblick auf die Energiesteigerung wurde das Kontrollieren der eigenen Gedanken als besonders wirksame Strategie eingestuft, und Strategien, die irgendeine Form von Aktivität umfaßten, wurden im allgemeinen für effektiver gehalten als solche, die Ruhe oder Stimulanzien umfaßten. Beim Abbau von Spannungen galt eine religiöse oder spirituelle Aktivität als erfolgreichste Strategie, und Strategien, die angenehme Ablenkungen miteinschlossen, wurden mit Ausnahme des Fernsehens im allgemeinen als recht effektiv bewertet.

Individuelle Unterschiede bei der Stimmungsregulierung

Am Ende des Abschnitts über die Stimmungsbewertung haben wir darauf hingewiesen, daß sich individuelle Unterschiede in der Fähigkeit, die eigene Stimmung zu beurteilen, auf die Fähigkeit der Stimmungsveränderung auswirken. Es gibt möglicherweise auch einige individuelle Unterschiede, die sich noch direkter auf die Anwendung von Regulationsstrategien beziehen. So könnte es bei einigen Menschen wahrscheinlicher sein als bei anderen, daß sie überhaupt Regulationsstrategien einsetzen, und sie könnten sich auch darin unterscheiden, welche Arten von Strategien sie bevorzugen.

Catanzo und Mearns (1990) entwickelten eine Skala, um die allgemeinen Erwartungen im Hinblick auf die *Regulation von negativen Stimmungen (NMR)* zu messen. Gemeint ist der Grad, in dem Menschen ihre schlechten Stimmungen für kontrollierbar halten. Die Forscher stellten fest, daß Personen mit niedrigeren NMR-Scores sich selbst als unglücklicher einstuften (Kirsch, Mearns & Catanzaro, 1990). Ein niedriger NMR-Wert scheint vorherzusagen, daß man sich schlechter von unerwünschten Ereignissen, zum Beispiel dem Abbruch einer Liebesbeziehung, erholt (Mearns, 1991). Wer überzeugt ist, daß er seine unangenehme Stimmung verändern kann, ist also auch in der Praxis eher zu einer erfolgreichen Stimmungsregulation in der Lage, obwohl bislang unbekannt ist, welche spezifischen Aspekte der Regulationsfähigkeit diesen Effekt auslösen.

Auch der Grad der Selbstachtung beeinflußt möglicherweise Verhaltensweisen und Kognitionen, die mit der Regulation zusammenhängen. Brown und Mankowski (1993), die ein stimmungsinduzierendes Verfahren anwendeten, stellten fest, daß sich bei Personen mit geringer Selbsteinschätzung (LSE) die Selbstbeurteilungen nach unten verschoben, nachdem man eine unangenehme Stimmung induziert hatte. Nach Auffassung der Forscher bedeutet dieser Effekt, daß Menschen, die unter LSE leiden, mehr Probleme haben, sich von unangenehmen Stimmungen zu erholen, weil der daraus resultierende niedrige Grad der Selbsteinschätzung zur Aufrechterhaltung des kongruenten Affekts beiträgt. Ähnlich haben auch Smith und Petty (1995) festgestellt, daß LSE-Teilnehmer eine stimmungskongruente Erinnerung zeigten, wenn eine negative Stimmung induziert wurde, während Personen mit hoher Selbsteinschätzung (HSE) zu stimmungsinkongruenten Erinnerungen neigten. Mit anderen Worten, nur HSE-Personen schienen schlechten Stimmungen entgegenzuwirken, indem sie an angenehme Dinge dachten. Eine mögliche Erklärung für diesen Effekt ist, daß HSE-Personen aufgrund früherer Erfahrungen von der Wirksamkeit dieser Strategie überzeugt sind. Eine alternative Erklärung wäre, daß Menschen mit hoher Selbsteinschätzung sich einfach generell besser darauf verstehen, Regulationsstrategien anzuwenden. Möglich ist auch, daß die Beziehung zwischen Selbsteinschätzung und Regulationsfähigkeit in umgekehrter Richtung verläuft, daß also die Erfahrung einer erfolgreicher Stimmungsregulation zu einer höheren Selbstachtung führt. Es gibt zweifellos Hinweise darauf, daß Menschen verschiedene kognitive Strategien benutzen, die den oben beschriebenen ähneln, um sowohl ihre Selbsteinschätzung als auch ihren Affekt zu steuern (Westen,

1994). Zudem deuten Studien darauf hin, daß Menschen mit niedriger Selbsteinschätzung und hohem Selbstfokus eher dazu neigen, Alkohol als Stimmungsregulator einzusetzen. Tatsächlich hat man in mehreren Untersuchungen nachgewiesen, daß eine Erhöhung des Selbstfokus die Anwendung von selbstregulatorischen Strategien generell fördert (Morris, 1989).

Die Studie von Thayer u. a. (1994) zeigt, daß es möglicherweise geschlechtsspezifische Unterschiede beim Einsatz von Regulationsstrategien gibt. So berichteten Männer zum Beispiel häufiger, daß sie eine schlechte Stimmung durch eine Mischung aus erfreulichen Aktivitäten und Ablenkungsstrategien bekämpften oder sich um einen direkten Spannungsabbau bemühten (z. B. Alkohol und Drogen), während Frauen häufiger angaben, daß sie eine passive Stimmungssteuerung einsetzten (z. B. Fernsehen, Shopping) oder zu Strategien der sozialen Unterstützung, Ventilierung oder Belohnung neigten. Nach Thayer u. a. könnten diese Unterschiede zum Teil erklären, warum Frauen, wie häufig festgestellt, in stärkerem Maße unter Depressionen leiden als Männer. Im Hinblick auf die Strategien der aktiven Stimmungssteuerung, die als die wirksamste Strategiegruppe galt, zeigte sich allerdings kein geschlechtsspezifischer Unterschied in der berichteten Anwendung.

Weitere individuelle Unterschiede im Stimmungsregulationsstil könnten zur Folge haben, daß einige Menschen verstärkt zum Einsatz ganz bestimmter Strategien neigen. Westen (1994) stellte beispielsweise fest, daß Personen, die zum Erleben unangenehmer Emotionen neigten, eher unspezifische Strategien anwendeten, wie zum Beispiel Entziehung (Verzicht auf Anstrengungen), Leugnung und Entladung (Gefühle herauslassen). Er stellte auch fest, daß Menschen, die Emotionen intensiver erleben, eher zu »heißen« Bewältigungsstrategien neigten, die sich schnell und direkt auf Gefühle auswirken, als zu »kalten« Bewältigungsstrategien, die langsamer und weniger direkt wirken. Zu den heißen Bewältigungsstrategien gehörten die Suche nach sozialer Unterstützung und das Herauslassen von Emotionen; zu den kalten Bewältigungsstrategien zählten das Planen und eine positive Neuinterpretation.

Der Unterschied zwischen einer problemgerichteten und einer emotionsgerichteten Bewältigung (Folkman & Lazarus, 1980; s. auch Carver, Scheier & Weintraub) könnte ebenfalls relevant für Unterschiede im stimmungsregulierenden Stil sein. Bei der problemorientierten Bewältigung ergreift der einzelne bestimmte Handlungsschritte, um das bedrohlich erscheinende Problem zu lösen. Bei der emotionsorientierten Bewältigung versucht man, den negativen Affekt direkt abzubauen. Nach Folkman und Lazarus (1985) kann die emotionsgerichtete Bewältigung solche Strategien umfassen wie Wunschdenken, Distanzierung, Betonung der positiven Seiten der Situation, Selbstvorwürfe, Spannungsreduktion und Selbstisolation. Diese Strategien überschneiden sich eindeutig mit jenen der Stimmungsregulation. Zudem hat man festgestellt, daß situative Faktoren großen Einfluß auf die Bewältigungsstrategien haben, die der einzelne anwendet (Mattlin, Wethington & Kessler, 1990), was auch für die stimmungsregulierenden Strategien zutreffen könnte.

Schlüsselfragen

Wir haben in diesem Kapitel einige Vorstufen der Stimmungsregulation beschrieben und einige Strategien erörtert, die Menschen anwenden, um ihre Stimmungen zu steuern. Die Auseinandersetzung mit der Stimmungsregulation stellt eine relativ neue und aufregende Forschungsrichtung dar, ist aber, wie an anderer Stelle erwähnt, zur Zeit noch unausgereift, und es gibt noch mehrere wichtige Fragen, die einer Klärung bedürfen.

Theoretische und methodische Probleme

Ein Problem bei der Klassifikation von stimmungsregulierenden Strategien besteht darin, daß die Beispiele häufig eine Vielzahl allgemeiner Zwecke umfassen oder zumindest in unterschiedlichen Situationen unterschiedlichen Zwecken dienen. So macht man vielleicht gelegentlich einen zehnminütigen Spaziergang, um eine schlechte Stimmung zu bekämpfen. Diese Strategie könnte man als Beispiel für einen verhaltensbezogenen Rückzug, eine Ablenkung, die Suche nach einer angenehmen Aktivität, für körperliche Betätigung oder sogar Entspannung auffassen. Alternativ könnte ein Spaziergang der Person auch einfach die Gelegenheit zum Einsatz kognitiver Strategien geben, sei es die Konzentration auf angenehme Dinge, positives Denken, Rationalisierung oder Vermeidung. Die Strategie kann also einem einzigen oder mehreren Zwecken gleichzeitig dienen. Diese Tatsache macht eine *a priori*-Klassifikation von Regulationsstrategien relativ schwierig. Wenn man die spezifischen Regulationsabsichten von Individuen bestimmen will, braucht man zusätzliche Kontextinformationen, die man durch einfache Strategiebezeichnungen nicht gewinnen kann. Doch wie wir gleich sehen werden, ist es auch wenig hilfreich, die Betreffenden selbst zu fragen, welche Absicht sie mit dem Einsatz einer Strategie verfolgen.

Obwohl Menschen behaupten, bestimmte Techniken anzuwenden, die Gründe dafür zu kennen und die relative Wirksamkeit beurteilen zu können, sieht die Realität möglicherweise ein bißchen anders aus. Belege aus verwandten Forschungsbereichen deuten darauf hin, daß man häufig allen Grund hat, die Validität der individuellen Selbsterkenntnis anzuzweifeln. Eine Studie von Wilson, Laser und Stone (1982) beispielsweise kam zu dem Ergebnis, daß Versuchspersonen, die ihre eigene Stimmung fünf Wochen lang dokumentiert hatten, den Zusammenhang zwischen ihren selbstbeschriebenen Stimmungen und potentiellen Stimmungsprädiktoren nicht präziser einschätzen konnte als eine Gruppe von »Beobachtern«, die nichts über die Teilnehmer wußte. Allgemeiner ausgedrückt: Man hat die Auffassung vertreten, daß Menschen wenig oder keinen Zugriff auf den Ablauf ihrer eigenen kognitiven Prozesse haben; deshalb können sie ihr eigenes Verhalten nicht durch eine direkte Selbstbeobachtung erklären, sondern müssen zu diesem Zweck auf *a priori*-Theorien zurückgreifen (Nisbett & Wilson, 1977; s. White, 1988, für einen kritischen Überblick über diese These). Es ist jedoch auch möglich, daß der introspektive Zugriff auf ein explizit intentionales Verhalten unterschiedlichen Beschränkungen unterliegt, und daß Menschen in vielen Situationen doch wissen, was sie tun und warum sie es tun, wenn sie überlegte Handlungen durchführen (Vallacher & Wegener, 1987). Die Frage, inwieweit Menschen Einblick in die Anwendung von stimmungregulierenden Strategien unter unterschiedlichen Bedingungen haben, vor allem im Hinblick auf den Grad der bewußten Kontrolle, ist also eine wichtige Frage, die noch gründlicher erforscht werden muß.

Obwohl sich ein Großteil dieses Kapitels mit der überlegten Stimmungsregulierung befaßt hat, ist mitunter unklar, ob Menschen sich bewußt sind, daß sie ein stimmungsregulierendes Verhalten anwenden. Wie an früherer Stelle beschrieben, können Menschen zum Beispiel lernen, daß man eine schlechte Stimmung wirksam bekämpfen kann, indem man anderen hilft, aber das bedeutet nicht, daß sie sich bewußt für ein hilfsbereites Verhalten entscheiden, weil sie ihre eigene Stimmung verbessern wollen. Tatsächlich würden es viele Menschen wahrscheinlich empört von sich weisen, daß sie einer anderen Person nur deshalb geholfen haben, weil sie ihr eigenes Wohlbefinden steigern wollten. Der Umstand, daß sich die Stimmung nach der Hilfeleistung tatsächlich verbessert, wird vielleicht eher auf die Erfüllung eigener altruistischer Normen als auf eine antizipierte eigennützige Belohnung zurückgeführt. Wenn Menschen nicht wissen, daß ein hilfsbereites Verhalten der Affektregulierung dient, scheint es zudem wenig sinnvoll, ihnen selbstsüchtige Motive zu unterstellen.

Es gibt auch Situationen, in denen Menschen eine stimmungsregulierende Strategie eher gewohnheitsmäßig anwenden und nicht weil sie ein bestimmtes Ziel im Sinn haben. Die Erzeugung positiver Gedanken könnte zum Beispiel zu einer automatischen Reaktion auf bestimmte unangenehme Ereignisse werden. Tatsächlich wäre es viel zu belastend, wenn man jede eingesetzte stimmungsregulierende Strategie reflexiv auswählen wollte.

Zahlreiche Routinetätigkeiten im Alltag können ebenfalls der Stimmungsregulation dienen. So stellen vermutlich viele Menschen ganz automatisch den Fernseher an, wenn sie von der Arbeit nach Hause kommen. Die meisten Leute würden eine solche gewohnheitsmäßige Aktivität sehr wahrscheinlich nicht als eine Form der Stimmungsregulation betrachten. Dennoch kann diese Aktivität die Stimmung in die eine oder andere Richtung beeinflussen oder auch verhindern, daß eine bessere oder schlechtere Stimmung auftritt. Es ist unklar, ob man solche habituellen Aktivitäten von der Erforschung der Stimmungsregulation ausschließen oder sie mit aufnehmen sollte. Wenn wir sie miteinbeziehen, dann könnte man nahezu alle Aktivitäten als stimmungsregulierend einstufen, die in der Lage sind, antizipierte oder nicht antizipierte Wirkungen auf die Stimmung auszuüben, aber wenn wir sie ausklammern, errichten wir möglicherweise künstliche Grenzen, die unser allgemeines Verständnis der beteiligten Prozesse einschränken oder verzerren.

Ein methodisches Problem besteht darin, daß unser derzeitiges Verständnis der Stimmungsregulation zum Teil auf Studien beruht, die nicht explizit darauf angelegt waren, die Stimmungsregulation zu untersuchen. Morris (1989) wies auf zwei Probleme hin, die sich aus dieser Situation ergeben. Erstens: Viele Befunde, die sich auf Regulationsstrategien beziehen, beruhen auf Laborstudien. Die Ergebnisse dieser Untersuchungen werden in Feldstudien leider nicht immer bestätigt. Ein Grund könnte sein, daß die Laborstudien zur

Anwendung von Strategien ermutigen, die man im Alltagsleben normalerweise nicht einsetzt. Morris, Reilly und Englis (Morris, 1989) stellten beispielsweise fest, daß die Aktivitäten, die als die potentiell wirksamsten für die Bekämpfung schlechter Stimmungen gelten, in der Praxis am seltensten angewendet werden. Möglicherweise muß man sich in schlechter Stimmung stärker anstrengen, um sich auf Regulationsaktivitäten einzulassen, wodurch sie dann unwahrscheinlicher werden. In der Tat würden wir uns zweifellos seltener (und für kürzere Zeiträume) mit schlechten Stimmungen herumschlagen, wenn wir uns relativ mühelos davon befreien könnten. Das zweite Problem ist, daß viele der relevanten Studien, vor allem Studien, die sich mit dem Phänomen der Selbstbelohnung befassen, nur die eine Hälfte des in Frage stehenden Phänomens betrachtet haben. So hat man in diesen Untersuchungen insbesondere nachgewiesen, daß bestimmte Verhaltensweisen während einer schlechten Stimmung wahrscheinlicher sind, hat aber nicht überprüft, ob sich die Stimmung infolge dieser Verhaltensweisen tatsächlich verbessert.

Motive für die Stimmungsregulation

In diesem Kapitel haben wir in erster Linie die Form der Stimmungsregulation untersucht, die dazu dient, eine schlechte in eine gute Stimmung zu verwandeln. Es sind jedoch auch andere Formen der Stimmungsregulation möglich. Mit anderen Worten: Die Stimmungsregulation hat nicht immer hedonistische Motive. Manchmal will man eine gute Stimmung in eine neutrale oder schlechte Stimmung transformieren, und manchmal will man auch verhindern, daß unangenehme oder angenehme Stimmungen umschlagen (*Stimmungserhaltung*, Clark & Isen, 1982).

Parrott (1993) hat ein Dutzend Motive für die Verhinderung einer guten Stimmung und ein weiteres Dutzend für die Bewahrung einer schlechten Stimmung beschrieben, von denen wir einige hier zusammenfassend vortragen. Ein soziales Motiv für die Verhinderung einer guten Stimmung ist der Wunsch, sich in sozialen Situationen angemessen zu verhalten. So ist man vielleicht der Ansicht, daß eine neutrale Stimmung geeigneter ist, wenn man bei einem förmlichen Anlaß wie einem Bewerbungsgespräch einen seriösen Eindruck machen möchte. Ein weiteres soziales Motiv hängt damit zusammen, daß man die Stimmung anderer Menschen beeinflussen möchte. Ein Lehrer könnte zum Beispiel den Wunsch haben, eine neutrale oder schlechte Stimmung zu verbreiten, um seine Schüler zu mehr Fleiß anzuspornen. Ein nicht sozialorientiertes Motiv für die Verhinderung einer guten Stimmung ist, daß man sich besser auf eine bestimmte Aufgabe konzentrieren möchte, weil man sich in guter Stimmung leichter ablenken läßt (Schwarz & Bless, 1991). Ein weiteres nicht-soziales Motiv ist der Wunsch, sich von Schuldgefühlen zu befreien, die durch eine gute Stimmung ausgelöst werden. Manche Menschen denken zum Beispiel, sie hätten kein Recht, sich glücklich zu fühlen, weil sie meinen, es nicht verdient zu haben, oder weil sie es angesichts des großen Elends in der Welt als unmoralisch empfinden. Zu den sozialen Motiven für die Bewahrung einer schlechten Stimmung gehören das Bedürfnis, sich in das Leid anderer einzufühlen, und der Wunsch nach Mitgefühl. Nicht-soziale Beweggründe können sein, daß man seine analytische Denkfähigkeit steigern möchte, sich auf bevorstehende Härten vorbereiten will oder verhindern möchte, daß die Stimmung sich noch weiter verschlechtert.

Viele soziale Anlässe erfordern bestimmte Stimmungen, die häufig nicht mit der tatsächlichen Gemütsverfassung übereinstimmen. Beerdigungen verlangen zum Beispiel eine traurige Stimmung, aber wer sich dem Verstorbenen nicht besonders verbunden fühlte, befindet sich möglicherweise in einer relativ guten Stimmung. In diesem Fall erfordert ein sozial angemessenes Verhalten, daß man seiner guten Stimmung entgegenwirkt. Natürlich können viele dieser sozialen Anforderungen erfüllt werden, indem man einfach den *Ausdruck* einer traurigen Stimmung simuliert, aber eine Steuerung des eigentlichen Affekts ist häufig überzeugender und leichter aufrechtzuerhalten.

Wegner und Erber (1993) beschrieben eine Reihe von Studien, die zeigen, daß Menschen ihre Stimmung in Erwartung einer sozialen Interaktion steuern. So stellten sie beispielsweise bei ihren eigenen Untersuchungen fest, daß Teilnehmer, die in eine traurige oder fröhliche Stimmung versetzt wurden, ihren Affekt zu neutralisieren versuchten, indem sie Zeitungsartikel mit stimmungsinkongruenten Inhalten lasen, wenn sie ein Treffen mit einer anderen Person antizipierten. Wenn die Versuchspersonen dagegen damit rechneten, allein zu bleiben, lasen sie stimmungskongruente Artikel. Ein weiteres Experiment zeigte, daß die Teilnehmer, die man in eine ärgerliche Stimmung versetzt hatte, diese Stimmung zu bewahren suchten, wenn sie glaubten, daß es eine Vergeltungsmöglichkeit gab, aber die Stimmung zu verändern suchten, wenn sie glaubten, daß sich eine solche Gelegenheit nicht ergeben würde. Man hat auch nachgewiesen, daß Menschen in schlechtere Stimmung geraten, bevor sie eine unangenehme Nachricht überbringen müssen, wahrscheinlich weil sie ihr Verhalten auf die negative emotionale Tönung der Mitteilung einstellen wollen.

Weitere nicht-soziale Reize können Menschen ebenfalls dazu veranlassen, eine positive Stimmung zu minimieren oder eine negative Stimmung aufrechtzuerhalen. Mackie und Worth (1989) haben zum Beispiel argumentiert, daß positive Stimmungen die systematische Verarbeitung von persuasiven Mitteilungen behindern können, weil sie die verfügbare kognitive Kapazität reduzieren, so daß Menschen sich absichtlich in eine negative Stimmung versetzen, um ihre kognitive Leistung zu verbessern.

Hilfen bei der Stimmungsregulation

Einige stimmungsregulierende Strategien sind möglicherweise sehr effektiv, werden aber selten angewendet, weil ihre Wirksamkeit nicht sofort offensichtlich ist. Die Aufdeckung dieser Strategien durch die wissenschaftliche Forschung kann dazu beitragen, daß Menschen lernen, diese Strategien besser zu nutzen. Ein Beispiel für eine wirksame, aber selten wahrgenommene Strategie ist das Führen eines Tagebuchs. Pennebaker hat in einer Reihe von Studien festgestellt, daß es zu dauerhaften Verbesserungen des Wohlbefindens (Pennebaker & Beall, 1986) und des Immunsystems (Pennebaker, Kiecolt-Glaser & Glaser, 1988) führte, wenn Personen nach traumatischen Erlebnissen dazu instruiert wurden, ihre damit verbundenen Gedanken und Emotionen schriftlich festzuhalten. Auch Burt (1994) wies nach, daß Studenten, die ein Tagebuch führten, von einem Abbau der Angst und weniger ärgerlichen Zwischenfällen mit anderen Studenten berichteten. Tagebücher tragen vermutlich zur Stimmungsregulation bei, weil sie dem einzelnen helfen, seine emotionalen Erlebnisse zu ordnen und zu verarbeiten. Es besteht jedoch auch die Gefahr, daß Tagebücher bei unsachgemäßer Anwendung die Tendenz zum Grübeln verstärken und damit die Aufrechterhaltung des unangenehmen Affekts fördern.

Möglicherweise könnte man Menschen auch darin unterweisen, stimmungsregulierenden Strategien anzuwenden, die die allgemeine Lebenszufriedenheit erhöhen. In mehreren von Fordyce (Fordyce, 1977; 1983) geleiteten Studien nahmen Studenten an einem Instruktionsprogramm teil, durch das sie lernten, ihre Verhaltensweisen und Einstellungen so zu verändern, daß diese »eher mit den Merkmalen glücklicherer Menschen übereinstimmten«. Fordyce stellte fest, daß Studenten, die sich an das Programm hielten, auch noch achtzehn Monate danach glücklicher waren als Kontrollgruppen. Das Programm beruhte auf vierzehn »Glücksgrundsätzen«, die sich zum Teil eindeutig mit stimmungsregulierenden Strategien decken. Einige dieser Prinzipien lauteten zum Beispiel: Bleib beschäftigt und sei aktiver; verbringe mehr Zeit mit anderen Menschen; strukturiere deinen Tagesablauf und und plane gründlich voraus; hör auf, dir Sorgen zu machen; bemühe dich um ein positives und optimistisches Denken; schalte negative Gefühle und Probleme aus.

Ein potentielles Problem bei der Umsetzung von Strategien, die ausdrücklich auf eine Verbesserung der Stimmung gerichtet sind, ergibt sich aus dem im letzten Kapitel beschriebenen Befund, daß sich die Stimmung mit der Zeit sowohl an sehr positive als auch an sehr negative Ereignisse anpaßt oder gewöhnt. Wer eine angenehme Stimmung aufrechterhalten will, indem er sich an stimmungsregulierende Grundsätze hält, muß deshalb wahrscheinlich eine fortgesetzte Anstrengung unternehmen, um der Tendenz zum dynamischen Stimmungsgleichgewicht und der damit verbundenen Wiederherstellung des gewohnten Affektlevels entgegenzuwirken. Aus dieser Sicht wären die effektivsten Strategien jene, die das festgesetzte Gleichgewichtsniveau des Systems allmählich nach oben verschieben. Möglicherweise gibt es auch bestimmte Schutzprozesse, die ein fortgesetztes Bemühen um eine Stimmungsregulation wirkungslos machen. In Anbetracht der Tatsache, daß Stimmungen nicht ausschließlich hedonistischen Zwecken dienen, ist zudem nicht einmal klar, ob eine anhaltende positive Stimmung überhaupt wünschenswert ist.

Ansätze zu einem Modell der Stimmungsregulation

Obwohl die Erforschung der Stimmungsregulation noch in den Kinderschuhen steckt, hat dieses Kapitel mehrere Funktionen beleuchtet, die offenbar von grundlegender Bedeutung für ein Modell des Phänomens sind. Wie diese Funktionen in der Praxis angeordnet sind und umgesetzt werden, ist noch ungewiß. Es sind viele gleichermaßen einleuchtende Konstellationen denkbar, und man kann bis jetzt noch nicht sagen, welche zutreffend ist. Dennoch können wir anhand dieser Funktionen unsere Erkenntnisse über die Stimmungsregulation systematisch ordnen. Wie wir im folgenden Kapitel zeigen werden, können sie uns zudem dabei helfen, mögliche Störungen bei der Stimmungsregulation besser zu begreifen. Die Hauptfunktionen der stimmungsregulierenden Prozesses sind: Überwachung, Einschätzung, Regulation und Neubewertung.

Überwachung

Damit man die momentane Stimmung bewerten kann, müssen Stimmungsinformationen in irgendeiner Form erfaßt werden. Zur Stimmungsüberwachung gehören bewußte und unbewußte Prozesse, die eine Vielzahl von inneren und äußeren Informationsquellen über die Stimmung nutzen. Die bewußte Stimmungsüberwachung setzt offenbar zeitweilig aus und hängt möglicherweise von einer gewissen intensitäts- (oder veränderungs-)bezogenen Aufmerksamkeitsschwelle ab. Außerdem gibt es eindeutige individuelle Unterschiede im Hinblick auf den Grad, in dem sich Menschen generell über ihre Stimmung im klaren sind. Dazu gehören Unterschiede im Ausmaß der Aufmerksamkeit, die man auf die Stimmung richtet, und in der Fähigkeit, zwischen unterschiedlichen Stimmungsarten zu unterscheiden.

Einschätzung

Menschen müssen ihre Stimmung nicht nur überwachen können, sondern auch in der Lage sein, den Sinn und die persönliche Bedeutung der Stimmung zu ermitteln. Das Ergebnis dieser Einschätzung hängt wahrscheinlich davon ab, wie man sich gegenwärtig fühlt, wie diese Gefühle mit früheren Stimmungszuständen zusammenhängen, welche affektiven Ziele man anstrebt (mit anderen Worten, was man sich in Zukunft von seinen Stimmungen erhofft) und wie die gegenwärtige Situation beschaffen ist. Obwohl der subjektiv angestrebte Stimmungszustand haufig auf hedonistischen Motiven beruht (man möchte sich gut fühlen), kann eine Vielzahl anderer möglicher Motive dazu führen, daß man eine neutrale oder schlechte Stimmung vorzieht. Es könnte auch sein, daß die Einschätzung eher von relativen als von absoluten Beurteilungen abhängt, weil sich die Vergleichskriterien im Laufe der Zeit verändern. Schließlich führt die Einschätzugn der Stimmung entweder zu der Entscheidung, die Stimmung zum Positiven oder zum Negativen zu ändern, oder zu der Entscheidung, den momentanen Zustand aufrechtzuerhalten.

Regulation

Um eine Veränderung der Stimmung zu bewirken oder sie aufrechtzuerhalten, muß man Zugriff auf eine Auswahl verfügbarer Regulationsstrategien haben, und man braucht eine Methode, um diese Strategien auszuwählen. Das Repertoire schließt wahrscheinlich sowohl kognitive als auch verhaltensbezogene Techniken mit ein. Diese Techniken funktionieren, indem sie Menschen dazu befähigen, eine Stimmung zu vermeiden, zu akzeptieren, sich darauf einzulassen oder sich davon abzulenken. Theoretisch könnte jede Kognition oder Verhaltensweise eingesetzt werden, um die Stimmung zu verändern oder beizubehalten. Es ist jedoch klar, daß in der Praxis einige Formen der Kognition und des Verhaltens häufiger für stimmungsregulierende Zwecke eingesetzt werden als andere und daß einige davon effektiver sind als andere. Der Erfolg von stimmungsregulierenden Strategien hängt wahrscheinlich davon ab, welche stimmungsbezogenen Prozesse beeinflußt werden können, von dem Grad dieses Einflusses und von der relativen Bedeutung dieser Prozesse für die Stimmungsregulation als Ganze. Das Repertoire, das der einzelne als Folge unterschiedlicher Lernprozesse erwirbt, sowie die Bandbreite und Differenziertheit dieses Repertoires hängen also von der individuellen Lebensgeschichte ab. Die Auswahl der Strategien wird davon beeinflußt, was in der momentanen Situation machbar ist und tendiert zu Techniken, die in ähnlichen Situationen in der Vergangenheit angewendet wurden, vor allem, wenn sie sich als erfolgreich erwiesen haben (Westen, 1994). Eine erfolgreiche Stimmungsregulation hängt wahrscheinlich von den Eigenschaften der Person, von der Situation und von der individuellen Erfahrungsgeschichte in bezug auf die Stimmungsregulation ab.

Neu-Bewertung

Wenn eine stimmungsregulierende Strategie einmal umgesetzt ist, müssen ihre Auswirkungen bewertet werden. Dazu gehört, daß man einschätzt, ob die momentane Stimmung näher an den angestrebten Zustand herangerückt ist oder sich noch weiter davon entfernt hat. Präziser gesagt: Zu einer angemessene Bewertung gehört eine kontinuierliche Neubewertung, weil der Prozeß der Stimmungsregulation nicht nur einen einzelnen Moment umfaßt. Viele Strategien, die zur Steuerung der Stimmung eingesetzt werden, sind indirekt, was bedeutet, daß sie sich eher auf die Situation als auf die Stimmung selbst auswirken. Deshalb dauert es normalerweise eine gewisse Zeit, bis der angestrebte Stimmungswechsel erfolgt. Möglich ist auch, daß die ausgewählte Strategie nicht wirkt. Nach Wegner u. a. (1993) läuft während der intentionalen Stimmungskontrolle im Hintergund ein ständiger Überwachungsprozeß ab, der den Intentionsprozeß erneut in Gang setzt, sobald klar wird, daß der angestrebte Zustand nicht erreicht wurde. Es wäre jedoch sinnlos, einfach immer wieder dieselbe Strategie ablaufen zu lassen, wenn sie sich wiederholt als unwirksam erweist. Deshalb muß der einzelne auch die Fähigkeit entwickeln, eine neue Regulationsstrategie auszuwählen oder die ursprüngliche Technik nötigenfalls abzuwandeln.

Schlußfolgerungen

Die Stimmungsregulation umfaßt offensichtlich einen höchst iterativen Kontrollprozeß. Die Tatsache, daß Menschen häufig mehrere Affektziele gleichzeitig verfolgen, macht diesen Prozeß noch komplexer. Deshalb gehören zur Stimmungsregulation wahrscheinlich viele parallel laufende Prozesse und nicht nur ein einzelner Prozeßablauf. Es ist jedoch nicht bekannt, ob diese Prozesse additiv und kontinuierlich oder nicht-additiv und diskontinuierlich ablaufen.

Probleme mit der Stimmungsregulation können an jedem Punkt in diesem komplexen Prozeß auftreten. Es gibt eine Vielzahl von unterschiedlichen Punkten, an denen Urteile gefällt werden müssen und an denen möglicherweise Handlungsschritte erforderlich werden. An jedem dieser Punkte kann ein fehlerhaftes Urteil oder eine schlecht gewählte Handlung die Stimmungsregulation merklich behindern. Obwohl es in einigen Fällen möglich ist, die Irrtümer zu korrigieren, kann das Korrekturverhalten in anderen Fällen das Problem auch verschlimmern, anstatt es zu beheben. Wegner u.a. (1993) haben zum Beispiel die These aufgestellt, daß der wiederholte Versuch, eine traurige Stimmung in belastenden Situationen zu korrigieren, eine Depression hervorrufen kann. Nach ihrer Auffassung kann insbesondere ein Scheitern des intentionalen Kontrollprozesses, ausgelöst durch eine hohe Stressorenbelastung, dazu führen, daß der im Hintergrund laufende Überwachungsprozeß einen paradoxen Effekt erzeugt, durch den der Betreffende noch trauriger wird. Daraufhin bemüht sich die Person unter Umständen noch intensiver um eine Stimmungsverbesserung, was jedoch nur zur Folge hat, daß sich die Wirkung des paradoxen Effekts weiter verstärkt. Dieses »selbstladende zyklische System könnte also immer stärkere paradoxe Effekte auslösen, so daß der Versuch, nicht traurig zu sein, mit der Zeit eine tiefe Niedergeschlagenheit erzeugt« (S. 1102). Im nächsten Kapitel wird beschrieben, wie andere Fehler im Prozeß der Stimmungsregulation möglicherweise zu einer Vielzahl von affektiven Störungen führen.

Zusammenfassung

In diesem Kapitel haben wir erörtert, wie Menschen ihre Stimmungen regulieren, indem sie eine Vielzahl von Prozessen für eine Vielzahl von Zwecken einsetzen. Um die Stimmung auf zielgerichtete Weise zu beeinflussen, muß man in der Lage sein, die eigene Stimmung zu bewerten. Das erfordert Prozesse, in denen die Stimmung dynamisch überwacht und ihre Bedeutung eingeschätzt wird. Um eine Stimmung zu verändern oder zu bewahren, braucht man ein Repertoire von kognitiven und verhaltensbezogenen Strategien, die den Stimmungszustand beeinflussen können. In diesem Kapitel haben wir einige dieser Prozesse und Strategien vorgestellt. Wir haben gezeigt, daß die Stimmungsregulation ein komplexer Kontrollprozeß ist und daß es signifikante individuelle Unterschiede in der Fähigkeit zur Stimmungsregulation gibt. Das nächste Kapitel befaßt sich mit der Frage, ob Affektstörungen durch gravierende Fehler im Prozeß der Stimmungsregulation verursacht werden.

7

Stimmung und Stimmungsstörungen aus klinischer Perspektive

In den vorangehenden Kapiteln lag der Schwerpunkt auf Alltagsbeispielen für die Stimmung und Stimmungsregulation. Im vorliegenden Kapitel weiten wir unsere Diskussion auf klinische Zustände der Depression und Angst aus. Die Merkmale dieser Stimmungs- oder Affektstörungen stellen eine Art Herausforderung für die übliche Definition der Stimmung dar, die normalerweise als vorübergehendes, mitunter spontan wechselndes und in seiner evaluativen Tönung und Intensität variierendes Phänomen beschrieben wird. Wir befassen uns in diesem Kapitel speziell mit der Frage, wie sich klinische Angststörungen und Depressionen von normalen, unangenehmen Stimmungszuständen unterscheiden, die mit »depressiven« oder ängstlichen »Gefühlen« einhergehen. Man hat eine Vielzahl von scheinbar unvereinbaren psychologischen Theorien entwickelt, um die Entwicklung und die Aufrechterhaltung von Stimmungsstörungen zu erklären. Diese theoretische Erklärungen haben jeweils unterschiedliche Methoden für die Behandlung von Angst und Depressionen vorgeschlagen, die im Hinblick auf das klinische Ergebnis alle von ungefähr gleicher Wirksamkeit zu sein scheinen. In diesem Kapitel werden wir zwei der einflußreichsten Erklärungsansätze für Affektstörungen skizzieren (den *kognitiv-verhaltensorientierten* Ansatz und den *psychodynamisch-interpersonellen* Ansatz); wir beschreiben die psychotherapeutischen Methoden, die mit diesen Ansätzen verbunden sind, und berichten über einige neuere Versuche, die Thesen und Methoden beider Richtungen zu verknüpfen. Als nächstes gehen wir der Frage nach, welche Rolle die Stimmungsregulation bei der Erklärung und Behandlung von Stimmungsstörungen spielen könnte. Wir argumentieren insbesondere, daß die Entwicklung und das Andauern von Phobien direkt mit dem Einsatz falscher stimmungsregulierender Strategien zusammenhängt. Fehler in der Stimmungsregulation spielen möglicherweise auch eine gewisse Rolle bei spezifischen Varianten der Depression, und wir werden einige theoretische Ansätze besprechen, die diesen Aspekt der Störung hervorheben. Schließlich wollen wir einige Nachweise erörtern, die sich auf die kurzfristigen Auswirkungen unterschiedlicher Therapieformen innerhalb einzelner Sitzungen und auf die langfristigen Ergebnisse klinischer Interventionen für das allgemeine Wohlbefinden beziehen.

Einführung

Studien über Stimmungswechsel und Regulation zeigen, daß unangenehme Stimmungen im allgemeinen kurzlebig sind und sowohl spontanen Veränderungen als auch einer bewußten Kontrolle unterliegen. Vor diesem Hintergrund könnte es in gewisser Weise verwirrend erscheinen, daß psychische Störungen wie Depression oder Angst so weit verbreitet sind, weil die damit verbundenen Stimmungszustände nicht durch diese Merkmale charakterisiert sind. Menschen, die unter klinischen Depressionen leiden, beschreiben ihre Stimmung als einen mäßig oder ausgeprägt unangenehmen Gefühlszuständ, der über relativ lange Zeiträume anhält. Im Fall der klinischen Depression ist die Stimmung offenbar kein vorübergehender Zustand, ändert sich nicht spontan und ist im allgemeinen von gleichbleibender evaluativer Tönung. Auch Menschen mit bestimmten Formen der Angststörung erleben extreme Gefühle der Furcht, Anspannung und Sorge, die länger andauern und scheinbar keinen Bezug zu spezifischen Reizen oder Ereignissen haben.

Trotz dieser scheinbaren Abnormalität der Stimmungszustände, die mit Depression und Angst einhergehen, treten diese Störungen bei repräsentativen Gruppen von Erwachsenen und Kindern relativ häufig auf und nehmen oft einen zyklischen Verlauf. Nach Schätzung von Boyd und Weissman (1981) durchleben 8 bis 13 Prozent der Männer und 20 bis 26 Prozent der Frauen im Laufe ihres Lebens mindestens eine Episode klinischer Depressionen. Die Zahl der Menschen, die nach einer depressiven Episode innerhalb eines Jahres einen Rückfall erleiden, wird auf 50 Prozent geschätzt (Evans, et al., 1992). Weniger schwerwiegende Stimmungsprobleme sind sogar noch häufiger. In einer jüngeren Umfrage gab einer von sieben befragten Erwachsenen in Großbritannien an, daß er in den letzten sieben Tagen unter psychischen Problemen wie Erschöpfung, Unruhe, Depressionen, Zwangsvorstellungen oder Phobien gelitten hatte (Meltzer, Gill & Petticrew, 1995).

Da häufig eine sehr klare Trennlinie zwischen nicht-klinischen Stimmungsstörungen und klinischen (i. e. diagnostizierbaren) Störungen gezogen wird, lohnt es sich, die spezifischen Diagnosekriterien, die zur Einschätzung von Depressionen und Angst herangezogen werden, zu skizzieren. In den folgenden beiden Abschnitten werden wir diese klinischen Zustände nacheinander erörtern.

Merkmale einer klinischen Depression

Das Hauptmerkmal einer klinischen Depression ist eine depressive Stimmung, normalerweise begleitet von einem Mangel an Interesse und der Unfähigkeit, Freude an normalen Aktivitäten und Freizeitbeschäftigungen zu finden. Depressive Personen sagen von sich selbst häufig, daß sie sich »leer«, »hoffnungslos«, »nutzlos« und »hilflos« fühlen. Viele fühlen sich auch isoliert und abgeschnitten von anderen Menschen. Rowe (1983) vertritt in diesem Zusammenhang die Meinung, daß Personen, die einfach unglücklich sind (die zum Beispiel vom Tod eines Angehörigen betroffen sind oder ähnlich negative Ereignisse erleben), sowohl die Hilfe und Unterstützung anderer Menschen suchen und nutzen können als auch zur Selbsthilfe fähig sind, während klinisch Depressive nicht in der Lage sind, die Sympathie, das Mitleid oder das Interesse anderer Menschen zu nutzen, noch sich selbst trösten können.

Diese subjektiven Ausdrücke der Depression stehen im Vordergrund, wenn Menschen selbst beschreiben, wie sich eine Depression »anfühlt«. Doch Selbstberichte über depressive Stimmungen sind für sich genommen noch keine ausreichenden Indikatoren für eine klinische Depression (Coyne, 1994); die Diagnose von Depressionen hängt deshalb vom Vorhandensein einer breiteren Palette kognitiver, motivationaler und physischer (biologischer) Symptome ab. Die Diagnose Depression wird nur gestellt, wenn der einzelne seit mindestens zwei Wochen unter einer depressiven Stimmung und/oder einem Verlust der allgemeinen Lebensfreude leidet und über mindestens vier der folgenden Symptome klagt: Appetitverlust oder Heißhunger; Gewichtsverlust oder -zunahme; Erschöpfung oder Energieverlust; sexuelles Desinteresse; Gefühle der Wertlosigkeit oder Schuld; Schlaflosigkeit; frühes Erwachsen am Morgen; Konzentrationsschwäche oder Unschlüssigkeit; wiederkehrende Todes- oder Selbstmordgedanken; und psychomotorische Retardation oder Agitation (DSM-IV; APA, 1994). Wer von einer depressiven Stimmung oder einer generellen Antriebsarmut berichtet, aber keines der zusätzlichen Probleme hat, die zu einer klinischen Depression gehören, wird als *dysphorisch* diagnostiziert.

Depressionen können sich verheerend auf die normale Funktionsfähigkeit im Alltag auswirken. Depressive Menschen berichten zum Beispiel normalerweise von Konzentrations- und Motivationsschwächen, was häufig zu starken Leistungsabfällen bei der Arbeit führt (Mintz & Mintz, 1992). Schwere Depressionen können nahezu alle normalen Alltagsaktivitäten untergraben, einschließlich häuslicher Arbeiten (Saubermachen, Kochen, Einkaufen, Kinderversorgung), Selbstfürsorge, Beziehungen zu Freunden, Kollegen, Partnern und Kindern sowie soziale Aktivitäten (Lewinsohn, 1975). Bei Depressionen erhöht sich auch das Risiko eines Selbstmords oder Selbstmordversuches (Hawton & Catalan, 1987). Im Hinblick auf die langfristigen Auswirkungen ist vielleicht besonders besorgniserregend, daß man einen Zusammenhang zwischen Depressionen bei Eltern und vermehrten Fällen von Kindesmißhandlung, kindlichen Verhaltensstörungen und Depressionen bei Kindern festgestellt hat.

Merkmale von klinischen Angstzuständen

Depression und Angst gehen häufig Hand in Hand (Barlow, 1988) und obwohl man die beiden Störungen auf theoretischer Ebene unterscheiden kann, ist ihr gemeinsames Auftreten in der Praxis häufig schwer zu entwirren (Goldberg, Bridges, Duncan-Jones & Grayson, 1987). Die Diagnose der Angst wird durch die Tatsache erschwert, daß sie sich auf sehr unterschiedliche Weise zeigen kann (z. B. als generalisierte Angststörung, Panikstörung, Zwangsstörung oder Phobie). Einige Angstzustände wie einfache Phobien sind gekennzeichnet durch variable Grade der Angst, die eng mit einem spezifischen Objekt oder einer bestimmten Situation verbunden sind (z. B. Hunde, Spinnen, Fahrstühle oder Flugzeuge). Die Konfronation mit diesen Objekten oder Situationen, ob in der Realität oder in der Phantasie, löst extreme Angst aus, die häufig mit wachsender physischer oder zeitlicher Nähe ansteigt. Entsprechend zeichnet sich die verhaltensbezogene oder kognitive Vermeidung des Objekts oder der Situation durch relativ geringe Unruhe- und Angstgrade aus. Andere Formen von Angstzuständen sind durch wesentlich diffusere Ausdrucksformen gekennzeichnet. Die *generalisierte Angststörung* bezieht sich, wie der Name schon sagt, auf eine klinischen Zustand chronischer Besorgnis, der mindestens sechs Monate anhält, der unrealistisch oder übertrieben ist und der sich auf zwei oder mehr Aspekte der allgemeinen Lebensumstände, der körperlichen Gesundheit und Sicherheit, mögliche Unglücksfälle und Katastrophen und/oder finanzielle Schwierigkeiten bezieht. Anders als Phobien oder Panikstörungen weist die selbstbeschriebene Stimmung bei der generalisierten Angststörung eine relativ stabiles und gleichbleibendes Muster auf.

Zusammenhänge und Unterschiede zwischen normalen und abnormalen Stimmungszuständen

Die Beziehung zwischen normalen (vorübergehenden) depressiven oder ängstlichen Stimmungszuständen, leichten Verstimmungen und diagnostizierbaren Depressions- und Angststörungen wirft einige konzeptuelle Schwierigkeiten auf und ist ein vieldiskutiertes Thema (Morris, 1989). Eine Position geht davon aus, daß Affektstörungen ausgeprägtere Varianten normaler Stimmungen sind und von ähnlichen Prozessen abhängen, die sich lediglich in extremerer Weise manifestieren. Mit anderen Worten, normale und abnormale Stimmungen fallen beide in dasselbe begriffliche Kontinuum. Dieses *Kontinuitäts*modell trägt Implikationenen für die Erforschung und Behandlung von Affektstörungen. Im Hinblick auf die Forschung legt es nahe, daß Befunde, die sich bei normalen (nicht-klinischen) oder leicht gestörten Populationen ergeben, Aufschluß über die Entstehung und Aufrechterhaltung klinischer Affektstörungen geben können. Auf dieser Basis hat man umfangreiche experimentelle Untersuchungen mit nicht-depressiven Teilnehmern (wie in Kapitel 4 beschrieben) durchgeführt, um die psychischen Prozesse, die der klinischen Depression zugrunde liegen, besser zu verstehen. Mit anderen Worten: Man geht davon aus, daß die Wirkung von unangenehmen Stimmungen auf das Gedächtnis, die Informationsverarbeitung und Entscheidungsfindung Parallelen mit einigen hypothetischen kognitiven Verarbeitungsdefiziten aufweist, die bei depressiven Patienten beobachtet wurden (Haaga, Dyck & Ernst, 1991). Entsprechend könnte man auch argumentieren, daß Affektstörungen auftreten, wenn die normalen kontrollierten oder automatischen Strategien der Stimmungsregulation fehlschlagen. Nach dieser Auffassung sind klinische Stimmungsstörungen also möglicherweise behandelbar, indem man in erster Linie psychologische Methoden anwendet, die den einzelnen in die Lage versetzen, erfolgreiche Strategien der Stimmungsregulation umzusetzen, um signifikante und dauerhafte Verbesserungen des Stimmungszustandes zu bewirken.

Eine alternative Position betrachtet die Alltagsstimmung und klinische Stimmungsstörungen als qualitativ recht unterschiedliche Zustände. Coyne (1994) argumentiert zum Beispiel, daß klare konzeptuelle und empirische Unterschiede zwischen selbstbeschriebenem Kummer, depressiven Symptomen und diagnostizierbaren Depressionen bestehen und daß Studien über Personen, die sich selbst als unglücklich beschreiben, bei denen jedoch keine klinische Depression diagnostiziert wurde, häufig wenig dazu beitragen, unser Verständnis und die Behandlung der Störung voranzubringen. In diesem Zusammenhang behaupten Fechner-Bates, Coyne und Schwenk (1994), daß selbstberichtete Depressionssymptome möglicherweise häufig auf Anpassungsproblemen, Verlusterlebnissen oder vorübergehenden Schwierigkeiten beruhen, und damit von Kriterien abhängen, die die Diagnose eines klinischen Zustands ausschließen würden. Nach ihrer Ansicht sollte sich die psychologische Erforschung und Behandlung der klinischen Depression an der Psychiatrie orientieren, die insbesondere den Unterschied zwischen Kummer und Depression anerkennt. So geht die biomedizinische Psychiatrie im allgemeinen davon aus, daß klinische Affektstörungen in erster Linie durch genetische und biologische Faktoren bedingt sind, die den normalen physiologischen Ablauf stören (und deren Interaktionen mit sozialen Bedingungen von zweitrangiger Bedeutung sind). Deshalb versucht die psychiatrische Forschung, die genetischen, physiologischen oder andere biologische Grundlagen von Affektstörungen gesondert zu betrachten, und bemüht sich um die Entwicklung und Bewertung von Behandlungsstrategien, die direkt bei dieser grundlegenden Pathologie ansetzen. Psychiater empfehlen zum Beispiel typischerweise den Einsatz von Anti-Depressiva für die Behandlung klinischer Depressionen und von Benzodiazepinen (z. B. Valium®, Librium®) für Angststörungen.

Diese beiden alternativen Sichtweisen von Stimmungsstörungen werden mitunter als unvereinbare Positionen beschrieben, die von den gegnerischen Berufsgruppen der Psychologen und biomedizinischen Psychiater vertreten werden (Morris, 1989). Aus einer pragmatischen Perspektive ist eine solche Polarisierung von psychologischen und biomedizinischen Modellen der Affektstörungen allerdings wenig sinnvoll und hilfreich. Ätiologische Untersuchungen deuten darauf hin, daß genetische Faktoren, soziale Faktoren und spezielle Lebenserfahrungen allesamt eine signifikante Rolle bei der Entwicklung klinischer Stimmungsstörungen spielen (Kendler, Kessler, Neale, Heath & Eaves, 1993). Es gibt auch klare physiologische ebenso wie kognitive und verhaltensbezogene Korrelate von sowohl Angst als auch Depression (Anisman & Lapiere, 1981; Lader, 1975). Außerdem zeigen Ergebnisstudien, daß psychologische und pharmakologische Therapien beide bei der Behandlung von Affektstörungen wirksam sind (Elkin et al., 1989). Diese Erwägungen deuten alle darauf hin, daß psychologische und biomedizinische Ansätze sich keineswegs gegenseitig ausschließen, sondern sich vielmehr ergänzen und möglicherweise einfach bei unterschiedlichen Aspekten desselben facettenreichen Phänomens ansetzen. Doch aus Gründen, die wir in Kapitel 1 aufgeführt haben, konzentrieren wir uns in diesem Buch vorrangig auf die psychologischen und weniger auf die physiologischen Aspekte der Stimmung.

Wir vertreten in diesem Kapitel eine Kompromißposition, die zwischen die beiden Extreme der absoluten Kontinuität und der absoluten Diskontinuität fällt. Wir sind insbesondere der Ansicht, daß einige Prozesse, die den alltäglichen Stimmungsphänomenen zugrunde liegen, wahrscheinlich auch in gewissem Maße auf Fälle klinischer Affektstörungen zutreffen. So könnte es zum Beispiel zu einer Affektstörung kommen, wenn assoziierte Parameter extreme Werte erreichen, wenn Regulationsmechanismen nicht erfolgreich arbeiten oder wenn verschiedene Prozeßkombinationen auf chaotische Weise interagieren (s. Kapitel 6). Es ist jedoch auch denkbar, daß Affektstörungen einige ganz eigene, charakteristische Merkmale aufweisen, die bei Alltagsstimmungen nicht vorkommen. Das jeweilige Ausmaß der Kontinuität oder Diskontinuität läßt sich nur durch sorgfältige Untersuchungen bestimmen, in denen die Bedeutung normaler Stimmungsprozesse für abnormale Stimmungszustände gemessen wird. Im vorliegenden Kapitel wollen wir insbesondere der Frage nachgehen, inwieweit Affektstörungen ein Ausdruck fehlerhafter Regulationsstrategien sind, und untersuchen, wie psychologische Behandlungsansätze den Patienten helfen könnten, ihre Stimmungen wieder erfolgreicher zu steuern.

Psychologische Theorien der Affektstörungen

Die psychotherapeutischen Ansätze bei Stimmungsstörungen stützen sich auf eine Vielzahl von psychologischen Modellen. Die meisten lassen sich jedoch zwei Hauptgruppen zuordnen. Zur ersten Kategorie gehören die *psychodynamisch-interpersonalen* Modelle, die den Einfluß von unbewußten Prozessen und zwischenmenschlichen Beziehungen bei der Entwicklung von Affektstörungen betonen. Die zweite Gruppe umfaßt die *kognitiv-verhaltensorientierten* Theorien, die davon ausgehen, daß Stimmungen und Emotionen direkt von unseren Gedanken und Überzeugungen beeinflußt werden. In diesem Abschnitt werden wir kurz beschreiben, wie Stimmungen und Affektstörungen von diesen beiden Modellen erklärt werden, und dann einige der daraus jeweils resultierenden Therapiegrundsätze aufzeigen. Viele frühere Beschreibungen dieser therapeutischen Ansätze haben die Unterschiede zwischen den beiden Modellen und ihre scheinbare Unvereinbarkeit hervorgehoben. Neuere klinische und theoretische Entwicklungen haben jedoch den Versuch unternommen, Konzepte beider Richtungen zu verbinden. Am Ende dieses Abschnitts wollen wir deshalb kurz einige *integrative Modelle* beschreiben, mit denen versucht wurde, die Anfälligkeit für Affektstörungen und die psychotherapeutischen Möglichkeiten in einem etwas umfassenderen Sinn zu erklären.

Psychodynamische Theorien über Affektstörungen

Psychodynamische Theorien (Guntrip, 1971; Luborsky, 1981; Malan, 1979) sind Weiterentwicklungen von Freudschen Ideen und Prinzipien und umfassen eine Vielzahl von Modellen und Methoden, die auf das Verständnis menschlicher Emotionen und Beziehungen zielen. Alle psychodynamischen Theorien zeichnen sich durch zwei wichtige Gemeinsamkeiten aus. Die erste gemeinsame Komponente ist die Annahme, daß zwischenmenschliche Beziehungen eine Schlüsselrolle in der menschlichen Erfahrung spielen. Nach dieser Auffassung ist der Mensch aufgrund biologischer und sozialer Anforderungen auf enge persönliche Beziehungen angewiesen, wenn er überleben will. Diese Abhängigkeit zeigt sich am deutlichsten in der frühen Kindheit, und die Beziehungen zwischen dem Kind und seinen Bezugspersonen gelten als wichtige Determinanten für die Entwicklung des körperlichen und seelischen Wohlbefindens. In den frühen Schriften von Freud (1910/1962) wurden instinktive Triebe, einschließlich solcher, die sich auf die Sexualität, auf Hunger und Aggressionen beziehen, als primäre Ursachen psychischer Probleme betrachtet. Doch in seinem späteren Werk (Freud, 1920/1950) erforschte Freud, inwiefern die frühen Beziehungen zwischen dem Säugling und seinen Bezugspersonen das Fundament für die seelische Gesundheit legen. Dieser Ansatz wurde in klinischen und theoretischen Kontexten von Neo-Freudianern wie Donald Winnicott (1965) und Melanie Klein (Segal, 1964) weiter ausgebaut.

Strukturierte Beobachtungsstudien von Ainsworth (1967; 1968) und Bowlby (1980) haben klare Belege dafür geliefert, daß die *Bindung* und der *Ablösungsprozeß* im Säuglings- und Kindesalter eine wichtige Rolle spielen. Auf der Grundlage von Studien über Waisen, Kinder in Krankenhäusern und gestützt auf Beobachtungen von Müttern und Kindern in Nordamerika, Afrika und Großbritannien haben Ainsworth, Bowlby und andere beschrieben, daß durch die frühen Beziehungen zu Elternfiguren starke Muster und Erwartungen (im Hinblick auf Nahrung und Fürsorge, Ablehnung oder ambivalente Gefühle) festgelegt werden, die dann auf spätere Beziehungen im Erwachsenenleben *projiziert* werden. Diese grundlegenden Erwartungen im Hinblick auf zwischenmenschliche Beziehungen stehen bei der psychodynamisch orientierten Therapie häufig im Mittelpunkt der Aufmerksamkeit.

Die Entwicklung von sicheren Bindungen an Schlüsselpersonen gilt als entscheidender Schritt für die Entwicklung der seelischen Gesundheit. Durch wiederholte positive Interaktionen mit Bezugspersonen verinnerlicht das Kind nach dieser Auffassung ein positives Selbstbild, es entwickelt positive Erwartungen in bezug auf seine sozialen Beziehungen zu anderen Menschen außerhalb der Kernfamilie und schafft sich eine solide Grundlage, von der aus es die Welt jenseits der Familie erforschen kann (Bowlby, 1980). Wenn die Beziehung zu Elternfiguren zerbricht, die Elternfiguren nicht verfügbar sind, sich inkonsequent zeigen oder wenn das Kind vor allem negative oder bedrohliche Beziehungserfahrungen macht, entwickelt es unsichere Bindungen (Ainsworth, Blehar, Waters & Wall, 1978). Unsichere Bindungen können zweierlei Form annehmen. Kennzeichnend für die *vermeidende Bindung* ist insbesondere, daß das Kind im Anschluß an eine Trennung keinen Kummer zeigt und sich dem Elternteil nur widerstrebend annähert, oder daß es nicht versucht, Trost und Hilfe zu finden, wenn es leidet oder sich fürchtet. Die *ambivalente Bindung* zeigt sich in einem widersprüchlichen Verhalten gegenüber dem Elternteil, so sucht das Kind vielleicht nach Trost und Unterstützung und weist dann jede angebotene Hilfe zurück. Die Bindung beeinflußt offenbar die spätere emotionale und soziale Entwicklung des Kindes, und Langzeitstudien haben die besonderen Probleme aufgezeigt, die sowohl mit der vermeidenden

Bindung (Mangel an Vertrauen, Rückzug und Exhibitionismus) als auch mit der ambivalenten Bindung einhergehen (Hilflosigkeit, geringe Ich-Kontrolle, z.B. Erickson, Sroufe & Egeland, 1985).

Man hat auch erhebliche Anstrengungen unternommen, um den Einfluß des Bindungsverhaltens auf die Funktionsweise im Erwachsenenalter zu bestimmen. So haben zum Beispiel Main, Kaplan und Cassidy (1985) Eltern über ihre Kindheitserfahrungen und über ihre Einstellung zu ihren eigenen Kindern befragt und sind zu dem Schluß gekommen, daß viele der frühen Bindungsstile der Eltern an die nächste Generation weitergegeben wurden. Fonagy, Steele und Steele (1991) haben in einer ähnlichen Untersuchung den Bindungsstil bei schwangeren Frauen untersucht und später beobachtet, wie sie mit ihren Kindern interagierten. In 75–80 Prozent der Fälle wurde festgestellt, daß der in der Schwangerschaft ermittelte Bindungstil der Mutter an das Kind weitergegeben wurde. Bei Müttern, die von ängstlichen Bindungsbeziehungen zu ihren Eltern berichtet hatten, bestand eine signifikant höhere Wahrscheinlichkeit, daß sich bei ihren Kindern ebenfalls eine ängstliche Bindung entwickelte.

Es gibt auch einige Studien über die Wirkung des Bindungsverhaltens auf die Arbeitsleistung. Man hat zum Beispiel argumentiert, daß ein Zusammenhang zwischen der Vermeidung enger persönlicher Beziehungen und einem übertriebenen Arbeits- und Leistungsinteresse besteht. Einige Forscher haben in diesem Zusammenhang die These aufgestellt, daß Personen mit vermeidender Bindung ihre Arbeit und ihre Unabhängigkeit nutzen, um enge, intime Beziehungen abzuwehren, in denen sie abgewiesen oder im Stich gelassen werden könnten. Die errungene und bewahrte Autonomie wird demnach zur alternativen Methode, mit der man Selbstachtung entwickeln und sozialen Status gewinnen kann (Hazan & Shaver, 1987; 1990).

Die zweite Grundkomponente der psychodynamischen Theorien ist die Vorstellung, daß unangenehme, unakzeptable oder schmerzliche Gedanken und Gefühle (zum Beispiel über Sexualität, Verlust oder Aggression), die als unerträglich, übermächtig oder nicht handhabbar empfunden werden, häufig bewußt oder unbewußt durch verschiedene Abwehrmechanismen verdrängt werden (wie *Verleugnung, Projektion, Sublimierung, Verschiebung* oder *Reaktionsbildung*). In diesem Zusammenhang haben wir gerade beschrieben, wie wütende, enttäuschte oder traurige Gefühle, die durch zwischenmenschliche Beziehungsprobleme entstehen, *verschoben* werden, indem man seine Energie und Anstrengung in alternative Bereiche wie den beruflichen Erfolg kanalisiert. Ein weiterer wichtiger Abwehrmechanismus ist die *Übertragung*, zu der es kommt, wenn Gefühle, Wünsche oder Erwartungen, die eine bestimmte Person betreffen (Eltern oder Geschwister) auf andere Menschen projiziert oder übertragen werden. Allgemein ausgedrückt: Die Befürchtungen oder Hoffnungen, mit denen der einzelne an künftige Beziehungen herangeht, können die Entwicklung und den Verlauf dieser Beziehungen entscheidend beeinflussen.

Psychodynamische Therapie

Der therapeutischen Beziehung zwischen Patient und Therapeut wird in der psychodynamischen Therapie eine zentrale Bedeutung beigemessen. Diese Beziehung liefert die notwendige Sicherheit für die therapeutische Arbeit und ist auch ein fundamentales Mittel der Veränderung. In der therapeutischen Beziehung kommt es aus psychodynamischer Sicht zur Übertragung. Wie gerade erwähnt, bezieht sich dieser Begriff auf die Tendenz, die eigenen früheren oder momentanen Gefühle für eine wichtige Bezugsperson (z. B. Vater oder Mutter) auf andere Menschen zu übertragen. Diese Gefühle können angenehm oder unangenehm sein: Wer sich verraten, enttäuscht oder abgewiesen fühlt, kann diese Gefühle genauso leicht übertragen, wie jemand, der sich unterstützt, geliebt oder ermutigt fühlt. Als neutrale Schlüsselperson im Leben des Patienten wird der Therapeut häufig zum Empfänger von sowohl angenehmen als auch unangenehmen Übertragungsgefühlen. So erwarten Personen, die kritische oder abweisende Eltern hatten, möglicherweise, daß der Therapeut sich ähnlich kritisch oder abweisend verhält. Das kann dazu führen, daß sie verschiedene Taktiken einsetzen, um den Therapeuten zu beschwichtigen, indem sie zum Beispiel eine willfährige Rolle spielen oder versuchen, ein mustergültiger Patient zu sein. Alternativ könnte der Patient die Therapie auch vorzeitig abbrechen, um auf diese Weise die erwartete Ablehnung durch den Therapeuten zu vermeiden. Andere Personen, die wiederholte, ungelöste Beziehungsabbrüche erlebt haben, reagieren vielleicht besonders verletztlich auf eine Abwesenheit des Therapeuten (wenn er zum Beispiel Urlaub macht oder krank wird) und auf das unweigerlich irgendwann erreichte Ende der Therapie. Diese Ereignisse können intensive Gefühle von Wut, Preisgegebensein oder Verlust auslösen, die dann die therapeutische Beziehung in Frage stellen. Der Therapeut hat die Aufgabe, den Patienten dabei zu helfen, die Zusammenhänge zwischen ihren momentanen Emotionenen in den Therapiesitzungen und früheren, mit Trennungen verbundenen Gefühlen zu erkennen, damit sie diese unverarbeiteten Gefühle erforschen können. Durch die Bewältigung der Probleme, die in der therapeutischen Beziehung auftauchen, soll der Klient lernen, neue Denk- und Bewältigungsmuster für Trennungserfahrungen zu entwickeln.

Das allgemeine Ziel der psychodynamischen Therapie ist es, die persönliche Geschichte des Patienten so zu entwirren, daß die Verbindungen zwischen momentanen Schwierigkeiten und früheren Erfahrungen erkannt und formuliert werden können. Um diesen Erforschungs- und Aufdeckungsprozeß zu erleichtern, nutzt der Therapeut den Übertragungsmechanismus. Er verwendet große Aufmerksamkeit auf die Gedanken und Gefühle, die der Klient ihm gegenüber entwickelt, weil sie aus psychodynamischer Sicht zum Teil von Gedanken und Gefühlen abhängen, die in früheren Beziehungen erlebt wurden. Diese Zusammenhänge und Verbindungen zwischen der Gegenwart und der Vergangenheit werden vom Therapeuten in den Behandlungssitzungen ausdrücklich hervorgehoben. Auf diese Weise eröffnet der Therapeut dem Patienten den Zugang zu verborgenen oder uneingestandenen Gefühlen, die er seit der Kindheit erfolgreich verdrängt hat. In der Sicherheit der therapeutischen Beziehung können diese Gefühle erforscht und verarbeitet werden. Diese Aufdeckung von uneingestandenen oder verdrängten Teilen des Selbst gilt als der Schlüssel zur erfolgreichen Behandlung von Depressionen oder Ängsten (Luborsky, 1981).

Es stehen heute mehrere Methoden zur Verfügung, mit denen man die grundlegenden Konflikte und Probleme des Patienten einschätzen kann (Luborsky, Crits-Christoph, Mintz & Auerbach, 1988; Malan, 1979). Die Anwendung dieser Methoden könnte zur Validierung psychodynamischer Behandlungsprinzipien beitragen, die Reliabilität von klinischen Einschätzungen des Therapeuten untermauern und bei der Entwicklung von Forschungsansätzen helfen, die sich mit der genauen Wirkungsweise von therapeutischen Techniken befassen. Crits-Christoph, Cooper und Luborsky (1988) haben zum Beispiel gemessen, inwieweit präzise Interpretationen des Therapeuten Voraussagen über das Ergebnis der psychodynamischen Therapie erlauben. Zwei unabhängige Beurteiler werteten Transkripte von 86 Behandlungssitzungen aus und ordneten die Äußerungen der Therapeuten in die Kategorien »Interpretationen« und »andere Reaktionen« ein. Erfahrene Kliniker bewerteten dann die Genauigkeit jeder ermittelten Interpretation. Schließlich wurde das Ergebnis der Therapie eingeschätzt, indem jeder Klient und jeder Therapeut die allgemeine Anpassung einstufte (die im Hinblick auf Anfangsgrade psychischer Belastungen statistisch korrigiert wurden). Die Forscher stellten fest, daß die Genauigkeit der Interpretationen und die eingestufte Qualität der therapeutischen Beziehung beide signifikante (und unabhängige) Prädiktoren des beurteilten Ergebnisses waren. Derartige Studien tragen zweifellos viel dazu bei, die möglichen klinischen Vorzüge der psychodynamischen Therapie wissenschaftlich nachzuweisen.

Kognitiv-verhaltensorientierte Theorien über Affektstörungen

Kognitive Theorien der Stimmung und Affektstörung (Beck, 1976; Beck, Rush, Shaw & Emery, 1979) beruhen auf der Prämisse, daß Menschen aufgrund bestimmter verzerrter Denkweisen zu negativen Stimmungen neigen, die durch automatische, negative Gedanken über das Selbst, die Welt und die Zukunft aufrechterhalten werden (*kognitive Triade*). Nach der kognitiven Depressionstheorie wird das geistige Leben einer depressiven Person fast ausschließlich von negativen Gedanken beherrscht, die automatisch und wiederholt auftreten und schwierig zu kontrollieren sind. Außerdem geht die Theorie davon aus, daß der Depressive unter systematischen Verzerrungen in der Informationsverarbeitung leidet; diese Verzerrungen führen dazu, daß die Person ihre Aufmerksamkeit, Wahrnehmung und Erinnerung selektiv auf Aspekte richtet, die mit der negativen Stimmung übereinstimmen und sie dadurch verstärken (Haaga, Dyck & Ernst, 1991). Nach dieser Auffassung ähneln die Effekte der klinisch depressiven Stimmung den Auswirkungen von unangenehmen Alltagsstimmungen auf die Verarbeitung, Entscheidungsfindung und das Gedächtnis (s. Kapitel 4). Beck und seine Mitarbeiter ermittelten eine Reihe von kognitiven Verzerrungen, die häufig mit Depressionen und

Angst verbunden sind. Dazu gehören ein Schwarz-Weiß-Denken (die Unfähigkeit, Ereignisse anders als absolut gut oder absolut schlecht wahrzunehmen), selektive Abstraktion (ein Einzelaspekt wird aus dem Zusammenhang gerissen), Untertreibung von positiven Ereignissen und Übertreibung von negativen Ereignissen sowie eine Tendenz zu groben Verallgemeinerungen.

Die kognitive Therapie geht von der Annahme aus, daß Individuen anfällig für Depressionen und andere Affektstörungen sind, weil sie bestimmte unflexible, verzerrte und automatische Überzeugungen darüber haben, wie das Leben funktioniert. Diese Überzeugungen werden aus Sicht der kognitiven Theorie in zusammenhängende Muster oder *Schemata* geordnet, die die Wahrnehmung und Interpretation beeinflussen. Wer ein kognitives Schema hat, bei dem es hauptsächlich um das Geliebtwerden, um die Abhängigkeit und um das Bedürfnis nach Nähe und Intimität geht, kann zum Beispiel eine Annahme entwickeln wie: »Wenn ich nicht bedingungslos geliebt werde, dann bin ich wertlos«. Man nimmt an, daß diese Schemata die Aufmerksamkeit verstärkt auf Informationen lenken, die das jeweilige Schema entweder bestätigen oder widerlegen. So suchen dann Patienten mit einem Abhängigkeitsschema möglicherweise nach Bestätigung und objektiven Beweisen dafür, daß sie geliebt werden, grübeln immer wieder über frühere Liebeserfahrungen nach und sammeln Erinnerungsstücke an solche Situationen (Valentinskarten, Liebesbriefe, Fotos etc.). Indizien, die darauf hindeuten, daß sie nicht geliebt wurden oder nicht liebenswert sind, erhalten im allgemeinen mehr Gewicht als Beweise des Gegenteils. So kann die Depression zu einem übertriebenen Pessimismus und zu einer allgemeinen Hoffnungslosigkeit führen.

Mit Angst verbundene Schemata können sich um negative Urteile anderer drehen, oder sich auf die persönliche Anfälligkeit für körperliche Störungen richten. Damit verbundene Annahmen können zum Beispiel sein: »Wenn ich nicht in jeder Hinsicht perfekte Leistungen bringe, dann wird man mich für nutzlos halten«, oder: »Wenn ich körperliche Symptome wie Herzrasen oder Atemlosigkeit wahrnehme, dann leide ich unter einer gefährlichen Krankheit«. Wie bei der Depression können diese Schemata und Annahmen zur selektiven Auswahl und Betonung von negativen Aspekten der Lebenssituation und zu unbegründeten Rückschlüssen auf drohende Gefahren führen.

Kognitive Verhaltenstherapie

Im Gegensatz zum psychodynamischen Ansatz, der uneingestandene oder verborgene Erfahrungen und Gefühle aufdecken und erforschen will, konzentrieren sich kognitive und verhaltenstherapeutische Ansätze auf die Lösung der aktuellen Probleme, von denen der Patient zu Beginn der Therapie berichtet. Im Rahmen der kognitiven Verhaltenstherapie hat der Therapeut vor allem die Aufgabe, dem Klienten dabei zu helfen, besser zu verstehen, wie seine derzeitigen Probleme durch seine eigenen Einstellungen und gewohnheitsmäßigen Verhaltensweisen aufrechterhalten werden, und ihm zu zeigen, daß Veränderungen des Denkens und Handelns möglich sind. Nachdem im sicheren Kontext der Therapiesitzungen neue Denk- und Verhaltensweisen eingeübt wurden, arbeiten Therapeut und Klient gemeinsam daran, diese Veränderungen in das Alltagsleben zu integrieren.

Bei der kognitiv-verhaltensorientierten Therapie wird die Beziehung zwischen Therapeut und Patient als kooperativ verstanden. So einigen sich die beiden Parteien insbesondere auf ein bestimmtes Ziel und auf ein Verfahren zur Erreichung dieses Ziels. Außerdem bemühen sich sowohl Therapeut als auch Klient aktiv um erfolgreiche Veränderungen. Bei Selbstmanagement-Methoden der Therapie (Kanfer & Gaelick-Buys, 1991) wird zum Beispiel besonderes Gewicht darauf gelegt, daß sich die Patienten aktiv und engagiert an ihrer eigenen Rehabilitation beteiligen. Dieser Aspekt wird besonders betont, weil man davon ausgeht, daß eine starke Motivation der Schlüssel zum therapeutischen Erfolg ist, daß viele Verhaltensweisen nur dem Patienten selbst zugänglich sind und daß der Gesundungsprozeß häufig schwierig und unangenehm ist. Nach dieser verhaltensorientierten Auffassung hängt eine erfolgreiche Stimmungsregulation davon ab, daß zu Beginn der Therapie das Gefühl der Selbstwirksamkeit und Kontrolle beim Patienten gestärkt wird.

Zur kognitiven Verhaltenstherapie gehört, daß der Patient darin unterwiesen wird, seine Stimmungszustände sowie seine zusammenwirkenden Verhaltensweisen und Gedanken zu überwachen und seine negativen Einstellungen und Erwartungen zu erkennen. Dann fordert der Therapeut die Patienten dazu auf, die vorliegenden Beweise für diese Gedanken und Erwartungen zu bewerten, indem sie alternative Erklärungen für bestimmte Ereignisse in Erwägung ziehen und diese Erklärungen durch persönliche Experimente überprüfen. Personen, die behaupten, sie fühlten sich *immer* schrecklich, ihre Tage verliefen *vollkommen* freudlos und sie seien bei allem, was sie zu tun versuchten, *absolut* nutzlos, stellen nach diesen Interventionen häufig zu ihrer Überraschung fest, daß sich ihre Stimmung doch ab und zu verändert, daß sie einige kleine Freuden im Laufe des Tages erleben und ihre Anstrengungen manchmal von begrenztem Erfolg gekrönt sind. Die kognitive Verhaltenstherapie kann also dazu beitragen, daß eine realistischere Stimmungsüberwachung in Gang gesetzt wird, was wiederum zu einer erfolgreicheren und gezielteren Stimmungsregulation führen kann.

Die Therapie kann auch darauf gerichtet sein, die Einschätzungen des Patienten zu verändern. Ängstliche Personen neigen dazu, die Welt als einen Ort physischer oder psychischer Bedrohungen zu bewerten, und diese Einschätzung vermittelt aus Sicht der kognitiven Verhaltenstherapie die ängstliche Stimmung. Depressive Personen konzentrieren sich dagegen eher auf die negativen Aspekte ihrer grundsätzlichen Lebenssituation: Sie beurteilen ihren Selbstwert als minimal, ihre Fähigkeiten als nicht-existent und ihr Leben als bar jeden Lichtblicks. Im Laufe der Therapie werden die Patienten immer wieder ermutigt, ihre negativen Überzeugungen auf die Probe zu stellen. Eine depressive Person, die sich selbst für nicht liebenswert und langweilig hält, wird vielleicht aufgefordert, konkrete Beweise für und gegen diese Hypothese zu sammeln. Man setzt auch Distanzierungstechniken ein, um den Klienten zu helfen, Abstand von ihren Problemen zu gewinnen und ihre Situation aus der Perspektive eines unbeteiligten Dritten zu betrachten. So fordert der Therapeut den Patienten vielleicht auf, in die Rolle eines Freundes oder Kollegen zu schlüpfen, oder er bittet ihn, Vergleichsdaten über die eigenen Leistungen oder Fähigkeiten und die von Kollegen und Freunden zu sammeln. Diese Belege werden dann in der folgenden Therapiesitzung genau überprüft und ausführlich besprochen. Je nachdem, wie erfolgreich der Klient davon überzeugt werden kann, daß seine Problemeinschätzung übertrieben negativ ist, wird sich seine affektive Reaktion auf diese Probleme wahrscheinlich verringern.

Die Therapeuten ermutigen ihre Klienten auch, stimmungsregulierende Strategien auszuprobieren und experimentell an die Problemlösung heranzugehen, indem sie ihnen *Hausaufgaben* für die Zeit zwischen den Sitzungen stellen. Diese Aufgaben versetzen die Person in die Lage, eine weit größere Zahl von Techniken anzuwenden und einzuüben, als es während der eigentlichen Sitzungen möglich ist, und sie fördern die Übertragung neuer Fähigkeiten und Techniken auf das normale Alltagsleben. Ein vorrangiges Ziel zu Beginn der Therapie könnte zum Beispiel sein, den Patienten zu einer aktiveren Beteiligung an der Therapie zu motivieren. Deshalb einigen sich Klient und Therapeut dann möglicherweise auf eine Reihe von Verhaltensübungen, die im Laufe der Woche abgeschlossen werden müssen. Diese Übungen zeichnen sich durch einen allmählich wachsenden Schwierigkeitsgrad aus, so daß der Betreffende größtmögliche Chancen auf Erfolgserlebnisse hat. Auf diese Weise wird er ermutigt, effektive Strategien für den Umgang mit unangenehmen Situationen und negativen Gefühlen zu erlernen.

Integrative Vulnerabilitätsmodelle

Kognitive Verhaltenstherapien und psychodynamisch-interpersonelle Therapien haben sich aus recht unterschiedlichen theoretischen Grundlagen entwickelt und umfassen jeweils ganz eigene Lernwege, Supervisionsmodelle und Bewertungsmethoden für das klinische Ergebnis. Dennoch hat man in jüngerer Zeit verstärkte Anstrengungen unternommen, um die beiden theoretischen Perspektiven und die damit verbundenen Therapieansätze zu verknüpfen. In diesem und dem folgenden Abschnitt wollen wir einige dieser Integrationsbemühungen erörtern. Im Hinblick auf Theorien, die sich mit der Anfälligkeit für Depressionen befassen, beginnt sich ein allgemeiner Konsens abzuzeichnen, und wir geben zunächst einen kurzen Überblick über die relevante Literatur. Im folgenden Abschnitt beschreiben wir, wie einige Therapeuten an einer Verbesserung ihrer therapeutische Praxis arbeiten, indem sie sie Konzepte und Techniken anderer Richtungen miteinbeziehen. Schließlich betrachten wir ein Metamodell, das man entwickelt hat, um die psychologischen Veränderungen, die sowohl in der psychodynamisch-interpersonellen Therapie als auch in der kognitiven Verhaltenstherapie auftreten, zu erklären.

Ein beträchtlicher Teil der Forschung hat sich damit befaßt, die Bedeutung von spezifischen Vulnerabilitätsfaktoren beim Zusammenbruch der Stimmungsregulation und bei der Entwicklung von Affektstörungen aufzudecken. Eine allgemeine Annahme dieser

Forschungsrichtung ist, daß Affektstörungen häufig infolge einschneidender Lebensereignisse auftreten und entweder von den Merkmalen dieser Ereignisse selbst oder von der individuellen Empfänglichkeit für deren Auswirkungen abhängen (oder von einer Mischung dieser beiden Einflüsse). Sozialer Streß, sozialer Druck, physiologische Belastungen oder das Nichterreichen eines ideellen Zieles bilden nach Kirschenbaum (1987) das größte Risiko für ein Scheitern der üblichen selbstregulatorischen Strategien, die man zur Mäßigung von Stimmungen und Verhaltensweisen einsetzt. Eine Vielzahl derartiger Lebensereignisse kann den Affektzustand tiefgreifend und dauerhaft beeinflussen.

Epidemiologische Indizien deuten darauf hin, daß sich Depression und Angst nicht willkürlich über die Population verteilen. Depressionen sind zum Beispiel häufiger bei jüngeren als bei älteren Menschen, und Frauen sind weit häufiger von dieser Diagnose betroffen als Männer. Für ein besseres Verständnis der Vulnerabilität sind gezieltere und intensivere Untersuchungen erforderlich. Brown und Harris (1978) leiteten zum Beispiel eine mittlerweile klassische Studie, in der sie Arbeiterfrauen in einem Innenstadtbezirk von London befragten. Bei dieser Stichprobe bestand die allgemeine Erwartung, daß sie als Gruppe eine relativ hohe Depressionsrate aufweisen würde. Brown und Harris belegten, daß es außerdem spezielle Ereignisse gab, die das Risiko einer Affektstörung erhöhten. Drei spezielle Vulnerabilitätsfaktoren wurden ermittelt: Der Tod der Mutter, bevor die Tochter das zwölfte Lebensjahr ereicht hatte; die Verantwortung für mehr als zwei Kinder unter fünf Jahren; und das Fehlen einer engen, vertrauensvollen Beziehung zum männlichen Partner.

In den letzten zehn Jahren haben sich die Thesen über die Hauptfaktoren, die der Anfälligkeit für Affektstörungen zugrunde liegen, auffällig angenähert. So haben sowohl psychodynamisch (Blatt, 1974; 1995) als auch kognitiv-verhaltensorientierte Theoretiker (Beck) insbesondere die Ansicht vertreten, daß eine zu starke Konzentration auf entweder Abhängigkeits- oder Leistungsbedürfnisse das Depressionsrisiko erhöht. Auch wenn die beiden Ansätze etwas unterschiedliche Begriffe verwenden, um den fraglichen Vulnerabilitätsfaktor zu bezeichnen, laufen beide auf dasselbe Ergebnis hinaus: Personen, die einen hohen Grad an entweder Abhängigkeit (oder »Soziotropismus«) oder Autonomie (oder »Selbstkritik«) aufweisen, sind besonders anfällig für bestimmte äußere Stressoren, zeigen unterschiedliche Störungssymptome, neigen bei der Konfrontation mit Problemen zu unterschiedlichen Regulationstrategien und reagieren unterschiedlich auf Behandlungen. Nach dieser Auffassung gelten abhängige Personen als anfälliger für zwischenmenschliche Krisen; sie neigen dazu, ihren emotionalen Schmerz offen zu zeigen, suchen aktiv die Hilfe anderer und reagieren gut auf eine Therapie, die sich auf zwischenmenschliche Beziehungen konzentriert und ein hohes Maß an Unterstützung gewährt. Im Gegensatz dazu sind autonome Personen anfälliger für wahrgenommene oder tatsächliche Mißerfolge; sie neigen dazu, den Ausdruck emotionaler Störungen zu unterdrücken, vermeiden es, andere um Hilfe bei ihren Problemen zu bitten, und reagieren am besten auf eine kooperative Behandlung, bei der ihr eigenes Wissen und Können anerkannt wird und sie selbst Verantwortung für Veränderungen übernehmen.

Obwohl diese theoretischen Ansätze eine beträchtliche Anzahl von Studien hervorgebracht haben, ist die Zahl der empirischen Nachweise, die den Einfluß der Autonomie und Abhängigkeit auf die Depressionsneigung bestätigen, immer noch begrenzt. Die vorhandenen Belege scheinen jedoch im großen und ganzen im Einklang mit der These zu stehen, daß die Abhängigkeit zur Entstehung von Depressionen beiträgt. Hammen u. a. (Hammen, Burge, Daley, Davila, Paley & Rudolf, 1995) verfolgten ein Jahr lang die Entwicklung von 155 Frauen nach deren High-School-Abschluß (im Alter von 17 und 18 Jahren). Die Forscher überwachten Lebensereignisse, depressive und andere Symptome mittels regelmäßiger Interviews und stellten fest, daß sowohl negative Gedanken als auch zwischenmenschliche Krisen, nicht aber leistungsbezogene Krisen, signifikante Prädiktoren für Depressionen und andere psychische Probleme darstellten. Gilbert und Reynolds (1990) kamen in einer ähnlichen Studie zu dem Ergebnis, daß der »Soziotropismus«, nicht aber die Autonomie signifikant mit berichteten Depressionsymptomen und mit Neurotizismus bei einer nicht-klinischen Population korrelierten. Hammen, Ellicott, Gitlin und Jameson (1989) kamen aufgrund der Daten einer Langzeitstudie außerdem zu dem Schluß, daß der Ausbruch oder die Verschlimmerung depressiver Symptome bei depressiven Patienten mit dem Auftreten persönlich bedeutungsvoller Lebensereignisse zusammenhing. So verschlechterte sich der Zustand der sozial ausgerichteten Patienten insbesondere, nachdem sie negative zwischenmenschliche Erfahrungen gemacht hatten, während sich der Zustand der Autonomie-orientierten Patienten vor allem infolge von negativen leistungsbezogenen Ereignissen verschlechterte.

Abgesehen davon, daß Abhängigkeit und Automonie die Anfälligkeit für Depressionen beeinflussen, schränken sie möglicherweise auch die Wirksamkeit von Versuchen der Stimmungsregulation ein. Einige erste Belege für diese These liefert eine Studie von Reynolds und Gilbert (1991) über die Beziehung zwischen Autonomie und Abhängigkeit, Bewältigungsstrategien und depressiven Symptomen bei arbeitslosen Männern. Arbeitslosigkeit bei Männern ist im allgemeinen mit einem hohen Depressionsniveau verbunden (Warr, 1991). Bei der Stichprobe von Reynolds und Gilbert zeigte sich jedoch, daß sich »autonome« Männer offenbar vor depressiven Symptomen schützen können, wenn sie ihr Aktivitätsniveau erhöhen. Bei autononen Männern mit hohem Grad an sozialer Unterstützung, aber niedrigem Aktivitätsgrad, und bei abhängigen Männern mit geringer sozialer Unterstützung, aber hohem Aktivitätsniveau war die berichtete Depression deutlich stärker als bei autonomen Männern mit hohem Aktivitätsgrad oder abhängigen Männern mit hohem Unterstützungsniveau. Diese Ergebnisse deuten darauf hin, daß Regulationsstrategien (soziale Unterstützung oder Aktivität) nur erfolgreich sind, wenn sie bei der spezifischen Anfälligkeit des einzelnen ansetzen (auf Abhängigkeits- oder Autonomiebedürfnissen beruhen). Innerhalb dieser Population waren die autonomen Männer anfälliger für Depressionen, weil die Arbeitslosigkeit mit dem Verlust von Leistungsmöglichkeiten einherging. Ein hohes Maß an sozialer Unterstützung konnte diesen Verlust nicht nur nicht aufwiegen, sondern trug möglicherweise sogar noch dazu bei, die Versagensgefühle und den erlebten Autonomieverlust zu verstärken. Entsprechend waren die abhängigen Männer anfällig für Depressionen, weil sie durch die Arbeitslosigkeit eine Quelle sozialer Unterstützung verloren und ein hohes Aktivitätsniveau diesen Verlust nicht wettmachen konnte.

Integrative Psychotherapiemodelle

In vielen Darstellungen von psychotherapeutischen Ansätzen wird nahegelegt, daß unterschiedliche Therapiemodelle unvereinbar seien, und viele Therapeuten haben ein begründetes Interesse daran, ein einzelnes Modell über alle anderen zu stellen. Dennoch bemüht man sich in jüngerer Zeit auch in wachsendem Maße um die Entwicklung von Psychotherapie- und Veränderungsmodellen, die die theoretischen Konzepte des psychodynamischen und kognitiv-verhaltensorientierten Ansatzes miteinander verbinden. Ein verbreiteter Integrationsansatz besteht darin, daß man offensichtlich wertvolle Eigenschaften der alternativen Modelle in sein eigenes Vorzugsmodell aufnimmt, um dessen Lücken auszufüllen oder dessen Schwächen auszugleichen. Safran (1990a; 1990b) lieferte zum Beispiel ein Erklärungsmodell der kognitiven Therapie, das darauf angelegt war, Elemente der psychodynamisch-interpersonellen Therapien miteinzuschließen. Safran ermittelte insbesondere zwei wichtige Komponenten von psychodynamisch-interpersonellen Therapien, die von den üblichen kognitiv-verhaltensorientierten Ansätzen vernachlässigt werden, nämlich die zentrale Bedeutung der therapeutischen Beziehung und die Rolle der zwischenmenschlichen Beziehungen bei der Aufrechterhaltung psychischer Probleme. Nach Safran sollten kognitive Therapeuten die therapeutische Beziehung sowohl als Mittel nutzen, um gestörte Interaktionsmuster zu ermitteln, als auch als Quelle interpersoneller Erfahrungen, aus denen der Klient lernen könne, auf neue Art an Beziehungen heranzugehen. Safran liefert im wesentlichen eine logische Begründung dafür, warum man das Übertragungskonzept in die kognitive Therapie aufnehmen sollte, und zeigt auf, wie kognitive Therapeuten die therapeutische Beziehung als Mittel der Veränderung nutzen könnten.

Das *Assimilationsmodell* (Stiles et al., 1990) ist ein Beispiel für einen Ansatz, der insofern integrativ ist, als er versucht, ein übergreifendes Rahmenwerk zu entwickeln, in das man die Ergebnisse unterschiedlicher Therapieformen einordnen kann. Nach diesem Modell ist die Assimilation von problematischen Erlebnissen ein gemeinsames Element aller erfolgreichen Psychotherapien. Der Begriff »Assimilation« bezieht sich in diesem Zusammenhang auf den Grad, in dem ein Problem anerkannt, akzeptiert und schließlich gemeistert wird. In allen Therapien berichten die Klienten anfangs von schmerzlichen Problemen, mit denen sie ringen und die sie nicht lösen können. Diese Konflikte können bereits in variierenden Graden assimiliert sein, und das zentrale Ziel der Therapie wird darin gesehen, daß der Therapeut dem Patienten hilft, diese Probleme noch weiter zu assimilieren und schließlich zu lösen.

Aus dieser Perspektive wird die Assimilation also als ein Kontinuum betrachtet. An dem einem Ende des Kontinuums liegen einige völlig unverarbeitete Probleme, die verdrängt und deshalb unbewußt und unerkannt sind. Das andere Ende des Kontinuums besteht aus Problemen, die überwunden und völlig assimiliert wurden und zur Zeit keine Schwierigkeiten bereiten. Zwischen diesen beiden Extremen werden mehr oder weniger assimilierte Konflikte erlebt. Schmerzliche Probleme dringen anfangs vielleicht ansatzweise ins Bewußtsein, ohne richtig verstanden zu werden. Das allmähliche Verstehen dieser Probleme verringert den unangenehmen Affekt und ermutigt zu Lösungsversuchen. Die Problemlösung wird von angenehmen Affekten begleitet, was schließlich zum Gefühl der Meisterung und zur völligen Assimilation führt.

Der Assimilationsprozeß ist in Abbildung 7.1 wiedergegeben. Die einzelnen Stufen der Assimilation sind in der Darstellung entlang der x-Achse angeordnet. Diese Stufen sind: (0) abgewehrte Probleme, (1) ungewollte Gedanken, (2) vage Bewußtheit, (3) Problemformulierung/-klärung, (4) Verstehen/Einsicht, (5) Anwendung/Aufarbeitung, (6) Problemlösung und (7) Meisterung. Der Assimilationsprozeß ist gekennzeichnet durch Veränderungen im Affekt und in der Aufmerksamkeit für die Probleme. Die unangenehme Stimmung verstärkt sich durch das Auftauchen vage bewußter und ungewollter Gedanken, nimmt dann ab, wenn die Probleme geklärt und verstanden werden. Die angenehme Stimmung wird erlebt, wenn Probleme durchgearbeitet und Lösungen umgesetzt werden. Die Aufmerksamkeit für das Problem steigt, bis die Probleme verstanden werden, und nimmt ab, je weiter die Lösung der Probleme voranschreitet.

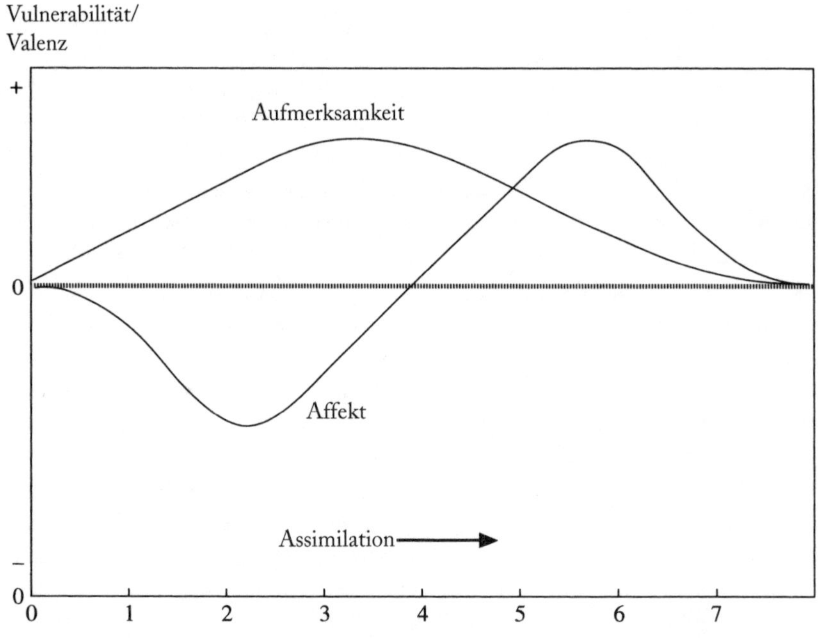

Abbildung 7.1 Das Assimilationsmodell (nach Reynolds, Stiles, Barkham, Shapiro, Hardy und Rees, im Druck)

Nach dem Assimilationsmodell konzentrieren sich unterschiedliche Psychotherapien auf unterschiedliche Problemstufen des Kontinuums (Stiles, Barkham, Shapiro & Firth-Cozens, 1992). Psychodynamisch-interpersonelle Therapien befassen sich in erster Linie mit schlecht assimilierten Problemen und mit schmerzlichen Gefühlen, die dem Patienten nur vage bewußt sind (Stufen 1 und 2). Mittels Erforschung und Einsicht hilft man dem Klienten, seine Probleme zu verstehen und zu klären. Wenn diese Klärung einmal erreicht ist, gilt die Lösung der Probleme als relativ unproblematisch und gehört nicht zu den direkten Zielen der Therapie. Im Gegensatz dazu sind kognitive Verhaltenstherapien in erster Linie auf Konflikte ausgerichtet, die der Klient mühelos artikulieren kann und die ihm bereits voll bewußt sind (auf Stufe 3 teilweise assimiliert). Das Verstehen wird erleichtert, indem man erklärendes Hintergrundwissen für diese Probleme liefert, und die Therapie konzentriert sich dann auf die Bereitstellung strukturierter Methoden, mit denen der Klient die Probleme lösen und positive Veränderungen aufrechterhalten kann.

Das Assimilationsmodell bietet eine überzeugende Erklärung für psychische Veränderungen, die aus unterschiedlichen therapeutischen Ansätzen resultieren. Field, Barkham, Shapiro und Stiles (1994) haben qualitative Fallbeispiele vorgelegt, die zeigen, daß die Lösung von Problemen tatsächlich über die vorausgesagten Stufen erfolgt und daß die Therapieerfahrungen des Klienten reliabel von Beobachtern ermittelt werden können. Dennoch befindet sich dieser Ansatz noch in einem sehr frühen Entwicklungsstadium, und es gibt noch mehrere ungeklärte konzeptuelle Fragen. Zum Beispiel ist immer noch unklar, wie Probleme, die dem Klienten nur vage bewußt sind, in der kognitiven Therapie behandelt werden. Ähnlich unklar bleibt der Prozeß, durch den die Einsichten, die bei der psychodynamischen Therapie gewonnen werden, zur Problemlösung führen. Außerdem beschreibt das derzeit vorliegende Assimilationsmodell einen simplen linearen Verlauf der einzelnen Assimilationsstufen, obwohl Klienten in der Praxis vermutlich Probleme darstellen, die sich zyklisch zwischen diese Stufen bewegen, manchmal klar erkennbar sind und bei anderer Gelegenheit schlecht verstanden oder sogar »abgewehrt« werden.

Auch die empirischen Nachweise für das Assimilationsmodell sind zur Zeit noch relativ begrenzt. Obwohl es einige Hinweise darauf gibt, daß die Stimmung der Klienten bei der psychodynamisch-interpersonellen und der kognitiven Verhaltenstherapie Unterschiede aufweist (Reynolds et al., in Druck; Stiles, Shapiro & Firth-Cozens, 1988), ist noch nicht gezielt untersucht worden, inwieweit Stimmungsveränderungen mit dem Grad der Assimilation zusammenhängen. Im Hinblick auf die Affektstörungen und die Stimmungsregulation hat das Modell allerdings den klaren Vorteil, daß es die Stimmung und Stimmungswechsel ausdrücklich als Hauptelemente einer erfolgreichen Psychotherapie miteinbezieht. Im nächsten Abschnitt wollen wir Affektstörungen speziell unter dem Aspekt der Stimmungsregulation betrachten.

Affektstörungen und stimmungsregulierende Prozesse

Aus unserer Sicht könnte man zahlreiche Fälle klinischer Stimmungsstörungen als Ausdruck einer problematischen Stimmungsregulation verstehen. Ähnlich argumentiert Brewin (1989), der meint, daß Affektstörungen von Personen erlebt werden, deren spontane Bemühungen um eine Selbstregulation gescheitert sind. In diesem Abschnitt wollen wir beschreiben, wie zwei verbreitete Stimmungsstörungen, nämlich Phobien und Depressionen, durch eine fehlschlagende Stimmungsregulation verursacht und aufrechterhalten werden können. Der Prozeß der Stimmungsregulation, den wir in Kapitel 6 beschrieben haben, umfaßt mindestens vier Stufen (Überwachung, Einschätzung, Regulation und Neubewertung), und in jeder dieser Stufen können Probleme auftreten. Wir werden zunächst Faktoren erörtern, die sich möglicherweise auf die Stimmungsüberwachung auswirken. Wie in früheren Kapiteln ausgeführt, gibt es erhebliche individuelle Unterschiede im Hinblick auf die längerfristige Veränderlichkeit von Stimmungen, den Grad der Stimmungsbewußtheit und das Ausmaß, in dem man unterschiedliche Stimmungsarten erkennen und bezeichnen kann. Diese Unterschiede können das Ergebnis des Stimmungsüberwachungsprozesses allesamt beeinflussen. Für Menschen, deren Stimmungen sich nur langsam ändern, die sich ihrer Stimmungen relativ wenig bewußt oder nicht in der Lage sind, unterschiedliche Grade oder Arten von Stimmungen zu benennen oder zu differenzieren, stellt sich die Stimmungsüberwachung vermutlich schwieriger dar, als für Personen, die an Stimmungsschwankungen gewöhnt sind, sich im allgemeinen über ihre Stimmungen im klaren sind und über ein reiches sprachliches und begriffliches Repertoire für die Affektbezeichnung verfügen.

Die Stimmungsüberwachung führt zur Einschätzung der Stimmung oder zu dem Versuch, die persönliche Bedeutung der Stimmung zu ermitteln. Die Bedeutung, die der einzelne seinem Stimmungszustand zuschreibt, wird wiederum beeinflussen, inwieweit er versucht, die Stimmung zu verändern oder aufrechtzuerhalten. Wer zum Beispiel kürzlich einen Angehörigen verloren hat, hält seine deprimierte und hoffnungslose Stimmung vielleicht für etwas ganz Natürliches und Unausweichliches und macht deshalb nicht den Versuch, etwas daran zu ändern. Wer dagegen extreme Furcht vor Hunden oder Zügen hat, wird wahrscheinlich erkennen, daß derartige Gefühle in der Durchschnittsbevölkerung nicht besonders verbreitet sind. Deshalb wird er die scheinbare Abnormalität seines Affekts vermutlich als etwas ausgesprochen Negatives bewerten und gezielt versuchen, etwas gegen diese Ängste zu unternehmen.

Die Prozesse der Überwachung, Regulation und Neubewertung laufen nicht völlig unabhängig voneinander ab. Personen, die tendenziell große Aufmerksamkeit auf ihre Stimmungen verwenden (ausgeprägte Stimmungsüberwacher), neigen auch dazu, von einer geringen Selbstachtung zu berichten und mehr unangenehme Gefühle zu erleben (Swinkle & Giuliano, 1995). Wie wir in Kapitel 4 ausgeführt haben, können diese unangenehmen Stimmungen wiederum zu stimmungskongruenten Effekten führen, mit dem Ergebnis, daß hohe Stimmungsüberwacher auch stärker auf die negativen Aspekte ihrer Umwelt achten, sich eher an negative als an positive Ereignisse erinnern und mehr negative Urteile über ihre Situation fällen. Diese selektiven Aufmerksamkeits-, Erinnerungs- und Entscheidungsprozesse können folglich die unangenehmen Stimmungszustände verstärken und aufrechterhalten, was spontane Stimmungsumschwünge relativ unwahrscheinlich macht. Wer sich seiner selbst äußerst bewußt ist, neigt außerdem häufig dazu, seine Stimmungen zu regulieren, indem er über seinen Stimmungszustand und seine Probleme nachdenkt und nachgrübelt – eine Strategie, die im allgemeinen offenbar weniger wirksam ist als der Versuch, sich abzulenken und die Aufmerksamkeit von der unangenehmen Stimmung abzuwenden (Nolen-Hoeksema, Morrow & Frederickson, 1993).

In der bisherigen Diskussion haben wir impliziert, daß Unterschiede bei der Regulation von normalen Affekten, mit denen man auf Lebensereignisse reagiert, zu klinischen Affektstörungen führen können. Doch wie bereits erörtert, ist die Unterscheidung zwischen klinischen Stimmungsstörungen und normalen unangenehmen Stimmungszuständen umstritten. Viele Menschen erleben ausgedehnte Phasen eines negativen Affekts, und es ist unklar, ob diese Personen eher Gefahr laufen, eine klinische Depression und Angst zu entwickeln als andere Leute, so wie ebenfalls unklar ist, auf welche Weise normale Reaktionen auf solche Lebensereignisse wie Todesfälle, Traumata oder berufliche Mißerfolge klinische Bedeutung erlangen. Direkte Nachweise für die Theorie der Stimmungsregulation erfordern Langzeitstudien über die Entwicklung von Affektstörungen im Alltag. Leider ist es problematisch, geeignete Teilnehmer für solche Untersuchungen zu finden, weil Kliniker und Forscher für gewöhnlich erst dann auf den entsprechenden Personenkreis aufmerksam werden, wenn die Affektstörung bereits aufgetreten ist. Andererseits entwickelt die Mehrheit der Personen, die über chronisch unangenehme Stimmungszustände klagt, nie eine diagnostizierbare Affektstörung und eignet sich daher auch nicht für eine Anfälligkeitsstichprobe, wenn man die Entstehung klinischer Zustände untersuchen will. Wie Brewin (1989) ausführt, deuten *retrospektive* Berichte allerdings tatsächlich darauf hin, daß viele Stimmungsstörungen durch fehl schlagende stimmungsregulierende Prozesse ausgelöst werden. In den folgenden Abschnitten vergleichen wir Phobien und Depressionen unter dem speziellen Aspekt, welche Rolle eine fehlerhafte Stimmungsregulation bei der Entwicklung und Aufrechterhaltung dieser beiden Affektstörungen spielt.

Phobien

Phobien sind gekennzeichnet durch die übertriebene Furcht vor einem bestimmten Objekt oder einer bestimmten Situation. Aus unserer Sicht liefern Phobien ein gutes Beispiel dafür, wie ein Problem offenbar durch stimmungsregulierende Strategien aufrechterhalten wird, die zwar kurzfristige Erleichterung bringen, das Problem jedoch auf lange Sicht aufrechterhalten und verschlimmern. Wer unter einer Phobie leidet, setzt normalerweise *Vermeidungs*strategien ein, die das Risiko einer Konfrontation mit dem gefürchteten Objekt oder der gefürchteten Situation minimieren (z. B. Hunde, öffentliches Sprechen, Fortbewegung in geschlossenen Räumen wie Fahrstühlen oder Flugzeugen, soziale Interaktionen); auf diese Weise wird versucht, die antizipierte negative Affektwirkung abzuwenden. Wer zum Beispiel unter Flugangst leidet, nimmt möglicherweise beträchtliche Mühen auf sich, um die Notwendigkeit einer Auslandsreise zu umgehen oder um andere, weniger angstauslösende Transportmittel zu finden.

Phobien können auf vielfältige Weise entstehen. Erstens: Die Angststörung kann sich durch eine einzelne aversive Erfahrung entwickeln. Wenn ein Kind zum Beispiel von einem Hund gebissen wurde, fürchtet es sich möglicherweise vor allen Hunden und geht dieser Spezies nach Möglichkeit aus dem Weg. Zweitens: Ängste können sich durch den Prozeß der klassischen Konditionierung entwickeln, so daß eine relativ neutrale Aktivität (e.g Einkaufen, allein spazierengehen) mit einem sehr aversiven und belastenden körperlichen Erlebnis wie Ohnmacht, Übelkeit oder Atemlosigkeit assoziiert wird (Rachman, 1991; Watson & Rayner, 1920). Dies gilt als häufiger Entstehungsweg der Agoraphobie. Diese Patienten berichten typischerweise, daß sie erschreckende und unerklärliche körperliche Symptome bei einem harmlosen Einkaufsbummel oder anderen Ausflügen verspürt haben. Die Erinnerung an diese Erfahrung und an den qualvollen Zustand, der dadurch ausgelöst wurde, wird dann mit allen ähnlichen Aktivitäten verbunden oder assoziiert. Um weitere schreckliche Erlebnisse und/oder die Angst, die von diesen Erlebnissen ausgelöst wird, zu vermeiden, weigert sich der agoraphobische Patient schließlich möglicherweise, allein aus dem Haus zu gehen. Drittens entwickeln sich Ängste mitunter auch durch den Prozeß des sozialen oder des Beobachtungslernens, bei dem der Betreffende ein ängstliches Verhalten bei anderen Menschen wahrnimmt (Ost & Hugdahl, 1981). Viele Personen ängstigen sich zum Beispiel vor Spinnen und Mäusen, und zwar nicht weil sie je von einer Spinne oder Maus gebissen wurden, sondern weil sie beobachten, daß andere Menschen Angst davor haben.

Phobien sind nicht nur durch eine spezifische Furcht (*phobische Angst*) gekennzeichnt, sondern auch durch ein System der Vermeidung. Der Zweck dieser Vermeidung besteht darin, das Risiko einer Konfrontation mit dem gefürchteten Objekt oder der gefürchteten Situation so gering wie möglich zu halten. Mit anderen Worten: Die Vermeidung zeigt, daß der Betreffende versucht, seine Furcht und Angst zu regulieren. Auf kurze Sicht können solche Vermeidungsstrategien erfolgreich dazu beitragen, die Gefahr solcher Begegnungen zu verringern. Wenn Sie sich zum Beispiel vor der Raumfahrt fürchten, könnten Sie diese Furcht erfolgreich in den Griff bekommen, indem Sie einfach allen Möglichkeiten eines Astronautentrainings aus dem Wege gehen. Leider betreffen jedoch die meisten Phobien allgemein verbreitete Objekte oder Situationen, was es wesentlich schwieriger macht, sie erfolgreich zu vermeiden, ohne daß das Alltagsleben erheblich belastet wird. Deshalb werden die Vermeidungssysteme von phobischen Personen im Laufe der Zeit häufig immer komplexer. Wer eine Hundephobie hat, meidet vielleicht anfangs öffentliche Parks und Grünanlagen, in denen Hunde ausgeführt werden. Diese anfängliche Vermeidung verringert die Konfrontation mit Hunden, wird aber wahrscheinlich nicht jeden Kontakt ausschließen, und so wenden die Betreffenden allmählich immer komplexere Strategien an, gehen zum Beispiel nicht mehr allein aus und besuchen keine Menschen oder Orte, bei denen die entfernte Möglichkeit besteht, daß man auf Hunde trifft.

Zusätzlich zu dieser verhaltensbezogenen Vermeidung bedienen sich Menschen mit Phobien häufig auch *kognitiver* Strategien, indem sie zum Beispiel ständig übertrieben wachsam ihre Umwelt kontrollieren und nach Anzeichen des gefürchteten Reizes Ausschau halten (Clark, 1986; Clark et al. 1988; Mathews & Macleod, 1986). Phobische Menschen entwickeln normalerweise auch bestimmte Überzeugungen davon, was geschehen würde, wenn sie in näheren Kontakt mit einem Hund kämen (»Er wird mich beißen«, »Ich krieg die Panik und dreh völlig durch«), oder was andere Leute in diesen Situationen von ihnen denken würden (»Wenn ich die Selbstbeherrschung verliere, werden mich alle für einen kompletten Idioten halten«). Alternativ können besonders ausgefeilte Strategien auch darauf angelegt sein, jeden Gedanken an Hunde zu vermeiden. Zu diesen Strategien kann gehören, daß man sich keine Bilder von Hunden ansieht, keine Fernsehsendungen anschaut, in denen Hunde vorkommen, Gespräche über Hunde vermeidet und Ablenkungstechniken einsetzt. Leider haben genau diese Bemühungen, alle hundebezogenen Gedanken zu unterdrücken und dadurch Angstgefühle zu vermeiden, den paradoxen Effekt, daß die Assoziation von Hund und Angst verstärkt wird (Wegner, Shortt, Blake & Page, 1990).

Die phobische Vermeidung wird nicht nur häufig zu einer Quelle der Angst und Besorgnis, sondern garantiert auch, daß der einzelne keine positiven Gegenerfahrungen macht. Mit anderen Worten, die Vermeidung des phobischen Objekts hält den Leidenden ganz gezielt davon ab, durch Erfahrung zu lernen, daß Hunde für gewöhnlich nicht gefährlich sind, und sie verhindert, daß er Übung darin gewinnt, erhöhte Angstgrade zu tolerieren. Aus diesen Gründen wird bei der Therapie von Angstzuständen im allgemeinen und von Phobien im besonderen viel Wert darauf gelegt, daß der Patient mit dem gefürchteten Objekt und den daraus resultierenden Gefühlen der Angst und Furcht konfrontiert wird.

In der Therapie wird dem Patienten erklärt, wie sein Vermeidungsverhalten das Problem verschlimmert und aufrechterhält. Mit Hilfe des Therapeuten lernt er, sich dem gefürchteten Objekt entweder *in vivo* (im wirklichen Leben) oder in der Vorstellung auszusetzen (Butler, 1989; Marks, 1987). Während die Konfrontation mit dem gefürchteten Objekt Schritt für Schritt ausgeweitet wird, versucht der Therapeut, dem Patienten alternative Bewältigungsstrategien zu vermitteln, mit denen er den körperlichen Symptomen (Schwitzen, Übelkeit, Herzpochen), den kognitive Aspekten (z. B. die Überzeugung, daß man ohnmächtig wird oder sich lächerlich macht) und den Auswirkungen der Angst auf das Verhalten (z. B. Vermeidung, Weglaufen) entgegenwirken kann. Mitunter umfassen diese Strategien auch Entspannungsübungen, die auf die physiologische Komponente der Angst zielen, ferner die Anwendung von Ablenkungstechniken oder von positiven Bewältigungsaussagen, mit denen die negativen, angstverbundenen Gedanken durchkreuzt werden sollen; zudem kann der Therapeut den Verhaltenswandel durch Rollenspiele, Wiederholungsübungen oder das eigene Vorbild fördern. Ein wichtiges Element der Behandlung sind die »Hausaufgaben«, die man dem Klienten für die Zeit zwischen den Sitzungen stellt. Sie ergänzen die Strategien, die während der eigentlichen Therapie angewendet werden. Die Hausaufgaben sollen unter anderem dazu beitragen, daß der Klient jede in der Therapiesitzung erreichte Veränderung auf sein normales Alltagsleben überträgt, damit er die Behandlungserfolge auch nach dem Ende der Therapie aufrechterhalten kann.

Depression

Es gibt mehrere Entstehungswege der Depression. Bei einigen Menschen tritt die Störung plötzlich und ohne erkennbare äußere Ursache auf; in anderen Fällen scheint sich das Problem als Reaktion auf bestimmte negative Lebensereignisse zu entwickeln (zum Beispiel infolge mehrerer schmerzlicher Verlusterfahrungen); und bei einer dritten Gruppe entsteht die Depression nur nach langen Phasen der Unzufriedenheit und des Unglücklichseins. Untersuchungen dieser unterschiedlichen Entwicklungswege sind allerdings größtenteils retrospektiv gewesen. Das hängt damit zusammen, daß Kliniker relevante Fälle für gewöhnlich erst erkennen können, nachdem der Zustand eingetreten ist. Mit anderen Worten: Wenn die Person sich an eine Klinik oder Beratungsstelle wendet, ist sie bereits depressiv und kann von daher die Entstehungsursachen der Krankheit nur aus der Erinnerung schildern. Folglich sind unsere Kenntnisse der Krankheitsentwicklung sehr wahrscheinlich lückenhaft.

Wer unter einer klinischen Depression leidet, beschreibt seine eigene Situation häufig als » festgefahren«. Die depressive Stimmung scheint unverrückbar, und alle Bemühungen um eine Verbesserung scheinen wirkungslos zu verpuffen. Depressive Menschen zeigen zudem mehrere kognitive Defizite: Sie erinnern sich an mehr negative als positive Ereignisse; sie achten verstärkt auf die negativen Aspekte ihrer Situation; und sie neigen bei der Beurteilung von objektiven Fakten zu negativeren Schlußfolgerungen als nicht-depressive Personen (Haaga, Dyck & Ernst, 1991). Außerdem weisen Depressive häufig ein verringertes Aktivitätsniveau auf und berichten, daß sie weniger belohnende und positive Ereignisse erleben (Lewinsohn, 1975). Die Strategien von depressiven Personen scheinen also in kognitiver ebenso wie in verhaltensbezogener Hinsicht eher zu einer Aufrechterhaltung oder Verschlimmerung als zu einer Verbesserung des Zustandes beizutragen.

Man hat mehrere integrative psychologische Theorien entwickelt, die implizieren, daß Regulationsprozesse eine zentrale Rolle bei der Entwicklung und Aufrechterhaltung von depressiven Stimmungen spielen. Diese Theorien gehen häufig davon aus, daß depressive Gefühle anfangs durch eine Erschütterung von wichtigen Rollen oder das Nichterreichen bedeutsamer persönlicher Ziele entstehen und daß diese Gefühle dann aufrechterhalten werden, weil diese Rollen oder Ziele weder erfüllt noch aufgegeben werden können. Nach Oatley und Bolton (1985) verleihen bestimmte soziale Rollen dem einzelnen sein persönliches Identitäts- und Selbstwertgefühl. Diese Rollen können zwischenmenschlicher Art sein (z. B. die Elternrolle, die Rolle des Ehepartners, Freundes oder Geliebten) oder sich auf die Arbeit und berufliche Leistungen beziehen (z. B. tüchtiger Mitarbeiter, Manager oder Kollege). Die Aufrechterhaltung solcher sozialen Rollen kann immer gefährdet werden, entweder durch den Verlust der Person oder die Veränderung der Ausgangssituation oder weil andere Faktoren es unmöglich machen, die Rolle überzeugend oder auf befriedigende Weise auszufüllen. Diese Bedrohungen der sozialen Rolle können unangenehme Emotionen auslösen, die so lange andauern, bis eine Ersatzrolle gefunden wird.

Aus Sicht anderer Theoretiker entsteht eine depressive Verstimmung, wenn es der Person nicht gelingt, hochgeschätzte Ziele zu erreichen (Carver & Scheier, 1982; 1990; s. auch die Kapitel 3 und 4). Diese Ziele können interpersoneller Art (z. B. auf soziale Integration gerichtet) oder status- und machtorientiert sein. Jede Person hat vielfältige Ziele, von denen einige in Konflikt miteinander geraten können, was zu potentiellen Problemen führt. Interne Überwachungsprozesse schätzen ein, inwieweit die Person Fortschritte bei der Erreichung dieser Ziele macht und bewirken ein Affekterleben, das in Einklang mit dieser Einschätzung steht. So führen insbesondere schnelle Fortschritte zu angenehmen Stimmungszuständen, während langsame Fortschritte unangenehme Stimmungszustände auslösen. Nach dieser Theorie entsteht eine anhaltende unangenehme Stimmung in Situationen, in denen man sich langsam oder gar nicht auf seine Ziele zubewegt und in denen der einzelne nicht in der Lage ist, diese Ziele aufzugeben oder zu verändern oder sich auf alternative Ziele zu konzentrieren.

Nach Pyszcynski und Greenberg (1987) erzeugt der Verlust wichtiger sozialer Rollen oder persönlicher Ziele einen Zustand der Selbstfokussierung, der auf die wahrgenommene Diskrepanz zwischen dem speziell angestrebten Zielzustand und der tatsächlichen Situation gerichtet ist. Die Wahrnehmung dieser Diskrepanz löst zunächst typischerweise den Versuch aus, die Situation zu korrigieren oder zu verbessern. Wenn die Ziele trotzdem nicht erreicht werden können, werden sie manchmal ohne große Schwierigkeiten aufgegeben, entweder indem die Bedeutung und Wichtigkeit des ursprünglichen Ziels abgewertet oder geleugnet wird, oder indem es durch ein neues Ziel ersetzt wird. Beide Strategien geben dem einzelnen die Möglichkeit, sich dem Regulationszyklus der Selbstfokussierung und Zielorientierung zu entziehen. In einigen Situationen kann das unerreichbare Ziel jedoch von so zentraler Bedeutung sein, daß es dem einzelnen nicht gelingt, es abzuwerten oder aufzugeben. In dieser Situation führt die anhaltende Selbstfokussierung auf das unerreichbare Ziel und die momentane Unfähigkeit, es zu erreichen, zu einer anhaltenden unangenehmen Stimmung. Diese unangenehme Stimmung kann wiederum weitere negative Gedanken und Attributionen, Selbstvorwürfe und ein negativeres Selbstbild nach sich ziehen, und das wechselseitige Zusammenwirken dieser Faktoren hält die negative Selbstfokussierung und die unangenehme Stimmung aufrecht.

Theorien wie die von Pyszcynski und Greenberg tragen zur Erklärung von Depressionen bei, die durch den Verlust sozialer Bindungen entstehen. Ein häufiges zwischenmenschliches Ziel besteht darin, eine dauerhafte, intime Beziehung zu einem Liebespartner zu begründen und zu bewahren. Diese erstrebte Intimität kann auf unterschiedliche Weise vereitelt werden, zum Beispiel durch Scheidung oder Trennung oder durch den Tod des Partners. Auf einen Verlust an Intimität können Menschen auf unterschiedliche Weise reagieren (Hays, Kasl & Jacobs, 1994). Einige Leute weigern sich, ihre emotionale Bindung aufzugeben. Murray-Parkes (1972) beschrieb den charakteristischen »Absuche«-Prozeß, der bei Witwen und Witwern auftritt und der dadurch gekennzeichnet ist, daß die Betreffenden sich in Erinnerungen und Andenken an den toten Partner vertiefen, die Gegenwart des abwesenden Partners im Haus oder Garten spüren und imaginäre Gespräche und Diskussionen führen, so als wäre der andere immer noch bei ihnen. Diese Fokussierung der Aufmerksamkeit auf die Vergangenheit, auf gemeinsame Erlebnisse, Andenken und Erinnerungen ist offenbar eine häufig auftretende Trauerphase und vielleicht ein notwendiger Schritt, damit man den Verlust wichtiger sozialer Ziele bewältigen kann.

Die meisten Menschen berichten von einem allmählichen Nachlassen der schmerzlichen Gefühle, nachdem sie den Partner durch Tod oder auf andere Weise verloren haben (Hays, Kasl & Jacobs, 1994). Einige gehen eine neue Beziehung ein; andere investieren mehr Energien in andere Beziehungen (z. B. zu ihren Kindern oder Enkeln); und einige akzeptieren einfach, daß die erstrebte lebenslange Intimität und Partnerschaft unwiderruflich verloren ist. Zu jeder dieser Strategien gehört, daß man irgendeine Form der Anpassung im Hinblick auf das hochwertige Ziel der Intimität vollzieht. Doch bei einigen Menschen kann diese anfangs adaptive Bewältigungsstrategie schließlich auch zu einer Methode werden, durch die der ursprüngliche Schmerz fortgesetzt und vertieft wird. Eine hartnäckige Konzentration auf die Situation, in der man das Mittel zur Verwirklichung eines wichtigen Lebensziels verloren hat, und auf die damit verbundene Erfahrung des persönlichen Verlusts hat möglicherweise entscheidenden Einfluß darauf, ob sich normale Trauerprozesse zu dauerhaften Symptomen einer klinischen Depression entwickeln. Die Aufrechterhaltung eines Gefühls von Intimität mit einem Partner, der gestorben ist oder einen auf andere Weise für immer verlassen hat, bedeutet nicht nur, daß man ein letztlich unerreichbares Ziel anstrebt, sondern gerät normalerweise auch in Konflikt mit der Erreichung anderer potentiell kompensierender Ziele. Eine derart ausgedehnte Trauerphase scheint ähnliche Auswirkungen zu haben wie andere Formen des Nachgrübelns und der Selbstfokussierung (Nolen-Hoeksema, Parker & Larson, 1994). Sie beseitigt weder die Ursache der gegenwärtigen Schwierigkeiten oder Probleme, noch verringert sie deren emotionale Wirkung, sondern steigert lediglich die Bewußtheit der unangenehmen Stimmung und verhindert die Umsetzung effektiverer stimmungsregulierender Strategien.

Zur psychologischen Behandlung von Depressionen gehört, daß man dem Klienten hilft, ein größerers Repertoire von Strategien für den Umgang mit seelischen Erschütterungen zu entwickeln. Wenn die Depression durch einen Verlust oder Todesfall heraufbeschworen wurde, konzentriert sich der Therapeut vielleicht zunächst darauf, den Klienten zu ermutigen, seine Trauer in den Therapiesitzungen anzuerkennen und auszudrücken. Dafür stehen strukturierte Techniken zur Verfügung: Der Therapeut kann den Klienten zum Beispiel dazu anleiten, seine Gedanken und Gefühle der Trauer aufzuschreiben (Pennebaker, Colder & Sharp, 1990) oder Fotos und andere Andenken an den verlorenen Partner benutzen, um Erinnerungen und Emotionen wachzurufen; bei einer weiteren Methode wird der Klient dazu ermutigt, sich vorzustellen, daß der geliebte Mensch auf einem leeren Stuhl im Behandlungszimmer sitzt und daß er ihm all die Dinge sagen kann, die ungesagt geblieben sind (die »Technik des leeren Stuhls«, Greenberg & Rice, 1981). Obwohl diese Verfahren den Selbstfokus zu verstärken scheinen, ist ein wichtiger Aspekt dieser klinisch angeleiteten Trauer, daß diese Erfahrungen mit einem anderen Menschen (dem Therapeuten) geteilt werden, der den Betreffenden helfen kann, eine neue Perspektive auf ihren Verlust zu entwickeln und diese Erfahrung in ihren größeren Lebenszusammenhang einzuordnen. So hat der Tod vielleicht Erinnerungen und Gefühle von früheren Trennungs- oder Verlusterfahrungen wachgerufen, die nie auf befriedigende Weise gelöst wurden und jetzt zur Aufrechterhaltung der aktuellen Probleme beitragen. Außerdem erhält der Klient durch die sich entfaltende Beziehung zum Therapeuten einen Beweis dafür, daß neue Beziehungen möglich sind und dazu beitragen können, einen Teil der verlorenen Intimität zurückzugewinnen.

In manchen Fällen ist die Therapie nicht nur darauf ausgerichtet, den Klienten zu unterstützen und ihm beim Ausdruck von Gefühlen zu helfen, sondern ermutigt ihn außerdem zur Entwicklung alternativer Verhaltensweisen, die einer Selbstfokussierung und einem ständigem Nachgrübeln entgegenwirken. Ein Mittel ist zum Beispiel die simple Strukturierung von alltäglichen Aktivitäten, die sich um praktische Aufgaben drehen. Häufig umfassen diese Alltagsaufgaben ein interpersonelles Element, durch das die soziale Isolation des Klienten durchbrochen werden soll. Einfache Aufgaben können sein, daß man in die Bibliothek geht oder Sport treibt; komplexere Aufgaben bestehen vielleicht darin, daß man an sozialen Ereignissen teilnimmt oder eine ehrenamtliche Tätigkeit übernimmt. Mitunter ist es auch erforderlich, dem Klienten bei der Klärung alternativer Ziele zu helfen. Diese alternativen Ziele sollen die Verlustgefühle nicht ersetzen oder das Bedürfnis nach Intimität beseitigen, sondern vielmehr die Bandbreite von möglicherweise befriedigenden Interessen erweitern. Allgemein ausgedrückt: Die Therapie kann also dazu beitragen, schlecht angepaßte Affektreaktionen auf einen Verlust abzuschwächen, indem sie den Betreffenden dazu ermutigt, das Problem anzuerkennen (einschließlich Überwachung und Einschätzung des Affekts), und ihm hilft, affektregulierende Strategien zu entwickeln und neue Quellen der Freude und Befriedigung zu entdecken.

Psychologische Interventionen bei Affektstörungen

Wer Hilfe bei psychotherapeutischen Anlaufstellen sucht, glaubt normalerweise nicht, daß er seine Stimmungen selbst steuern kann. In der Tat machen die Betreffenden häufig die Erfahrung, daß ihre derzeitige Stimmung relativ stabil, sehr negativ und nicht von ihnen beeinflußbar ist. Sie haben normalerweise das Gefühl, »festzustecken«. Genauer gesagt, haben die Klienten häufig kein klares Bild von ihren derzeitigen Schwierigkeiten: Sie haben möglicherweise erfolglos einzelne Strategien eingesetzt, um ihre Stimmung zu verbessern; und sie haben häufig eine unvollständige, externalisierte Interpretation ihrer Probleme entwickelt, in der sie selbst die Rolle eines passiven Opfers spielen.

Nach unserem Modell der Stimmungsregulation sollte eine erfolgreiche Psychotherapie dazu führen, daß der Klient ein Gefühl von Kontrolle über seinen emotionalen Zustand gewinnt, daß er seine Stimmungen erkennen und bezeichnen kann und daß er wirksame, selbsterzeugte Strategien zur Stimmungsregulation einsetzt. Im Idealfall sollte eine Psychotherapie zudem weitere Episoden der Depression oder Angst verhindern, indem sie dem Klienten hilft, unwirksame Strategien in Zukunft zu meiden, und indem sie dafür sorgt, daß in den Anfangsstadien negativer Stimmungswechsel angemessene Strategien eingesetzt werden.

Obwohl unterschiedliche Formen der Psychotherapie auf ganz unterschiedlichen theoretischen Modellen der Persönlichkeit und der emotionalen Entwicklung beruhen, zeichnen sich die einzelnen Behandlungsprogramme durch einige gemeinsame Faktoren aus. Alle Therapien bieten folgende Elemente: die Erwartung, daß Veränderungen möglich sind; ein Modell und ein Erklärungsprinzip für die derzeitigen Probleme des Klienten; eine unterstützende und sichere Beziehung zum Therapeuten; die Möglichkeit, neue Verhaltens-, Denk- und Gefühlsweisen auszuprobieren; und die explizite Übereinkunft zwischen Therapeut und Klient, daß man gemeinsam Veränderungsmöglichkeiten erforschen will (Frank, 1971).

Über diese gemeinsamen Merkmale hinaus benutzen unterschiedliche Arten von Psychotherapie eine Vielzahl von spezifischen Techniken, um einen Affektwandel herbeizuführen. Nach Ansicht von Jones und Pulos (1993) unterscheiden sich Therapien deutlich darin, wie sie mit dem Affektmaterial umgehen. Jones und Pulos argumentieren insbesondere, daß kognitive Verhaltenstherapien den Klienten dazu ermutigen, seine negativen Affekte durch die Aktivierung von bewußten, selbstregulatorischen Fertigkeiten in den Griff zu bekommen, während psychodynamisch-interpersonelle Therapien den Klienten ermutigen, seine negativen Affekte zu erforschen und zu durchleben, damit er intra- und interpersonelle Blockaden der Stimmungsregulation aufdecken, verstehen und überwinden kann. Obwohl die Stimmungsveränderung eindeutig zu den Hauptzielen der Psychotherapie gehört, haben sich nur wenige Untersuchungen direkt damit befaßt, was im Laufe der Behandlung mit der Stimmung geschieht, oder inwieweit die Stimmung und Stimmungsveränderungen im Laufe der Therapie Vorhersagen über einen bleibenden Behandlungserfolg bei Affektstörungen erlauben. Bei einigen fundierten Kontrollversuchen hat man jedoch auch die klinischen Ergebnisse bewertet, wenn auch über einen relativ kurzen Zeitraum. Leider hat man bei vielen dieser Untersuchungen die Probleme außer acht gelassen, die sich durch spätere Rückfälle oder Remissionen ergeben können. In den folgenden Abschnitten stellen wir einige Forschungsergebnisse vor, die sich darauf beziehen, wie sich psychotherapeutische Sitzungen auf Stimmungszustände auswirken, welche Ergebnisse die Psychotherapie bei Affektstörungen erzielt und wie dauerhaft die bewirkten Veränderungen bei der psychodynamisch-interpersonellen und kognitiven Verhaltenstherapie sind.

Affektive Wirkung von psychotherapeutischen Sitzungen

Die Unterschiede zwischen den Prozessen der psychodynamischen Therapie und der kognitiven Verhaltenstherapie sowie ihre jeweiligen Auswirkungen auf die Klienten sind in einer Handvoll psychotherapeutischer Prozeßstudien dargestellt worden. So haben zum Beispiel Elliott u. a. (1994) eine detaillierte qualitative Analyse von Einsichtsmomenten oder »Aha-Erlebnissen« vorgelegt, die bei der kognitiven Verhaltenstherapie und bei der psychodynamisch-interpersonellen Therapie auftreten. Unmittelbar nach der Behandlungsitzung wurden die Klienten gebeten, das hilfreichste Ereignis zu beschreiben, daß im Laufe dieser Sitzung stattgefunden hatte. Beim psychodynamischen Einsichtserlebnis wählte der Klient einen Teil der Sitzung aus, in dem der Therapeut ein wichtiges Thema in seinem Leben, nämlich das der »Verführung« anderer Menschen, angesprochen hatte. Dabei handelt es sich eindeutig um ein emotionsgeladenes Thema; bei diesem Klienten rief es spezifische Erinnerungen und Gefühle wach, die frühe Kindheitserfahrungen, zum Beispiel die Beziehung zu seiner Mutter, betrafen. Anstatt dem Klienten zu erlauben, seine typische Strategie anzuwenden und diese schmerzlichen Gedanken und Gefühle zu unterdrücken, fordert der Therapeut ihn auf, das emotional belastende Material zu durchleben und genauer zu untersuchen. Diese Konfrontation mit schmerzlichen Gefühlen hat möglicherweise ähnliche Auswirkungen wie die Konfrontation mit gefürchteten Objekten bei der kognitiv-verhaltensorientierten Therapie von Angststörungen (s. oben). Das intensive Durchleben dieser Gefühle in der unterstützenden Situation der Therapiesitzung erlaubte dem Klienten, sich mit Ängsten auseinanderzusetzen, die ihn andernfalls möglicherweise überwältigt hätten. Der Therapeut konnte dem Klienten dann helfen, Verbindungen zwischen diesen unangenehmen, unverarbeiteten Gefühlen und seinen aktuellen Problemen mit anderen Menschen (einschließlich Therapeut) herzustellen. Außerdem versetzte das neuartige Affekterleben den Klienten in die Lage, einige seiner anderen Gedanken und Gefühle aufzuarbeiten, die sich für ihn mit dem allgemeinen Begriff der Verführung verbunden hatten. Zwei Wochen nach dem beschriebenen Ereignis berichtete der Klient, daß er sich über die ambivalenten Gefühle gegenüber seiner Mutter klar geworden sei und daß es ihm gelungen sei, diese unangenehmen Gefühle zu ertragen, anstatt sie wegzudrücken.

Von einem ganz anderen Einsichtsereignis berichtete die Klientin, die eine kognitiv-verhaltensorientierte Therapie machte. Diese Frau beschrieb ein Erlebnis am Arbeitsplatz, wo sie sich von einem männlichen Kollegen, mit dem sie seit langem zerstritten war, demütigt gefühlt hatte. Zu Beginn dieses therapeutischen »Aha-Erlebnisses« hatte die Klientin diese Demütigung ausschließlich ihren eigenen Fehlern und Unzulänglichkeiten angelastet. Die Therapeutin half ihr, den Vorfall in einem ganz anderen Licht zu sehen, indem sie zum Mittel des Humors griff. So wies die Therapeuten insbesondere darauf hin, daß der betreffende Kollege sich in gewisser Weise ziemlich lächerlich verhalten hatte. Die Einsicht, die diese Klienten gewann, bestand darin, daß sie nicht die alleinige Verantwortung für die Verhaltensweisen des Kollegen trug, daß er sich »beknackt« benommen hatte und daß es möglicherweise andere Gründe, zum Beispiel Eifersucht, für sein Verhalten ihr gegenüber gab. Als die Klientin die Wirkung dieses »Aha-Erlebnisses« schilderte, brachte sie zum Ausdruck, daß sie sich durch diese Einsicht erleichtert fühlte und sich selbst positiver sehen konnte. Zwei Wochen nach der Sitzung berichtete die Klientin, daß ihr diese Einsicht immer noch sehr wichtig sei und daß andere Kollegen, die sie ins Vertrauen gezogen hatte, die Gültigkeit dieser Sichtweise bestätigt hätten.

Die von Elliott und Kollegen (1993) unterbreitete qualitative Analyse signifikanter psychotherapeutischer Ereignisse bestätigt die von Jones und Pulos (1993) beschriebenen Unterschiede zwischen den beiden Ansätzen. So scheint es insbesondere ein echtes Merkmal der psychodynamisch-interpersonellen Therapie zu sein, daß Therapeut und Klient gemeinsam daran arbeiten, Stimmungszustände zu intensivieren und ein komplexes Netzwerk negativer Emotionen und Assoziationen wachzurufen, während sich die kognitiv-verhaltensorientierte Therapie dadurch auszeichnet, daß man die negativen Emotionen des Klienten verringert und seine selbstzentrierten Schuldzuschreibungen auf irgendeine äußere Quelle wie eine andere Person oder die Situation verlagert.

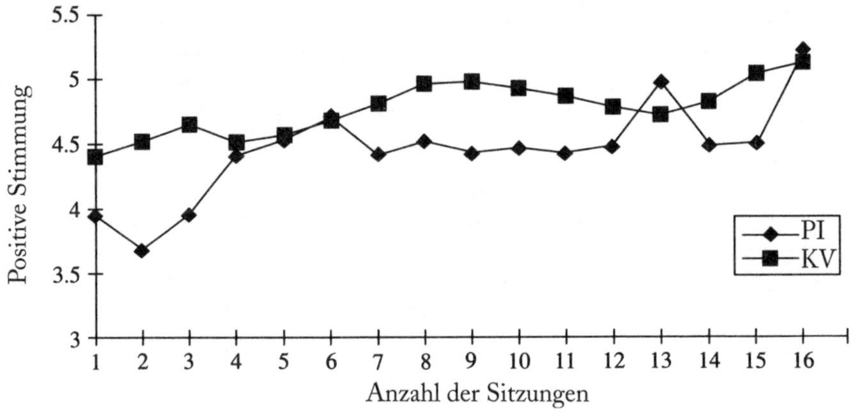

Abbildung 7.2 Beurteilungen der positiven Stimmung bei der kognitiv-verhaltensorientierten und der psychodynamisch-interpersonellen Therapie

Bestätigt werden diese Unterschiede auch durch eine Studie von Reynolds u. a. (Reynolds, Stiles, Barkham, Shapiro, Hardy & Rees, in Druck). Die Forscher untersuchten, wie eine Auswahl von 117 Klienten, die man zufällig auf kognitiv-verhaltensorientierte oder interpersonell-psychodynamische Therapien verteilt hatte, ihre Stimmung nach den Sitzungen beurteilte. Im Durchschnitt bewerteten die Klienten der kognitiven Verhaltenstherapie die Gesamtheit ihrer Sitzungen als ruhiger und ihre Stimmung direkt nach der Sitzung als positiver als die Klientien der psychodynamisch-interpersonellen Therapie. Man stellte auch Unterschiede fest, die sich darauf bezogen, ob sich der Charakter der Sitzungen im Verlauf der Therapie veränderte. So wurden insbesondere die ersten Sitzungen der psychodynamisch-interpersonellen Therapie als weit weniger ruhig und weniger positiv eingestuft als die späteren Sitzungen. Im Gegensatz dazu wurden die Sitzungen der kognitiven Verhaltenstherapie die gesamte Therapie hindurch als gleichbleibend ruhig und positiv bewertet. Gegen Ende der Therapie berichteten Klienten beider Behandlungsformen von gleichermaßen ruhigen Sitzungen und positiven Stimmungen. Die Unterschiede in den Ratings der positiven Stimmung bei den beiden Therapien sind in Abbildung 7.2 wiedergegeben. Die Graphik zeigt die Durchschnittsratings der positiven Stimmung, die von 30 Klienten im Anschluß an sechzehn Sitzungen der psychodynamisch-interpersonellen Therapie abgegeben wurden und die entsprechenden Ratings, die von weiteren 30 Klienten im Anschluß an sechzehn kognitiv-verhaltensorientiere Sitzungen vorgenommen wurden. Diese Befunde sind ein deutlicher Hinweis darauf, daß es systematische Unterschiede bei den Prozessen gibt, die der Wirksamkeit der unterschiedlichen Therapieformen zugrunde liegen. Wie man aufgrund der oben erörterten theoretischen Überlegungen erwarten kann, erfolgt die kognitiv-verhaltensorientierte Therapie in einer relativ entspannten Situation, in der sich Therapeut und Klient systematisch, in geplanter und kooperativer Weise dem dargestellten Problem annähern. Im Gegensatz dazu wird die psychodynamisch-interpersonelle Therapie in einer aufgewühlteren Atmosphäre abgehalten, und insbesondere die ersten Sitzungen zeichnen sich durch emotionale Turbulenzen aus.

Wiser und Goldfried (1993) untersuchten einzelne Sitzungen der beiden Psychotherapieformen. Geleitet wurden die Sitzungen von erfahrenen Praktikern, die von unabhängigen Experten als angesehene und kompetente Therapeuten beurteilt worden waren. Jeder Therapeut lieferte eine Videoaufzeichnung von einer Sitzung ab, die nach seiner Ansicht eine klinisch signifikante Veränderung beim Klienten bewirkt hatte, und gab an, in welchem Moment dieser Wandel eingetreten war. Unabhängige Gutachter bewerteten dann für jede Sitzungsminute den maximalen und durchschnittlichen Grad des emotionalen Erlebens beim Klienten. Bezogen auf die Gesamtheit der Sitzungen stellten die Forscher keine Unterschiede zwischen dem Grad des emotionalen Erlebens bei der kognitiv-verhaltensorientierten und psychodynamischen Therapie fest. Als man jedoch die angegebenen Phasen der bedeutsamen klinischen Veränderungen analysierte, zeigten sich interessante Unterschiede zwischen den beiden Therapieformen. Bei der psychodynamisch-interpersonellen Therapie zeigten die Klienten während dieser klinischen Veränderungssegmente signifikant höhere Grade des emotionalen Erlebens als in anderen Teilen der Sitzungen; die Klienten bei der kognitiv-verhaltensorientierten Therapie zeigten dagegen während der entsprechenden Phasen *niedrigere* Grade des emotionalen Erlebens. Außerdem stellte man fest, daß der Gesprächsbeitrag der psychodynamisch-interpersonellen Therapeuten in den Veränderungs- und den Nicht-Veränderungssegmenten jeweils genauso groß war, während er bei den kognitiv-verhaltensorientierten Therapeuten in den Veränderungsphasen größer war als in den anderen Phasen. Diese Befunde liefern weitere Bestätigung für unsere früheren Schlußfolgerungen über die Unterschiede zwischen den beiden Therapieformen. Wie erwartet, helfen die kognitiv-verhaltensorientierten Therapeuten dem Patienten, seine Situation objektiv und realistisch zu betrachten, und setzen therapeutische Mittel wie Nachfragen, Disputation, Restrukturierung und Verhaltensaufgaben ein, um den negativen Affekt innerhalb und außerhalb der Therapiesitzungen zu verringern. Im Gegensatz dazu nutzen die psychodynamisch-interpersonellen Therapeuten das Affekterleben, um Hinweise auf intrapsychische Probleme zu geben und die Auseinandersetzung mit Gefühlen und Überzeugungen zu fördern.

Erfolge von Psychotherapie bei Affektstörungen

Die vorliegenden Forschungsergebnisse liefern starke Indizien dafür, daß die psychotherapeutischen Sitzungen klare und unmittelbare Auswirkungen auf die Stimmung der Klienten haben. Einige dieser Effekte sind jedoch möglicherweise flüchtig und entsprechen vielleicht nicht den langfristigen Bedürfnissen der Patienten, die im allgemeinen an bleibenden Veränderungen ihrer Stimmungszustände interessiert sind und sich dauerhaft von den belastenden Symptomen der Depression und Angst befreien möchten. Obwohl wenig direkte Beweise dafür vorliegen, daß ein kausaler Zusammenhang zwischen den positiven kurzfristigen Wirkungen von Therapiesitzungen und den allgemeinen Langzeitfolgen der Therapie besteht, gehören die psychologischen Therapien bei Affektstörungen vermutlich zu den am gründlichsten bewerteten Therapieformen im Bereich der Gesundheitsfürsorge. Alle vorliegenden Untersuchungen kommen im allgemeinen zu dem ermutigenden Ergebnis, daß die Psychotherapie verglichen mit anderen Interventionsmethoden erhebliche Vorteile hat und zu signifikant positiveren Ergebnissen führt als überhaupt keine Behandlung (Lambert & Bergin, 1994; Smith, Glass & Miller, 1980). Dobson (1989) wertete zehn Ergebnisstudien aus, in denen die Behandlung von Depressionen durch kognitiv-verhaltensorientierte Therapie eingeschätzt wurde, und kommt zu dem Schluß, daß das klinische Ergebnis beim durchschnittlichen Klienten, der sich einer kognitiven Verhaltenstherapie unterzog, besser ausfiel als bei 98 Prozent der nicht behandelten Kontrollpatienten. Die Resultate der Therapie bei Angststörungen sind weniger umfassend untersucht worden, aber einige Fallstudien (Salkovski, Jones & Calark, 1986) und kontrollierte klinische Versuche (Butler, Fennell, Robson & Gelder, 1990) haben gezeigt, daß kognitive und verhaltensorientierte Interventionen zu signifikanten Verbesserungen des klinischen Zustands führen und daß diese Wirkung noch sechs Monate nach der Behandlung anhält.

Ergebnisstudien deuten auch darauf hin, daß die durch die Therapie bewirkten Veränderungen relativ schnell eintreten. Howard, Kopta, Krause und Orlinsky (1986) werteten die Daten von fünfzehn Stichproben mit insgesamt 2431 Klienten aus, die eine Psychotherapie mit wöchentlicher Einzelsitzung gemacht hatten. Sie stellten fest, daß sich nach acht Therapiesitzungen der Zustand bei über 50 Prozent der Patienten verbessert hatte und nach sechzehn Sitzungen bei 68 Prozent. Nach sechzehn Sitzungen verlangsamte sich die Verbesserungsrate, so daß nach 26 Sitzungen bei etwa 75 Prozent der Patienten eine Verbesserung feststellbar war und nach 52 Sitzungen bei etwa 80 Prozent der Patienten. Diese Daten deuten darauf hin, daß hier ein »Gesetz des abnehmenden Ertragszuwachses« gilt und die Fortschritte um so kleiner werden, je länger die Therapie fortgesetzt wird.

Durch die sich anhäufenden Belege für die Wirksamkeit der Psychotherapie ist ein neues und in gewisser Weise verwirrendes Problem entstanden. Einerseits unterscheiden sich einzelne Psychotherapieformen sehr stark in ihren theoretischen Grundlagen, im Therapeutenverhalten und in den Techniken wie auch in den Auswirkungen und dem Schwerpunkt der Therapiesitzungen (wie oben dargestellt). Andererseits deuten Auswertungen der Fachliteratur darauf hin, daß diese kontrastierenden Methoden zu *ähnlichen* Ergebnissen führen, wenn man sie unter kontrollierten experimentellen Bedingungen vergleicht (das *Äquivalenz-Paradox*: Luborsky, Singer & Luborsky, 1975; Stiles, Shapiro & Elliott, 1987).

Für dieses scheinbare Paradox sind zwei alternative Erklärungen angeboten worden. Erstens könnte es sein, daß allen Formen der Psychotherapie viele »aktive Bestandteile« gemeinsam sind (einschließlich Unterstützung, Ermutigung, eine positive therapeutische Allianz und die Erwartung einer Veränderung zum Besseren). Schon die Existenz dieser gemeinsamen Faktoren könnte genügen, um Veränderungen zu bewirken. Entsprechend würde das Fehlen dieser Faktoren die Möglichkeit einer Verbesserung ausschließen.

Auch die zweite Erklärung erkennt an, daß die gemeinsamen Bestandteile unterschiedlicher Therapien eine zentrale Rolle bei der Herbeiführung von Veränderungen spielen. Nach dieser alternativen Auffassung gibt es jedoch außer diesen gemeinsamen Faktoren noch bestimmte methodische Interventionen (Interpretationen, die Infragestellung schädlicher Überzeugungen), die für Subgruppen von Klienten ganz spezielle zusätzliche Wirkungen haben. Mit anderen Worten: Bestimmte charakteristische Merkmale der psychodynamisch-interpersonellen Therapie können nur für Klienten von Vorteil sein, die für diese Art von Therapie besonders geeignet sind oder deren besondere Probleme sich durch die Anwendung der damit verbundenen Techniken besonders gut beheben lassen. Entsprechend reagieren andere Klienten mit anderen Problemen möglicherweie empfänglicher auf eine Behandlung, die dem kognitiv-verhaltensorientierten Ansatz folgt. Nach dieser Erklärung könnte die bei der Ergebnisforschung übliche Praxis, daß man Patienten willkürlich auf die Therapiebedingungen verteilt, dazu führen, daß spezifische Wechselwirkungen zwischen individuellen Patienten und den Behandlungen, die sie erhalten, unbemerkt bleiben. Kurz: Jede Behandlungsgruppe umfaßt möglicherweise Personen, die für die zugewiesene Therapie geeignet sind, und auch Personen, die besser auf die andere Methode ansprechen würden. Wenn diese Schlußfolgerung zutreffend ist, wäre es eine wichtige Forschungsfrage, welche Faktoren darüber bestimmen, ob eine kognitiv-verhaltensorientierte oder eine psychodynamisch-interpersonelle Therapie im jeweiligen Fall geeigneter ist.

Wie die Studien über die Wirkung von einzelnen Sitzungen zeigen, reagiert die Stimmung relativ schnell auf die Therapie. In diesem Zusammenhang haben Howard u. a. (Howard, Leuger, Maling und Martinovich, 1993) die These vertreten, daß die Ergebnisse der Psychotherapie in drei Stufen auftreten. In den ersten Stufe verändert sich die innere Einstellung: Diese *Remoralisierung* umfaßt Verbesserungen des subjektiv erlebten Wohlbefindens, einschließlich der Stimmung. Auf diese Stimmungsveränderungen folgt die Phase der Neuvermittlung oder *Remediation* (Verringerung der Symptome) und schließlich die der *Rehabilitation* (allgemeine Verbesserung der Funktionsfähigkeit im Beruf, im Familienleben und bei sozialen Interaktionen). Die Remoralisierung ist möglicherweise ein wesentlicher erster Schritt in jeder therapeutischen Arbeit, weil Klienten, die keine schnelle subjektive Verbesserung wahrnehmen, leicht die Motivation für eine weitere aktive Beteiligung an der Therapie verlieren könnten oder die Behandlung vielleicht sogar abbrechen. Untermauert wird die These, daß die Remoralisierung die erste Stufe der therapeutischen Veränderung bildet, durch eine Studie von Kopta, Howard, Lowry und Beutler (1994); sie stellten fest, daß akute Leidenssymptome am schnellsten auf die Behandlung ansprachen. So hatte sich insbesondere die von Klienten berichtete Tendenz, »leicht in Tränen auszubrechen«, nach fünf Sitzungen bei 50 Prozent der Teilnehmer signifikant verringert. Die geschilderten chronischen Leidenssymptome (»Selbstvorwürfe«, »Interesselosigkeit«) reagierten ebenfalls gut auf die Therapie, auch wenn die Verbesserung hier erst nach elf bis siebzehn Sitzungen eintrat. Als besonders hartnäckig erwiesen sich Probleme, die Beziehungen zu anderen Menschen betrafen oder mit langfristigen Persönlichkeitsproblemen zusamenhingen; hier hatte sich nach 52 Sitzungen bei weniger als 50 Prozent der Patienten eine Verbesserung eingestellt. Ähnliche Befunde sind auch von Barkham u. a. (Barkham, Rees, Stiles, Shapiro, Hardy & Reynolds, im Druck) vorgelegt worden; sie untersuchten die Veränderungsrate, die von 212 depressiven Patienten in einer zeitlich begrenzten Psychotherapie beschrieben wurde. Auch diese Forscher stellten fest, daß sich der subjektive Leidensdruck (die Stimmung) schneller veränderte als Probleme in zwischenmenschlichen Beziehungen.

Die Aufrechterhaltung des Therapieerfolgs

Ein wichtiges Kriterium für die Bewertung jeder therapeutischen Intervention ist, inwieweit sie die Wahrscheinlichkeit künftiger Störungen verringert. Wie an früherer Stelle ausgeführt, sind Affektstörungen typischerweise chronisch und zyklisch; das heißt, unbehandelt dauern sie etwa sechs bis zwölf Monate, und bis zu 50 Prozent der

Patienten müssen innerhalb eines Jahres mit dem erneuten Auftreten der Probleme rechnen. Vor diesem Hintergrund hat also die Frage der Dauerhaftigkeit und der Aufrechterhaltung des Therapieerfolges eine erhebliche praktische Bedeutung.

Wie oben erwähnt, können einige unumkehrbare Lebenserfahrungen, zum Beispiel eine schlechte Beziehung zu den Eltern oder frühe Trennungserlebnisse, dazu führen, daß Menschen besonders anfällig für Affektstörungen wie Depression oder Angst werden. Auch bestimmte Denkweisen und Lebenseinstellungen erhöhen offenbar die Anfälligkeit für diese klinischen Zustände. Solange die Psychotherapie nicht in der Lage ist, dauerhafte Lösungen für diese beiden Anfälligkeitsfaktoren anzubieten, bleibt das Risiko künftiger Erkrankungen wahrscheinlich bestehen, vor allem, wenn der Klient erneut in eine Krisensituation gerät.

Psychologische Behandlungen der Depression bieten die Aussicht auf eine nachhaltige Verbesserung, weil sie sich sowohl mit den interpersonellen und situativen Verletzlichkeiten in der persönlichen Entwicklungsgeschichte auseinandersetzen (psychodynamisch-interpersonelle Therapie) als auch mit den verzerrten kognitiven und verhaltensbezogenen Stilen, die zur Entwicklung und Aufrechterhaltung der Depression und Angst beitragen (kognitiv-verhaltensorientierte Therapie). Die Bewahrung des Behandlungserfolgs nach Abschluß der Therapie ist ein klar formuliertes Ziel der kognitiv-verhaltensorientierten Therapie, die den Klienten dazu ermutigt, Bewältigungsstrategien für künftige Probleme zu entwickeln. Dahinter steht die Vorstellung, daß der Klient durch die Behandlung befähigt wird, einige der durch die Therapie erworbenen Techniken und Einsichten auf sein künftiges Leben anzuwenden. So sollte der Klient insbesondere in der Lage sein, mögliche Probleme und Krisen vorauszusehen; er sollte unter einer Vielzahl verschiedener Bewältigungsstrategien auswählen können und über die notwendigen Fertigkeiten verfügen, um seine Reaktionen zu bewerten und abzuwandeln, wenn sich die eingesetzten Strategien als unwirksam erweisen (Evans et al., 1992; Simons, Murphy, Levine & Wetzel, 1986). Im Gegensatz dazu hat die medikamentöse Behandlung nach allgemeiner Auffassung keine nachhaltige Schutzwirkung; Patienten, die auf diese Weise behandelt werden, schreiben ihre Stimmungsveränderungen den Medikamenten und nicht sich selbst zu und erwerben keine neuen Fertigkeiten, die sie bei künftigen Schwierigkeiten anwenden können. In jüngerer Zeit wird daher empfohlen, daß man die medikamentöse Behandlung bei einzelnen Patienten, die eine Geschichte wiederkehrender Depressionen aufweisen, auf unbestimmte Zeit fortsetzen sollte (Greden, 1993; Montgomery, 1994).

Klinische Ergebnisstudien haben für gewöhnlich nur kurze Folgezeiträume untersucht und lediglich ein oder zwei Messungen des klinischen Zustands vorgenommen. Nicholson und Berman (1983) schätzten die Dauer der durchschnittlich untersuchten Folgephase auf etwa achteinhalb Monate und bezweifelten, daß längere Beobachtungen notwendig seien, weil die Verbesserungen unmittelbar nach der Behandlung und beim Follow-up sehr hoch korrelierten. Sie interpretierten diesen letzteren Befund dahingehend, daß der therapeutische Erfolg stabil war und sich weitere Messungen daher größtenteils erübrigten. Rückblickend betrachtet ist klar, daß diese Schlußfolgerungen auf einem falschen Stimmungskonzept beruhen, das von der Annahme ausgeht, daß einzelne Stimmungsmessungen repräsentativ für längerfristige Affektvariationen und -tendenzen sind. In dieser Hinsicht ist es zweifellos wichtig, daß man Rückfälle und Symptomremissionen bei Affektstörungen mit Methoden untersucht, die eine wiederholte Messung von Stimmungen und Symptomen erlauben und die auch die Bedeutung von stimmungsverändernden Prozessen berücksichtigen. Seit dem Bericht von Nicholson und Berman ist das Bewußtsein für die Rückfallneigung depressiver Patienten gewachsen und damit auch das Interesse an einer stringenteren Messung von längerfristigeren Therapieergebnissen und an der Entwicklung von Behandlungsprogrammen, die die Aussicht auf einen dauerhaften Wandel maximieren (Shea et al., 1992).

Shapiro u. a. (Shapiro, Rees, Barkham, Hardy, Reynolds & Startup, 1995) haben untersucht, inwieweit kognitiv-verhaltensorientierte Therapien und psychodynamisch-interpersonelle Terapien depressive Patienten vor einem Rückfall schützen. Mehr als 100 Patienten wurden über einen Zeitraum von 12 Monaten nach Abschluß der Therapie beobachtet. Die anfängliche Reaktion auf die Behandlung und der Zustand bei einer Folgemessung nach drei Monaten ergab einen leichten, aber nicht signifikanten Vorteil für Klienten der kognitiven Verhaltenstherapie. Im Hinblick auf die Gesamtstichprobe schienen die kurzfristigen Behandlungseffekte ein Jahr nach Beendigung der Therapie größtenteils anzuhalten. Die Ergebnisüberwachung und die Folgemessungen bei einzelnen Patienten ergaben allerdings ein etwas anderes Bild. Obwohl über 50 Prozent der Personen symptomfrei blieben und im Folgejahr keine neue psychologische und psychiatrische Hilfe in Anspruch genommen hatten, ergab sich immerhin bei fast der Hälfte der Patienten ein unstabiles Muster, das sich entweder durch Teilremissionen bei einem oder mehreren Messungspunkten auszeichnete oder sich daran zeigte, daß die Personen erneut Hilfe für ihre psychischen Probleme gesucht hatten (Medikamente oder Therapie).

Das wachsende Interesse an der Aufrechterhaltung der Therapievorteile eröffnet eine realistischere Perspektive für die Behandlung psychischer Probleme. Wie wir gesehen haben, ist eine signifikante Anzahl von Personen aufgrund widriger Lebenserfahrungen oder chronischer Deprivation anfälliger für Affektstörungen. Schon eine kurze psychologische Behandlung hat offenbar recht starke Auswirkungen auf das subjektive Wohlbefinden und scheint den Betreffenden zu helfen, ein Gefühl von Kontrolle über ihre Stimmungszustände zurückzugewinnen. Immer mehr Hinweise sprechen allerdings dafür, daß Menschen mit chronischen Problemen diese positiven Veränderungen ohne die fortgesetzte Unterstützung einer strukturierten therapeutischen Umwelt nicht dauerhaft aufrechterhalten können. Im Hinblick auf diese Patienten scheint die Vorstellung, daß eine begrenzte Zahl von Therapiesitzungen einen lebenslangen Schutz gegen künftige Probleme liefern könnte, allzu optimistisch. Von daher treffen sich die Stimmungsforschung und die Therapieforschung in der wichtigen Frage, wie man die therapeutischen Remoralisierungseffekte auf die Stimmung und die wahrgenommene Fähigkeit zur Stimmungsregulation durch weniger kostspielige und leichter zugängliche Beratungsdienste vermitteln und eine längerfristige Unterstützung gefährdeter Personen gewährleisten könnte.

Zusammenfassung

In diesem Kapitel haben wir ein relativ großes Gebiet abgedeckt. Wir haben auf einige der konzeptuellen Probleme hingewiesen, die sich bei der Unterscheidung zwischen normalen Stimmungszustanden und klinischen Affektstörungen ergeben, zwei Hauptansätze in der Theorie und Therapie von Affektstörungen beschrieben, ferner dargelegt, daß man Phobien und Depressionen als Ausdruck einer gestörten Stimmungsregulation auffassen könnte, und untersucht, wie sich die Therapie innerhalb der Sitzungen, gegen Ende und nach Abschluß der Behandlung auf die Stimmung auswirkt. Jedes dieser Themen hat gezeigt, daß Affektstörungen nur schwer zu verstehen sind, wenn man die Stimmung nicht als einen Prozeß betrachtet.

Eine prozessuale Perspektive auf Affektstörungen birgt offenbar ein beträchtliches praktisches und theoretisches Potential. Erstens: Prinzipien, die sich auf die Stimmungsregulation beziehen, könnten zur Entwicklung eines Rahmenwerks beitragen, das unterschiedliche theoretische Auffassungen von Affektstörungen und unterschiedliche Behandlungsansätze integriert. Zweitens: Intensive Langzeitstudien von Stimmungsveränderungen könnten helfen, die Frage zu klären, warum einige Menschen Affektstörungen entwickeln und andere nicht, warum sich manche Leute spontan von der Wirkung negativer Lebensereignisse wie einem Todesfall oder dem Verlust des Arbeitsplatzes erholen, andere dagegen nicht, und warum einige Personen besonders anfällig für wiederholte depressive Episoden sind. Diese Art von Untersuchung bietet vielleicht auch die Möglichkeit, die Validität der Kontinuitätsthese zu überprüfen, weil sie dazu beitragen konnte, qualitative oder quantitative Stimmungsveränderungen aufzuspüren, die mit der Entwicklung klinischer Störungen einhergehen. Drittens: Studien über Stimmungsveränderungen in der Psychotherapie könnten Licht in die Frage bringen, welche therapeutischen Veränderungsprozesse allen Psychotherapien gemeinsam sind und welche nur für den speziellen Ansatz charakteristisch sind. Schießlich könnte man mit Studien, die sensibel für die zeitlichen Aspekte der Stimmung im psychotherapeutischen Prozeß und in der Ergebnisforschung sind, diejenigen Interventionen ermitteln, die wesentliche und dauerhafte Veränderungen des Stimmungszustands herbeiführen und die eine längerfristig wirksame Stimmungsregulation zu gewährleisten scheinen. Diese Spekulationen betreffen allerdings die Zukunft der Stimmungsforschung, mit der wir uns ausführlicher im folgenden und abschließenden Kapitel dieses Buches befassen wollen.

8

Schlußfolgerungen und künftige Richtungen

Bislang haben wir in diesem Buch die psychologische Stimmungstheorie und Stimmungsforschung besprochen und die Aufmerksamkeit auf die möglichen Vorteile eines Echtzeit-Ansatzes gelenkt, der die grundlegenden Regulationsprozesse von Stimmungsvariationen betont. In diesem abschließenden Kapitel fassen wir unsere Schlußfolgerungen aus den vorangehenden Kapiteln zusammen und wenden diese Schlüsse auf einige der erörterten Kernthemen an. Wir betrachten insbesondere einige Konsequenzen, die ein prozessualer Ansatz für die Theorie und Forschung der Stimmungsstruktur und für die Ursachen und Folgen von Stimmungen und Stimmungsveränderungen hat. Außerdem skizzieren wir ein provisorisches Modell der Stimmungsveränderung und Stimmungsregulation, an dem sich die künftige Forschung in diesem Bereich vielleicht orientieren könnte, und weisen auf einige wichtige Fragen hin, die nach unserer Auffassung noch geklärt werden müssen. Die psychologische Erforschung von Stimmungen als veränderlichen und regulierten Prozessen steckt immer noch in einem relativ frühen Entwicklungsstadium, und wir wollen aufzeigen, was wir für die aufregendsten künftigen Richtungen und Anwendungsmöglichkeiten halten. Schließlich stellen wir eine überarbeitete Definition der Stimmung vor, die auf unserem derzeitigen Wissensstand beruht.

Implikationen einer prozessualen Stimmungsauffassung

Die meisten derzeitigen psychologischen Ansätze behandeln Stimmungen als momentane mentale Zustände mit einfachen, erkennbaren Eigenschaften (Kapitel 2). Die Forschung konzentriert sich für gewöhnlich entweder auf die Faktoren, die zu diesen Zuständen führen (Kapitel 3), oder auf die Folgen dieser Zustände für andere Aspekte des psychischen Geschehens (Kapitel 4). Wir haben in diesem Buch Theorie- und Forschungsansätze vorgestellt, die eine eher dynamische Perspektive auf die Stimmung eröffnen. Wir haben insbesondere erörtert, wie sich Stimmungen mit der Zeit verändern (Kapitel 5), welche Prozesse einer aktiven Stimmungsregulation zugrunde liegen (Kapitel 6) und wie diese regulatorischen Prozesse mit klinischen Stimmungsstörungen zusammenhängen könnten (Kapitel 7). Unser zentrales Argument war, daß die Aufmerksamkeit für diese verändernden und veränderlichen Prozesse eine realistischere Perspektive auf dieses Forschungsgebiet eröffnen kann. In diesem Kapitel wollen wir unsere bisherigen Schlußfolgerungen zusammenfassen und einige weiterführende Spekulationen über das Wesen und das Potential eines prozessualen Stimmungsverständnisses anstellen. In diesem Abschnitt kehren wir insbesondere zu einigen der Grundfragen im Hinblick auf die Stimmung zurück, die wir in früheren Kapiteln aufgeworfen haben, und zeigen auf, wie die Anwendung einer eher dynamischen Perspektive zu ihrer Klärung beitragen kann.

Stimmungsstruktur

In Kapitel 2 haben wir einen Überblick über Forschungsarbeiten gegeben, die sich mit den Gemeinsamkeiten und Unterschieden zwischen Stimmungszuständen in theoretischen Darstellungen und im Alltagsleben befassen. Es ist offensichtlich möglich, die Stimmungsqualität zu charakterisieren, indem man ihren Wert auf den semantischen Dimensionen der Lust-Unlust und der Aktivierung bestimmt. Wir sind jedoch auch zu dem Schluß gekommen, daß dies nicht die einzigen sinnvollen Dimensionen sind, die man auf unterschiedliche Stimmungszustände anwenden kann, sondern eher die allerelementarsten inneren Merkmale der momentanen Affektwahrnehmung zum Ausdruck bringen. Wenn Sie zum Beispiel urplötzlich ein Bewußtsein entwickeln würden und sofort den eigenen momentanen Affektzustand bestimmen wollten, dann wären dessen angenehme und aktivierende Aspekte möglicherweise die beiden einzigen Informationsarten, die Sie spontan registrieren würden. Mit anderen Worten: Bei einer Selbstbeobachtung, die keinen Bezug zum erfahrungsgeschichtlichen oder situativen Kontext hat (Wundt, 1897), kann man möglicherweise nur eine allgemeine Hingezogenheit oder Abneigung (oder eine Annäherungs- oder Vermeidungstendenz) und ein damit verbundenes Aktivitätsniveau (Grad der Annäherung oder Vermeidung) erkennen. Um diese möglichen Unterscheidungen zu erweitern, muß man sich auf das relationale Setting oder auf die allmähliche zeitliche Entfaltung des psychischen Zustands beziehen.

Was den situativen Kontext des Affekts betrifft, so stützt man sich bei Unterscheidungen zwischen Stimmungszuständen abgesehen von den Lust- und Aktivierungsdimensionen häufig auf *extrinsische* ebenso wie auf intrinsische Merkmale (Russell, 1978). Anders ausgedrückt: Nicht nur die inneren Merkmale des Affekts sind wichtig, sondern es ist auch bedeutsam, wie sich diese Merkmale auf die aktuellen persönlichen oder situativen Belange auswirken. So kann man bestimmte Emotionen zum Beispiel als Kombinationen von Lust-Unlust- und Aktivierungswerten beschreiben, die bestimmten Ursachen in der Lebenssituation zugeschrieben werden. Wer sich schuldig fühlt, erlebt eine unangenehme Emotion, die als Ergebnis eines eigenen Fehlverhaltens betrachtet wird, während Ärger ein unangenehmer Aktivierungszustand ist, der anscheinend durch das Fehlverhalten einer anderen Person entsteht (Ortony, Clore & Collins, 1988; Reisenzein, 1994). Ähnlich könnte man unterschiedliche Arten von Stimmungsentwicklungen danach charakterisieren, wie sie mit Geschehnissen im Leben des Betreffenden zusammenhängen. Eine unangenehme Stimmung, die trotz relativ unbelastender Bedingungen andauert, unterscheidet sich also qualitativ von einer unangenehmen Stimmung, die durch fortgesetzte negative Umstände oder Zwänge aufrechterhalten wird. In klinischen Begriffen könnte man den ersten Fall vielleicht mit einer endogenen Depression vergleichen, während der letztere Fall eine reaktive und potentiell besser lenkbare Bedingung darstellen würde. Ähnlich haben auch Teasdale und Barnard (1993) argumentiert, daß Stimmungen mit ähnlicher evaluativer Tönung möglicherweise durch unterschiedliche Formen von intrapsychischen oder situativen Prozessen aufrechterhalten werden, deren spezifischer Charakter über die Folgen für die allgemeine kognitive Funktion bestimmt (s. Kapitel 4). Folgt man dieser Argumentation, kann man Affektzustände also offenbar entsprechend ihres allgemeinen Beziehungsgrades zum sich aktuell entfaltenden Situationskontext charakterisieren, ebenso wie durch den Bezug zum spezifischen Wesen dieser Beziehung. Eine Vernachlässigung dieser extrinsischen Aspekte von Affektzuständen wird unser Verständnis der Stimmungsstruktur und von Stimmungsabläufen unweigerlich einschränken.

Eine weitere Möglichkeit, unser Verständnis für die Vielzahl möglicher Stimmungen zu erweitern, besteht darin, den Affekt als einen Prozeß zu betrachten, der sich mit der Zeit entfaltet, und nicht als einen einfachen, in sich abgeschlossenen Augenblickszustand. Es gibt zum Beispiel mehrere mögliche Unterscheidungen, die man zwischen unterschiedlichen Stimmungserfahrungen aufgrund ihrer zeitlichen Charakteristika treffen kann. So würde sich insbesondere ein rascher Abfall oder ein rascher Anstieg des Wohlbefindens oder der Aktivierung ganz anders anfühlen als eine allmähliche Veränderung. Die Wahrnehmung einer angenehmen Stimmung wird wahrscheinlich auch durch Kontrasteffekte beeinflußt und fällt unterschiedlich aus, je nachdem, wie angenehm oder unangenehm die vorausgehende Stimmung war und je nachdem, wie schnell die entsprechenden Veränderungen auftreten. Diese Analyse impliziert unter anderem, daß die sich entwickelnde Geschichte jeder Stimmungsvariation eine Rolle bei der Wahrnehmung und Deutung der aktuellen Augenblicksstimmung spielt (Parkinson, Briner, Reynolds & Totterdell, 1995), so daß derselbe mentale Zustand infolge seines zeitlichen Kontextes eine unterschiedliche Bedeutung annimmt – ungefähr auf die gleiche Weise, wie sich kaltes Wasser an einem heißen Tag noch kälter anfühlt.

Aus der hier vertretenen Perspektive ist der sich entfaltende Stimmungsprozeß nicht nur wichtig, weil er die Wahrnehmungserfahrung der momentanen Stimmung beeinflußt. Wir sind vielmehr der Überzeugung, daß der wahre Charakter der Stimmung sich nur offenbart, wenn der Prozeß langfristig verfolgt wird. Mit anderen Worten: Unsere Argumentation läuft darauf hinaus, daß Stimmungen über eine inhärente zeitliche Struktur verfügen, die durch Momentaufnahmen nur schwer zu entschlüsseln ist. Das Einzelbild eines Kinofilms kann Aspekte der laufenden Handlung verbergen, die erst erkennbar werden, wenn man das Einzelbild als Teil einer längeren und laufenden Filmsequenz betrachtet. Standbilder liefern weniger Informationen über die Person und die Handlung als bewegte Bilder. Entsprechend haben Stimmungen von ihrem Wesen her zeitliche Ausdehnungen und werden durch ihre dynamischen Merkmale ebenso strukturiert wie durch ihre momentane innere Zusammensetzung.

Der Versuch, die Stimmungsstruktur zu erkennen, indem man sich auf einen einzelnen Grundmoment des Erlebens konzentriert, scheint paradoxerweise zu zusätzlichen

Komplikationen zu führen, die verschwinden, wenn man das Phänomen als Teil eines sich entfaltenden psychischen Prozesses auffaßt, der in einen situativen Echtzeitkontext eingebettet ist. So merken wir zum Beispiel häufig, in welcher Stimmung wir sind, indem wir ihre Veränderungen »online« verarbeiten, wenn wir mit der Umwelt interagieren.

Eine grundsätzliche Implikation dieser Analyse ist, daß die Konzentration auf die momentanen Stimmungsqualitäten der Lust-Unlust und Aktivierung ein verarmtes Bild des Phänomens ergibt. Wir müssen systematisch untersuchen, wie sich unterschiedliche Stimmungen im Laufe der Zeit entwickeln und verändern und welche Auswirkungen diese zeitlichen Merkmale auf das bewußte Erleben und andere psychische Funktionen haben (s. unten). In einem ersten Schritt sollte sich eine grundlegende deskriptive Forschung damit befassen, wie Menschen im Alltagsleben zwischen unterschiedlichen Arten von zeitlich definierten Stimmungzuständen wie Beschwingtheit, Niedergeschlagenheit oder Enttäuschung unterscheiden (Carver & Scheier, 1990).

Stimmungsprädiktoren

Wenn wir die Stimmung als einen momentanen Zustand auffassen, schränken wir auch unser Verständnis der Variablen ein, die ihr Auftreten beeinflussen. In Kapitel 3 haben wir die verschiedenen persönlichen, situativen und transaktionalen Faktoren betrachtet, die zur Verursachung von Stimmungen beitragen könnten. Es gibt zweifellos eine große Zahl von psychologisch relevanten Prozessen, die unser Empfinden in einem bestimmten Moment beeinflussen können. Doch die Stimmung als simples Ergebnis zu betrachten oder als Reaktion in einer linear verlaufenden Reiz-Reaktionskette lenkt die Aufmerksamkeit von der Echtzeit-Ausrichtung der Stimmung auf laufende Projekte und Interessen ab. Im Alltag werden Stimmungen nicht immer durch getrennte Ereignisse ausgelöst, die innerhalb oder außerhalb der Person (oder irgendwo dazwischen) stattfinden. Der Stimmungszustand trägt vielmehr von Anfang an zu allen Begegnungen bei, und der Weg, den man einschlägt, um ein bestimmtes Ziel zu erreichen, wird zum Teil von den affektiven Aspekten des Geschehens beeinflußt. Anders ausgedrückt: Stimmungen sind sowohl Vorläufer als auch Folgen von Transaktionen und keine unabhängigen Variablen. Wenn man zum Beispiel einen Wettkampf gewinnt oder irgendeine Ehrung erhält, beeinflußt der Erfolg die Stimmung nicht einfach in einer eingleisigen kausalen Abfolge; die Ergebniserwartungen wirken sich vielmehr auf die Entwicklung der vorausgehenden Stimmung aus und die Erreichung des Ziels verstärkt diesen bereits laufenden Stimmungsprozeß. Wenn der Erfolg plötzlich und unerwartet eintritt, fällt die Affektveränderung stärker aus und weckt vielleicht die Illusion, daß sie urplötzlich als reine, direkte Reaktion auf ein in sich geschlossenes Ereignis entstanden ist. Wenn sich die Erwartungen jedoch über einen längeren Zeitraum aufbauen und das Ergebnis als mehr oder weniger unvermeidbar erachtet wird, kommt es zu einem graduelleren und unabhängigeren Verlauf der Affektveränderung (Carver & Scheier, 1990).

Die Erforschung von Stimmungsprädiktoren sollte sich nicht darauf konzentrieren, wie einzelne Umweltereignisse oder stabile Persönlichkeitsdispositionen zu einmaligen Stimmungsergebnissen führen, sondern vielmehr genauer darauf schauen, wie wechselnde situative und persönliche Faktoren und ihre Interaktionen zu unterschiedlichen Formen von zeitlichen Stimmungsvariationen beitragen. Larsen und Kasimatis (1990) haben zum Beispiel nachgewiesen, daß Personen, die bei einer Fragebogenerhebung zur Extraversion höhere Werte erzielten, einen weniger regelmäßigen wöchentlichen Rhythmus bei Stimmungsveränderungen zeigten (s. auch Kapitel 5). Um diesen vielversprechenden Ansatz auszuweiten, muß man sowohl die situativen und persönlichen Prädiktoren untersuchen als auch die Dynamik der Affektergebnisse. Anstatt davon auszugehen, daß die Kausalität in eine Richtung verläuft, sollte man erkennen, daß die Stimmung Teil eines umfassenderen Entfaltungsprozesses ist und sowohl Ursachen als auch Wirkungen hat.

Die Auswirkungen von Stimmungen

Bei der Erforschung von Stimmungseffekten neigt man dazu, die Variable eher als einen momentanen Input als einen momentanen Output zu betrachten. In Kapitel 4 haben wir Studien vorgestellt, die untersucht haben, wie angenehme und unangenehme Stimmungen andere Aspekte des psychischen Geschehens beeinflussen. Der prozessuale Ansatz lenkt die Aufmerksamkeit auf zwei grundsätzliche Einschränkungen, die mit diesem Forschungsansatz verbunden sind. Die erste Einschränkung ergibt sich daraus, daß man die Stimmung provisorisch im Hinblick auf ihre momentane innere Struktur definiert, wobei letztere normalerweise über den Grad der Lust-Unlust und Aktivierung charakterisiert wird. In der Praxis werden in den meisten Studien einfache und direkte Vergleiche zwischen den Auswirkungen guter und schlechter Stimmungen gezogen (oder zwischen guten, schlechten und neutralen Stimmungen). Dieser Fokus schließt nicht nur explizit spezifischere Variationen des momentanen Affekts aus (Keltner, Ellsworth & Edwards, 1993; Westen, 1994), sondern vernachlässigt auch die Bedeutung von eher zeitgebundenen Stimmungsqualitäten (wie oben skizziert). Sedikides (1994) illustrierte anhand eines einfachen Beispiels, wie die Auswirkungen von Stimmungen von zeitlichen Variablen abhängen, indem er aufzeigte, daß unangenehme Stimmungen auf kurze Sicht stimmungskongruente Effekte auslösen, nach einer kurzen zeitlichen Verzögerung jedoch inkongruente Auswirkungen haben.

Die zweite Einschränkung bei der Erforschung von Stimmungseffekten betrifft die Behandlung der unabhängigen Variablen, die aus ihrem sich entfaltenden Transaktionskontext herausgelöst wird. Wie wir in bezug auf die Erforschung von Stimmungsprädiktoren ausgeführt haben, ist die Stimmung typischerweise Teil eines transaktionalen Prozesses und nicht etwas, das völlig getrennt davon abläuft. Eine der offenkundigsten Forschungsimplikationen dieses Arguments ist, daß Stimmungsmanipulationen eine ganz unterschiedliche Wirkung bei einzelnen Menschen haben können, je nachdem wie es um ihre bestehende und vorausgehende Stimmung bestellt ist. Die Stimmungsinduktion ist nicht nur mehr oder weniger effektiv, je nachdem ob die vorherige Stimmung im Gegensatz oder im Einklang mit der intendierten Stimmung steht (wie oben erörtert), die Herbeiführung vergleichbarer Stimmungen könnte auch unterschiedliche Auswirkungen bei Personen mit unterschiedlicher Stimmungsgeschichte (oder unterschiedlichen Stimmungserwartungen) haben. Der Wechsel von einer leicht angenehmen zu einer mäßig angenehmen Stimmung könnte dem einzelnen zum Beispiel »natürlicher« vorkommen als der Wechsel von einer leicht unangenehmen zu einer mäßig unangenehmen Stimmung. Da die letztgenannte Veränderung möglicherweise überraschender wirkt, ist es auch wahrscheinlicher, daß sie zu einer expliziten Stimmungsüberwachung und möglichen Regulationsversuchen führt. Diese indirekten Folgen der Stimmungsveränderung können wiederum ihre eigenen Auswirkungen auf die Urteilsbildung und das Verhalten haben. Allgemeiner ausgedrückt: Es reicht nicht aus, eine momentane Stimmungsäquivalenz herzustellen, wenn man ähnliche Stimmungseffekte voraussagen will.

Wenn zeitliche Faktoren entscheidend für ein Verständis der Wirkungsweise von Stimmungen sind, dann können experimentelle Ansätze, die sich auf kurzfristige Messungen und ein Vorher-Nachher-Design stützen, zweifellos immer nur einen eingeschränkten Blick auf das große Bild des in Frage stehenden Gesamtprozesses eröffnen. Aus unserer Sicht ist der beste Weg zu einem Verständnis der Stimmungsauswirkungen, daß man untersucht, wie sich Stimmungen im Laufe der Zeit verändern und wie ihre Variationen mit anderen Aspekten sich entwickelnder psychischer Transaktionen zusammenhängen. Deshalb haben wir uns in Kapitel 5 mit den zeitlichen Merkmalen von unterschiedlichen Stimmungsveränderungen befaßt, und in Kapitel 6 einige der psychischen Systeme erörtert, die diesen zeitlichen Stimmungsmustern zugrunde liegen.

Aspekte der Stimmungsregulation

Wenn man Stimmungen als kontinuierliche und kontinuierlich wechselnde Phänomene auffaßt, wird die Aufmerksamkeit auf die dynamischen Echtzeit-Prozesse gelenkt, die den Stimmungsvariationen zugrunde liegen. In Kapitel 6 haben wir ausgeführt, daß vielen Stimmungsveränderungen automatische und bewußte Regulationsprozesse zugrunde liegen, und erläutert, wie diese Prozeßarten nach der Theorie von Wegner (1994) interagieren könnten. In den folgenden beiden Abschnitten dieses Kapitels wollen wir diese Analyse erweitern und anfangen, unser eigenes Modell der Stimmungsregulation zu entwickeln. Zunächst jedoch zwei einschränkende Hinweise. Erstens: Da die Erforschung dieses Bereichs immer noch in einem relativ frühen Entwicklungsstadium steckt, kann unser Modell keine präzise Spezifikation umfassen. Zweitens: Obwohl wir überzeugt sind, daß unsere theoretische Position viele wichtige Aspekte veränderlicher Stimmungen erfaßt, die wir in den vorangehenden Kapitel erörtert haben, sind wir noch nicht in der Lage, direkte oder unumstößliche empirische Nachweise für unser Modell vorzulegen. Wir sind jedoch überzeugt, daß es sich lohnt, die Grundzüge einer Theorie zu skizzieren, die in der Lage sein könnte, die dynamischen Merkmale von Stimmungsprozessen und ihre Beziehungen zu Echtzeit-Transaktionen in der sozialen Umwelt zu erklären, und sei es nur, um zu einer weiteren gezielten Forschung in diesem Bereich und zur Weiterentwicklung theoretischer Ansätze zu ermutigen.

Jedes kontrollorientierte Modell der Affektregulation umfaßt zwangsläufig mindestens vier Arten von Prozessen (s. auch Kapitel 6). Der erste und elementarste Prozeß ist die Entfaltung des Affekts selbst (insoweit man dies sinnvollerweise vom transaktionalen Kontext trennen kann). Der zweite ist ein Überwachungsprozeß, der Informationen über den Affektprozeß erfaßt, um zu kontrollieren, ob die Regulation erfolgreich verläuft. Der dritte Prozeß umfaßt irgendeine Form der Bewertung (wie elementar auch immer), mit der ermittelt wird, ob die derzeit überwachte Stimmung (oder ein kürzlich erfolgter Stimmungswechsel) mit persönlichen Zielen übereinstimmt (die entweder vorher festgesetzt sind oder online durch einen weiteren Intentionsprozeß erzeugt werden). Der vierte und letzte Prozeß betrifft das eigentliche Regelungsverfahren, das die Stimmung in Einklang mit bestimmten Zielen bringen soll.

In der Realität lassen sich diese vier Prozesse nicht so vollständig voneinander trennen, wie es diese Ausführungen nahelegen. So kann zum Bespiel die Bewußheit der Stimmung direkt zur Stimmung selbst beitragen, und die Regulation erscheint mitunter eher wie ein intrinsischer Bestandteil des Affektprozesses denn als Vorgang, der unabhängig davon auf einer anderen Funktionsebene abläuft (Mayer, Salovey, Gomberg-Kaufman & Blainey, 1991). Für die Ausarbeitung einer Theorie lohnt es sich jedoch, diese grob definierten Unterscheidungen beizubehalten. Eingedenk dieser Einschränkung sollte das Modell spezifizieren, wie die vier Komponenten des affektregulierenden Prozesses unabhängig voneinander operieren und wie sie in unterschiedlichen Situationen miteinander interagieren. In den folgenden Abschnitten werden wir zunächst die spezifischen Prozeßmerkmale des Affekts, der Affektüberwachung, der Affektbewertung und Affektregulation erörtern. Im Anschluß daran beschreiben wir einige mögliche Ereignisabfolgen, die kennzeichnend für affektregulierende Episoden auf allen vier Ebenen sind, um eine allgemeine Vorstellung davon zu vermitteln, wie ein integratives Modell des Gesamtsystems aussehen könnte. Wie bereits eingeräumt, sind wir noch nicht in der Lage, eine formale Theorie der Stimmungsregulation zu spezifizieren, aber wir können zumindest in groben Zügen die mögliche Gestalt einer solchen Theorie skizzieren.

Stimmungsprozeß

Nach dem zur Zeit vorherrschenden psychologischen Stimmungskonzept ist die Stimmung eine Art inneres Signal, das evaluative Informationen übermittelt, und möglicherweise auch ein motivationaler Zustand, der eine bestimmte Aktivierung liefert (oder zurückhält). Aus dieser Perspektive ist die Stimmung ein Anzeichen dafür, ob wir den Ereignissen in unserem Leben positiv oder negativ gegenüberstehen, und eine Quelle (oder ein Abzugskanal) der »Energie« oder »Antriebskraft«, die den einzelnen dazu veranlaßt, sich aktiv mit der Situation auseinanderzusetzen oder sich der Situation zu entziehen. In diesem Abschnitt werden wir die Informations- und Motivationsaspekte der Stimmung getrennt voneinander erörtern und die Aufmerksamkeit auf einige Beschränkungen lenken, die viele derzeitige Ansätze mit sich bringen.

Unsere Position steht in mehrfacher Hinsicht im Gegensatz zu den vorherrschenden Stimmungsvorstellungen: Erstens sind wir überzeugt, daß die Stimmung nicht nur ein simples Signal ist, sondern vielmehr eine potentielle Quelle für viele Arten von relativ komplexen Informationen, die sich unter anderem sowohl auf zeitliche Zusammenhänge als auch auf die momentane innere Struktur beziehen. Zweitens behaupten wir, daß die Registrierung dieser stimmungsbezogenen Informationen auf mehreren direkten und indirekten, unbewußten ebenso wie bewußten Wegen erfolgen kann (s. den Abschnitt über die Stimmungsüberwachung weiter unten). Drittens sind wir nicht der Auffassung, daß alle potentiellen Auswirkungen der Stimmung von der Erfassung der in ihr enthaltenen Informationen abhängen, sondern auch ein Ausdruck von direkteren Motivationsfaktoren sein können. Viertens sind wir der Ansicht, daß die Motivationskomponenten der Stimmung sowohl eine *Richtung* als auch eine generelle Aktivierung oder die Bereitstellung von unspezifischer »Energie« oder »Antriebskraft« (Duffy, 1962) umfassen und daß sie den einzelnen zu bestimmten Formen eines sich entwickelnden Handelns prädisponieren. Jeder dieser Punkte wird in der folgenden Erörterung ausführlicher erläutert.

1. Stimmung als Information: Nach vielen zeitgenössischen Stimmungs- und Emotionstheorien gehört es zu den zentralen Anpassungszielen des Affektsystems, den einzelnen darüber zu informieren, wie es um seine derzeitigen Beziehungen zur Umwelt bestellt ist (Buck, 1985; Frijda, 1988; Morris, 1992; Thayer, 1989). Schwarz (1990) argumentiert in diesem Zusammenhang wie folgt:

> Man könnte von der allgemeinen Annahme ausgehen, daß ein positiver Affektzustand den einzelnen davon in Kenntnis setzt, daß die Welt ein sicherer Ort ist, der keine Bedrohung für seine derzeitigen Ziele darstellt ... Andererseits informiert ein negativer Affektzustand den einzelnen darüber, daß die gegenwärtige Situation problematisch ist ... Wenn das zutrifft, dann ist der individuelle Affektzustand ein einfacher, aber äußerst hervorstechender Indikator für den Charakter der Situation, in der man sich gerade befindet. (S. 543)

Nach dieser Auffassung dienen unangenehme Affektzustände als Warnungen, daß etwas falsch läuft, und angenehme Affektzustände als Sicherheitssignale, die den einzelnen dazu ermutigen, eine Verschnaufpause einzulegen, eine entspanntere Haltung anzunehmen oder neue Möglichkeiten zu erkunden. Mit anderen Worten: Die Registrierung von Affektinformationen liefert dem einzelnen eine allgemeine Einschätzung davon, welche Bedeutung die aktuelle Lebenssituation für seine persönlichen Interessen hat.

Zu den wichtigsten Einschränkungen dieser Erklärung gehört wiederum, daß sie sich fast ausschließlich auf die Lust-Unlust-Dimension des Affekts konzentriert. Aus dieser Perspektive liefern Stimmungen nichts anderes als allgemeine Bewertungsinformationen. Nach unserer Auffassung sind die von der Stimmung zur Verfügung gestellten Informationen komplexer und facettenreicher als diese Darstellung nahelegt. So enthalten Stimmungen beispielsweise Informationen mit interner zeitlicher Struktur und können daher sowohl Veränderungsraten in der psychischen Anpassung registrieren als auch ein statisches Bild von der momentanen Situation liefern. In diesem Zusammenhang haben Carver und Scheier (1990; s. Kapitel 3) die Meinung vertreten, daß der Affekt ein inneres Feedback darüber vermittelt, wie schnell man sich seinen Zielen nähert, anstatt einfach nur zu signalisieren, wie weit die Ziele momentan entfernt sind. Folglich signalisiert der angenehme Affekt, daß man sich schneller auf den Erfolg zubewegt als erwartet, und der unangenehme Affekt zeigt an, daß man unerwartet langsam vorankommt. Doch sogar nach dem Modell von Carver und Scheier registriert der Affekt zeitgebundene Transaktionsinformationen auf der Basis von einzelnen Momentaufnahmen und faßt einen nicht näher spezifizierten Zeitraum zu einem spontanen Einzelwert zusammen. Im Gegensatz dazu sind wir der Ansicht, daß der Affekt ständig online auf die Fortschrittsrate und auf Veränderungen in der Fortschrittsrate ausgerichtet ist. Ein Gefühl von Heiterkeit entspricht beispielsweise der beschleunigten Annäherung an ein wertvolles Ziel. Nach unserer Auffassung hängt die spezifische Qualität der Stimmung nicht nur von einer universellen Lesart oder Ausgabe eines abstrakt definierten Zielannäherungsparameters ab, sondern zusätzlich von dem speziellen Wesen der aktuellen Transaktion, von dem spezifischen Charakter des assoziierten Zieles usw. Eine reizbare Stimmung impliziert beispielsweise nicht nur die Vereitelung kleinerer Ziele, sondern auch eine bestimmte Art, wie man sich auf die gerade anwesenden Personen bezieht. Folglich ist die Stimmung auf der Informationsebene nicht nur einfach ein unspezifisches evaluatives Signal, sondern umfaßt auch direktere Implikationen für das Verhalten *und* für die Interpretation. Außerdem sind diese zielbezogenen Determinanten der Stimmung nicht die einzigen relevanten Input-Variablen, die den zeitlichen Verlauf der Affektzustände prägen.

Eine zweite Einschränkung der meisten informationsbezogenen Affekttheorien liegt darin, daß sie den Prozeß (oder die Prozesse) vernachlässigen, durch den Stimmungssignale vom kognitiven System aufgenommen werden. Nach unserer Auffassung können unterschiedliche Affektinformationen auf unterschiedliche Weise registriert werden, je nachdem welche speziellen Überwachungsprozesse gerade ablaufen (s. den nächsten Abschnitt), bleiben jedoch unter gewissen Bedingungen auch eine rein *potentielle* Informationsquelle, die vom Überwachungsprozeß nicht ausgewertet wird. Mit anderen Worten: Die Tatsache, daß die Stimmung Informationen enthält, bedeutet nicht, daß diese Informationen auch immer vom Individuum genutzt werden oder daß die Hauptaufgabe des Stimmungsprozesses darin besteht, solche Informationen zu liefern.

2. Stimmung als Motivation: Viele derzeitige Stimmungstheorien schreiben nahezu alle Auswirkungen der Stimmung ihrem Signalwert (Schwarz, 1990) oder damit verbundenen Einflüssen auf die kognitive Verarbeitung zu (Forgas, 1995). Diese Betonung steht in Einklang mit den derzeit generell vorherrschenden kognitiven Ansätzen in der Psychologie. Die charakteristische Eigenart affektiver Phänomene leitet sich jedoch teilweise von der Tatsache her, daß sie abgesehen von Informationen auch noch mit »Energie«, »Antrieb« und Anreizen zusammenhängen: In der Tat ist das einer der Gründe, weshalb man Affekt und Kognition häufig als unabhängige Kategorien des psychischen Geschehens behandelt hat (Zajonc, 1980). Nach unserer Auffassung hängen nicht alle Auswirkungen der Stimmung von ihrem Signalwert ab, weil bestimmte Stimmungen den einzelnen auch direkt zu bestimmten Handlungsformen prädisponieren.

Mehrere Stimmungstheorien haben die motivationalen oder antriebsbezogenen Eigenschaften der Stimmung betont. Theorien, die sich auf die Aktivierungskomponenten des Affekterlebens konzentrieren, implizieren häufig, daß verschiedene Formen der physiologischen Erregung eine metabolische Energie liefern, die bestimmte Aktivitätsarten begünstigt (Thayer, 1989). Andere Modelle heben das Aktivierungspotential von Prozessen des zentralen Nervensystems hervor, die den positiven Affekt unterstützen und gleichzeitig hemmend auf die Zentren wirken, die mit der Erzeugung des negativen Affekts verbunden sind (Gray, 1987; Larsen & Ketelaar, 1991). Einige Forscher haben auch auf das mögliche Belohnungs- und Bestrafungspotential von angenehmen und unangenehmen Affektzuständen aufmerksam gemacht.

Von größerer Relevanz für die Zwecke der vorliegenden Arbeit sind Theorien über die unterschiedlichen regulatorischen Verhaltensweisen, die von unterschiedlichen Stimmungszuständen gefördert werden. Clark und Isen (1982) argumentieren zum Beispiel, daß angenehme Stimmungen eher Bewahrungsaktivitäten fördern, während unangenehme Stimmungen häufig die Anwendung von stimmungskorrigierenden Strategien nach sich ziehen. Diese Darstellung scheint zwar zu implizieren, daß die spezielle Qualität des Stimmungszustandes teilweise über dessen unterschiedliche Motivationswirkung entscheidet, aber die Kernannahme ist, daß menschliches Verhalten unabhängig vom erlebten Stimmungszustand hedonistischen Motiven folgt (so daß angenehme Zustände angestrebt werden und unangenehme Zustände nicht). Parrott (1993) hat in jüngerer Zeit die These aufgestellt, daß einige Formen der Stimmungsregulation von Intentionen abhängen, die nicht von dem Bedürfnis nach sofortiger Gratifikation motiviert sind. Nach beiden Auffassungen sind es nicht die Stimmungen selbst, die motivationale Merkmale tragen; welche Arten von Stimmungen erforderlich sind, wird vielmehr von allgemeineren Prinzipien des psychischen Geschehens bestimmt.

Aus unserer Sicht spiegeln Stimmungen wechselnde Dispositionen gegenüber bestimmten Handlungs- und Interpretationsformen wider und sind daher von Anfang an eng verbunden mit sowohl Motivations- als auch mit Informationsprozessen. Zu einer gereizten Stimmung gehört zum Beispiel, daß man bereit ist, mit Verärgerung auf kleinere zwischenmenschliche Behinderungen zu reagieren und daß man geneigt ist, das Verhalten anderer als persönliche Beleidigung aufzufassen. Auf ähnliche Weise hat auch eine aufgeregte Stimmung einen direkten Bezug zu bestimmten Verhaltens- und Deutungsweisen. Bei einer freudigen Aufregung ist man insbesondere auf Aspekte der Situation eingestellt, die einen bevorstehenden Erfolg anzeigen, und man ist dazu motiviert, sich weiterhin um die Erreichung des nahe bevorstehenden Ziels zu bemühen. Ein sehr schneller Anstieg dieser Art von Aufregung erzeugt einen Zustand der Freude, der sich durch eine andere Dynamik auszeichnet: In diesem Fall lautet die Information möglicherweise, daß die Notwendigkeit der Anstrengung fast vorüber ist, was den einzelnen dazu motivieren kann, noch einmal all seine Kräfte zusammenzunehmen, um das erstrebte Ziel endgültig zu erreichen. Obwohl einige dieser spezifischen Motiviationsmerkmale von unterschiedlichen Stimmungen zweifellos mit irgendeiner Form von Aktivierung zusammenhängen, sind die unterschiedlichen Manifestationen in unterschiedlichen Situationen ein sehr deutlicher Hinweis darauf, daß es hier nicht um eine einheitliche Dimension geht. Auf ähnliche Weise sind unterschiedliche Stimmungszustände nicht einfach durch eine positive oder negative Verstärkung gekennzeichnet, sondern stellen eher unterschiedliche und wechselnde Muster der Anziehungs- und Abneigungsverteilung auf unterschiedliche Aspekte des laufenden Geschehens dar. Schließlich zeigt das Beispiel der freudigen Aufregung auch, daß die Motivationsprozesse offenbar selektiv im Hinblick auf die zeitliche und die räumliche Verteilung von Ressourcen sind.

Stimmungsüberwachende Prozesse

Die Stimmungsüberwachung setzt ein, sobald stimmungsrelevante Informationen von einem kognitiven Prozeß erfaßt oder als direktes Input an einen anderen kognitiven Prozeß geliefert werden. In Kapitel 6 haben wir einige der kontrollierten und automatischen Prozesse erörtert, die den unterschiedlichen Überwachungsarten zugrunde liegen. An dieser Stelle reicht es aus, wenn wir zusammenfassend wiedergeben, wie die Überwachung im Kontext allgemeinerer stimmungsregulierender Prozesse arbeitet.

Nach unserer Auffassung wird die Stimmung nicht notwendigerweise bewußt registriert und nicht einmal notwendigerweise immer von verborgenen und automatischen Prozessen überwacht. Aus unserer Sicht kann die Stimmung entweder auf einer relativ unbewußten Ebene auftreten oder vage empfunden werden oder auch explizit als bestimmter Stimmungszustand erkannt werden. So kann man zum Beispiel schlechter Stimmung sein, ohne es zu bemerken; man kann sich niedergeschlagen fühlen, ohne bewußte Aufmerksamkeit auf diesen Zustand zu lenken, oder man kann ganz genau wissen, daß man sich scheußlich fühlt. Es ist auch möglich, daß wir unterschiedliche Aspekte der Stimmung auf unterschiedliche Weise registrieren und daß wir die Informationen auf unterschiedlichen Wegen erhalten, zum Beispiel durch ein soziales Feedback, Propriozeption, *flow*-Erlebnisse und ähnliches mehr. Kurz, es gibt viele mögliche Formen der Überwachung, die sich im Prinzip alle vom eigentlichen Stimmungsprozeß unterscheiden, auch wenn sie in relativ enger Wechselwirkung mit ihm stehen.

Die Stimmungsüberwachung spielt eine wichtige Rolle im Regulationsprozeß, weil sie dafür sorgt, daß die eingeleiteten Aktivitäten zur Abwandlung oder Beibehaltung der Stimmung nicht blindlings weiterlaufen, wenn sie keine Wirkung zeitigen oder ihr Ziel bereits erreicht haben. Nach Wegner (1994) kann die Überwachung durch einen einfachen und automatischen Vergleichsprozeß erfolgen, der vorher festgelegte Stimmungswerte überprüft. Ein solcher Mechanismus mag zwar für die Erfassung von einfachen Informationsaspekten der Stimmung wie dem Intensitäts- oder Aktivierungsgrad angemessen sein, aber für die Umsetzung von spezifischeren und strategischeren Intentionen der Stimmungsregulation ist zweifellos eine differenziertere Überwachung erforderlich. Ein Ziel der Stimmungsregulation könnte zum Beispiel sein, affektiv auf den Partner bei einer laufenden Interaktion eingestellt zu bleiben; dazu würde gehören, daß man kontinuierlich die Stimmungsqualität der anderen Person, der eigenen Person und die jeweiligen zeitlichen (qualitativen und quantitativen) Veränderungen bewertet. Ein Überwachungsprozeß, wie Wegner ihn vorgeschlagen hat, würde bedeuten, daß man sich unter diesen Umständen ständig auf neue Werte des erstrebten Affekts einstellen müßte, was alle Vorteile, die dieser Vorgang im Hinblick auf die Bewahrung der kogntiven Kapazität haben könnte, erfolgreich untergraben würde. Nach unserer Auffassung umfaßt die Überwachung eher relativ verwickelte Aufspürprozesse, die auf komplexe Eigenschaften von facettenreichen und zeitlich gegliederten Stimmungszuständen eingestellt sind.

Stimmungsbewertende Prozesse

Die Interaktion der Stimmungsprozesse mit stimmungsüberwachenden Prozessen führt dazu, daß Affektinformationen auf irgendeiner Ebene registriert werden. Auch wenn dies häufig intrinsische Implikationen hat und Aufschluß darüber gibt, ob dieser Zustand im Einklang oder im Konflikt mit aktuellen Motivationsinteressen steht, ist normalerweise irgendeine Form der Bewertung erforderlich, bevor diese Implikationen durchgearbeitet und angemessene Handlungsstrategien ausgewählt werden können. Obwohl die Registrierung einer unangenehmen Stimmung zum Beispiel bereits implizieren kann, daß der Zustand unerwünscht ist, liegen möglicherweise übergreifende Interessen vor, die den Rückschluß, daß die Stimmung so schnell wie möglich beseitigt werden sollte, in dem Maße einschränken, wie die Stimmung mit anderen Aspekten der aktuellen Lebenssituation zusammenhängt. Außerdem muß die Stimmung vor dem Hintergrund der verfügbaren Ressourcen bewertet werden, bevor eine Entscheidung über die erforderliche Handlungsweise getroffen werden kann (Lazarus, 1991).

Wie bei der Überwachung gibt es wahrscheinlich eine Vielzahl von Prozessen, die in unterschiedlichen Situationen zur Bewertung beitragen. Bei einigen dieser Prozesse handelt es sich vielleicht um relativ einfache, mustervergleichende Verfahren, die der Überwachung gleichen und möglicherweise im Zusammenhang mit ihr ablaufen. Bei den automatischen Regulationsprozessen, die sich auf die Stimmung beziehen, laufen

Einschätzung und Überwachung zum Beispiel gleichzeitig und in den gleichen Bereichen ab und ermitteln Abweichungen von festgesetzten Werten, was direkt zu vorprogrammierten Korrekturreaktionen führt. Doch eine überlegte Stimmungsregulation erfordert häufig eine flexiblere Einschätzung des Stimmungskontextes und der Frage, ob man über die notwendigen Ressourcen verfügt, um sich auf die Aktivitäten einzulassen, zu denen die Stimmungsbedeutungen anregen.

Bei einer stärker kontrollierten Regulation ermitteln die stimmungsbewertenden Prozesse, wie relevant die gegenwärtige Stimmung für derzeit aktive Projekte und Interessen ist, und stellen fest, ob ein bestimmtes Handeln erforderlich ist und ob die derzeit verfügbare Regulationsressourcen dieses Handeln möglich machen. So wird die Stimmung zum Beispiel um so negativer eingeschätzt werden, je mehr sie den Fortschritt auf aktuelle Ziele behindert und je begrenzter die Möglichkeiten für stimmungskorrigierende Gegenmaßnahmen sind. Die Stimmungsbewertung kann also zu Meta-Stimmungserlebnissen führen, durch die der einzelne seine eigenen Gefühle billigt oder mißbilligt (Mayer & Stevens, 1994). Die Stimmungseinschätzung dient im wesentlichen dazu, zwischen der Stimmungsüberwachung und der eigentlichen Stimmungsregulation zu vermitteln, und dann festzustellen, ob eine Regulation erforderlich ist, in welcher Form sie erfolgen sollte und ob diese Art der Regulation machbar ist.

Natürlich ist die Stimmungsbewertung nicht notwendigerweise eine getrennte Stufe des stimmungsregulierenden Prozesses, die abgeschlossen sein muß, bevor ein Regulationsversuch in Gang gesetzt wird. Die Überwachung kann vielmehr zu sofortigen Steuerungsversuchen führen, die parallel laufen, während die Bedeutung der Stimmung in ihrem allgemeinen Kontext (einschließlich eben dieser laufenden Regulationsversuche) ermittelt wird. Wie die Überwachung kann auch die Bewertung während einer Stimmungsepisode kontinuierlich oder mit Unterbrechungen erfolgen, obwohl ihre Hauptaufgaben darin bestehen, über den Einsatz von Regulationsstrategien zu entscheiden, die angemessenen Regulationsreaktionen auszuwählen und schließlich zu bewerten, wie wirksam diese Reaktionen im Hinblick auf die überwachte Stimmung sind.

Stimmungsregulierende Prozesse

Die Stimmungsregulation bezieht sich auf jeden Prozeß, der auf eine Veränderung oder Beibehaltung der Stimmung ausgerichtet ist und speziell von überwachten Stimmungswerten abhängt. Wie oben erwähnt, können einige Formen der Stimmungsregulation bewußt, kontrolliert, überlegt und explizit sein, während andere eher unbewußt, automatisch, unfreiwillig und implizit ablaufen, auch wenn in der Praxis viele Formen der Stimmungsregulation wechselnde Anteile beider Prozeßvarianten umfassen.

Die Stimmungsregulation definiert sich eher über ihre *Funktion* als über ihren *Inhalt* oder ihre Struktur. Mit anderen Worten: Sie umfaßt alle Arten von Aktivitäten, die auf eine Veränderung oder Bewahrung der Stimmung gerichtet sind, und das Wesen dieser Aktivitäten kann man nicht getrennt von ihren beabsichtigten Folgen für den Affekt erklären. Allgemein ausgedrückt sind alle Arten von Reizen, Prozessen oder Aktivitäten, die den Stimmungszustand beeinflussen können, als Teil eines stimmungsregulierenden Prozesses einsetzbar. Folglich ist die Zahl der möglichen stimmungsregulierenden Strategien nahezu grenzenlos (s. Kapitel 6). Außerdem kann eine bestimmte Stimmungsepisode mehrere Subprozesse oder Strategiekombinationen umfassen, so daß der Prozeß auch nicht immer einheitlich verläuft.

Um eine Vorstellung von der Vielzahl verfügbarer stimmungsregulierender Strategien zu gewinnen, haben wir die selbstbeschriebenen *bewußten* Strategien, die wir in eigenen Studien ermittelt haben, nach folgenden Kriterien unterschieden, auch wenn diese zweifellos nicht erschöpfend sind:

1. *Implemtentierungsmedium*: Einige Strategien werden auf der *kognitiven* Ebene umgesetzt, andere umfassen *Verhaltens*interventionen. Diese Unterscheidung hängt im wesentlichen davon ab, ob man den Affekt zu verbessern sucht, indem man etwas denkt oder indem man etwas tut, obwohl natürlich viele Strategien (z. B. Entspannungsvideos) eine Mischung aus Kognition und Verhalten darstellen.
2. *Strategische Intention:* Ein zweiter grundlegender Unterschied zwischen verschiedenen Strategieformen betrifft die Frage, ob sie darauf angelegt sind, das anstehende Problem (oder die momentane Stimmung) zu vermeiden oder in Angriff zu nehmen. Bei den *ablenkenden* Strategien wird die Kognition oder Aktivität in eine Richtung gesteuert, die vom gegenwärtigen Anliegen wegführt (z. B. Vermeidung, Rückzug oder Zerstreuung). Bei den *nicht-ablenkenden* Strategien wird vermehrte Aufmerksamkeit auf das Problem oder den damit verbundenen Affekt gerichtet (z. B. Akzeptanz oder Engagement).
3. *Fokus der eingesetzten Ressourcen*: Diejenigen Strategien, die das Problem eher aufgreifen als vermeiden, sind zum Teil auf die Situation gerichtet, die offenbar zu den unangenehmen Gefühlen geführt hat (*situationsorientiert*), und zum Teil auf die Gefühle selbst (*affektorientiert*).

Zusätzlich zu den Kategorien, die aus diesen Grundunterschieden resultieren, gibt es je nach Medium, Intention, Fokus und spezifischen Inhalt der einzelnen Strategie auch noch weitere nützliche Unterkategorien. Es ist bemerkenswert, daß sich viele Strategien nicht eindeutig einer einzigen Kategorie zuordnen lassen, weil sie offenbar mehrere unterschiedliche affektregulierende Aufgaben erfüllen (Vielzweck-Strategien). Siehe Tabelle 8.1 für eine provisorische Zusammenfassung der stimmungsregulierenden Strategien, die Menschen ihren eigenen Angaben zufolge im Alltagsleben einsetzen.

Diese Klassifikation von stimmungsregulierenden Strategien läßt den Schluß zu, daß Menschen, die ihre Stimmung ändern oder aufrechterhalten wollen, unterschiedliche Zwecke verfolgen, wenn sie unterschiedliche Strategien für die Regulation unterschiedlicher Stimmungen einsetzen. Entsprechend wird die Wirksamkeit der verschiedenenen Techniken durch unterschiedliche Arten von Prozessen vermittelt. Einige Strategien

Tabelle 8.1 Eine Typologie stimmungsregulierender Techniken

			Kognitiv	*Verhalten*
Ablenkende Strategien	***Vermeidung***		• Mental abschalten • Versuchen, nicht daran zu denken	• Mich der Situation entziehen • Lästige Aufgaben vermeiden
	Ablenkung	*entspannungs-orieniert*	• Meditieren • Mir vorstellen, was ich tun werde, wenn ich frei habe	• In der Sonne liegen • Eine Dusche/ein Bad nehmen
		lustorientiert	• An etwas denken, das mich glücklich macht • Mir schöne Dinge vorstellen	• Etwas tun, das mir Spaß macht • Mich mit einem leckeren Essen verwöhnen
		bewältigungs-orientiert	• Über die Arbeit nachdenken • Handlungspläne machen	• Etwas tun, das ich schon lange aufgeschoben habe • Aufräumen
Nicht-ablenkende Strategien	***Engagement***	*affektorientiert*	• Darüber nachdenken, warum ich schlechter Stimmung bin • Überprüfen, ob meine Gefühle berechtigt sind	• Bedürfnisse ausleben • Verständnis suchen
		situationsorientiert	• Bewerten, warum etwas schiefläuft • Problemlösung planen	• Das Problem direkt anpacken • Praktischen Rat einholen
	Akzeptanz	*affektorientiert*	• Mir erlauben, mich schlecht zu fühlen • Nicht zwanghaft versuchen, gute Laune zu bekommen	• Die Niedergeschlagenheit aus mir herausströmen lassen • Weinen
		situationsorientiert	• Versuchen, die Situation zu akzeptieren • Das Geschehen als neue Erfahrung abhaken	• Weitermachen • Abwarten, was die Situation bringt

wirken zum Beispiel, indem sie neues Input für die kognitive Verarbeitung erzeugen, was sich auf den Affekt auswirken kann; andere arbeiten, indem sie die Situation beeinflussen, die den Affektzustand offenbar ausgelöst hat oder aufrechterhält. Bestimmte Strategien sind wahrscheinlich in bestimmten Situationen und bei bestimmten Menschen unterschiedlich wirksam, wobei die Effektivität auch vom spezifischen Charakter des erlebten Affekts abhängt. Wenn die Auswahl von geeigneten Strategien für variierende Situationen das Ergebnis einer realistischen Bewertung ist, wird sie das Wohlbefinden und die Affektkontrolle daher sehr wahrscheinlich fördern (s. Kapitel 7).

Es hätte wenig Sinn, alle Mechanismen aufführen zu wollen, die der Wirkung von stimmungsregulierenden Strategien zugrunde liegen, weil sie sich fast völlig mit den Prozessen decken, die die Stimmung im allgemeinen kontrollieren. Wie oben erwähnt, kann jeder Faktor, der sich auf die Stimmung auswirkt, in der richtigen Situation als Teil einer Regulationsstrategie benutzt werden. Das bedeutet, daß der spezifische Regulationsaspekt der stimmungsregulierenden Episoden sogar noch variabler und unbestimmter ist als die oben beschriebenen Überwachungs- und Affektelemente.

Stimmungsregulierende Episoden

Im vorigen Abschnitt haben wir vier Aspekte des stimmungsregulierenden Prozesses betrachtet: Die Stimmung selbst; die Überwachung; die Bewertung; und die eigentliche Regulation. Jedes spezifische Beispiel für eine Stimmungsregulation umfaßt diese vier Arten von interagierenden Prozessen in unterschiedlichem Ausmaß und in unterschiedlicher Form. Bevor wir ein allgemeines Modell von der Wirkungsweise der Stimmungsregulation skizzieren, lohnt es sich, die Vielzahl und Komplexität der daran beteiligten Prozesse anhand einiger konkreter Beispiele zu illustrieren.

Bewußte Aufwärtsregulation der Stimmung

Das prototypische Beispiel der Stimmungsregulation tritt auf, wenn Menschen die Tatsache registrieren, daß sie schlecht gelaunt sind, und beschließen, etwas dagegen zu unternehmen. Wie sind die oben beschriebenen Prozesse an einer solchen Episode beteiligt?

Die erste Stufe umfaßt die Erkenntnis, daß die derzeitige Stimmung unangenehm ist. Das kann auf unterschiedliche Weise geschehen. So kann die Stimmung zum Beispiel eine vorher festgelegete Unlustschwelle überschreiten, was den Zustand automatisch ins klare Bewußtsein bringt (Morris, 1992). Sehr intensive Stimmungszustände lenken wahrscheinlich die Aufmerksamkeit auf sich, ohne daß eine kontrollierte Überwachung stattfinden müßte. Auf ähnliche Weise werden vermutlich auch plötzliche *Veränderungen* der Stimmung aus sich heraus auffällig und lösen eine Art interner Orientierungsreaktion aus (Sokolov, 1963). Nach diesem zweiten Prinzip könnten unangenehme Stimmungen von relativ schwacher Intensität automatisch registriert werden, wenn sie in scharfem Kontrast zur vorangehenden Stimmung stehen.

Auch die Einstellung auf bestimmte Situationen kann dazu führen, daß die Stimmung ins Bewußtsein dringt. So setzt die Selbstaufmerksamkeit beispielsweise relativ automatisch ein, wenn wir uns vor einen Spiegel setzen oder wenn eine Kamera auf uns gerichtet wird (Beaman, Klentz, Diener & Svanum, 1979; Carver & Scheier, 1982). Auf ähnliche Weise können auch bestimmte vertraute soziale Situationen sehr stark mit bestimmten Affekterlebnissen assoziiert sein, was dazu führen kann, daß man sich gewohnheitsmäßig auf Gefühle konzentriert. So bemerkt man bei einer Hochzeit vielleicht, daß man leicht unangenehme Gefühle hat, weil sie einfach von der üblichen Reaktion auf solche Ereignisse abweichen. Solche durch die Situation ausgelösten Affekteinstellungen können spontan auftreten oder auch in etwas kontrollierterer Form erfolgen, wenn klare Gefühlserwartungen oder Gefühlsregeln im Spiel sind (Hochschild, 1983).

Auf ähnliche Weise kann auch eine gerichtete Überwachung dazu führen, daß eine negative Stimmung ins Bewußtsein dringt. So ist das Überwachungssystem möglicherweise durch ein überlegtes, vorher festgelegtes Ziel der Affektregulation bereits auf bestimmte Affektwerte oder -veränderungen eingestellt; das könnte zum Beispiel der Fall sein, wenn man beschließt, daß man relativ ruhig und gelassen auf irgendein erwartetes Ereignis reagieren will. Wenn eine derartige stimmungsregulierende Intention einmal gefaßt wurde, läuft nach dem Modell von Wegner (1994) ein automatischer Überwachungsprozeß ab, der nach Affektanzeichen sucht, die dieser Absicht entgegenstehen, und zwar so lange, bis der Regulationsversuch eindeutig beendet wird. Nach Wegner wird die Person also infolge eines kontrollierten Prozesses für relevante Affektinformationen sensibilisiert, aber die Sensibilisierung selbst erfolgt automatisch und stellt kaum Ansprüche an kognitive Ressourcen.

Der Affekt könnte auch als unangenehm erkannt werden, weil man die eigenen Gefühle gezielt zu ergründen sucht. Einige Menschen scheinen zum Beispiel bei allem, was ihnen widerfährt, ständig auf die affektiven Bedeutungen des Geschehens zu achten (Swinkels & Giuliano, 1995) und ihre Stimmung in regelmäßigen Abständen zu kontrollieren. Möglich ist auch, daß man durch andere Personen auf die eigene Stimmung aufmerksam gemacht wird; so kann zum Beispiel der Hinweis, daß man deprimiert oder ungewöhnlich heiter wirkt, eine gezielte Selbstbeobachtung auslösen. In beiden Fällen kann der Überwachungsprozeß eine unangenehme Stimmung aufdecken, die bereits vorhanden ist; außerdem kann die Stimmung auch durch den reinen Akt der Selbstaufmerksamkeit in eine negative Richtung gelenkt werden (Ingram, 1990; Salovey, 1992), weil er die Wahrnehmung bestehender Diskrepanzen zwischen aktuellem und erstrebtem Selbst intensiviert (Duval & Wicklund, 1972).

Die Art, wie Stimmungsinformationen im Laufe der Überwachung registriert werden, beeinflußt das Wesen und das Ausmaß der zusätzlich erforderlichen Einschätzung. Im Fall der gerichteten Überwachung, die aus überlegten Zielen der Affektregulation resultiert, impliziert die Registrierung der ungewollten Stimmungsinformationen bereits eine negative Bewertung. Folglich ist vielleicht keine weitere explizite Bewertung erforderlich, bevor die Entscheidung für eine bestimmte Strategie aus dem verfügbaren Reservoir getroffen wird. Wenn man jedoch die Zeit und die Gelegenheit hat, um die verfügbaren Optionen abzuwägen, und wenn keine bestimmte Strategie vorher ausgewählt wurde, kann die Entscheidung für die spezifische Aktivität immer noch von dieser Bewertung beeinflußt werden. Auf ähnliche Weise kann die spontane Registrierung von unangenehmen Stimmungen, die eine feste Intensitäts- oder Veränderungsschwelle überschreiten, mit automatischen Einschätzungsergebnissen einhergehen. Tatsächlich halten einige Theoretiker schon die bloße Existenz einer unangenehmen Stimmung für ein Warnsignal, das dem bewußten System anzeigt, daß irgend etwas nicht in Ordnung ist (Frijda, 1986; Schwarz, 1990). Doch wenn die Stimmungsinformationen entweder unsystematisch zu Rate gezogen werden oder weil ein relativ banales Ereignis die Aufmerksamkeit darauf lenkt, muß das Niveau und das Wesen des unangenehmen Affekts normalerweise bewertet werden, bevor eine Entscheidung über das angemessenes Handeln erfolgen kann.

Sogar in Fällen, in denen die negativen Implikationen der Stimmung bereits erkannt wurden, führt die Aktivierung einer bewußten Verarbeitung wahrscheinlich zu einer weiteren, differenzierteren Bewertung, durch die sich die erste vorgefertigte Interpretation und Einschätzung des Geschehens verändern kann. Natürlich wird der unangenehme Affekt in all diesen Fällen normalerweise ohnehin negativ bewertet werden, aber entscheidend ist, daß der Grad und die Bedeutung dieser negativen Einschätzung nicht ausschließlich von den intrinsischen Qualitäten des Affektzustandes als solchem bestimmt werden. Wenn Sie zum Beispiel an einer Beerdigung teilnehmen und in angemessen trauriger Stimmung sind, dann kann diese Erkenntnis als etwas Positives bewertet werden. Mit anderen Worten: Obwohl eine schlechte Stimmung in gewisser Hinsicht immer etwas Schlechtes ist, kann man die schlechte Stimmung auch als etwas Gutes betrachten. Die daraus resultierende Zusammensetzung des Bewertungszustandes, der auf dem Affekt selbst sowie auf seiner Überwachung und Einschätzung beruht, enthält nicht nur einen einzigen und einfachen Wert auf der Lust-Unlust-Dimension, sondern vermittelt eher eine vielschichtige Form von Ambivalenz (Mayer & Gaschke, 1988; s. auch Kapitel 2).

Unabhängig davon, wie eine unangenehme Stimmung registriert wird oder auf andere Weise ins Bewußtsein dringt, wird ein als unerwünscht bewerteter Zustand häufig zur Implementierung irgendeiner stimmungsregulierenden Maßnahme anregen. Doch bevor eine solche Entscheidung schließlich getroffen wird, müssen auch noch mehrere andere relevante Transaktionsfaktoren bewertet werden. Einer der wichtigsten betrifft den antizipierten Erfolg der Regulation. Einige Menschen haben zum Beispiel generell relativ niedrige Erwartungen in bezug auf die Stimmungsregulation (*generalized negative mood regulation expectancies*, Catanzaro & Mearns, 1990) und sind normalerweise der Ansicht, daß sie wenig tun können, um ihre unangenehmen Gefühle abzuwenden. Entsprechend gibt es vielleicht auch spezielle Umstände, die dazu beitragen, daß die unangenehme Stimmung als unkontrollierbar aufgefaßt wird, zum Beispiel wenn man denkt, daß ein Stimmungswechsel durch »natürliche« oder hormonelle Faktoren wie dem prämenstruellen Syndrom ausgelöst wird. In diesen Fällen führt der als unerwünscht eingeschätzte Stimmungszustand möglicherweise nicht zu aktiven Versuchen der Stimmungsregulation, die darauf ausgerichtet sind, das eigene Befinden zu verändern, sondern vielleicht eher zur Akzeptanz oder zu Gefühlen von Hilflosigkeit.

Im allgemeinen können unterschiedliche Formen der Stimmungsregulation mehr oder weniger überlegt und mehr oder weniger auf den spezifischen Charakter des gegenwärtigen Problems eingestellt sein. So verfügen viele Menschen wahrscheinlich über gewohnheitsmäßige Strategien der Stimmungsverbesserung, die sie bei einer Vielzahl von kleineren negativen Stimmungsabweichungen relativ automatisch anwenden. Außerdem reagieren einige Personen typischerweise mit Hilflosigkeit oder Akzeptanz auf Stimmungen, während andere bestimmte Ablenkungstechniken bevorzugen und sich zum Beispiel auf vertraute und geschätzte Freizeitaktivitäten wie Musikhören oder Lesen einlassen. Wenn die Stimmungsregulation jedoch aus expliziten und wohlüberlegten Gründen erfolgt, kann die differenziertere Bewertung bei vielen Menschen dazu führen, daß sie gründlicher über die richtigen Strategien nachdenken. So entscheidet man sich möglicherweise dafür, unterschiedliche Arten von Musik zu hören, je nachdem, in welcher Stimmung man ist und welche konkrete Veränderung man herbeiführen möchte. Wer deprimiert ist, beschließt vielleicht, daß er sich in seinen Gefühlen wälzen möchte und macht entsprechend traurige Musik an. Vielleicht beschließt er aber auch, seine Lethargie oder Verzweiflung mit einer etwas fetzigeren oder fröhlicheren Scheibe zu bekämpfen. Erfahrene Stimmungsregulierer können ihre Strategien je nach eingeschätzter Verfügbarkeit von persönlichen und situativen Regulationsressourcen auf den spezifischen Charakter der erlebten Stimmung zuschneiden (jedenfalls wenn sie in der Stimmung dazu sind).

Eine weitere wichtige Komponente der adaptiven Stimmungsregulation ist die Sensibilität für wahrscheinliche Fehlschläge der Regulationsversuche im frühestmöglichen Stadium. Das scheint zu implizieren, daß die Stimmung während der Regulation ständige oder wiederholte Aufmerksamkeit erfordert. Doch es könnte auch sein, daß eine erfolgreiche Form der Stimmungsregulation darin besteht, sich so intensiv auf eine Ablenkungsaktivität zu konzentrieren, daß wenig kognitive Kapazität für eine explizite Überwachung übrig bleibt. Wegners Konzept eines impliziten und automatischen Überwachungsprozesses hilft zu erklären, warum solche Strategien keine ungewollten Affektkonsequenzen nach sich ziehen, obwohl die fortgesetzte Wirksamkeit nicht bewußt überprüft wird. Wenn das System unabhängig von allen absichtlich initiierten Überprüfungen bereits auf hohe Grade und drastische Anstiege des unangenehmen Affekts eingestellt ist, dann kann natürlich eine zusätzliche, gerichtete Überwachung überflüssig sein.

Um sich zu vergewissern, daß die aktuelle Strategie der Affektregulation erfolgreich wirkt und für die Aufrechterhaltung oder Verbesserung der Stimmung immer noch notwendig ist, braucht es allerdings mehr als einen unbewußten Überwachungsprozeß. Auch die Frage, ob die gegenwärtige Situation überhaupt noch eine Stimmungsregulation erfordert, muß bewertet werden und erfordert Aufmerksamkeit. Bei expliziten und gezielten Versuchen der Stimmungsregulation laufen die expliziten Überwachungs- und Einschätzungsprozesse häufig weiterhin mit Unterbrechungen, nachdem der Regulationsvorgang initiiert wurde. All diese Prozesse können beendet werden, wenn die Einschätzung an irgendeinem Punkt zu dem Ergebnis führt, daß der Affekt und die Situation nicht länger problematisch sind oder daß keiner der angewendeten Prozesse die Ziele der Stimmungsregulation erfolgreich erfüllt. In diesen Fällen kann irgendeine Form der Neubewertung dazu führen, daß die aktiven Bemühungen um eine Stimmungsregulation abgebrochen werden. Wenn sich die Situation beispielsweise katastrophal entwickelt, entscheidet man vielleicht einfach, seinen Gefühlen freien Lauf zu lassen. Tatsächlich könnte man auch dies als eine Form der Stimmungsregulation betrachten, weil der Ausdruck des unangenehmen Affekts häufig als Hilferuf dient, mit dem man sich erfolgreich soziale Unterstützung sichern kann. Außerdem sind viele Theoretiker der Auffassung, daß das Herauslassen von Gefühlen wegen der angenommenen »hydraulischen« Eigenschaften des Affektsystems direkte Vorteile bietet (Freud, 1910). Solche Gedanken liegen auch der Alltagsvorstellung zugrunde, daß es generell schädlich ist, seine Gefühle zu unterdrücken.

Menschen versuchen nicht nur, sich selbst in eine bessere Stimmung zu bringen, wenn sie niedergeschlagen sind, sondern versuchen häufig auch, vorhandene positive Gefühle noch weiter zu steigern. Viele der oben beschriebenen Prozesse und Interaktionen gelten auch für diese Variante der Stimmungsregulation. Es ist jedoch möglich, daß die Überwachungsaufgabe vergleichsweise größere Ansprüche an die kognitiven Ressourcen stellt, wenn man bereits in einer angenehmen Stimmung ist. So muß für die Steigerung einer angenehmen Stimmung insbesondere auf irgendeine Weise überprüft werden, daß sich die Stimmung nicht einfach nur auf dem bisherigen angenehmen Niveau hält, und Standard-Überwachungsprozesse, die automatisch starke Stimmungen oder plötzliche Stimmungsumschwünge registrieren, sind für diesen Zweck nicht geeignet. Wenn die Stimmungsregulation einfach nur auf die Bewahrung und nicht auf eine weitere Steigerung der angenehmen Stimmung zielt, stellt die Überwachungsaufgabe vermutlich etwas geringere Anforderungen.

Bewußte Abwärtsregulation der Stimmung

Obwohl die meisten Formen einer überlegten Stimmungsregulation in Gang gesetzt werden, wenn man die Stimmung verbessern oder eine bestehende positive Stimmung bewahren will (Clark & Isen, 1982), hat Parrott (1993) auch mehrere Motive beschrieben, aus denen man geneigt sein könnte, eine unangenehme Stimmung aufrechtzuerhalten oder angenehme Empfindungen eher zu dämpfen als zu steigern. So will man vielleicht die freudige Erregung, die ein antizipiertes angenehmes Ereignis auslöst, abschwächen, um eine mögliche Enttäuschung abzuwenden, falls die Dinge doch anders laufen sollten als erwartet. Auf ähnliche Weise versucht man vielleicht auch die freudige Aufregung zu dämpfen, die sich einstellt, wenn eine langanhaltende und schwierige

Aufgabe kurz vor ihrer Vollendung steht, damit die Freude einen nicht von der immer noch zu erledigenden Arbeit ablenkt. Ein weiteres Motiv zur Stimmungsdämpfung ergibt sich aus der Auffassung, daß unangenehme Stimmungszustände durch eine sorgfältige analytische Informationsverarbeitung gekennzeichnet sind (Mackie & Worth, 1991; Schwarz & Bless, 1991; s. Kapitel 4); die Aufrechterhaltung der unangenehmen Stimmung könnte also das Erledigen von Aufgaben erleichtern, die diese Art von kognitiver Verarbeitung verlangen. Ein eher sozial orientiertes Motiv könnte sein, daß man eine gefühlsmäßige Solidarität aufrechterhalten möchte und deshalb versucht, sich der Stimmung anderer Leute anzupassen, auch wenn es den anderen schlechter geht als einem selbst (Hochschild, 1983).

Die Erforschung dieser nicht hedonistisch motivierten Formen der Stimmungsregulation steckt immer noch in den Kinderschuhen, aber wahrscheinlich spielen einige derselben Mechanismen, die an der Abschwächung unangenehmer Stimmung beteiligt sind, auch hier eine Rolle. Doch wie bei den oben beschriebenen Beispielen für eine Regulation, die auf das Bewahren oder Steigern einer angenehmen Stimmung zielt, hängt ein wichtiger potentieller Unterschied mit der erforderlichen Klarheit der Überwachung zusammen. Das Aufrechterhalten einer unangenehmen Stimmung erfordert einen Überwachungsprozeß, der in der Lage ist, störende Einflüsse von angenehmen Stimmungen, wie schwach auch immer, zu entdecken. Es ist unwahrscheinlich, daß das mentale System unter normalen Umständen automatisch auf solche Zustände eingestellt ist, weil sich die normale Stimmung für gewöhnlich in diesem Bereich bewegt (Diener, 1984) und weil angenehme Stimmungen nahelegen, daß die derzeitige Lebenssituation keiner speziellen Aufmerksamkeit bedarf (Schwarz & Bless, 1991).

Obwohl die Überwachung im Fall der abwärtsgerichteten Stimmungsregulation schwieriger sein mag, ist der Regulationsprozeß als solcher möglicherweise leichter umzusetzen und aufrechtzuerhalten. Frijda (1988) erklärt dies mit dem *Gesetz der hedonistischen Asymmetrie*, das wie folgt lautet: »*Lust ist immer abhängig von Veränderungen und verschwindet bei fortgesetzter Unzufriedenheit. Leid kann unter anhaltenden widrigen Bedingungen fortbestehen*« (Kursiv im Original, S. 353). Nach Frijda ergibt sich die hedonistische Asymmetrie aus der Signalfunktion des Affekts. Ein unangenehmer Affekt setzt das kognitive System davon in Kenntnis, daß die gegenwärtige Situation besondere Aufmerksamkeit erfordert, und hält daher tendenziell so lange an, bis alle anstehenden Probleme gelöst wurden, während der angenehme Affekt signalisiert, »daß kein weiteres Handeln erforderlich ist« (S. 354), ein Ziel, das ohne weitere Beharrlichkeit sofort erfüllt werden kann (s. auch Wegener & Petty, 1994; und Kapitel 4). Wenn diese Generalisierungen zutreffen, dann ist der angenehme Affekt von seinem Wesen her zerbrechlicher und flüchtiger als der unangenehme Affekt und läßt sich von daher möglicherweise leichter aufheben, indem man zum Beispiel einfach an etwas Unangenehmes denkt. Wenn es so leicht wäre, sich von unangenehmen Stimmungen zu befreien, dann würde man bei rein hedonistischen Prinzipien in der Tat erwarten, daß solche Zustände weit seltener und kurzlebiger wären, als es der Fall ist.

Automatische Stimmungsregulation

Automatische ebenso wie bewußt kontrollierte Prozesse spielen bei verschiedensten Formen der Stimmungsregulation eine Rolle. So ist es zum Beispiel denkbar, daß physiologische Systeme mit Hilfe von negativen Feedbackprinzipien ein psychisches Gleichgewicht aufrechterhalten, indem sie stillschweigend jede Abweichung von voreingestellten affektbezogenen Parametern aufdecken und homöostatische Korrekturprozesse in Gang setzen (Headey & Wearing, 1989). Die Standardwerte, die in solchen Systemen spezifiziert sind, können sich mit der Zeit verändern und beeinflussen möglicherweise die Stimmungsschwankungen, die im Laufe eines Tages, einer Woche oder eines Monats auftreten (s. oben und Kapitel 5). Dies trifft insbesondere auf die (allgemeine oder strukturierte) Aktivierung des autonomen Nervensystems zu, das sich automatisch den wechselnden Energieanforderungen unterschiedlicher Aktivitäten anpassen muß (Duffy, 1962). Die metabolischen Anforderungen einer intensiven körperlichen Anstrengung werden durch Steigerungen der autonomen Erregung erfüllt, die normalerweise ohne bewußte Intervention kurz nach der Anstrengung auf ihren normalen Level zurückfällt. Solche Veränderungen der Aktivierung könnten zweifellos auch gewisse Affektunterschiede beeinflussen oder widerspiegeln (Zillmann, 1978).

Obwohl einige affektrelevante Variablen von derartigen Gleichgewichtsmechanismen abhängen, halten wir es für unwahrscheinlich, daß die eigentlichen Stimmungszustände je in genau dieser automatischen Weise überwacht werden. Das hängt damit zusammen, daß die Stimmung nach unserer Auffassung nicht aus irgendeinem einheitlichen Signal besteht, daß prinzipiell durch eine simple Feedbackschleife registriert werden könnte. Wie oben ausgeführt, sind wir im Gegenteil der Ansicht, daß die Stimmung ein integrierter kognitiv-motivationaler Zustand ist, der außerdem eine intrinsische zeitliche Struktur umfaßt. Man kann sich nur schwer irgendeinen automatischen Feedbackmechanismus vorstellen, der in der Lage wäre, bei einem solchen Phänomen ausreichend simple Parameter abzulesen, um eine erfolgreiche Stimmungsregulation zu gewährleisten. Kurz: wir meinen, daß nur einige wenige Variablen, die zur Stimmung beitragen, auf diese homöostatische Weise reguliert werden.

Trotzdem könnte die Stimmungsregulation auf einer größtenteils automatischen Ebene ablaufen, wenn die Person bestimmte gewohnheitsmäßige Strategien der Stimmungsregulation entwickelt hat, die sie dann, ohne darüber nachzudenken, in relevanten Situationen anwendet. In diesen Fällen besteht jedoch immer die Möglichkeit, daß bestimmte Stimmungswerte eine voreingestellte Schwelle überschreiten und die automatisierte Funktion dann von einer bewußten Steuerung abgelöst wird. Allgemein ausgedrückt: In der Praxis hängen die meisten Formen der Stimmungsregulation wahrscheinlich von einer Kombination automatischer und kontrollierter Prozesse ab.

Antizipierte Stimmungsregulation

Alle bis jetzt erörterten Episoden der Stimmungsregulation beginnen damit, daß Stimmungsinformationen infolge eines offenen oder verdeckten Überwachungsprozesses registriert werden. In diesem Abschnitt wollen wir uns damit befassen, wie eine Stimmungsregulation aussehen könnte, die antizipierte Affektkonsequenzen auf eine eher proaktive als reaktive Weise abzuwenden sucht.

Um eine einfache vorgreifende Stimmungsregulation handelt es sich zum Beispiel, wenn Menschen wissen, daß sich eine bestimmte Situation wahrscheinlich negativ auf ihre Stimmung auswirken wird, und aktive Anstrengungen unternehmen, um diesem Einfluß zu widerstehen. So bemüht man sich vielleicht bei einem bevorstehenden Bewerbungsgespräch oder Prüfungstermin, alle Aktivitäten so zu planen und seine Umgebung so einzurichten, daß man bestmöglich mit allen erwarteten Anflügen von Nervosität fertig wird. Mitunter ist diese Vorbereitungsaktivität vielleicht sogar darauf ausgerichtet, daß man jedwede Affektreaktion auszuschließen sucht.

In vielen Situationen gibt es kulturelle, institutionelle oder beziehungsorientierte Normen, die vorschreiben, welche Stimmung angemessen ist (Hochschild, 1983), und soweit diese Situationen vorhersehbar sind, kann man einen Teil der relevanten Affektarbeit im voraus erledigen. Menschen versuchen zum Beispiel häufig, sich in die richtige Stimmung zu versetzen, bevor sie auf eine Party, in eine Kneipe oder in einen Nachtklub gehen, indem sie eine bestimmte Musik hören oder sich durch andere Rituale wie das Anlegen der passenden Kleidung vorbereiten. In der Tat erkennt das britische Fernsehen stillschweigend einige der häufigsten Ziele antizipatorischer Affektregulationen an, indem es zum Beispiel am frühen Samstagabend bestimmte Shows ins Programm nimmt, die eine aufgeregte und lebhafte Stimmung fördern (z. B. »Blind Date« oder »Noels House Party«), und damit die Weichen für bestimmte Formen der sozialen Interaktion stellt. Auf ähnliche Weise sind institutionelle Umgebungen häufig deutlich darauf angelegt, die passende Art von Affektreaktionen zu begünstigen; das zeigt sich zum Beispiel an der üblichen Gestaltung von Gerichtssälen oder Kirchen, wo die Personen, denen man Respekt zollen soll, höher sitzen oder stehen als das gemeine Volk. Diese Beispiele veranschaulichen, daß viele Anstrengungen, die zur Stimmungsregulation beitragen, hinter den Kulissen ablaufen, bevor die konkrete Interaktion beginnt und daß nicht alles von den individuellen Bemühungen um eine Affektkontrolle abhängt.

Auf ähnliche Weise werden unsere eigenen Reaktionen in weniger förmlichen sozialen Situationen wahrscheinlich auch von den vorgreifenden Regulationsversuchen anderer Menschen beeinflußt, zum Beispiel indem wir entsprechend reagieren, wenn Freunde den deutlichen Versuch unternehmen, gute Laune zu verbreiten. Außer von diesen verschiedenen Normen über ein angemessenes Affektverhalten (Hochschild, 1983) wird unsere antizipatorische Stimmungsregulation auch davon geprägt, welchen konkreten Eindruck wir selbst erwecken wollen, zum Beispiel wenn wir wissen, daß wir eine Person treffen, deren Sympathie wir gewinnen möchten. Natürlich können andere Ziele bei diesem »Eindrucksmanagement« auch zu einer mehr reaktiven Regulation des bereits bestehenden Affekts führen (Clark, Pataki & Carver, 1995).

Die Prozesse einer antizipatorischen Stimmungsregulation beginnen eindeutig nicht mit irgendeiner Registrierung oder Überwachung von zielinkongruenten Stimmungsinformationen. Das Einsetzen der regulatorischen Aktivität hängt vielmehr direkt von allgemeineren Intentionszielen ab. Doch wenn die Regulationsversuche einmal in Gang gekommen sind, könnte auch in diesen Fällen immer noch eine Stimmungsüberwachung notwendig sein, damit die ausgewählten Strategien erfolgreich durchgeführt werden.

Wie man Regulation und Funktion der Stimmung in Einklang bringt

In der vorangehenden Erörterung haben wir impliziert, daß die Stimmung ein Informations- und Energiemuster darstellt, das verschiedenen Arten von Kontrollprozessen ausgesetzt ist, die es verändern oder aufrechterhalten sollen. Nach unserer Darstellung könnte zum Beispiel eine schlechte Stimmung den Versuch auslösen, die eigene Gemütslage zu verbessern, wodurch der ursprüngliche Zustand abgewandelt oder aufgehoben wird. Diese Analyse könnte den Eindruck wecken, daß die Stimmung eine Art Störfaktor ist, der unseren Zielen und Bedürfnissen generell in die Quere kommt und prinzipiell abgewandelt werden muß, damit der psychische Apparat besser funktioniert.

Wir haben jedoch auch darauf hingewiesen, daß die Stimmung dazu dient, das kognitive System darüber zu informieren, wie es um unsere aktuelle Interessen bestellt ist und auf diese Weise adaptive Begegnungen mit der Umwelt erleichtert. Demgemäß kann die Stimmung dazu beitragen, uns für laufende Aufgaben und Projekte zu motivieren. Wenn Stimmungen uns auf diese Weise helfen, mit unseren Problemen und Erfolgen umzugehen, warum sollten wir motiviert sein, sie überhaupt zu verändern oder zu kontrollieren?

Die Antwort lautet, daß Stimmungen mehr oder weniger adaptiv und mehr oder weniger angemessen für die aktuelle Situation sein können (s. Kapitel 7) und daß sie Situationen widerspiegeln können, die mehr oder weniger kontrollierbar sind. Entsprechend handeln wir in einigen Fällen im Einklang mit den Implikationen unserer Stimmung (situationsorientierte Regulation), während wir in anderen versuchen, mit der Stimmung selbst umzugehen (affektorientierte Regulation, Lazarus, 1991). Welche dieser Optionen ausgewählt wird, hängt davon ab, wie wir die Bedeutungen unserer Stimmung einschätzen, und davon, ob wir den Eindruck gewinnen, daß die verfügbaren Ressourcen ausreichen, um das erkannte Problem zu bewältigen (Lazarus, 1991).

Zur situationsorientierten Regulation kommt es normalerweise, wenn Stimmungen Probleme signalisieren, die augenfällig und leicht in Angriff zu nehmen sind. Wenn wir zum Beispiel schlechter Stimmung sind, versuchen wir häufig festzustellen, was falsch an der derzeitigen Situation ist, damit wir etwas dagegen unternehmen können (als direkte Folge der oben besprochenen Informations- und Motivationsfunktion der Stimmung). Wenn diese Aktivität erfolgreich ist, wird sie selbst direkt zu einer Verbesserung der Stimmung führen. Im allgemeinen wird die Maßnahme, die man in Reaktion auf die Registrierung der Stimmungsinformationen ergreift, bei der Situation ansetzen, die diese Stimmung ausgelöst hat. Doch wie an anderer Stelle ausgeführt, gehört es zu den Kennzeichen der Stimmung, daß sie häufig keine konkreten Ursachen oder Objekte hat, so daß diese Aufgabe nicht immer so leicht ist, wie es scheinen mag. Wenn kein augenfälliges stimmungsrelevantes Problem erkennbar ist, läßt man sich möglicherweise auf allgemeinere Aktivitätsformen ein, in der Absicht, möglichst viele Aspekte der derzeitigen Lebenssituation zu beeinflussen und dadurch den unangenehmen Affektzustand aufzuheben. Diese letztere Aktivitätsform weckt eher den Eindruck einer Stimmungsregulation als eine Aktivität, die direkt von der Stimmung herbeigeführt wird.

Sogar wenn das Objekt oder der Fokus der Stimmung offensichtlich ist, kann eine Auseinandersetzung mit diesem Problem aus mehreren Gründen unpraktikabel erscheinen. In diesen Fällen können die Informations- und Motivationsaspekte der Stimmung mit anderen Performanzaspekten in Konflikt geraten, so daß die Stimmung ihre vorteilhafte Funktion verliert. Wenn Sie zum Beispiel ständig niedergeschlagen wegen Ihrer beruflichen Leistungen sind, aber keine Möglichkeiten sehen, etwas an der Situation zu ändern, dann kann dieser Zustand demotivierend wirken, von anstehenden Aufgaben ablenken und ganz allgemein die Chancen zunichte machen, daß man künftige Verbesserungsmöglichkeiten beim Schopfe packt. Bei einer derartigen Einschätzung der Situation würden direkte Versuche der Stimmungsregulation zweifellos eine Anpassungsmöglichkeit darstellen.

Kurz: die Stimmungsregulation findet im Rahmen von umfassenderen Kontrollsystemen statt, die das Handeln in einem allgemeineren Sinn motivieren und die als Teil ihrer eigenen Funktion auch die Stimmung miteinbeziehen können. Zum Alltagsleben gehört, daß man in unterschiedlichen Bereichen nach einer Vielzahl von Zielen strebt, von denen einige ähnlich und miteinander vereinbar sind, während andere unversöhnliche Gegensätze bilden; von daher ist es durchaus vorstellbar, daß Prozesse, die in einem Kontext wirksam und adaptiv sind, unter anderen Bedingungen schädlich wirken.

Theorie der Stimmungsregulation: Ein Entwurf

Im vorigen Abschnitt haben wir mehrere Möglichkeiten skizziert, wie stimmungsregulierende Episoden verlaufen können. Unterschiedliche Entwicklungen können bei unterschiedlichen Ausgangspunkten beginnen, sie können unterschiedliche Subprozesse auf unterschiedliche Weise miteinbeziehen und diesen Subprozessen unterschiedliche Prioritäten zuschreiben. Außerdem kann jeder Subprozeß durch unterschiedliche Mechanismen auf einer automatischen oder kontrollierten Ebene vermittelt werden. Aus diesen Beobachtungen kann man zweifellos den Schluß ziehen, daß jedes umfassende Modell der Stimmungsregulation relativ flexibel in seinen Spezifikationen sein muß. In diesem Abschnitt werden wir versuchen, einige allgemeine Schlüsse aus einigen Gemeinsamkeiten zwischen den oben beschriebenen Beispielen der Stimmungsregulation zu ziehen, um den Weg zur Entwicklung einer solchen Theorie zu ebnen. Wir werden die Stimmungsregulation zunächst als einfachen Stufenprozeß behandeln, dessen einzelne Stufen wir nacheinander erörtern, und dann einige mögliche Einschränkungen einer solchen Perspektive aufzeigen.

Ausgangspunkte für ein stimmungsregulierendes System

Episoden der Stimmungsregulation können, wie oben erwähnt, auf unterschiedliche Weise beginnen. Der Anstoß für die Stimmungsregulation kann von der Stimmung selbst kommen (wie im Fall extremer Werte oder auffälliger Affektabweichungen, die ins Bewußtsein dringen), von expliziteren stimmungsregulierenden Prozessen (wenn die Rücksprache mit den Gefühlen zu der Entscheidung führt, sie anders einzustellen) oder von transaktionalen Faktoren, die direkt zu einer stimmungsregulierenden Intention führen. Obwohl irgendeine Form der Stimmungsüberwachung eindeutig der häufigste Ausgangspunkt für die Affektregulation ist, gibt es Fälle, in denen dieser Faktor nicht vorrangig ist, zum Beispiel wenn in Folge von erwarteten situativen Anforderungen vorgreifende stimmungsregulierende Maßnahmen in Gang gesetzt werden. Sobald die Stimmung jedoch einmal explizit reguliert wird, muß ihr aktueller Status offenbar in irgendeiner Weise überprüft werden, damit das Ausmaß und der Charakter der erforderlichen Abwandlung bestimmt werden kann. Mit anderen Worten: Zu den ersten Dingen, die geschehen müssen, wenn eine Stimmung reguliert werden soll, gehört, daß irgendein Bezug zu ihrem aktuellen Zustand hergestellt wird.

Verbunden mit diesem frühen Überwachungsprozeß ist wahrscheinlich irgendein Einschätzungsprozeß, der die Stimmung in ihrem transaktionalen Kontext bewertet und der ermittelt, was getan werden muß. Die Einschätzung setzt die Prioritäten für die Verfahrensweisen, die konkret darauf angelegt sind, die Stimmung zu regulieren. Wenn die Stimmung einmal in irgendeiner Form überwacht und eingeschätzt wurde, ist das System in der Lage, den eigentlichen Regulationsversuch in Gang zu setzen.

Die laufende Regulation

Die Einschätzung erleichtert für gewöhnlich die Auswahl von Regulationsstrategien, die als geeignet für die wahrgenommenen persönlichen und situationen Belastungen erachtet werden. Es ist jedoch auch möglich, daß sich Standardstrategien einschalten, weil automatische Überwachungsprozesse mit vordefinierten Einschätzungsbedeutungen auf bereits festgesetzte Affektwerte oder Affektveränderungen gestoßen sind. In diesen Fällen läuft die Einschätzung vermutlich parallel zur eigentlichen Regulation, um eine nachfolgende Anpassung der ausgewählten Strategie zu ermöglichen.

Der eigentliche Regulationsprozeß ist außer im Hinblick auf seine Intentionen, die von der Einschätzung abhängen (s. oben), nur schwer zu definieren. Obwohl jüngere

Darstellungen sich hauptsächlich auf Regulationsziele konzentriert haben, die mit einfachen Werten auf der Lust-Unlust- und auf der Aktivierungsdimension zusammenhängen, sind wir überzeugt, daß die Regulation auch die Aufrechterhaltung der Stimmung, Aufwärtsveränderungen, Abwärtsveränderungen oder noch präziser vorgegebene Verlaufsformen umfassen kann. Die Zielspezifikation könnte sogar zeitliche Parameter enthalten, wie zum Beispiel, wenn man sich selbst auffordert, das Tempo zu drosseln, in dem sich die eigene Erregung steigert, damit sie besser zum erwarteten Zeitpunkt des erwünschten Ereignisses paßt (z. B. Kinder, die in den Tagen vor Weihnachten nicht schlafen können, weil sie ungeduldig auf die Bescherung warten). Jede dieser stimmungsregulierenden Intentionen kann mittels einer Vielzahl von Strategien oder Strategiekombinationen umgesetzt werden, die auf unterschiedliche Weise arbeiten und durch verschiedene Prozesse vermittelt werden.

Unterschiedliche Regulationsabsichten erfordern unterschiedliche Formen von Überwachungsprozessen, die wiederum unterschiedliche mentale Ressourcen beanspruchen können. Wie oben ausgeführt, läuft die Überwachung wahrscheinlich automatisch ab, wenn die aktuelle Regulationsaufgabe einfach darin besteht, eine unangenehme Stimmung abzuschwächen oder aufzuheben. In einigen Fällen sind vielleicht einfache mustervergleichende Mechanismen ausreichend, die nur die Aufgabe haben, hohe Werte eines unangenehmen Affekts oder plötzliche Abwärtsabweichungen zu registrieren (Wegner, 1989). Doch beim anderen Extrem, wenn die Intention darin besteht, die Stimmung längerfristig mit der erwarteten Weiterentwicklung der aktuellen Situation in Einklang zu bringen, erfordert das eine viel genauere Einstellung auf mehrere stimmungsbezogene Parameter und stellt deshalb wahrscheinlich weit höhere Anforderungen an kognitive Ressourcen. Bei dieser letzteren Variante ist es unwahrscheinlich, daß irgendeine simple Ablesefunktion einen direkten Zugriff auf Stimmungsinformationen hat. Vielmehr erfordert die Stimmungsregulation in diesen Fällen vermutlich verschiedene Arten von Aufmerksamkeitsprozessen, die auf vielfältige oder zusammenwirkende Aspekte von Stimmungszuständen gerichtet sind, einschließlich persönlicher, situativer und transaktionaler Faktoren (s. Kapitel 6).

Beendigung von stimmungsregulierenden Maßnahmen

Die Stimmungsregulation hat nicht immer einen klar erkennbaren Abschluß; vielmehr können neue Verhaltensprioritäten auftauchen, wenn die Stimmung als solche kein konkretes Problem mehr darstellt. Bei anderen Gelegenheiten kann ein überlegter Versuch der Stimmungsregulation bewußt aufgegeben werden, wenn vorher festgelegte Veränderungen in der überwachten Stimmung auftreten, oder wenn Überwachungsprozesse offenbaren, daß die Regulation unwirksam ist. Im allgemeinen hört die Stimmungsregulation auf, wenn eine Neubewertung der Stimmung nach der Regulation nahelegt, daß eine weiterer Anwendung der Strategien nutzlos ist, oder wenn die Überwachung anzeigt, daß ein vorher spezifizierter affektiver Zielzustand erreicht ist. Schließlich kann die Stimmungsregulation auch aufgehoben werden, wenn andere, stimmungsunabhängige Probleme auftauchen, die ein sofortiges Handeln und eine Neuverteilung von Ressourcen erfordern.

Die Grenzen eines einfachen Stufenmodells

Man könnte den Verlauf der Stimmungsregulation beschreiben, indem man sagt, daß sie mit irgendeiner Affektveränderung beginnt, die dann überwacht und bewertet wird, und daß diese vermittelnden Prozesse schließlich zur Ausgabe eines Regulationsverfahrens führen. Doch ein Großteil der obigen Ausführungen legt nahe, daß dieses Vierstufenmodell eine zu grobe Vereinfachung wäre. In diesem Abschnitt erörtern wir einige der Beschränkungen, die eine Stufentheorie des stimmungsregulierenden Prozesses mit sich bringt.

Ein allgemeines Problem ergibt sich aus der vorgeschlagenen festen Abfolge der Stufen. Wie oben ausgeführt, gibt es mehrere unterschiedliche Wege, die zur Regulation führen, mit unterschiedlichen Ausgangspunkten, unterschiedlichen Umsetzungen der Regulationsverfahren und unterschiedlichen Abschlußformen. Außerdem laufen viele der Subprozesse, die an der Regulation beteiligt sind, eindeutig eher parallel als nacheinander ab, so daß sie sich also eher überschneiden und nicht wirklich aufeinander folgen. Auch die engen Wechselbeziehungen zwischen Subprozessen machen es schwierig, sie getrennt voneinander zu behandeln. Was die Anordnung der Stufen betrifft, so kann eine unwirksame Regulation zu einer Neubewertung führen, die den Prozeß von einem anderen Ausgangspunkt erneut in Gang setzt, was die Möglichkeit aufwirft, daß der Gesamtprozeß häufig zyklisch verläuft und mehrfache Wiederholungen von Subprozessen oder Subprozeßkombinationen umfaßt. Schließlich kann der Regulationsprozeß auf nahezu jeder Stufe infolge veränderter Umstände, die durch die Überwachung oder Einschätzung oder durch die Interaktion dieser Subprozesse registriert werden, eine andere Wendung nehmen.

Eine weitere Einschränkung, die mit einem simplen Stufenmodell verbunden ist, besteht darin, daß es die Stimmungsregulation losgelöst vom umfassenderen Kontext der Handlungskontrolle betrachtet. Ein realistischerer Ansatz könnte davon ausgehen, daß die Stimmungsregulation Teil einer umfassenderen hierarchischen Zielstruktur ist und daß ihre Wirkungsweise von Prozessen auf höheren und niedrigeren Ebenen abhängt (Carver & Scheier, 1982). Ein konkreter Versuch der Stimmungsregulation könnte zum Beispiel auch durch allgemeinere Ziele motiviert sein, die sich darauf beziehen, welchen Eindruck man erwecken möchte. Wenn diese Ziele durch andere Mittel als die der Stimmungsregulation erreicht werden, entfällt möglicherweise die Notwendigkeit für eine Fortsetzung des Prozesses. Auf ähnliche Weise dringen vielleicht auch Interessen aus anderen Motivationssystemen in den stimmungsregulierenden Prozeß ein, wenn neue Aufgaben dringend nach Ressourcen verlangen (Oatley & Johnson-Laird, 1987).

Auch die Stimmungsregulation selbst ist vermutlich eher hierarchisch strukturiert und besteht nicht einfach aus einer Reihe von Subprozessen, die auf einer einzigen Ebene ablaufen. So spielen automatische Überwachungsprozesse wahrscheinlich mit der kontrollierten Überwachung zusammen und unterstützen sie, was ebenfalls direkt zu übergeordneten Einschätzungsprozessen beitragen kann. Jeder Subprozeß hat seine eigene innere Struktur, die seiner charakteristischen Operationsweise zugrunde liegt, aber die Subprozesse interagieren auch auf verschiedenen Ebenen miteinander, was dem Gesamtsystem charakteristische Merkmale verleiht, die bei einer getrennten Betrachtung der Mechanismen nicht erkennbar sind.

Aus all den oben genannten Gründen sollten wir die Stimmungsregulation lieber als ein Operations- oder Wirkungs*system* betrachten und nicht als eine Aneinanderreihung von Subprozessen. Die obige Diskussion hat die Aufmerksamkeit auf eine Reihe von grundlegenden Operationsmerkmalen eines solchen Systems gelenkt. Weitere Detailerklärungen wären in diesem Stadium verfrühte Spekulationen, aber wir hoffen, daß der grobe Entwurf, den wir skizziert haben, die Grundlage für ein umfassenderes Bild liefern wird, wenn die Einzelheiten durch gezieltere Forschungen eingefügt werden.

Die Zukunft der Stimmungsforschung

Das psychologische Interesse an der Stimmung und am Affekt im allgemeinen ist in den letzten Jahrzehnten stetig gewachsen (s. Kapitel 1). Die in diesem Buch vorgestellten Forschungsergebnisse belegen diese Entwicklung und geben einen Eindruck davon, wie weit unser Verständnis dieser Phänomene vorangeschritten ist. Dennoch gibt es immer noch viele ungeklärte Fragen im Hinblick auf die Stimmung und die Stimmungsregulation. In diesem Abschnitt möchten wir die Aufmerksamkeit auf einige, wie wir meinen, besonders wichtige Fragen lenken, um mögliche Richtungen für künftige Forschungen aufzeigen.

Stimmungstheorie

Trotz der in jüngster Zeit zu verzeichnenden Fortschritte ist klar, daß die bestehenden Stimmungstheorien immer noch relativ unausgereift und im allgemeinen nicht in der Lage sind, die Komplexität und Flexibilität der vielen beteiligten Prozesse zu erklären. Aus unserer Sicht hängen Fortschritte in diesem Bereich nicht nur davon ab, daß man weiterhin empirisches Material sammelt, sondern auch von grundlegenden theoretischen Arbeiten. Der Stimmungsforschung fehlt eine Leittheorie, an der sich ihre Untersuchungen orientieren könnten und die eine Interpretation der zahlreichen, bereits vorliegenden Ergebnisse erleichtern würde.

Die im Vergleich zu den empirischen Nachweisen deutliche Schwäche der Theorie hat unter anderem zur Folge, daß die Methoden sich häufig in Reaktion auf praktische anstatt auf theoretische Zwänge entwickeln. Obwohl zum Beispiel die Operationalisierung der Stimmung in Form von zwei grundlegenden Selbstberichtsdimensionen oder zwei Dutzend Adjektiven sehr bequem sein mag, trägt sie wenig dazu bei, daß wir den grundlegenden Charakter der Phänomene besser verstehen. Allgemeiner ausgedrückt: Die Trennung von Forschungsthemen, die sich auf die Stimmungsstruktur, auf Stimmungsprädiktoren, Stimmungsauswirkungen, Stimmungsdynamik und Stimmungsregulation beziehen, dient zwar eindeutig der Vereinfachung, hält aber viele Forscher davon ab, das größere Bild zu erkennen. Wenn man die Stimmung als einen dynamischen Prozeß betrachtet, wird klar, daß viele der als selbstverständlich vorausgesetzten Unterschiede zwischen verschiedenen Forschungsbereichen künstlicher Art sind (die Stimmung hat zum Beispiel keine einfachen Ursachen und Wirkungen und ihre Struktur überschneidet sich mit derjenigen der Regulation). Künftige Theorien sollten daher darauf ausgerichtet sein, integrativere Analysen von Stimmungsphänomenen zu entwickeln.

Stimmungsmethodik

Zu den größten methodischen Herausforderungen im Hinblick auf die Stimmungsforschung gehört, daß man Mittel und Wege finden muß, um ein *per definitionem* flüchtiges und erfahrungsbezogenes Phänomen zu erforschen, ohne die beteiligten Prozesse unbotmäßig zu verzerren oder zu beeinflussen. So erlaubt die häufig eingesetzte Selbstbeschreibungsmethode zwar möglicherweise eine bessere Berücksichtigung der zeitlichen Dimension der Stimmung, bringt aber leider den Nachteil mit sich, daß die Aufmerksamkeit der Befragten ständig auf die Stimmung gelenkt wird, was zu expliziten Regulationsversuchen führen kann. Folglich beeinflußt der Messungsprozeß als solcher vielleicht genau das Phänomen, das auf neutrale Weise gemessen werden soll. Neue methodische Ansätze könnten Forschern helfen, diese reaktiven Elemente der Stimmungsmessung zu minimieren oder sie besser zu berücksichtigen. So könnten zum Beispiel Peer- oder Beobachterratings und bestimmte Formen von retrospektiven Berichten (z. B. Filmische Wiederholungen der ursprünglichen Aktivität, Gottman & Levenson, 1985) dazu beitragen, daß einige dieser Probleme vermieden werden. Obwohl umfassende Adjektiv-Listen für einige bereichsübergreifende Designs geeignet sein mögen, müssen für intensive Stimmungsstichproben eindeutig alternative Ansätze entwickelt werden.

Ein verwandtes methodisches Ziel besteht darin, Untersuchungs- und Analysemethoden zu entwickeln, die leicht anwendbar, aber dennoch fähig sind, der Fülle, Komplexität und Veränderlichkeit von Stimmungen Rechnung zu tragen. Auch wenn wir in Kapitel 2 gesagt haben, daß unterschiedliche Meßmethoden zu einem generellen Konsens im Hinblick auf die Stimmungsdimensionen geführt haben, so bedeutet das keineswegs, daß die Stimmungsmessung nicht mehr problematisch wäre. So ist zum Beispiel die allgemein anerkannte Struktur der Stimmung in Studien aufgedeckt worden, die normalerweise einzelne Meßpunkte oder Durchschnittsdaten verwendet haben. Es könnte jedoch sein, daß sich eine andere oder veränderlichere Struktur abzeichnet, wenn man die Stimmung als eine zeitlich gegliederten Zustand betrachtet. Untersuchungen einer solchen zeitlichen Struktur erfordern neue statistische Methoden, die in der Lage sind, den Einfluß der vorherigen auf die aktuelle Stimmung zu ermitteln, zum Beispiel mittels einer dynamischen Faktorenanalyse (Molenaar, 1985; Molenaar, Degooijer & Schmitz, 1992). Neuere Hinweise auf eine individuell unterschiedliche Stimmungsstruktur (Feldman, 1995b; s. Kapitel 2) sprechen ebenfalls für die Notwendigkeit verbesserter Meß- und Analysetechniken.

Stimmungsforschung

Obgleich wir schon viel über die Struktur und Wirkungsweise der Stimmung wissen, gibt es immer noch eine große Zahl von elementaren deskriptiven Fragen, die beantwortet werden müssen, bevor wir in der Lage sind, die Stimmungslandschaft in allen Einzelheiten kartographisch zu erfassen. Wir wissen zum Beispiel immer noch nicht, wie schnell oder wie häufig Stimmungen typischerweise wechseln oder wie groß die individuellen Unterschiede bei solchen Veränderungsmustern sind. Solange diese scheinbar einfachen Fragen über die zeitlichen Veränderungsmuster der Stimmung unbeantwortet bleiben, sind bestehende Forschungsergebnisse häufig schwer zu interpretieren oder zu kontextualisieren.

Man sollte nicht nur untersuchen, wie sich Stimmungen von einem Tag zum anderen oder von einem Moment zum anderen verändern, sondern zusätzlich Studien leiten, die größere Zeiträume umfassen. In der Tat ist es offenbar eine wichtige Frage, wie sich Stimmungen Jahr für Jahr im Laufe des Lebens verändern und welche Zusammenhänge zwischen lang- und kurzfristigen Veränderungen bestehen. Um die Entwicklungsgeschichte einiger Formen von klinischen Depressionen nachzuzeichnen, sind zum Beispiel umfangreiche Langzeituntersuchungen erforderlich, die bislang, zum Teil aus naheliegenden praktischen Gründen, nur selten durchgeführt werden, die aber möglicherweise entscheidend für ein besseres Verständnis solcher Störungen sind (s. Kapitel 7).

In einem Großteil der derzeitigen Stimmungsforschung fehlt sowohl eine soziale als auch eine zeitliche Dimension, und die Untersuchung von interpersonellen und organisatorischen Faktoren könnte unser Verständnis von Stimmungen erweitern und vertiefen. Jüngere Arbeiten haben zum Beispiel gezeigt, daß die Stimmung durch eine *emotionale Ansteckung* von Mensch zu Mensch übertragen werden kann (Hatfield, Cacioppo & Rapson, 1994). Diese Art von Ansteckung führt mitunter dazu, daß sich ein Stimmungszustand rapide in einer Personengruppe ausbreitet. So ist es zum Beispiel häufig möglich, die allgemeine Stimmung des Publikums bei einer Sportveranstaltung zu beschreiben. Doch die derzeitige Forschung behandelt die Stimmung immer noch als ein Phänomen, das einzig und allein innerhalb des Individuums angesiedelt ist. Eine weitere künftige Richtung wäre also, daß man untersucht, ob die Stimmung eher auf einer Gruppen- als auf einer individuellen Ebene beschrieben und gemessen werden kann (George, 1990). Vielleicht läßt sich tatsächlich eine ganze Hierarchie von ineinandersteckenden Gruppenstimmungen bestimmen, die von der Stimmung der Familien- oder Arbeitsgruppe bis zur Stimmung eines ganzen Landes reichen (de Rivera, 1992). Zur Zeit ist zum Beispiel häufig die Rede vom Vorhandensein oder Fehlen eines »Wohlfühl«-Faktors bei der Bevölkerung. Falls ein solcher Faktor existiert, könnte es sich lohnen, näher zu erforschen, wie er gemessen werden kann, und festzustellen, ob er mehr widerspiegelt als die Summe individueller Stimmungen. Außerdem könnten wir vielleicht davon profitieren, wenn wir langfristige Veränderungen im *Affektklima* aufspüren (de Rivera, 1992) und die institutionellen und gruppenübergreifenden Prozesse untersuchen, von denen dieses Klima beeinflußt wird.

Zusammenfassung

Die allgemeine Empfehlung dieses Buches lautet, daß die Forschung sich an den dynamischen Elementen der Stimmung und an den Regulationsprozessen, die zu Stimmungsveränderungen beitragen, orientieren sollte. Wie wir in diesem Abschnitt ausgeführt haben, erfordert eine solche Orientierung theoretische und methodische Weiterentwicklungen ebenso wie grundlegende deskriptive und explorative Studien. Obwohl ein Großteil der künftigen Stimmungsforschung nicht vorhersagbar ist, hoffen wir, daß wir einige Hinweise auf mögliche Fortschritte geben konnten.

Stimmung in den Subdisziplinen der Psychologie

Die Stimmungsforschung hat zweifellos Einfluß auf eine Reihe von psychologischen Domänen, einschließlich klinischer, Persönlichkeits-, biologischer, Gesundheits-, Erziehungs- und Arbeitspsychologie. Obwohl jeder dieser Bereiche sich bereits in gewissem Maße mit der Stimmung befaßt, wird ihre Bedeutung häufig unterschätzt. In diesem Abschnitt erörtern wir, wie ein prozeßorientierter Stimmungsansatz und eine Konzentration auf die Regulation und Veränderlichkeit von Stimmungen dazu beitragen könnten, die Rolle der Stimmung in diesen verschiedenen Subdisziplinen zu klären.

Klinische Psychologie

In Kapitel 7 haben wir beschrieben, daß die Entstehung und Aufrechterhaltung einiger Affektstörungen zum Teil durch eine fehlerhafte Stimmungsregulation erklärbar ist. Einige der oben erwähnten empirischen Studien über Regulationsstrategien könnten dazu beitragen, diese Perspektive zu erweitern. Im Hinblick auf die Therapie bietet dieser Ansatz vielleicht die Möglichkeit, daß man Patienten dabei hilft, ihre Stimmungen besser zu bewerten, und sie darin unterweist, wie sie ihre Regulationsstrategien abwandeln oder verändern können. Bei der Erörterung der Stimmungsdynamik in Kapitel 5 haben wir auf Zusammenhänge zwischen verschiedenen Arten von Stimmungsveränderungen und Affektstörungen aufmerksam gemacht. Es gibt auch Hinweise darauf, daß die Stimmungsveränderungen im Verlauf einer Depression den Stimmungsveränderungen gleichen, die mitunter bei Schichtarbeitern auftreten, was für eine ähnliche Ätiologie spricht (Healy & Waterhouse, 1995). Das Aufdecken solcher Verbindungen könnte dazu beitragen, die Erkenntnisse über normale und abnormale Stimmungszustände miteinander zu verknüpfen.

Persönlichkeitspsychologie

Eine genauere Betrachtung der Stimmungsdynamik könnte auch zu einer neuen Sichtweise der Persönlichkeit beitragen. Zur Zeit wird die Persönlichkeitspsychologie größtenteils von der Suche nach einigen grundlegenden Persönlichkeitsmerkmalen beherrscht, die generell und einheitlich für alle Menschen gelten (Block, 1995). Dieser Ansatz fördert eine sehr statische Auffassung der Persönlichkeit. Im Gegensatz dazu begünstigt die Erforschung des zeitlichen Stimmungsverlaufs eine dynamische Sichtweise, nach der die Persönlichkeit zum Ausdruck bringt, wie Menschen sich laufend an ihre Umwelt anpassen und Umweltveränderungen antizipieren. Von diesem Standpunkt aus sind Veränderungen keine lästigen Störungen in den Daten, sondern sagen vielmehr etwas Fundamentales über die Persönlichkeit aus. Auf ähnliche Weise könnte die in Kapitel 3 beschriebene hauptsächlich deskriptive Analyse von Zusammenhängen zwischen Persönlichkeit und Stimmung weiterentwickelt werden, indem man Muster von Stimmungsveränderungen untersucht anstatt angehäufte Stimmungsgrade.

Biologische Psychologie

Wenn man die Stimmung in der Humanpsychologie zunehmend als hoch organisierten, komplexen und zielgerichteten Prozeß auffaßt, könnte das auch die biologische Psychologie dazu veranlassen, die Neuropsychologie der Stimmung neu zu überdenken. Bislang ging man im allgemeinen davon aus, daß die Emotionszentren des Gehirns, die hauptsächlich im limbischen System lokalisiert werden, in erster Linie primitive neurologische Funktionen niederer Ordnung steuern und keine höherrangigen Kortexfunktionen. Mehrere Neuropsychologen sind mittlerweile überzeugt, daß diese Auffassung falsch ist (Cytowic, 1994; Rosenfield, 1995). So hält zum Beispiel Rosenfield den Affekt für einen integralen Bestandteil eines bewußtseinerzeugenden Systems. Diese These läßt sich zweifellos besser mit der dynamischen und regulationsorientierten Perspektive des vorliegenden Buches vereinbaren.

Gesundheits- und Verbraucherpsychologie

Eine weitere künftige Herausforderung wird darin bestehen, unser Verständnis der Beziehung zwischen Stimmung und physischer Gesundheit zu verbessern. So wissen wir zum Beispiel zur Zeit sehr wenig über die Beziehung zwischen Stimmung und Immunsystem (Cohen & Willisamson, 1991; OLeary, 1990). Wir haben auch nur lückenhafte Kenntnisse darüber, wie sich der ausgewählte Lebensstil, einschließlich bevorzugtem Essen und Trinken, auf die Stimmung und die Physiologie auswirkt. Die Erforschung dieser relativ unbekannten Bereiche könnte wichtige Fragen sowohl in der Gesundheits- als auch in der Verbraucherpsychologie klären. So könnte man sich zum Beispiel bei gesundheitsfördernden Aktivitäten verstärkt darauf konzentrieren, welche Vorzüge bestimmte Verhaltensweisen für die Stimmung und das Wohlbefinden haben. Auf ähnliche Weise könnte man in Zukunft bei der Planung und beim Marketing von Verbraucherprodukten mehr Aufmerksamkeit darauf verwenden, ob sich die Produkte positiv auf die Stimmung auswirken.

Erziehungs- und Arbeitspsychologie

Im Hinblick auf die Pädadagogik könnten neue Konzepte, die sich aus der Stimmungs- und Emotionsforschung ergeben, zu einem neuen Verständnis von Erziehungszielen führen. Das Konzept der emotionalen Intelligenz, das heute sowohl die Aufmerksamkeit der Wissenschaft (Salovey, Mayer, Goldman, Turvey & Palfal, 1992) als auch das Interesse einer breiteren Öffentlichkeit auf sich zieht, erkennt zum Beispiel an, daß Menschen die Fähigkeit haben, ihre Gefühle zu verstehen und sinnvoll zu nutzen. Die Anerkennung dieser Art von affektiver Fähigkeit und ihrer Bedeutung könnte dazu führen, daß Pädagogen mehr Gewicht auf emotionale, interpersonelle und intrapersonale Eigenschaften legen und nicht nur die üblichen Problemlösefähigkeiten betonen.

Dieses Thema ist auch für die Arbeitspsychologie wichtig. In vielen Berufen braucht man zum Beispiel mehr emotionale als Problemlösefähigkeiten, das gilt insbesondere für Tätigkeiten, die ein hohes Maß an Kommunikation verlangen und bei denen es zum Wesen der Arbeitsrolle gehört, daß man Emotionen zeigt und erfolgreich handhabt (Hochschild, 1983; Rafaeli & Sutton, 1987). Zur Zeit werden viele dieser Tätigkeiten unterbewertet, was teilweise mit Geschlechtsvorurteilen, aber auch mit der ähnlich bedingten Abwertung von Gefühlen zusammenhängt. Von daher könnte man sich vorstellen, daß bei der Bewertung von Berufen und bei der Personalauswahl künftig mehr Gewicht auf emotionale Fähigkeiten gelegt wird. Es bleibt abzuwarten, ob diese Tendenz dann wiederum zu Problemen bei Tätigkeiten führt, die auf anderen, eher konventionellen Formen der Persönlichkeits- und Fähigkeitseinschätzung beruhen.

Populärpsychologie

Welche Auswirkungen wird die wissenschaftliche Erforschung des Affekts auf die breitere Öffentlichkeit haben? Wie bei der Verhaltens- und kognitiven Psychologie und anderen Bereichen der Sozialwissenschaften werden neue wissenschaftliche Konzepte und Auffassungen vom Menschen allmählich ins allgemeine Bewußtsein dringen. So setzt sich in der Öffentlichkeit vielleicht zunehmend die Erkenntnis durch, daß Stimmungen vielfältigen Zwecken dienen und daß man seine eigene und die Stimmung anderer steuern und fördern kann. Anstatt uns selbst einfach nur als Informationsverarbeiter zu sehen, wie es kognitive Ansätze nahelegen, fangen wir vielleicht an, uns selbst auch als Affektregulierer zu betrachten. Natürlich könnte dies wiederum dazu führen, daß wir andere Überwachungs- und Regulationsmuster anwenden als vorher und dadurch das psychologische Phänomen selbst verändern. Wenn sich tatsächlich eine solche *doppelte Hermeneutik* entwickelt, mit der Sozialwissenschaftler zur Erzeugung und Zusammensetzung der von ihnen untersuchten Phänomene beitragen (Barley & Knight, 1992; Gergen, 1973), wird man ihre Wirkungsweise bei der künftigen Erforschung der Stimmung und Stimmungsregulation berücksichtigen müssen.

Schlußfolgerungen

Die Spekulationen, die wir in diesem und dem vorangehenden Abschnitt über die Zukunft der Stimmungsforschung und ihre Bedeutung für andere Bereiche der Psychologie angestellt haben, waren größtenteils optimistisch. Langfristige Vorhersagen sind jedoch immer ein riskantes Unterfangen und nach dem nicht-linearen Veränderungsmodell, das wir in Kapitel 5 beschrieben haben, erweisen sie sich häufig als falsch. Die in diesem Buch erörterten Forschungsarbeiten zeigen auch, daß Optimismus und Realismus nicht dasselbe sind, sondern daß wir durch eine optimistische Haltung in die richtige Stimmung kommen, um die gerade anstehenden Aufgaben in Angriff zu nehmen. Aus dieser beschwingten und vielleicht voreingenommenen Haltung heraus sehen wir die Zukunft der Stimmung und der Stimmungsregulation in einem positiven Licht.

Neufassung der Stimmung

Im ersten Kapitel dieses Buches haben wir eine vorläufige Definition der Stimmung gegeben, die auf einem Commonsense-Verständnis des Phänomens beruhte. Nachdem wir psychologische Studien über die Struktur und Wirkungsweise der Stimmung erörtert haben und die Prozesse untersucht haben, die den zeitlichen Veränderungen der Stimmung zugrunde liegen, sind wir jetzt in der Lage, diese Definition folgendermaßen umzuformulieren und zu erweitern: *Die Stimmung spiegelt wechselnde und unspezifische psychische Dispositionen für bestimmte Bewertungs-, Interpretations- und Handlungsmuster im Hinblick auf frühere, derzeitige und künftige Geschehnisse wider.* Außerdem sind wir in der Lage, dieser überarbeiteten Definition etwas mehr Substanz zu verleihen, indem wir einige wesentliche deskriptive Feststellungen über die Zusammensetzung und Funktionsweise der Stimmung treffen:

- Die Qualität der Stimmung hängt von ihren zeitlich bestimmten inneren Merkmalen ab sowie von ihrer jeweiligen Beziehung zur laufenden Situation. Obwohl Stimmungen immer Werte enthalten, die sich auf die Dimensionen Lust-Unlust und Aktivierung beziehen, bieten diese Werte keine umfassende Beschreibung des Stimmungszustands (auch wenn sie vielleicht das bewußte Erleben der Stimmung im gegebenen Moment charakterisieren).
- Die Stimmung wird von Prozessen kontrolliert, die darauf eingestellt sind, wie sich der Status der laufenden Transaktionen im Kontext der aktuell verfügbaren metabolischen, mentalen, situativen und sozialen Ressourcen entwickelt.
- Eine Stimmung, die durch bestimmte Einstellungen in einem Bereich entsteht, kann sich in interaktiver Weise auf andere Funktionsaspekte auswirken, was sowohl von der Qualität der Stimmung als auch von den unterstützenden Prozessen und der Regulationsform abhängt.
- Die Stimmung kann vom kognitiven System auf unterschiedliche Weise registriert werden, doch diese Registrierung ist keine notwendige Voraussetzung für ihre Wirkungsweise. Insbesondere ist die Stimmung nicht immer ein bewußtes Phänomen, auch wenn die Einschaltung des Bewußtseins ihre Wirkungsweise beeinflussen kann.
- Die Stimmung selbst ist kontinuierlich, aber ihre bewußte Registrierung kann episodisch sein.
- Die Stimmung ist Bestandteil eines umfassenderen Systems der Handlungskontrolle und ist selbst einer Regulation unterworfen, die in Einklang mit allgemeineren Interessen in bezug auf Biologie, Kultur, Beziehungen und der sozialen und persönlichen Identität erfolgt.

Die wichtigste Schlußfolgerung dieses Buches ist, daß es sich bei der Stimmung um ein wesentlich komplexeres Phänomen handelt, als bislang angenommen. Es ist klar, daß der hedonistische und wahrnehmungsbezogene Ansatz, der Stimmungen auf eine simple Frage des Wohlbefindens oder Unbehagens reduziert, einem Konstrukt (oder einer Gruppe miteinander verbundener Konstrukte) mit derart hochentwickelten Funktionen und weitreichenden Auswirkungen nicht gerecht wird. Wenn wir diese komplexe Bedeutung der Stimmung richtig erfassen, werden wir auch die Arbeitsweise des psychischen Gesamtsystems, in dem die Stimmung eine wesentliche Rolle spielt, besser erkennen und verstehen können.

Anhang

Methoden für eine praktische Umsetzung des prozeßorientieren Stimmungsansatzes

Der Anhang liefert einige grundlegende Informationen über die Techniken, die für intensive Zeitstichproben bei Stimmungsstudien eingesetzt werden. Insbesondere erörtern wir die unterschiedlichen Methoden, die zur Verfügung stehen, und ihre möglichen Nachteile, damit der Leser, der sich für eine Weiterentwicklung des prozessualen Stimmungsansatzes interessiert, besser gerüstet ist, um angemessene methodische Entscheidungen zu treffen. Im ersten Abschnitt beschreiben wir die Methoden der intensiven Zeitstichproben als solche; im zweiten Abschnitt besprechen wir, wie man Stimmungsveränderungen operationalisieren und parametrisieren kann; und im abschließenden Teil betrachten wir verschiedene Möglichkeiten für eine Analyse der Daten, die sich aus dieser Art von Studien ergeben.

Methoden für intensive Zeitstichproben

Für intensive Zeitstichproben werden drei Haupttechniken angewendet: eine intervallkontingente, eine signalkontingente und eine ereigniskontingente Erfassung (Wheeler & Reiss, 1991). Bei der intervallkontingenten Erfassung berichten die Teilnehmer in festen, vorher bestimmten Zeitabständen über ihre Erfahrungen. Die Vorteile dieser Methode bestehen darin, daß alle Ereignisse und Erfahrungen in die Stichprobe einfließen können und daß sich die Daten für eine Zeitreihenanalyse eignen. Der größte Nachteil ist, daß die geschilderten Ereignisse oder Erlebnisse zum Zeitpunkt der Erfassung häufig schon eine Weile zurückliegen und die Antworten der Teilnehmer deshalb anfällig für Erinnerungsverzerrungen sind. Bei der signalkontingenten Erfassung werden die Versuchspersonen aufgefordert, ihr aktuelles Erleben festzuhalten, sobald ein bestimmtes Signal gegeben wird, zum Beispiel in Form eines Alarms (diese Methode ist auch als *Experience Sampling Method* bekannt, e.g. Cszikszentmihalyi & Larson, 1987). Die Signale erfolgen normalerweise in scheinbar willkürlichen Abständen, können aber auch wie bei der intervallkontingenten Methode in festen Abständen gesendet werden. Die Vorteile der signalabhängigen Methode liegen darin, daß die Teilnehmer nicht so sehr auf ihre Erinnerung angewiesen sind und eher ihr aktuelles Erleben beschreiben und daß eher spezifische als zusammengefaßte Ereignisse gesammelt werden. Der Nachteil ist, daß unter Umständen nicht alle Erlebnisse erfaßt werden. Bei der ereigniskontingenten Methode beschreiben die Teilnehmer ihre Erfahrungen bei vorher festgelegten Ereignissen, zum Beispiel bei einem

Streit oder bei Alltagsärgernissen oder Alltagsfreuden (siehe Kapitel 3). Diese Methode ist in den meisten Situationen weniger aufdringlich als die anderen beiden, ist aber für die Erforschung sich entwickelnder Prozesse weniger geeignet.

Für die Signalgebung an die Teilnehmer und für das Aufzeichnen der Daten stehen mehrere unterschiedliche Instrumente zur Verfügung. So kann man zum Beispiel »Piepser«, programmierbare Armbanduhren und Taschenrechner sowie Taschencomputer einsetzen, um das Signal zu senden, sowie schriftliche Tagebücher, Computertagebücher und Telefoninterviews, um die Antworten zu dokumentieren (siehe Totterdell & Folkard, 1992).

Auch für die Sammlung von selbstbeschriebenen Stimmungseinschätzungen stehen mehrere unterschiedliche Formate zur Verfügung. Dazu gehören offene Fragen, Ereignischecklisten und Antwortskalen. Bei Fragen ohne vorgebene Antworten haben die Teilnehmer die Möglichkeit, ihre Erlebnisse mit ihren eigenen Worten zu schildern. Ereignis-Checklisten enthalten Listen mit Stimmungsadjektiven, mit deren Hilfe die Versuchspersonen anzeigen können, welche Stimmungen sie erlebt haben. Bei Antwortskalen werden die Teilnehmer aufgefordert, die Häufigkeit oder Intensität der erlebten Stimmungen anhand bestimmter Skalengrade einzustufen. Ereignis-Checklisten und Antwortskalen haben den Nachteil, daß sie sich unter Umständen auf Ereignisse konzentrieren, die für den Teilnehmer keine herausragende Bedeutung haben und daß sie anfällig für Fehlinterpretationen sind. Andererseits besteht bei den offenen Fragen das Problem, daß man sie häufig schwerer klassifizieren und vergleichen kann. Eine Alternative zu Selbstberichten sind »Informantenberichte«, bei denen Daten über die Stimmung einer Zielperson von einem Beobachter gesammelt werden, der viel Zeit in der Gesellschaft dieser Person verbringt, zum Beispiel ein Ehepartner oder Arbeitskollege. Mitunter wird die Stimmung auch indirekter über physiologische und leistungsbezogene Reaktionen gemessen.

Zeitintensive Stichproben erfordern viel Zeit und Mühe von den Teilnehmern. Fehlende Daten sind daher ein verbreitetes Problem. Standardisierte Tilgungsverfahren für den Umgang mit fehlenden Daten sind leider bei Tagebuchdaten nicht anwendbar, weil sie die Datenbasis drastisch reduzieren würden. Deshalb ist es notwendig, Analysetechniken anzuwenden, die fehlende Daten einkalkulieren. Andererseits braucht man unter Umständen auch einen kritischen Punktewert (cut-off-point) für die einzubeziehenden Daten, wenn die Antwortraten anfangen, rapide zurückzugehen. Probleme im Hinblick auf das Design und die Durchführung von zeitintensiven Stichproben werden ausführlich von Stone, Kessler und Haythornthwaite (1991) erörtert.

Parameter der Stimmungsdynamik

In Kapitel 5 haben wir mehrere Grundzüge der Stimmungsdynamik beschrieben, einschließlich Veränderlichkeit, Geschwindigkeit der Veränderung, Umschwünge und Rhythmen. Die Stimmungsparameter, die wir in den vorangehenden Kapiteln erörtert haben, sind eindeutig nicht in der Lage, diese Dynamik vollständig zu erfassen. Forscher haben jedoch einige Methoden entwickelt, um diese Merkmale zu messen.

Die meisten Studien über die Veränderlichkeit von Stimmungen haben die *Standardabweichung* (eine verbreitete statistische Messung der Verteilungsvariabilität) der Stimmungsscores, die eine Person im Laufe der Zeit abgibt, als Variabilitätsindex verwendet. Penner u. a. (1994) haben diese Messung kürzlich verfeinert, indem sie die Standardabweichung, geteilt durch das arithmetische Mittel, für eine Überprüfung der Score-Größe benutzt haben (und so einen Index erzeugt, den sie als *Variationskoeffizient* bezeichneten). Larsen (1987) hat jedoch darauf hingewiesen, daß die Standardabweichung das durchschnittlichen Veränderungsextrem, nicht aber die Veränderungshäufigkeit mißt. So konnte er nachweisen, daß Personen im Laufe der Zeit sehr unterschiedliche zeitliche Veränderungsmuster bei der Stimmung zeigen und trotzdem dieselbe Standardabweichung aufweisen. Um einen Index für die Veränderungshäufigkeit zu erhalten, empfiehlt Larsen deshalb einen *spektralanalytischen* Ansatz, der die Sinus-Kosinuswellen unterschiedlicher Phasen an die Zeitreihe der Stimmung anpaßt.

Eine weitere Methode zur Zusammenfassung der Veränderungsrate von Stimmungen besteht darin, die *Autokorrelation* zu messen Die Autokorrelation mißt die Abhängigkeit zwischen jedem Score in einer Zeitreihe und dem unmittelbar vorangehenden Score. Eine höhere Autokorrelation deutet also auf eine geringere zeitliche Veränderlichkeit hin. Die Beziehung zwischen Veränderungsrate und Stimmungsvariabilität ist jedoch nicht immer klar. In der Studie von Larson u. a. (1980) über Stimmungsveränderungen bei Adoleszenten und Erwachsenen (siehe Kapitel 5) ergab sich eine negative Korrelation zwischen der Autokorrelation und der Standardabweichung der Stimmung. Mit anderen Worten: Versuchspersonen, die eine größere Stimmungsvariation zeigten, neigten auch dazu, *langsamere* Stimmungsveränderungen zu erleben. Alternativ kann man auch messen, wie lange es dauert, bis eine gute oder schlechte Stimmung nachläßt. Für diese Technik braucht man allerdings Bezugspunkte, um extreme und normale Stimmungen zu definieren, was häufig recht willkürlich wirkt.

Stimmungsumschwünge kann man auf unterschiedliche Weise parametrisieren. Die diurnale Veränderung wird zum Beispiel für gewöhnlich über den Unterschied zwischen einer morgendlichen und einer abendlichen Stimmungsmessung ermittelt (Cowdry et al., 1991). Eine weitere Form der Parametrisierung von Stimmungsumschwüngen besteht darin, den Durchschnitt aller positiven und aller negativen Stimmungsveränderungen zu ermitteln oder den Durchschnitt aller absoluten Veränderungen.

Auch für das Aufspüren und Parametrisieren von Stimmungsrhythmen gibt es mehrere Methoden. Ein Problem bei vielen dieser verbreiteten Techniken, zum Beispiel bei der Spektralanalyse und der Kosinoranalyse, besteht jedoch darin, daß sie von einem sinusförmigen Rhythmus ausgehen. Wir haben in Kapitel 5 einige der Rhythmusparameter wie Periode, Phase und Amplitude beschrieben. Leser, die mehr über die Rhythmusanalyse erfahren möchten, finden genauere Informationen in chronobiologischen Fachtexten, zum Beispiel in Minors und Waterhouse (1988).

Die Analyse zeitlicher Daten

Die Analyse von Zeitdaten ist eine komplexe, aber lohnende Angelegenheit. Allen, die sich für die Analyse von zeitlichen Daten interessieren, empfehlen wir den ausführlichen Überblick von West und Hepworth (1991). Dennoch wollen wir im folgenden kurz einige der Hauptthemen und -techniken beschreiben.

Das Hauptproblem bei der Analyse von intra-individuellen zeitlichen Daten ist, daß die Beobachtungen in der Zeitreihe von jedem einzelnen Teilnehmer nicht unabhängig sind und daher nicht den Annahmen der statistischen Standardtechniken wie zum Beispiel der Varianzanalyse oder der multiplen Regression entsprechen. Es gibt drei Formen von Nicht-Unabhängigkeit: Trend, Zyklus und Reihenabhängigkeit. *Trend* bezieht sich auf im Laufe der Zeit auftretende systematische Veränderungen, die auf Faktoren wie Reaktionsgewöhnung und übliche Reaktionspraxis zurückzuführen sind. *Zyklus* bezieht sich auf einen Rhythmus oder Subzyklus innerhalb der Zeitreihe, zum Beispiel aufgrund von zirkadianen oder Wochentagseffekten. *Reihenabhängigkeit*, auch bekannt als *Autokorrelation*, bezieht sich auf die Tatsache, daß nahe beieinanderliegende Beobachtungen eher korrelieren als Beobachtungen, die in größeren zeitlichen Abständen stattfinden. In einigen Fällen werden diese drei temporalen Effekte von Interesse sein, ansonsten müssen sie vor der Analyse aus den Daten entfernt werden. Glücklicherweise stehen Standardtechniken für die Entfernung von Trend, Zyklus und Reihenabhängigkeit zur Verfügung.

Die einfachste Methode der Datenanalyse und eine Methode, die die Probleme der Nicht-Unabhängigkeit vermeidet, besteht darin, die Zeitreihen von jedem Teilnehmer mit Hilfe eines Parameters zusammenzufassen, den man für einen Vergleich der Teilnehmer benutzen kann. Einige dieser Parameter haben wir im vorangehenden Abschnitt beschrieben. Dennoch sind solche Verfahren nicht in der Lage, die Fülle des zeitlichen Datenmaterials voll auszuschöpfen.

Zu den Alternativen der zusammenfassenden Statistik gehören *strukturelle Gleichungsmodelle* und *Zeitreihenmethoden*. Struktuelle Gleichungsmodelle eignen sich, wenn man nur wenige Zeitpunkte, aber viele Teilnehmer hat, während Zeitreihenmethoden besser geeignet sind, wenn man viele Zeitpunkte, aber nur wenige Teilnehmer hat. Leider umfassen viele intensive Zeitstichproben-Studien weniger Zeitpunkte, als für eine übliche Zeitreihenanalyse erforderlich sind, aber mehr Zeitpunkte, als für eine strukturelle Gleichungsformung praktikabel sind. Für diese Art von Datenset empfiehlt sich eine Kombination mehrerer Zeitreihenmethoden.

Eine weitere Alternative besteht darin, die Zeitreihe getrennt für jeden Teilnehmer zu analysieren und dann die Ergebnisse zu kombinieren. So könnte man zum Beispiel die intra-individuellen Korrelationen für jeden Teilnehmer ermitteln und sie dann als Daten für weitere inter-individuelle Analysen nutzen. Siehe Larsen (1989) für eine Darstellung weiterer inter-individueller Analyseformen.

Wie in diesem Abschnitt erläutert, können Forscher aus einem breiten Angebot von verfügbaren Optionen wählen, wenn sie die Stimmungsdynamik analysieren wollen. Für welche Möglichkeit man sich entscheidet, hängt in erster Linie von der spezifischen Art des Forschungsziels ab und in zweiter Linie von der Qualität der Daten. Leider beruhen die meisten derzeitigen Optionen eher auf linearen als auf nicht-linearen Modellen; von daher ist es vielleicht auch erforderlich, daß Stimmungsforscher etwas vertrauter mit Entwicklungen in der nicht-linearen Analyse werden.

Literaturverzeichnis

Abelson, R. P. & Sermat, V. (1962). Multidimensional scaling of facial expressions. *Journal of Experimental Psychology, 63*, 546–564.

Adan, A. (1994). Chronotype and personality factors in the daily consumption of alcohol and psychostimulants. *Addiction, 89*, 455–462.

Ainsworth, M. (1967). *Infancy in Uganda: Infant care and the growth of love.* Baltimore: John Hopkins University Press.

Ainsworth, M. (1989). Attachments beyond infancy. *American Psychologist, 44*, 709–716.

Ainsworth, M., Blehar, M., Waters, E. & Wall, S. (1978). *Patterns of attachment: A psychological study of the strange situation.* Hillsdale, NJ: Erlbaum.

Alloy, L. B. & Abramson, L. Y. (1979). Judgement of contingency in depressed and non-depressed students. *Journal of Experimental Psychology: General, 108*, 441–485.

Alloy, L. B., Abramson, L. Y. & Viscusi, D. (1981). Induced mood and the illusion of control. *Journal of Personality and Social Psychology, 41*, 1129–1140.

Almagor, M. & Ehrlich, S. (1990). Personality correlates and cyclicity in positive and negative affect. *Psychological Reports, 66*, 1159–1169.

American Psychological Association (APA) (1994). *Diagnostic and statistical manual: IV.* Washington DC: APA.

Anisman, H. & Lapierre, Y. D. (1981). Stress and depression: Formulations and caveats. In S. Burchfield (Hrsg.), *Physiological and psychological interactions in response to stress* (S. 67–88). New York: Hemisphere.

Anshensel, C. S. & Huba, G. J. ((1983). Depression, alcohol use, and smoking over one year: A four wave longitudinal causal model. *Journal of Abnormal Psychology, 92*, 119–133.

Appley, M. H. & Trumbull, R. (1986). Development of the stress concept. In M. H. Appley & R. Trumbull (Hrsg.), *Dynamics of stress: Physiological, psychological and social perspectives* (S. 3–10). New York: Plenum Press.

Arnold, M. B. (1960). *Emotion and personality: vol. 1. Psychological aspects.* New York: Columbia University Press.

Ashkenazi, I. E., Reinberg, A., Bicakova-Rocher, A. & Ticher, A. (1993). The genetic background of individual variations of circadian-rhythm periods in healthy human adults. *American Journal of Human Genetics, 52*, 1250–1259.

Aspinwall, L. G. & Taylor, S. E. (1993). Effects of social comparison direction, threat, and self-esteem on affect, self-evaluation, and expected success. *Journal of Personality and Social Psychology, 64*, 708–722.

Averill, J. R. (1975). A semantic atlas of emotional concepts. *JSAS Catalog of Selected Documents in Psychology, 5*, 330 (Ms. No. 421).

Barkham, M., Rees, A., Stiles, W. B., Shapiro, D. A., Hardy, G. E. & Reynolds, S. A. (im Druck). Dose-effect relations in time-limited psychotherapy for depression. *Journal of Consulting and Clinical Psychology.*

Barley, S. R. & Knight, D. B. (1992). Toward a cultural theory of stress complaints. *Research in Organizational Behaviour, 14*, 1–48.

Barlow, D. H. (1988). *Anxiety and its disorders: The nature and treatment of anxiety and panic*. New York: Guildford Press.

Baron, R. A. (1987). Interviewers mood and reactions to job applicants: The influence of affective states on applied social judgements. *Journal of Applied Social Psychology, 17*, 911–926.

Barton, S. (1994). Chaos, self-organization, and psychology. *American Psychologist, 49*, 5–14.

Batson, C. D., Shaw, L. L. & Oleson, K. C. (1992). Distinguishing affect, mood, and emotion: Toward functionally based conceptual distinctions. In M. S. Clark (Hrsg.), *Review of personality and social psychology 13: Emotion* (S. 294–326). Newbury Park, CA: Sage.

Baumgardner, A. H., Kaufman, C. M. & Levy, P. E. (1989). Regulating affect interpersonally: When low self-esteem leads to greater enhancement. *Journal of Personality and Social Psychology, 56*, 450–467.

Beaman, A. L., Klentz, B., Diener, E. & Svanum, S. (1979). Self-awareness and transgression in children: Two field studies. *Journal of Personality and Social Psychology, 37*, 1835–1846.

Beck, A. T. (1976). *Cognitive therapy and the emotional disorders*. New York: International Universities Press.

Beck, A. T. (1983). Cognitive therapy of depression: New perspectives. In P. J. Clayton & J. E. Barrett (Hrsg.), *Treatment of depression: Old controversies and new approaches* (S. 265–284). New York: Raven Press.

Beck, A. T., Rush, A. J., Shaw, B. F. & Emery, G. (1979). *Cognitive therapy of depression*. New York: Guildford Press. Deutsch: *Kognitive Therapie der Depression*. Weinheim: PVU ^{5}1996.

Becker, H. S. (1953). Becoming a marihuana user. *American Journal of Sociology, 59*, 235–242.

Bem, D. J. (1972). Self-perception theory. In L. Festinger (Hrsg.), *Advances in experimental social psychology* (Bd. 5, S. 1–62). New York: Academic Press.

Bentler, P. M. (1969). Semantic space is (approximately) bipolar. *Journal of Psychology, 71*, 33–40.

Berger, B. G. & Owen, D. R. (1992). Mood alteration with yoga and swimming: Aerobic exercise may not be necessary. *Perceptual and Motor Skills, 75*, 1331–1343.

Berkowitz, L. & Turner, C. W. (1974). Perceived anger level, instigating agent, and aggression. In H. London & R. E. Nisbett (Hrsg.), *Thought and feeling: Cognitive alteration of feeling states* (S. 174–189). Chicago, IL: Aldine.

Berlyne, D. E. (1960). *Conflict, arousal and curiosity*. New York: McGraw-Hill. Deutsch: *Konflikt, Erregung, Neugier*. Stuttgart: Klett 1974.

Blaney, P. H. (1986). Affect and memory: A review. *Psychological Bulletin, 99*, 229–246.

Blatt, S. J. (1974). Levels of object representation in anaclitic and introjective depression. *Psychoanalytic Study of the Child, 29*, 107–157.

Blatt, S. J. (1995). The destructiveness of perfectionism: Implications for the study of depression. *American Psychologist, 50*, 1003–1020.

Bless, H., Bohner, G., Schwarz, N. & Strack, F. (1990). Mood and persuasion: A cognitive response analysis. *Personality and Social Psychology Bulletin, 16*, 331–345.

Bless, H., Mackie, D. M. & Schwarz, N. (1992). Mood effects on attitude judgements: Independent effects of mood before and after message elaboration. *Journal of Personality and Social Psychology, 63*, 585–595.

Block, J. (1957). Studies in the phenomenology of emotions. *Journal of Abnormal and Social Psychology, 54*, 358–363.

Block, J. (1995). A contrarian view of the five-factor approach to personality description. *Psychological Bulletin, 117*, 187–215.

Bohle, P. & Telley, A. J. (1993). Predicting mood change on night shift. *Ergonomics, 36*, 125–134.

Boivin, D. B., Czeisler, C. A., Dijk, D. J., Duffy, J. F., Folkard, S., Minors, D., Totterdell, P. & Waterhouse, J. (im Druck). Coincidence of the sleep-wake cycle and endogenous circadian phase regulates mood in healthy young subjects. *Archives of General Psychiatry.*

Bolger, N., DeLongis, A., Kessler, R. C. & Schilling, E. A. (1989). Effects of daily stress on negative mood. *Journal of Personality and Social Psychology, 57*, 808–818.

Bolger, N. & Schilling, E. A. (1991). Personality and the problems of everyday life: The role of neuroticism in exposure and reactivity to daily stressors. *Journal of Personality, 59*, 355–386.

Bond, M. J. & Feather, N. T. (1988). Some correlates of structure and purpose in the use of time. *Journal of Personality and Social Psychology, 55*, 321–329.

Bower, G. H. (1981). Mood and memory. *American Psychologist, 36*, 129–148.

Bower, G. H. (1983). Affect and cognition. *Philosophical Transactions of the Royal Society of London, Series B, 302*, 387–402.

Bower, G. H. & Cohen, P. R. (1982). Emotional influences in memory and thinking: Data and theory. In M. S. Clark & S. T. Fiske (Hrsg.), *Affect and cognition* (S. 291–333). Hillsdale, NJ: Lawrence Erlbaum Associates.

Bower, G. H. & Mayer, J. D. (1985). Failure to replicate mood-dependent retrieval. *Bulletin of the Psychonomic Society, 23*, 39–42.

Bower, G. H., Monteiro, K. P. & Gilligan, S. G. (1978). Emotional mood as a context for learning and recall. *Journal of Verbal Learning and Verbal Behavior, 17*, 573–585.

Bowlby, J. (1980). *Loss, sadness and depression. Attachment and loss* (vol. 3). London: Hogarth Press. Deutsch: *Verlust, Trauer und Depression.* Frankfurt: Fischer TB [4]1994.

Boyd, J. H. & Weissman, M. M. (1981). Epidemiology of affective disorders. *Archives of General Psychiatry, 38*, 1039–1046.

Bradburn, N. M. (1969). *The structure of psychological well-being.* Chicago, IL: Aldine.

Brandstätter, H. (1991). Emotions in everyday life situations: Time sampling of subjective experience. In F. Strack, M. Argyle & N. Schwarz (Hrsg.), *Subjective well-being: An interdisciplinary approach* (S. 173–192). Oxford: Pergamon Press.

Brandstätter, H. (1994). Changeability of mood. *Proceedings of the 8th conference of the International Society for Research on Emotions* (S. 183–187). Storrs, CT: ISRE Publications.

Brewin, C. (1989). Cognitive change processes in psychotherapy. *Psychological Review, 96*, 379–394.

Brickman, P., Coates, D. & Janoff-Bulman, R. (1978). Lottery winners and accident victims: Is happiness relative? *Journal of Personality and Social Psychology, 36*, 917–927.

Briner, R. B., Reynolds, S., Totterdell, P. & Parkinson, B. (1994). Putting work in ist place: The contribution of work and leisure activities to daily mood. Paper presented at the British Psychological Society Occupational Psychology Conference, Birmingham.

Broadbent, D. E. (1954). The Role of auditory localizations in attention and memory span. *Journal of Experimental Psychology, 47*, 191–196.

Brown, G. W. & Harris, T. O. (1978). *The social origins of depression.* London: Tavistock.

Brown, J. D. & Mankowski, T. A. (1993). Self-esteem, mood, and self-evaluation: Changes in mood and the way you see you. *Journal of Personality and Social Psychology, 64*, 421–430.

Bruner, J. S., Goodnow, J. & Austin, G. (1956). *A study of thinking*. New York: John Wiley.

Bruner, J. S. & Postman, L. (1947). Emotional selectivity in perception and reaction. *Journal of Personality, 16*, 69–77.

Buck, R. (1985). Prime theory: An integrated view of motivation and emotion. *Psychological Review, 92*, 389–413.

Buck, R. (1989). Emotional communication in personal relationships: A developmental-interactionist view. In C. Hendrick (Hrsg.), *Review of personality and social psychology, 10: Close relationships* (S. 144–163). Newbury Park, CA: Sage.

Burns, D. D. (1980). *Feeling good: The new mood therapy*. New York: Signet. Deutsch: *Fühl Dich gut. Angstfrei – mit Depressionen umgehen*. Éditions trèves [6]1992.

Burt, C. D. B. (1994). Prospective and retrospective account-making in diary entries: A model of anxiety reduction and avoidance. *Anxiety, Stress and Coping, 6*, 127–140.

Butler, G. (1989). Issues in the application of cognitive and behavioural strategies to the treatment of social phobia. *Clinical Psychology Review, 9*, 91–107.

Butler, G., Fennell, M., Robson, P. & Gelder, M. (1990). Comparison of behavior therapy and cognitive behavior therapy in the treatment of generalized anxiety disorder. *Journal of Consulting and Clinical Psychology, 59*, 167–175.

Byrne, D. (1971). *The attraction paradigm*. New York: Academic Press.

Cacioppo, J. T., Klein, D. J., Berntson, G. G. & Hatfield, E. (1993). The psychophysiology of emotion. In M. Lewis & J. Haviland (Hrsg.), *Handbook of emotions* (S. 119–142). New York: Guilford.

Campbell, J. D. & Fehr, B. (1990). Self-esteem and perceptions of conveyed impressions: Is negative affectivity associated with greater realism? *Journal of Personality and Social Psychology, 58*, 122–133.

Campbell, S. S. & Dawson, D. (1990). Enhancement of nighttime alertness and performance with bright ambient light. *Physiology and Behaviour, 48*, 317–320.

Carlson, R. (1992). *You can be happy no matter what*. San Rafael, CA: New World Library. Deutsch: *Alles kein Problem. Das Buch für alle, die sich nicht mehr so leicht verrückt machen lassen wollen*. München: Droemer Knaur 1998.

Carver, C. S. & Scheier, M. F. (1982). Control theory: A useful conceptual framework for personality, social, clinical and health psychology. *Psychological Bulletin, 92*, 111–135.

Carver, C. S. & Scheier, M. F. (1990). Origins and functions of positive and negative affect: A control process view. *Psychological Review, 97*, 19–35.

Carver, C. S., Scheier, M. F. & Weintraub, J. K. (1989). Assessing coping strategies: A theoretically based approach. *Journal of Personality and Social Psychology, 56*, 267–283.

Caspi, A., Bolger, N. & Eckenrode, J. (1987). Lining person and context in the daily stress process. *Journal of Personality and Social Psychology, 52*, 184–195.

Catanzaro, S. J. & Mearns, J. (1990). Measuring generalized expectancies for negative mood regulation: Initial scale development and implications. *Journal of Personality Assessment, 54*, 546–563.

Chaiken, S. (1980). Heuristic versus systematic information processing and the use of source versus message cues in persuasion. *Journal of Personality and Social Psychology, 39*, 752–766.

Chiariello, M. A. & Orvaschel, H. (1995). Patterns of parent-child communication: Relationship to depression. *Clinical Psychology Review, 15*, 395–407.

Cialdini, R. B., Baumann, D. J. & Kendrick, D. T. (1981). Insights from sadness: A three step model of the development of altruism as hedonism. *Developmental Review, 1*, 207–223.

Cialdini, R. B., Darby, B. & Vincent, J. (1973). Transgression and altruism: A case for hedonism. *Journal of Experimental Social Psychology, 9*, 502–516.

Cialdini, R. B., Schaller, M., Houlihan, D., Arps, K., Fultz, J. & Beaman, A. L. (1987). Empathy-based helping: Is it selflessly or selfishly motivated? *Journal of Personality and Social Psychology, 52*, 749–758.

Clark, D. M. (1986). Cognitive therapy of anxiety. *Behavioural Psychotherapy, 14*, 283–294.

Clark, D. M., Salkovskis, P., Gelder, M., Koehler, J., Maring, M., Anastasiades, P., Hackman, A., Middleton, H. & Jeavons, A. (1988). Tests of a cognitive theory of panic. In I. Hand u. H. Wittchen (Hrsg.), *Panic and phobias II* (S. 149–158). Heidelberg: Springer.

Clark, D. M. & Teasdale, J. D. (1985). Constraints on the effects of mood on memory. *Journal of Personality and Social Psychology, 48*, 1595–1608.

Clark, D. M., Teasdale, J. D., Broadbent, D. E. & Martin, M. (1983). Effects of mood on lexical decisions. *Bulletin of the Psychonomic Society, 21*, 175–178.

Clark, L. A. & Watson, D. (1988). Mood and the mundane: Relations between daily life events and self reported mood. *Journal of Personality and Social Psychology, 54*, 296–308.

Clark, L. A. & Watson, D. (1991). Tripartite model of anxiety and depression: Psychometric evidence and taxonomic implications. *Journal of Personality and Social Psychology, 100*, 316–336.

Clark, M. S. & Isen, A. M. (1982). Toward understanding the relationship between feeling states and social behavior. In A. A. Hastorf & A. M. Isen (Hrsg.), *Cognitive social psychology* (S. 73–108). New York: Elsevier.

Clark, M. S., Pataki, S. P. & Carver, V. H. (1996). Some thoughts and findings on self-presentation of emotions in relationships. In G. Fletcher & J. Fitness (Hrsg.), *Knowledge structures in close relationships* (S. 247–274). Mahwah, NJ: Lawrence Erlbaum Associates.

Cohen, S. & Williamson, G. M. (1991). Stress and infectious disease in humans. *Psychological Bulletin, 109*, 5–24.

Colvin, C. R. & Block, J. (1994). Do positive illusions foster mental health? An examination of the Taylor and Brown formulation. *Psychological Bulletin, 116*, 3–20.

Colvin, C. R., Block, J. & Funder, D. C. (1995). Overly positive self-evaluations and personality: Negative implications for mental health. *Journal of Personality and Social Psychology, 68*, 1152–1162.

Combs, A., Winkler, M. & Daley, C. (1994). A chaotic systems analyses of rhythms in feeling states. *Psychological Record, 44*, 359–368.

Cooper, C. & McConville, C. (1990). Interpreting mood scores: Clinical implications of individual differences in mood variability. *British Journal of Medical Psychology, 63*, 215–225.

Cooper, M. L., Frone, M. R., Russell, M. & Mudar, P. (1995). Drinking to regulate positive and negative emotions: A motivational model of alcohol use. *Journal of Personality and Social Psychology, 69*, 990–1005.

Costa, P. T. & McCrae, R. R. (1980). Influence of extraversion and neuroticism on subjective well-being: Happy and unhappy people. *Journal of Personality and Social Psychology, 38*, 668–678.

Costa, P. T., McCrae, R. R. & Zonderman, A. B. (1987). Environmental and dispositional influences on well-being: Longitudinal follow-up of an American national sample. *British Journal of Psychology, 78*, 299–306.

Cowdry, R. W. (1992). Identification of mood variance in depression. *American Journal of Psychiatry, 149*, 1121.

Cowdry, R. W., Gardner, D. L., OLeary, K. M., Leibenflut, E. & Rubinow, D. R. (1991). Mood variability: A study of four groups. *American Journal of Psychiatry, 148*, 1505–1511.

Coyne, J. C. (1976). Depression and the response of others. *Journal of Abnormal Psychology, 85*, 186–193.

Coyne, J. C. (1994). Self-reported distress: Analog or ersatz depression? *Psychological Bulletin, 116*, 29–45.

Crits-Christoph, P., Cooper, A. & Luborsky, L. (1988). The accuracy of therapists interpretations and the outcome of dynamic psychotherapy. *Journal of Consulting and Clinical Psychology, 56*, 490–495.

Cszikszentmihalyi, M. (1992). *Flow: The psychology of happiness.* London: Rider. Deutsch: *Flow: Das Geheimnis des Glücks.* Stuttgart: Klett-Cotta, [7]1999.

Csikszentmihalyi, M.& Csikszentmihalyi, I. S. (1988). *Optimal experience: Psychological studies of flow in consciousness.* Cambridge: Cambridge University Press. Deutsch: *Die außergewöhnliche Erfahrung im Alltag. Die Psychologie des Flow-Erlebnisses.* Stuttgart: Klett-Cotta [2]1995.

Csikszentmihalyi, M.& Larson, R. E. (1987). Validity and reliability of the experience sampling method. *Journal of Nervous and Mental Diseases, 175*, 526–536.

Csikszentmihalyi, M. & LeFevre, J. (1989). Optimal experience in work and leisure. *Journal of Personality and Social Psychology, 56*, 815–822.

Cunningham, M. R. (1979). Weather, mood, and helping behaviour: Quasi-experiments with the sunshine samaritan. *Journal of Personality and Social Psychology, 37*, 1947–1956.

Cytowic, R. (1994). *The man who tasted shapes.* London: Abacus. Deutsch: *Farben hören, Töne schmecken. Die bizarre Welt der Sinne.* Berlin: Byblos 1995.

Czeisler, C. A., Johnson, M. P., Duffy, J F., Brown, E. N., Ronda, J. M. & Kronauer, R. E. (1990). Exposure to bright light and darkness to treat physiologic maladaptation to night work. *New England Journal of Medicine, 322*, 1253–1259.

Daly, E. M., Lancee, W. J. & Polivy, J. (1983). A conical model for the taxonomy of emotional experience. *Journal of Personality and Social Psychology, 45*, 443–457.

Dan, A. J. & Monagle, L. (1994). Sociocultural influeces on womens experiences of premenstrual symptoms. In J. H. Gold & S. K. Severino (Hrsg.), *Premenstrual dysphoria: Myths and realities* (S. 201–211). Washington, DC: American Psychiatric Press.

DeCastro, J. M. (1990). Social, circadian, nutritional, and subjective correlates of the spontaneous pattern of moderate alcohol intake in humans. *Pharmacology, Biochemistry, and Behavior, 35*, 922–931.

DeLongis, A., Coyne, J. C., Dakof, G., Folkman, S. & Lazarus, R. S. (1982). Relationship of daily hassles, uplifts and major life events to health status. *Health Psychology, 1*, 119–136.

DeLongis, A., Folkman, S. & Lazarus, R. S. (1988). The impact of daily stress on health and mood: Psychological and social resources as mediators. *Journal of Personality and Social Psychology, 54*, 486–495.

de Rivera, J. H. (1992). Emotional climate: Social structure and emotional dynamics. In K. T. Strongman (Hrsg.), *International review of studies on emotions* (Bd. 2, S. 197–218). Chichester: Wiley.

Diener, E. (1984). Subjective well-being. *Psycholgical Bulletin, 95*, 542–575.

Diener, E. & Emmons, R. A. (1984). The independence of positive and negative affect. *Journal of Personality and Social Psychology, 47*, 1105–1117.

Diener, E., Fujita, F. & Sandvik, E. (1994). What subjective well-being researchers can tell emotion researchers about affect. *Proceedings of the 8th conference of the International Society for Research on Emotion* (S. 30–42). Storrs, CT: ISRE Publications.

Diener, E. & Iran-Nejad, A. (1986). The relationship in experience between various types of affect. *Journal of Personality and Social Psychology, 50*, 1031–1038.

Diener, E., Larsen, R. J., Levine, S. & Emmons, R. A. (1985). Intensity and frequency: Dimensions underlying positive and negative affect. *Journal of Personality and Social Psychology, 48*, 1253–1265.

Dittmann, A. T. (1972). *Interpersonal messages of emotion*. New York: Springer.

Dobson, K. S. (1989). A meta-analysis of the efficacy of cognitive therapy for depression. *Journal of Consulting and Clinical Psychology, 57*, 414–419.

Dobson, K. S. & Joffe, R. (1986). The role of activity level and cognition in depressed mood in a university sample. *Journal of Clinical Psychology, 42*, 264–271.

Dohrenwend, B. S. & Dohrenwend, B. P. (1981). *Stressful life events and their contexts*. New York: Prodist.

Dohrenwend, B. S., Dohrenwend, B. P., Dodson, M. & Shrout, P. E. (1984). Symptoms, hassles, social supports, and life events: Problems of confounding measures. *Journal of Abnormal Psychology, 93*, 222–230.

Dohrenwend, B. P. & Shrout, P. E. (1985). »Hassles« in the conceptualization and measurement of life stress variables. *American Psychologist, 40*, 780–785.

Duclos, S. E., Laird, J. D., Schneider, E., Sexter, M., Stern, L. & Van Lighten, O. (1989). Emotion-specific effects of facial expressions and postures on emotional experience. *Journal of Personality and Social Psychology, 57*, 100–108.

Duffy, E. (1962). *Activation and behavior*. New York: Wiley.

Duval, S. & Wicklund, R. A. (1972). *A theory of objective self-awareness*. New York: Academic Press.

Eastman, C. I. (1992). High intensity light for circadian adaptation to a 12-h shift of the sleep schedule. *American Journal of Physiology, 263*, 428–436.

Ede, A., Kravitz, H. & Templer, D. (1976). Diurnal variation and endogenous component of depression. *British Journal of Psychiatry, 128*, 508–512.

Edlund, M. (1987). *Psychological time and mental illness*. New York: Gardner Press.

Ehlers, C. L. (1995). Chaos and complexity. Can it help us to understand mood and behavior? *Archives of General Psychiatry, 52*, 960–964.

Ehrlichman, H. & Halpern, J. N. (1988). Affect and memory: Effects of pleasant and unhappy memories. *Journal of Personality and Social Psychology, 55*, 769–779.

Eich, J. E. (1977) State-dependent retrieval of information in human episodic memory. In I. M. Birnbaum & E. S. Parker (Hrsg.), *Alcohol and human memory* (S. 141–157). Hillsdale, NJ: Lawrence Erlbaum Associates.

Eich, J. E. (1995). Searching for mood dependent memory. *Psychological Science, 6*, 67–75.

Ekman, P. (1994). Moods, emotions, and traits. In P. Ekman & R. J. Davidson (Hrsg.). *The nature of emotion* (S. 56–58). New York: Oxford University Press.

Ekman, P. & Davidson, R. J. (Hrsg.) (1994). *The nature of emotion*. New York: Oxford University Press.

Ekman, P. & Friesen, W. V. (1975). *Unmasking the face*. Englewood Cliffs, NJ: Prentice-Hall.

Elkin, I., Shea, T., Watkins, J. T., Imber, S. D., Sotsky, S. M., Collins, J. F., Glats, D. R., Pilkonis, P. A., Leber, W. R., Docherty, J. P., Fresker, S. J. & Parloff, M. B. (1989). National Institute for Mental Health treatment of depression collaborative research program: General effectiveness of treatments. *Archives of General Psychiatry, 46*, 971–982.

Elliott, R., Shapiro, D. A., Firth-Cozens, J., Stiles, W. B., Hardy, G. E., Llewelyn, S. P. & Margison, F. R. (1994). Comprehensive process analysis of insight events in cognitive-behavioral and psychodynamic-interpersonal psychotherapies. *Journal of Counseling Psychology, 41*, 449–463.

Epstein, S. (1983). A research paradigm for the study of personality and emotions In M. M. Page (Hrsg.), *Nebraska Symposium on Motivation 1982: Personality – Current Theory and Research* (S. 91–154). Lincoln, NE: University of Nebraska Press.

Erber, R. & Erber, M. W. (1994). Beyond mood and social judgement: Mood incongruent recall and mood regulation. *European Journal of Social Psychology, 24*, 79–88.

Erickson, M. F., Sroufe, L. A. & Egeland, B. (1985). The relationship between quality of attachment and behaviour problems in preschool in a high-risk sample. *Monographs of the Society for Research in Child Development, 50*, 147–166.

Evans, M. D., Hollon, S. D., DeRubeis, R. J, Piasecki, J. M., Grove, W. M., Garvey, M. J. & Tuason, V. B. (1992). Differential relapse following cognitive therapy and pharmacotherapy for depression. *Archives of General Psychiatry, 49*, 802–808.

Eysenck, H. J. (1967). *The biological basis of personality*. Springfield, IL: Charles C. Thomas.

Feather, N. T. & Bond, M. J. (1983). Time structure and purposeful activity among employed and unemployed university graduates. *Journal of Occupational Psychology, 56*, 251–254.

Fechner-Bates, S., Cone, J. C. & Schwenk, T. L. (1994). The relationship of self-reported distress to depressive disorders and other psychopathology. *Journal of Consulting and Clinical Psychology, 62*, 550–559.

Feldman, L. A. (1995a). Variations in the circumplex structure of mood. *Personality and Social Psychology Bulletin, 21*, 806–817.

Feldman, L. A. (1995b). Valence focus and arousal focus: Individual differences in the structure of affective experience. *Journal of Personality and Social Psychology, 69*, 153–166.

Fenigstein, A., Scheier, M. F. & Buss, A. H. (1975). Public and private self-consciousness: Assessment and theory. *Journal of Consulting and Clinical Psychology, 43*, 522–527.

Field, S., Barkham, M., Shapiro, D. A. & Stiles, W. B. (1994). Assessment of assimilation in psychotherapy: A qualitative case study of problematic experiences with a significant other. *Journal of Counseling Psychology, 41*, 397–406.

Flapan, D. (1968). *Childrens understanding of social interaction*. New York Teachers College Press.

Folkard, S. (1983). Diurnal variation. In G. R. J. Hockey (Hrsg.), *Stress and fatigue in human performance* (S. 245–271). Chichester: Wiley.

Folkard, S. & Akerstedt, T. (1989). Towards the prediction of alertness on abnormal sleep/wake schedules. In A. Coblentz (Hrsg.), *Vigilance and performance in automatized systems* (S. 287–296). Dordrecht: Kluwer.

Folkard, S., Arendt, J. & Clark, M. (1993). Can melatonin improve shift workers tolerance of the night shift? Some preliminary findings. *Chronobiology International, 10*, 315–320.

Folkard, S., Hume, K. I., Minors, D. S., Waterhouse, J. M. & Watson, F. L. (1985). Independence of the circadian rhythm in alertness from the sleep/wake cycle. *Nature, 313*, 678–679.

Folkard, S., Totterdell, P., Minors, D. S., Waterhouse, J. M. & Watson, F. L. (1993). Dissecting circadian performance rythms: Implications for shiftwork. *Ergonomics, 36*, 283–288.

Folkard, S., Wever, R. & Wildgruber, C. M. (1983). Multi-oscillatory control of circadian performance rhythms in human performance. *Nature, 305*, 223–226.

Folkman, S. & Lazarus, R. S. (1980). An analysis of coping in a middle-aged community sample. *Journal of Health and Social Behavior, 21*, 219–239.

Folkman, S. & Lazarus, R. S. (1985). If it changes it must be a process: Study of emotion and coping during three stages of a college examination. *Journal of Personality and Social Psychology, 48*, 150–170.

Fonagy, P., Steele, M. & Steele, H. (1991). Intergenerational patterns of attachment: Maternal representations during pregnancy and subsequent infant-mother attachments. *Child Development, 62*, 891–905.

Fordyce, M. W. (1977). Development of a program to increase personal happiness. *Journal of Counseling Psychology, 24*, 511–521.

Fordyce, M. W. (1983). A program to increase happiness: Further studies. *Journal of Counseling Psychology, 30*, 483–498.

Forgas, J. P. (1991). Affective influences on partner choice: Role of mood in social decisions. *Journal of Personality and Soial Psychology, 61*, 708–720.

Forgas, J. P. (1992). Affect in social judgements and decisions: A multiprocess model. *Advances in Experimental Social Psychology, 25*, 227–275.

Forgas, J. P. (1993). On making sense of odd couples: Mood effects on the perception of atypical relationships. *Personality and Social Psychology Bulletin, 19*, 59–70.

Forgas, J. P. (1995). Mood and judgement: The Affect Infusion Model (AIM). *Psychological Bulletin, 117*, 39–66.

Forgas, J. P. & Bower, G. H. (1987). Mood effects on person perception judgements. *Journal of Personality and Social Psychology, 53*, 53–60.

Forgas, J. P., Bower, G. H. & Krantz, S. (1984). The influence of mood on perceptions of social interactions. *Journal of Experimental Social Psychology, 20*, 497–513.

Forgas, J. P., Bower, G. H. & Moylan, S. J. (1990). Praise or blame? Affective influences on attributions for achievement. *Journal of Personality and Social Psychology, 59*, 809–819.

Frank, J. D. (1971). Therapeutic factors in psychotherapy. *American Journal of Psychotherapy, 25*, 350–361.

Freud, S. (1910/1962). *Two short accounts of psycho-analysis.* Harmondsworth Pelican. Orig.: »Über Psychoanalyse«. In: *Gesammelte Werke*, Bd. VIII. Frankfurt a. M.: Fischer ^{9}1996; und »Die Frage der Laienanalyse«. In: *Gesammelte Werke*, Bd. XIV. Frankfurt a. M.: Fischer ^{7}1991.

Freud, S. (1920/1950). *Beyond the pleasure principle.* London: Hogarth Press. Orig.: *Jenseits des Lustprinzips.* In: Gesammelte Werke, Bd. XIII. Frankfurt: Fischer ^{7}1972.

Frijda, N. H. (1986). *The emotions.* Cambridge: Cambridge University Press.

Frijda, N. H. (1988). The laws of emotion. *American Psychologist, 43*, 349–358.

Frijda, N. H. (1994). Varieties of affect: Emotions and episodes, moods, and sentiments. In P. Ekman & R. J. Davidson (Hrsg.), *The nature of emotion* (S. 59–67). New York: Oxford University Press.

Frijda, N. H., Kuipers, P. & ter Schure, E. (1989). Relations among emotion, appraisal, and emotional action readiness. *Journal of Personality and Social Psychology, 57*, 212–228.

Frijda, N. H., Mesquita, B., Sonnemans, J. & van Goozen, S. (1991). The duration of affective phenomena or emotions, sentiments, and passions. In K. T. Strongman (Hrsg.), *International review of studies on emotion* (Bd. 1, S. 187–225). Chichester: Wiley.

Gallant, S. J., Hamilton, J. A., Popiel, D. A., Morokoff, P. J. & Chakraborty, P. K. (1991). Daily mood and symptoms: Effects of awareness of study focus, gender, menstrual-cycle phase, and day of the week. *Health Psychology, 10*, 180–189.

Gardner, H. (1985). *The minds new science: A history of the cognitive revolution*. New York: Basic Books. Deutsch: *Dem Denken auf der Spur. Der Weg der Kognitionswissenschaften*. Stuttgart: Klett-Cotta, 1989.

George, J. M. (1990). Personality, affect, and behaviour in groups. *Journal of Applied Psychology, 75*, 107–116.

Gergen, K. T. (1973). Social psychology as history. *Journal of Personality and Social Psychology, 26*, 309–320.

Gilbert, P. & Reynolds, S. (1990). The relationship between the Eysenck personality questionnaire and Becks concepts of sociotropy and autonomy. *British Journal of Clincial Psychology, 29*, 319–325.

Giuliano, T. A. (1995). Mood awareness predicts mood change over time. Poster presented at the 103rd Annual Convention of the American Psychological Association, New York.

Glastones, W. H. (1962). A multitudinal scaling study of facial expression of emotion. *Australian Journal of Psychology, 14*, 95–100.

Glass, L. & Mackey, M. C. (1988). *From clocks to chaos – The rhythms of life*. Princeton, NJ: Princeton University Press.

Gold, A. E., MacLeod, K. M., Frier, B. M. & Deary, I. J. (1995). Changes in mood during acute hpoglycemia in healthy participants. *Journal of Personality and Social Psychology, 68*, 498–504.

Goldberg, D. P., Bridges, K., Duncan-Jones, P. & Grayson, D. (1987). Dimensions of neurosis seen in primary care settings. *Psychological Medicine, 17*, 461–470.

Goldberg, L. R. (1990). An alternative »description of personality«: The Big Five factor structure. *Journal of Personality and Social Psychology, 59*, 1216–1229.

Goleman, D. (1996). *Emotional Intelligence: Why it can matter more than IQ*. London: Bloomsbury. Deutsch: *Emotionale Intelligenz*. München: Hanser 1996.

Goodhard, D. E. (1985). Some psychological effects associated with positive and negative thinking about stressful outcomes: Was Pollyanna right? *Journal of Personality and Social Psychology, 48*, 216–232.

Gottman, J. M. & Levenson, R. W. (1985). A valid procedure for obtaining self-report of affect in marital interaction. *Journal of Consulting and Clinical Psychology, 53*, 151–160.

Gottschalk, A., Bauer, M. S. & Whybrow, P. C. (1995). Evidence of chaotic mood variation in bipolar disorder. *Archives of General Psychiatry, 52*, 947–959.

Graw, P., Kräuchi, K., Wirz-Justice, A. & Pöldinger, W. (1991). Diurnal variation of symptoms in seasonal affective disorder. *Psychiatry Research, 37*, 105–111.

Gray, J. A. (1987). Perspectives on anxiety and impulsivity: A commentary. *Journal of Research in Personality, 21*, 493–509.

Greden, J. F. (1993). Anti-depressant maintenance medications: When to discontinue and how to stop. *Journal of Clinical Psychiatry, 54*, 39–47.

Green, D. P., Goldman, S. L. & Salovey, P. (1993). Measurement error masks bipolarity in affect ratings. *Journal of Personality and Social Psychology, 64*, 1029–1041.

Greenberg, L. S. & Rice, L. N. (1981). The specific effects of a Gestalt intervention. *Psychotherapy: Theory, Research and Practice, 18*, 31–37.

Guntrip, H. (1971). *Psychoanalytic theory, therapy and the self.* London: Basic Books.

Haaga, D. A. F., Dyck, M. J. & Ernst, D. (1991). Empirical status of cognitive theory of depression. *Psychological Bulletin, 110*, 215–236.

Hall, D. P., Sing, H. C. & Romanoski, A. J. (1991). Identification and characterization of greater mood variance in depression. *American Journal of Psychiatry, 148*, 1341–1345.

Hammen, C. L., Burge, G., Daley, S. E., Davila, J., Paley, B. & Rudolf, K. D. (1995). Interpersonal attachment cognitions and prediction of symptomatic response to interpersonal stress. *Journal of Abnormal Psychology, 104*, 436–443.

Hammen, C., Ellicott, A., Gitlin, M. & Jameson, K. R. (1989). Sociotropy/autonomy and vulnerability to specific life events in patients with unipolar depression and bipolar depression. *Journal of Abnormal Psychology, 98*, 154–160.

Harlow, H. F. (1958). The nature of love. *American Psychologist, 13*, 673–685.

Harma, M., Knauth, P. & Ilmarinen, J. (1989). Daytime napping and ist effects on alertness and short-term memory performance in shiftworkers. *International Archives of Occupational and Environmental Health, 61*, 341–345.

Hart, H. (1957). *Self-conditioning: The new way to a successful life.* London: Oldbourne Press.

Hassard, J. (1991). Aspects of time in organization. *Human Relations, 44*, 105–125.

Hatfield, E., Cacioppo, J. T. & Rapson, R. L. (1994). *Emotional contagion.* Cambridge: Cambridge University Press.

Haug, H. & Wirz-Justice, A. (1993). Diurnal variation of mood in depression: Important or irrelevant? *Biological Psychiatry, 34*, 201–203.

Hawton, K. & Catalan, J. ([2]1987). *Attempted suicide: A practical guide to its nature and management.* Oxford: Oxford University Press.

Hays, J. C., Kasl, S. V. & Jacobs, S. C. (1994). The course of psychological distress following threatened and actual conjugal bereavement. *Psychological Medicine, 24*, 917–927.

Hazan, C. & Shaver, P. (1987). Romantic love conceptualized as an attachment process. *Journal of Personality and Social Psychology, 52*, 511–524.

Hazan, C. & Shaver, P. (1990). Love and work: An attachment theoretical perspective. *Journal of Personality and Social Psychology, 59*, 270–280.

Headey, B. & Wearing, A. (1989). Personality, life events, and subjective well-being: Toward a dynamic equilibrium model. *Journal of of Personality and Social Psychology, 57*, 731–739.

Headey, B. & Wearing, A. (1991). Subjective well-being: A stocks and flows framework. In F. Strack, M. Argyle & N. Schwarz (Hrsg.), *Subjective well-being* (S. 49–73). Oxford: Pergamon Press.

Healy, D. & Waterhouse, J. M. (1990). The circadian system and affective disorders: Clocks or rhythms? *Chronobiology International, 7*, 5–10.

Healy, D. & Waterhouse, J. M. (1995). The circadian system and the therapeutics of the affective disorders. *Pharmacology and Therapeutics, 65*, 241–263.

Hebb, D. O. (1946). On the nature of fear. *Psychological Review, 53*, 259–276.

Heiby, E. M. (1983). Toward the prediction of mood change. *Behavior Therapy, 14*, 110–115.

Heiby, E. M. (1994). Implications of chaos theory for time-series assessment of depression. *23rd International Congress of Applied Psychology*, 17.–22. Juli, Madrid.

Heide, F. J. & Borkovec, T. D. (1984). Relaxation-induced anxiety: Mechanisms and theoretical implications. *Behavior Research and Therapy, 22*, 1–12.

Heider, F. (1958). *The psychology of interpersonal relations*. New York: John Wiley.

Henry, G. Weingartner, H. & Murphy, D. L. (1973). Influence of affective states and psycho-active drugs on verbal learning and memory. *American Journal of Psychiatry, 130*, 966–971.

Hepburn, L. & Eysenck, M. W. (1989). Personality, average mood and mood variability. *Personality and Individual Difference, 10*, 975–983.

Hersey, R. B. (1931). Emotional cycles in man. *Journal of Mental Science, 77*, 151–169.

Hilgard, E. R. (1980). The trilogy of mind. *Journal of the History of the Behavioral Sciences, 16*, 107–117.

Hochschild, A. R. (1983). *The managed heart: Commercialization of human feeling*. Berkeley, CA: University of California Press. Deutsch: *Das gekaufte Herz. Zur Kommerzialisierung der Gefühle*. Frankfurt: Campus 1989.

Holmes, T. H. & Rahe, R. H. (1967). The social readjustment rating scale. *Journal of Psychosomatic Research, 11*, 213–218.

Horne, J. & Östberg, O. (1976). A self-assessment questionnaire to determine morningess-eveningness in human circadian rhythms. *International Journal of Chronobiology, 4*, 97–110.

Hoskins, C. N. (1989). Activation – A predictor of need fulfillment in couples. *Research in Nursing and Health, 12*, 365–372.

Howard, K. I., Kopta, S. M., Krause, M. S. & Orlinsky, D. E. (1986). The dose-effect relationship in psychotherapy. *American Psychologist, 41*, 159–164.

Howard, K. I., Leuger, R. J., Maling, M. S. & Marinovich, Z. (1993). A phase model of psychotherapy outcome: Causal mediation of change. *Journal of Consulting and Clinical Psychology, 61*, 678–685.

Howes, M. J., Hokanson, J. E. & Loewenstein, D. A. (1985). Induction of depressive affect after prolonged exposure to a mildly depressed individual. *Journal of Personality and Social Psychology, 49*, 1110–1113.

Hsee, C. K. & Abelson, R. P. (1991). The velocity relation: Satisfaction as a function of the first derivative of outcome over time. *Journal of Personality and Social Psychology, 60*, 341–347.

Hsee, C. K., Salovey, P. & Abelson, R. P. (1994). The quasi-acceleration relation: Satisfaction as a function of the change of velocity of outcome over time. *Journal of Experimental Social Psychology, 30*, 96–111.

Hull, J. G. & Bond, C. F. Jr. (1986). Social and behavioral consequences of alcohol consumption and expectancy: A meta-analysis. *Psychological Bulletin, 99*, 347–360.

Ingram, R. E. (1990). Self-focused attention in clinical disorders: Review and a conceptual model. *Psychological Bulletin, 107*, 156–176.

Ingram, R. E. & Smith, T. W. (1984). Depression and internal versus external focus of attention. *Cognitive Therapy and Research, 8*, 139–152.

Ingram, R. E., Smith, T. W. & Brehm, S. S. (1983). Depression and information processing: Self-schemata and the encoding of self-referent information. *Journal of Personality and Social Psychology, 45*, 412–420.

Isen, A. M. (1970). Success, failure, attention and reactions to others: The warm glow of success. *Journal of Personality and Social Psychology, 15*, 294–301.

Isen, A. M. (1984). Toward understanding the role of affect in cognition. In R. S. Wyer & T. K. Srull (Hrsg.), *Handbook of social cognition* (Bd. 3, S. 179–236). Hillsdale, NJ: Lawrence Earlbaum Associates.

Isen, A. M. (1987). Positive affect, cognitive processes, and social behavior. *Advances in Experimental Social Psychology, 20*, 203–253.

Isen, A. M., Clark, M. & Schwartz, M. F. (1976). *Duration* of the effect of good mood on helping: »Footprints on the sands of time«. *Journal of Personality and Social Psychology, 34*, 385–393.

Isen, A. M. & Daubman, K. A. (1984). The influence of affect on categorization. *Journal of Personality and Social Psychology, 47*, 1206–1217.

Isen, A. M., Horn, N. & Rosenhan, D. (1973). Effects of success and failure on children's generosity. *Journal of Personality and Social Psychology, 27*, 239–247.

Isen, A. M. & Levin, P. F. (1972). The effect of feeling good on helping: Cookies and kindness. *Journal of Personality and Social Psychology, 34*, 384–388.

Isen, A. M. & Simmonds, S. F. (1978). The effect of feeling good on a helping task that ist incompatible with good mood. *Social Psychology, 41*, 345–349.

Izard, C. E. (1972). *Patterns of emotions: A new analysis of anxiety and depression.* San Diego, CA: Academic Press.

Izard, C. E., Wehmer, G. M., Livsey, W. & Jennings, J. R. (1965). Affect, awareness, and performance. In S. S. Tomkins & C. E. Izard (Hrsg.), *Affect, cognition, and personality* (S. 2–41). New York: Springer.

Jacobsen, E. (1957). Normal and pathological moods: Their nature and functions. In R. S. Eisler, A. F. Freud, H. Hartman & E. Kris (Hrsg.), *The psychoanalytic study of the child* (S. 73–113). New York: International Universities Press.

James, W. (1898). *The principles of psychology* (Bd. 2). London: Macmillan.

Jersild, A. & Holmes, F. (1935). Childrens fears. *Child Development Monographs*, 20.

Jewett, M. E., Kronauer, R. E. & Cseisler, C. A. (1991). Light-induced suppression of endogenous circadian amplitude in humans. *Nature, 350*, 59–62.

Johnson, E. J. & Tversky, A. (1983). Affect, generalization, and the perception of risk. *Journal of Personality and Social Psychology, 45*, 20–31.

Johnson, T. J., Feigenbaum, R. & Weiby, M. (1964). Some determinants and consequences of the teachers perception of causation. *Journal of Experimental Psychology, 55*, 237–246.

Johnston, D. W. & Anastasiades, P. (1990). The relationship between heart rate and mood in real life. *Journal of Psychosomatic Research, 34*, 21–27.

Jones, E. E. & Pulos, S. M. (1993). Comparing the process in psychodynamic and cognitive-behavioral therapies. *Journal of Consulting and Clinical Psychology, 61*, 306–316.

Kaminer, W. (1993). *I'm dysfunctional, you're dysfunctional: The recovery movement and other self-help fashions*. New York: Vintage Books.

Kanfer, F. H. & Gaelick-Buys, L. (1991). Self-management methods. In F. H. Kanfer & A. P. Goldstein (Hrsg.), *Helping people change: A textbook of methods* (4. Aufl., S. 305–360). New York: Pergamon Press.

Kanner, A. D., Coyne, J. C., Schaefer, C. & Lazarus, R. S. (1981). Comparison of two models of stress measurements: Daily hassles and uplifts versus major life events. *Journal of Behavioral Medicine, 4*, 1–29.

Kavanagh, D. J. & Bower, G. H. (1985). Mood and self-efficacy: Impact of joy and sadness on perceived capabilities. *Cognitive Therapy and Research, 9*, 507–525.

Kellerman, J., Lewis, J. & Laird, J. D. (1989). Looking and loving: The effects of mutual gaze on feelings of romantic love. *Journal of Research in Personality, 23*, 145–161.

Keltner, D., Ellsworth, P. C. & Edwards, K. (1993). Beyond simple pessimism: Effects of sadness and anger on social perception. *Journal of Personality and Social Psychology, 64*, 740–752.

Kendler, K. S., Kessler, R. C., Neale, M. C., Heath, A. C. & Eaves, L. J. (1993). The prediction of major depression in women: Towards an integrated etiologic model. *American Journal of Psychiatry, 150*, 1139–1148.

Kenny, A. (1963). *Action, emotion, and will.* London: Routledge and Kegan Paul.

Kilpatrick, R. & Trew, K. (1985). Life-styles and psychological well-being among unemployed men in Northern Ireland. *Journal of Occupational Psychology, 58*, 207–216.

Kirsch, I., Mearns, J. & Catanzaro, S. J. (1990). Mood-regulation expectancies as determinants of dysphoria in college students. *Journal of Counseling Psychology, 37*, 306–312.

Kirschenbaum, D. S. (1987). Self-regulatory failure: A review with clinical implications. *Clinical Psychology Review, 7*, 77–104.

Knauth, P. & Ilmarinen, J. (1975). Continuous measurement of body temperature during a 3-week experiment with inverted working and sleeping hours. In P. Colquhohn, S. Folkard, P. Knauth & J. Rutenfranz (Hrsg.), *Proceedings of the 3rd International Symposium on Night and Shiftwork* (S. 66–74). Opladen: Westdeutscher Verlag.

Kopta, S. M., Howard, K. I., Lowry, J. L. & Beutler, L. E. (1994). Patterns of symptomatic recovery in psychotherapy. *Journal of Consulting and Clinical Psychology, 62*, 1009–1016.

Kräuchi, K., Nussbaum, P. & Wirz-Justice, A. (1990). Consumption of sweets and caffeine in the night shift: Relation to fatigue. In J. Horne (Hrsg.), *Sleep 90* (S. 62–64). Bochum: Pontenagel Press.

Kräuchi, K., Wirz-Justice, A. & Graw, P. (1990). The relationship of affective state to dietary preference: Winter depression and light therapy as a model. *Journal of Affective Disorders, 20*, 43–53.

Kraut, R. E. (1982). Social presence, facial feedback, and emotion. *Journal of Personality and Social Psychology, 42*, 853–863.

Kripke, D. F., Drennan, M. D. & Elliot, J. A. (1992). The complex circadian pacemaker in affective disorders. In Y. Touitou u. E. Haus (Hrsg.), *Biologic rhythms in clinical and laboratory medicine* (S. 265–276). Berlin: Springer-Verlag.

Kuhn, T. S. (1962). *The structure of scientific revolutions.* Chicago, IL: University of Chicago Press. Deutsch: *Die Struktur wissenschaftlicher Revolutionen.* Frankfurt: Suhrkamp 1973.

Kuykendall, D. & Keating, J. (1990). Mood and persuasion: Evidence for the differential influence of positive and negative states. *Psychology and Marketing, 7*, 1–9.

Lacey, J. I. & Lacey, B. C. (1958). Verification and extension of the principle of autonomic response stereotyp. *American Journal of Psychology, 71*, 50–78.

Lader, M. (1975). *The psychophysiology of mental illness.* London: Routledge and Kegan Paul.

Laird, J. D. (1974). Self-attribution of emotion: the effects of expressive behavior on the quality of emotional experience. *Journal of Personality and Social Psychology, 29*, 473–486.

Laird, J. D. & Bresler, C. (1992). The process of emotional experience: A self-perception theory. In M. S. Clark (Hrsg.), *Review of personality and social psychology 13: Emotion* (S. 213–234). Newbury Park, CA: Sage.

Lambert, M. & Bergin, A. E. (1994). The effectiveness of psychotherapy. In A. E. Bergin & S. L. Garfield (Hrsg.), *Handbook of psychotherapy and behavior change* (4. Aufl., S. 143–189). New York: Wiley.

Langer, E. J. (1975). The illusion of control. *Journal of Personality and Social Psychology, 32*, 311–328.

Langston, C. A. (1994). Capitalizing on and coping with daily-life events: Expressive responses to positive events. *Journal of Personality and Social Psychology, 67*, 1112–1125.

Larsen, R. J. (1987). The stability of mood variability: A spectral analytic approach to daily mood assessments. *Journal of Personality and Social Psychology, 52*, 1195–1204.

Larsen, R. J. (1989). A process approach to personality psychology: Utilizing time as a facet of data. In D. M. Buss & N. Cantor (Hrsg.), *Personality psychology: Recent trends and emerging directions* (S. 177–193). New York: Springer-Verlag.

Larsen, R. J. (1992). Neuroticism and selective encoding and recall of symptoms: Evidence from a combined concurrent-retrospective study. *Journal of Personality and Social Psychology, 62*, 480–488.

Larsen, R. J. & Diener, E. (1987). Affect intensity as an individual difference characteristic: A review. *Journal of Research in Personality, 21*, 1–39.

Larsen, R. J. & Diener, E. (1992). Promises and problems with the circumplex model of emotion. In M. S. Clark (Hrsg.), *Review of personality and social psychology 13: Emotion* (S. 25–59). Newbury Park, CA: Sage.

Larsen, R. J., Diener, E. & Emmons, R. A. (1986). Affect intensity and reactions to daily life events. *Journal of Personality and Social Psychology, 51*, 803–814.

Larsen, R. J. & Kasimatis, M. (1990). Individual differences in entrainment of mood to the weekly calendar. *Journal of Personality and Social Psychology*, 58, 164–171.

Larsen, R. J. & Ketelaar, T. (1991). Personality and Susceptibility to positive and negative emotional states. *Journal of Personality and Social Psychology, 61*, 132–140.

Larson, R., Csikszentmihalyi, M. & Graef, R. (1980). Mood variability and the psychosocial adjustment of adolescents. *Journal of Youth and Adolescence, 9*, 469–490.

Lavallee, L. F. & Campbell, J. D. (1995). Impact of personal goals on self-regulation processes elicited by daily negative events. *Journal of Personality and Social Psychology, 69*, 341–352.

Lazarus, R. S. (1984). Puzzles in the study of daily hassles. *Journal of Behavioural Medicine, 7*, 375–389.

Lazarus, R. S. (1991). *Emotion and adaptation*. New York: Oxford University Press.

Lazarus, R. S. (1994). The stable and the unstable in emotion. In P. Ekman & R. J. Davidson (Hrsg.), *The nature of emotion* (S. 79–85). New York: Oxford University Press.

Lazarus, R. S. & Alfert, E. (1964). Short circuiting of threat by experimentally altering cognitive appraisal. *Journal of Abnormal and Social Psychology, 69*, 195–205.

Lazarus, R. S., DeLongis, A., Folkman, S. & Gruen, R. (1985). Stress and adaptional outcomes: The problem of confounded measures. *American Psychologist, 40*, 770–779.

Lazarus, R. S. & Folkman, S. (1984). *Stress, appraisal, and coping*. New York: Springer.

Leight, D. A. & Ellis, H. C. (1981). Emotional mood states, strategies, and state-dependency in memory. *Journal of Verbal Learning and Verbal Behavior, 20*, 251–266.

Levenson, R. W. & Gottman, J. M. (1983). Marital interaction. Physiological linkage and affective exchange. *Journal of Personality and Social Psychology, 45*, 587–597.

Lewin, R. (1993). *Complexity, Life at the edge of chaos*. London: Dent. Deutsch: *Die Komplexitätstheorie. Wissenschaft nach der Chaosforschung*. Hamburg: Hoffmann & Campe 1993.

Lewinsohn, P. M. (1975). The behavioural study and the treatment of depression, In M. Hersen, R. Eisler & P. Miller (Hrsg.), *Progress in behavior modification* (Bd. 1, S. 19–65). New York; Academic Press.

Lewinsohn, P. M. & Graf, M. (1973). Pleasant acitivities and depression. *Journal of Consulting and Clinical Psychology, 41*, 261–268.

Lewy, A. J., Wehr, T. A., Goodwin, F. K., Newsome, D. A. & Markey, S. P. (1980). Light suppresses melatonin secretion in humans. *Science, 210*, 1267–1269.

Linville, P. W. & Fischer, G. W. (1991). Preferences for separating or combining events. *Journal of Personality and Social Psychology, 60*, 5–23.

Locke, K. D. & Keltner, D. (1993). Using art for comparison and distraction: Effects on negative emotions and judgements of satisfaction. *Cognition and Emotion, 7*, 443–460.

Luborsky, L. (1981). *Principles of psychoanalytic psychotherapy*. New York: Basic Books.

Luborsky, L., Crits-Christoph, P., Mintz, J. & Auerbach, A. (1988). *Who will benefit from psychotherapy? Predicting therapeutic outcomes*. New York: Basic Books.

Luborsky, L., Singer, B. & Luborsky, L. (1975). Comparative studies of psychotherapies: Is it true that »Everyone has won and all must have prizes«? *Archives of General Psychiatry, 32*, 995–1008.

Lutz, C. A. (1988). *Unnatural emotions: Everyday sentiments on a Micronesian atoll and their challenge to western theory*. Chicago, IL: University of Chicago Press.

Lyubomirsky, S. & Nolen-Hoeksema, S. (1993). Self-perpetuating properties of dysphoric rumination. *Journal of Personality and Social Psychology, 65*, 339–349.

Mackie, D. M. & Worth, L. T. (1989). Processing deficits and the mediation of positive affect in persuasion. *Journal of Personality and Social Psychology, 57*, 27–40.

Mackie, D. M. & Worth, L. T. (1991). Feeling good, but not thinking straight: The impact of positive mood on persuasion. In J. P. Forgas (Hrsg.), *Emotion and social judgements* (S. 201–219). Oxford: Pergamon Press.

Main, M., Kaplan, K. & Cassidy, J. (1985). Security in infancy, childhood and adulthood: A move to the level of representation. In I. Bretherton & E. Waters (Hrsg.), Growing points of attachment theory and research. *Monographs for the Society for Research in Child Development, 50* (1–2 Serial No. 209), 66–104.

Malan, D. (1979). *Individual psychotherapy and the science of psychodynamics*. London: Butterworths.

Mandler, G. (1984). *Mind and body: The psychology of emotion and stress*. New York: Norton.

Mansfield, P. K., Hood, D. E. & Henderson, J. (1989). Women and their husbands: Mood and arousal fluctuations across the menstrual cycle and days of the week. *Psychosomatic Medicine, 51*, 66–80.

Manstead, A. S. R. & Tetlock, P. E. (1989). Cognitive appraisals and emotional experience: Further evidence. *Cognition and Emotion, 3*, 225–240.

Marangoni, C., Garcia, S., Ickes, W. & Teng, G. (1995). Empathic accuracy in a clinically relevant setting. *Journal of Personality and Social Psycholgoy, 68*, 854–869.

Marco, C. A. & Suls, J. (1993). Daily stress and the trajectory of mood: Spillover, response assimilation, contrast, and chronic negative affectivity. *Journal of Personality and Social Psychology, 64*, 1053–1063.

Marks, I. (1987). *Fears, phobias, and rituals: Panic, anxiety and their disorders*. Oxford: Oxford University Press.

Marlatt, G. A., Kosturn, C. F. & Lang, A. R. (1975). Provocation to anger and opportunity for retaliation as determinants of alcohol consumption in social drinkers. *Journal of Abnormal Psychology, 84*, 652–659.

Martin, D. J., Abramson, L. Y. & Alloy, L. B. (1984). The illusion of control for self and others in depressed and nondepressed college students. *Journal of Personality and Social Psychology, 46*, 125–136.

Martin, L. L., Ward, D. W., Achee, J. W. & Wyer, Jr. R. S. (1993). Moods as input: People have to interpret the motivational implications of their moods. *Journal of Personaltiy and Social Psychology, 64*, 317–326.

Mathews, A. M. & MacLeod, C. (1986). Discrimination without awareness in anxiety states. *Journal of Abnormal Psychology, 95*, 131–138.

Matlin, M. W. & Stang, D. (1979). *The Polyanna principle: Selectivity in language, memory and thought.* Cambridge, MA: Shenkman.

Matthews, G. (1992). Mood. In A. P. Smith & D. M. Jones (Hrsg.), *Handbook of human performance* (Bd. 3, S. 161–193). London: Acedemic Press.

Mattlin, J. A., Wethington, E. & Kessler, R. C. (1990). Situational determinants of coping and coping effectiveness. *Journal of Health and Social Behaviour, 31*, 103–122.

Mayer, J. D., Gayle, M., Meehan, M. E. & Haarman, A-K. (1990). Toward a better specification of the mood-congruency effect in recall. *Journal of Experimental Social Psychology, 26*, 465–480.

Mayer, J. D. & Bremer, D. (1985). Assessing mood with affect-sensitive tasks. *Journal of Personality Assessment, 49*, 95–99.

Mayer, J. D. & Gaschke, Y. N. (1988). The experience and meta-experience of mood. *Journal of Personality and Social Psychology, 55*, 102–111.

Mayer, J. D., Salovey, P., Gomberg-Kaufman, S. & Blainey, K. (1991). A broader conception of mood experience. *Journal of Personality and Social Psychology, 60*, 100–111.

Mayer, J. D. & Stevens, A. A. (1994). An emerging understanding of the reflective (meta-)experience of mood. *Journal of Research in Personality, 28*, 351–373.

McClintock, M. K. (1971). Menstrual synchrony and suppression. *Nature, 229*, 244–245.

McCrae, R. R. & Costa, P. T. (1987). Validation of the five-factor model across instruments and observers. *Journal of Personality and Social Psychology, 52*, 81–90.

McCrae, R. R. & Costa, P. T. (1991). Adding *liebe und arbeit*: The full five-factor model and well-being. *Personality and Social Psychology Bulletin, 17*, 227–232.

McFarlane, C. & Ross, M. (1982). The impact of causal attributions on affective reactions to success and failure. *Journal of Personality and Social Psychology, 43*, 937–946.

McFarlane, J., Martin, C. L., Williams, T. M. (1988). Mood fluctuations: Women versus men and menstrual versus other cycles. *Psychology of Women Quarterly, 12*, 201–223.

McFatter, R. M. (1994). Interactions in predicting mood from extraversion and neuroticism. *Journal of Personality and Social Psychology, 66*, 570–578.

McGrath, J. E. & Kelly, J. R. (1986). *Time and human interaction. Toward a social psychology of time.* New York: Guilford Press.

Mearns, J. (1991). Coping with a breakup: Negative mood regulation expetancies and depression following the end of a romantic relationship. *Journal of Personality and Social Psychology, 60*, 327–334.

Meltzer, H., Gill, B. & Petticrew, M. (1995). *The prevalence of psychiatric morbidity among adults aged 16–64 living in private households in Great Britain.* London: OPCS, Bulletin No. 1.

Merten, J. & Krause, R. (1994). Longitudinal studies of emotional development within psychotherapy. *Proceedings of the 8th conference of the International Society for Research on Emotions* (S. 162–166). CT: ISRE Publications.

Meyer, G. J. & Shack, J. R. (1989). The structural convergence of mood and personality: Evidence for old and new »directions«. *Journal of Personality and Social Psychology, 57*, 691–706.

Miller, D. T. & Ross, M. (1975). Self-serving biases in the attribution of causality: Fact or fiction? *Psychological Bulletin, 82*, 213–225.

Miller, G. A. (1956). The magical number seven, plus or minus two: Some limits on our capacity for processing information. *Psychological Review, 63*, 81–97.

Miller, G. A. & Johnson-Laird, P. N. (1976). *Language and perception*. Cambridge, MA: Harvard University Press.

Minors, D. S. & Waterhouse, J. M. (1988). Mathematical and statistical analysis of circadian rhythms. *Psychoneuroendocrinology, 13*, 443–464.

Mintz, J. & Mintz, L. I. (1992). Treatment of depression and the functional capacity to work. *Archives of General Psychiatry, 49*, 761–768.

Molenaar, P. C. M. (1985). A dynamic factor model for the analysis of multivariate time-series. *Psychometrika, 50*, 181–202.

Molenaar, P. C. M., Degooijer, J. G. & Schmitz, B. (1992). Dynamic factor analysis of nonstationary multivariate time-series. *Psychometrika, 57*, 333–349.

Möller, H. J. & Leitner, M. (1987). Optimizing a nonlinear mathematical approach for the computerized analysis of mood curves. *Psychopathology, 20*, 255–267.

Monk, T. H., Buysse, D. J., Reynolds III, C. F., Jarrett, D. B. & Kupfer, D. J. (1992). Rhythmic vs homeostatic influeces on mood, activation, and performance in young and old men. *Journal of Gerontology, 47*, 221–227.

Monk, T. H., Petrie, S. R., Hayes, A. J. & Kupfer, D. J. (1994). Regularity of daily life in relation to age, gender, sleep quality and circadian rhythms. *Journal of Sleep Research, 3*, 196–205.

Montgomery, S. A. (1994). Antidepressants in long-term treatment. *Annual Review of Medicine, 45*, 447–457.

Morris, W. N. (1989). *Mood: The frame of mind*. New York: Springer-Verlag.

Morris, W. N. (1992). A functional analysis of the role of mood in affective systems. In M. S. Clark (Hrsg.), *Review of personality and social psychology 13: Emotion* (S. 256–293). Newbury Park, CA: Sage.

Morris, W. N. & Reilly, N. P. (1987). Toward the self-regulation of mood: Theory and Research. *Motivation and Emotion, 11*, 215–249.

Murray, N., Sujan, H., Hirt, E. R. & Sujan, M. (1990). The influence of mood on categorization: A cognitive flexibility interpretation. *Journal of Personality and Social Psychology, 59*, 411–425.

Murray-Parkes, C. (1972). *Bereavement: Studies of grief in adult life*. Harmondsworth: Penguin.

Nasby, W. & Yando, R. (1982). Selective encoding and retrieval of affectively valent information: Two cognitive consequences of children's mood states. *Journal of Personality and Social Psychology, 43*, 1244–1253.

Neale, J. M., Hooley, J. M., Jandorf, L. & Stone, A. A. (1987). Daily life events and mood. In C. R. Snyder & C. E. Ford (Hrsg.), *Coping with negative life events: Clinical and social perspectives* (S. 161–189). New York: Plenum.

Neisser, U. (1976). *Cognition and reality*. San Francisco, CA: W. H. Freeman.

Nelson, T. M. (1971). Student mood during a full academic year. *Journal of Psychosomatic Research, 15*, 113–122.

Nicholson, R. A. & Berman, J. S. (1983). Is follow-up necessary in evaluating psychotherapy? *Psychological Bulletin, 93*, 261–278.

Niedenthal, P. M. & Setterland, M. B. (1994). Emotion congruence in perception. *Personality and Social Psychology Bulletin, 20*, 401–411.

Nisbett, R. E. & Wilson, T. D. (1977). Telling more than we can know: Verbal reports on mental processes. *Psychological Review, 84*, 231–259.

Nolen-Hoeksema, S., Morrow, J. & Fredrickson, B. L. (1993). Response styles and the duration of episodes of depressed mood. *Journal of Abnormal Psychology, 102*, 20–28.

Nolen-Hoeksema, S., Parker, L. E. & Larson, J. (1994). Ruminative coping with depressed mood following loss. *Journal of Personality and Social Psychology, 67*, 92–104.

Nowlis, V. & Nowlis, H. H. (1956). The description and analysis of moods. *Annals of the New York Academy of Science, 65*, 345–355.

Oatley, K. (1992). *Best laid schemes: The psychology of emotions.* Cambridge: Cambridge University Press.

Oatly, K. & Bolton, W. (1985). A soial-cognitive theory of depression in reaction to life events. *Psychological Review, 92*, 372–388.

Oatley, K. & Johnson-Laird, P. N. (1987). Towards a cognitive theory of emotions. *Cognition and Emotion, 1*, 29–50.

OLeary, A. (1990). Stress, emotion, and human immune function. *Psychological Bulletin, 108*, 363–382.

Ormel, J. & Schaufeli, W. B. (1991). Stability and change in psychological distress and their relationship with self-esteem and locus of control: A dynamic equilibrium model. *Journal of Personality and Social Psychology, 60*, 288–299.

Ortony, A., Clore, G. L. & Collins, A. (1988). *The cognitive structure of emotions.* New York: Cambridge University Press.

Osgood, C. E. (1962). Studies on the generality of affective meaning systems. *American Psychologist, 17*, 10–28.

Osgood, C. E., May, W. H. & Miron, M. S. (1975). *Cross-cultural universals of affective meaning.* Urbana, IL: University of Illinois Press.

Osgood, C. E., Suci, G. J. & Tannebaum, P. H. (1957). *The measurement of meaning.* Urbana, IL: University of Illinois Press.

Ost, L. G. & Hugdahl, K. (1981). Acquisition of phobias and anxiety response patterns in clinical patients. *Behaviour Research and Therapy, 21*, 623–631.

Parkinson, B. (1990). Interrogating emotions: A dyadic task for exploring the common sense of feeling states. *European Journal of Social Psychology, 60*, 327–334.

Parkinson, B. (1995). *Ideas and realities of emotion.* London: Routledge.

Parkinson, B., Briner, R. B., Reynolds, S. & Totterdell, P. (1995). Time frames for affect: Relations between momentary and generalized mood reports. *Personality and Social Psychology Bulletin, 21*, 331–339.

Parkinson, B. & Lea, M. (1991). Investigating personal constructs of emotions. *British Journal of Psychology, 82*, 73–86.

Parrott, W. G. (1993). Beyond hedonism: Motives for inhibiting good moods and for maintaining bad moods. In D. M. Wegner & J. W. Pennebaker (Hrsg.), *Handbook of mental control* (S. 278–305). Engelwood Cliffs, NJ: Prentice Hall.

Parrott, W. G. & Sabini, J. (1990). Mood and memory under natural conditions: Evidence for mood incongruent recall. *Journal of Personality and Social Psychology, 59*, 321–336.

Patkai, P. (1985). The menstrual cycle. In S. Folkard & T. H. Monk (Hrsg.), *Hours of work – Temporal factors in work scheduling* (S. 87–96). New York: Wiley.

Pavlov, I. P. (1927). *Conditioned reflexes*. London: Oxford University Press.

Pearlin, L. I. & Schooler, C. (1978). The structure of coping. *Journal of Health and Social Behaviour, 19*, 2–21.

Pennebaker, J. W. (1981). Stimulus characteristics influencing estimation of heart rate. *Psychophysiology, 18*, 540–548.

Pennebaker, J. W. & Beall, S. K. (1986). Confronting a traumatic event: Toward an understanding of inhibition and disease. *Journal of Abnormal Psychology, 95*, 274–281.

Pennebaker, J. W., Colder, M. & Sharp, L. K. (1990). Accelerating the coping process. *Journal of Personality and Social Psychology, 58*, 528–537.

Pennebaker, J. W., Kiecolt-Glaser, J. K. & Glaser, R. (1988). Disclosure of traumas and immune function: Health implications for psychotherapy. *Journal of Consulting and Clinical Psychology, 56*, 239–245.

Penner, L. A., Shiffman, S., Paty, J. A. & Fritsche, B. A. (1994). Individual differences in intraperson variability in mood. *Journal of Personality and Social Psychology, 66*, 712–721.

Persson, L. & Sjöberg, L. (1985). Mood and positive expectations. *Social Behaviour and Personality, 13*, 171–181.

Petty, R. E. & Cacioppo, J. T. (1986). The elaboration likelihood model of persuasion. *Advances in Experimental Social Psychology, 19*, 123–205.

Pignatiello, M. F., Camp, C. J. & Rasar, L. A. (1986). Musical mood induction: An alternative to the Velten technique. *Journal of Abnormal Psychology, 95*, 295–297.

Pollock, K. (1988). On the nature of social stress: Production of a modern mythology. *Social Science and Medicine, 26*, 381–392.

Postman, L. & Brown, D. R. (1952). Perceptual consequences of success and failure. *Journal of Abnormal and Social Psychology, 47*, 213–221.

Pyszcynski, T. & Greenberg, J. (1987). Self-regulatory perseveration and the depressive self-focusing style: A self-awareness theory of reactive depression. *Psychological Bulletin, 102*, 122–138.

Rachman, S. J. (1991). Neo-conditioning and the classical theory of fear acquisition. *Clincial Psychology Review, 11*, 155–174.

Rafaeli, A. & Sutton, R. I. (1987). Expression of emotion as part of the work role. *Academy of Management Review, 12*, 23–37.

Reinberg, A. (1974). Aspects of circannual rhythms in man. In E. T. Pengelley (Hrsg.), *Circannual clocks* (S. 423–505). London: Academic Press.

Reisenzein, R. (1994). Pleasure-arousal theory and the intensity of emotions. *Journal of Personality and Social Psychology*, 67, 525–539.

Reynolds, S. & Gilbert, P. (1991). Psychological impact of unemployment: Interacting effects of individual vulnerability and protective factors. *Journal of Counseling Psychology, 38*, 76–84.

Reynolds, S., Stiles, W. B., Barkham, M., Shapiro, D. A., Hardy, G. E. & Rees, A. (im Druck). Acceleration of changes in session impact during contrasted time-limited psychotherapies. *Journal of Consulting and Clincial Psychology*.

Robbins, P. R. & Tanck, R. H. (1987). A study of diurnal patterns of depressed mood. *Motivation and Emotion, 11*, 37–49.

Rosa, R. (1993). Napping at home and alertness on the job in rotating shift workers. *Sleep, 16*, 727–735.

Rosaldo, M. Z. (1984). Toward an anthropology of self and feeling. In R. A. Shewder & R. A. LeVine (Hrsg.), *Culture theory: Essays on mind, self, and emotion* (S. 137–157). Cambridge: Cambridge University Press.

Roseman, I. J. (1991). Appraisal determinants of discrete emotions. *Cognition and Emotion, 5*, 161–200.

Rosenfield, I. (1995). *The strange, familiar and forgotten. An anatomy of consciousness.* London: Picador. Deutsch: *Das Fremde, das Vertraute und das Vergessene.* Frankfurt: Fischer 1999.

Ross, L. & Nisbett, R. E. (1991). *The person and the situation: Perspectives of social psychology.* New York: McGraw-Hill.

Rowe, D. (1983). *Depression: The way out of your prison.* London: Routledge and Kegan Paul.

Ruckmick, C. A. (1936). *The psychology of feeling and emotion.* New York: McGraw-Hill.

Russell, J. A. (1978) Evidence of convergent validity on the dimensions of affect. *Journal of Personality and Social Psychologty, 36*, 1152–1168.

Russell, J. A. (1979). Affective space is bipolar. *Journal of Personality and Social Psychology, 37*, 345–356.

Russell, J. A. (1980) A circumplex model of affect. *Journal of Personality and Social Psychology, 39*, 1161–1178.

Russell, J. A. (1983). Pancultural aspects of the human conceptual organization of emotions. *Journal of Personality and Social Psychology, 45*, 1281–1288.

Russell, J. A. & Bullock, M. (1985). Multidimensional scaling of emotional facial expressions: Similarity from preschoolers to adults. *Journal of Personality and Social Psychology, 48*, 1290–1298.

Russell, J. A., Lewicka, M. & Niit, T. (1989). A cross-cultural study of a circumplex model of affect. *Journal of Personality and Social Psychology, 57*, 848–856.

Russell, J. A. & Mehrabian, A. (1977). Evidence for a three-factor theory of emotions. *Journal of Research in Personality, 11*, 273–294.

Russell, J. A., Weiss, A. & Mendelsohn, G. A. (1989). Affect grid: A single-item scale of pleasure and arousal. *Journal of Personality and Social Psychology, 57*, 493–502.

Safran, J. D. (1990a). Towards a refinement of cognitive therapy in light of interpersonal theory: 1. Theory. *Clinical Psychology Review, 10*, 87–105.

Safran, J. D. (1990b). Towards a refinement of cognitive therapy in light of interpersonal theory: 2. Practice. *Clinical Psychology Review, 10*, 107–121.

Salkovskis, P. M., Jones, D. R. O. & Clark, D. M. (1986). Respiratory control in the treatment of panic attacks: Replication and extention with concurrent measurement of behaviour and pCO_2., *British Journal of Psychiatry, 148*, 526–532.

Salovey, P. (1992). Mood-induced self-focused attention. *Journal of Personality and Social Psychology, 62*, 699–707.

Salovey, P., Hsee, C. K. & Mayer, J. D. (1993). Emotional intelligence and the self-regulation of affect. In D. M. Wegner & J. W. Pennebaker (Hrsg.), *Handbook of mental control* (S. 258–277). Englewood Cliffs, NJ: Prentice Hall.

Salovey, P., Mayer, J. D. Goldman, S., Turvey, C. & Palfai, T. P. (1995). Emotional attention, clarity, and repair. Exploring emotional intelligence using the trait meta-mood scale. In J. W. Pennebaker (Hrsg.), *Emotion, disclosure, and health* (S. 125–154). Washington, DC: American Psychologcial Association.

Salovey, P., OLeary, A., Stretton, M. S., Fishkin, S. A. & Drake, C. A. (1991). Influence of mood on judgements about health and illness. In J. P. Forgas (Hrsg.), *Emotion and social judgements* (S. 241–262). Oxford: Pergamon Press.

Sartre, J.-P. (1962). *Sketch for a theory of the emotions*. London: Methuen.

Schachter, S. (1959). *The psychology of affiliation*. Stanford, CA: Stanford University Press.

Schachter, S. (1964). The interaction of cognitive and physiological determinants of emotional state. In L. Festinger (Hrsg.), *Advances in experimental social psychology* (Bd. 1, S. 49–80). New York: Academic Press.

Schachter, S. & Singer, J. E. (1962). Cognitive, social, and physiological determinants of emotional state. *Psychological Review, 69*, 379–399.

Schare, M. L., Lisman, S. A. & Spear, N. E. (1984). The effects of mood variation on state-dependent retention. *Cognitive Therapy and Research, 8*, 387–408.

Schiffenbauer, A. (1974). Effect of observers emotional state on judgements of the emotional state of others. *Journal of Personality and Social Psychology, 30*, 31–35.

Schlosberg, H. (1952). The description of facial expression in terms of two dimensions. *Journal of Experimental Psychology, 44*, 229–237.

Schlosberg, H. (1954). Three dimensions of emotion. *Psychological Review, 61*, 81–88.

Schnurr, P. P. (1989). Endogenous factors associated with mood. In W. N. Morris, *Mood: The Frame of mind* (S. 35–69). New York: Springer-Verlag.

Schwarz, N. (1990). Feelings as information: Informational and motivational functions of affective states. In E. T. Higgins & R. M. Sorrentino (Hrsg.), *Handbook of motivation and cognition* (Bd. 2, S. 527–561). New York: Guilford Press.

Schwarz, N. & Bless, H. (1991). Happy and mindless, but sad and smart? The impact of affective states on analytic reasoning. In J. P. Forgas (Hrsg.), *Emotion and social judgements* (S. 55–71). Oxford: Pergamon.

Schwarz, N. & Clore, G. L. (1983). Mood, misattribution, and judgements of well-being: Informative and directive functions of affective states. *Journal of Personality and Social Psychology, 45*, 513–523.

Schwarz, N. & Clore, G. L. (1988). How do I feel about it? Informative functions of affective states. In K. Fiedler & J. P. Forgas (Hrsg.), *Affect, cognition, and social behavior* (S. 44–62). Toronto: Hogrefe.

Schwarz, N. & Strack, F. (1991). Evaluating ones life: A judgement model of subjective well-being. In F. Strack, M. Argyle & N. Schwarz (Hrsg.), *Subjective well-being* (S. 27–47). Oxford: Pergamon Press.

Schwarz, N., Strack, F., Kommer, D. & Wagner, D. (1987). Soccer, rooms, and the quality of your life: Mood effects on judgements of satisfaction with life in general and with specific life-domains. *European Journal of Social Psychology, 17*, 69–79.

Sedikides, C. (1994). Incongruent effects of sad mood on self-conception valence: Its a matter of time. *European Journal of Social Psychology, 24*, 161–172.

Segal, H. (1964). *Introduction to the work of Melanie Klein*. New York: Basic Books.

Shapiro, D., Rees, A., Barkham, M. Hardy, G. E., Reynolds, S. & Startup, M. (1995). Effects of treatment duration and severity of depression on the maintenance of gains after cognitive-behavioral and psychodynamic-interpersonal psychotherapy. *Journal of Consulting and Clinical Psychology, 63*, 378–387.

Shea, M. T., Elkin, I., Imber, S. D., Sotsky, S. D., Watkins, J. T., Collins, J. F., Pilkonis, P. A., Leber, W. R., Kurpnick, J., Dolan, R. T. & Parloff, M. (1992). Course of depressive symptoms over follow-up: Findings from the National Institute of Mental Health Treatment of Depression Collaborative Research Program. *Archives of General Psychiatry, 49*, 782–787.

Shiffrin, R. M. & Schneider, W. (1977). Controlled and automatic information processing II: Perceptual learning, automatic attending, and a general theory. *Psychological Review, 84*, 127–190.

Simon, H. A. (1982). Comments. In M. S. Clark & S. T. Fiske (Hrsg.), *Affect and cognition* (S. 333–342). Hillsdale, NJ: Lawrence Erlbaum Associates.

Simons, A. D., Murphy, G. E., Levine, J. L. & Wetzel, R. D. (1986). Cognitive therapy and pharmacotherapy for depression: Sustained improvement over one year. *Archives of General Psychiatry, 43*, 43–49.

Singer, J. A. & Salovey, P. (1988). Mood and memory: Evaluating the network theory of affect. *Clinical Psychology Review, 8*, 211–251.

Slavney, P. R., Breitner, J. C. & Rabins, P. V. (1977). Variability of mood and hysterical traits in normal women. *Journal of Psychiatric Research, 13*, 155–160.

Smith, A. P. & Wilson, M. (1990). The effects of naps during night duty on the performance and mood of female nurses working in an intensive care unit. In G. Costa, G. Cesana, K. Kogi & A. Wedderburn (Hrsg.), *Shiftwork: Health, sleep and performance* (S. 147–153).

Smith, C. A. & Ellsworth, P. C. (1985). Patterns of cognitive appraisal in emotion. *Journal of Personality and Social Psychology, 48*, 813–838.

Smith, C. A., Haynes, K. N., Lazarus, R. S. & Pope, L. K. (1993). In search of the »hot« cognitions: Attributions, appraisals, and their relation to emotion. *Journal of Personality and Social Psychology, 65*, 916–929.

Smith, C. S., Reilly, C. & Midkiff, K. (1989). Evaluation of three circadian rhythm questionnaires with suggestions for an improved measure of morningness. *Journal of Applied Psychology, 74*, 728–738.

Smith, M. L., Glass, G. V. & Miller, T. I. (1980). *The benefits of psychotherapy*. Baltimore, MD: The John Hopkins University Press.

Smith, S. M. & Petty, R. E. (1995). Personality moderators of mood congruency effects on cognition: The role of self-esteem and negative mood regulation. *Journal of Personality and Social Psychology, 68*, 1092–1107.

Snowden, R. & Christian, B. (Hrsg.) (1983). *Patterns and perceptions of menstruation: A World Health Organization international study*. London: Croom Helm.

Sokolov, E. N. (1963). *Perception and the conditioned reflex*. New York: Macmillan.

Solomon, R. L. (1980). The opponent-process theory of acquired motivation: The costs of pleasure and the benefits of pain. *American Psychologist, 35*, 691–712.

Sommer, B. (1973). The effect of menstruation on cognitive and perceptual-motor behaviour: A review. *Psychosomatic Medicine, 35*, 513–534.

Spring, B. J., Lieberman, H. R., Swope, G. & Garfield, G. S. (1986). Effects of carbohydrate on mood and behavior. *Nutrition Reviews, 44*, 51–60.

Staats, S. & Skowronski, J. (1992). Perceptions of self-affect: Now and in the future. *Social Cognition, 10*, 415–431.

Stearns, C. Z. & Stearns, P. N. (1986). *Anger: The struggle for emotional control in Americas history*. Chicago, IL: University of Chicago Press.

Stephan, F. & Zucker, I. (1972). Circadian rhythms in drinking behaviour and locomotor activity of rats are elminated by hypothalamic lesions. *Proceedings of the National Academy of Science, USA, 69*, 1583–1586.

Stepper, S. & Strack, F. (1993). Proprioceptive determinants of emotional and nonemotional feelings. *Journal of Personality and Social Psychology, 64*, 211–220.

Steptoe, A. & Cox, S. (1988). Acute effects of aerobic exercise on mood. *Health Psychology, 7*, 329–340.

Stiles, W. B., Barkham, M., Shapiro, D. A. & Firth-Cozens, J. (1992). Treatment order and thematic continuity between contrasting psychotherapies: Exploring an implication of the assimilation model. *Psychotherapy Research, 2*, 112–124.

Stiles, W. B., Elliott, R., Llewelyn, S. P., Firth-Cozens, J. A., Margison, F. R., Shapiro, D. A. & Hardy, G. (1990). Assimilation of problematic experiences by clients in psychotherapy. *Psychotherapy, 27*, 411–420.

Stiles, W. B., Shapiro, D. A. & Elliott, R. (1987). Are all psychotherapies equivalent? *American Psychologist, 41*, 165–180.

Stiles, W. B., Shapiro, D. A. & Firth-Cozens, J. A. (1988). Do sessions of different treatments have different impacts? *Journal of Counseling Psychology, 35*, 391–396.

Stone, A. A., Hedges, S. M., Neale, J. M. & Satin, M. S. (1985). Prospective and cross-sectional mood reports offer no evidence of a »Blue Monday« phenomenon. *Journal of Personality and Social Psychology, 49*, 129–134.

Stone, A. A., Kessler, R. C. & Haythornthwaite, J. A. (1991). Measuring daily events and experiences: Decisions for the researcher. *Journal of Personality, 59*, 575–607.

Stone, A. A. & Neale, J. M. (1984). Effects of severe daily events on mood. *Journal of Personality and Social Psychology, 46*, 137–144.

Stone, A. A., Reed, B. R. & Neale, J. M. (1987). Changes in daily event frequency precede episodes of physical symptoms. *Journal of Human Stress, 13*, 70–74.

Stretton, M. S. (1990). Predicting health concerns. Unveröffentlichte Dissertation, Yale University, New Haven, CT.

Swann, W. B. Jr., Wenzlaff, R. M., Krull, S. S. & Pelham, B. W. (1992). Allure of negative feedback: Self-verification strategies among depressed persons. *Journal of Abnormal Psychology, 101*, 293–306.

Swinkels, A. & Giuliano, T. A. (1995). The measurement and conceptualization of mood awareness: Attention directed towards ones mood states. *Personality and Social Psychology Bulletin, 21*, 934–949.

Szuba, M. P., Yager, A., Guze, B. H., Allen, E. M. & Baxter, L. R. (1992). Disruption of soical circadian rhythms in major depression: A preliminary report. *Psychiatry Research, 42*, 221–230.

Tajfel, H. (1957). Value and the perceptual judgement of magnitude. *Psychological Bulletin, 64*, 192–204.

Tasto, D. L., Colligan, M. J., Skjei, E. W. & Polly, S. J. (1978). The health consequences of shiftwork. *DHEW (NIOSH)* Publications, no. 178–154.

Taylor, S. E. & Brown, J. D. (1988). Illusion and well-being: A social psychological perspective on mental health. *Psychological Bulletin, 103*, 193–210.

Taylor, S. E. & Brown, J. D. (1994). Positive illusions and well-being revisited: Separating fact form fiction. *Psychological Bulletin, 116*, 21–27.

Teasdale, J. D. & Barnard, P. J. (1993). *Affect, cognition, and change.* Hove: Lawrence Erlbaum Assoicates.

Teasdale, J. D. & Fogarty, S. J. (1979). Differential effects of induced mood on retrieval of pleasant and unpleasant events from episodic memory. *Journal of Abnormal Psychology, 88*, 248–257.

Templer, D. I., Ruff, C. F., Ayers, J. L. & Beshai, J. A. (1981). Diurnal mood fluctuation and age. *International Journal of Aging and Human Development, 14*, 189–193.

Tennen, H., Suls, J. & Affleck, G. (1991). Personality and daily experience: The promise and the daily challenge. *Journal of Personality, 59*, 313–338.

Tetlock, P. E. & Levi, A. (1982). Attribution bias: On the inconclusiveness of the cognition-motivation debate. *Journal of Experimental Social Psychology, 18*, 68–88.

Thayer, R. E. (1989). *The biopsychology of mood and arousal.* New York: Oxford University Press.

Thayer, R. E., Newman, J. R. & McClain, T. M. (1994). Self-regulation of mood: Strategies for changing a bad mood, raising energy, and reducing tension. *Journal of Personality and Social Psychology, 67*, 910–925.

Thayer, R. E., Peters, D. P., Takahashi, P. J. & Birkhead-Flight, A. M. (1992). Mood and behavior (smoking and sugar snacking) following moderate exercise: A partial test of self-regulation theory. *Personality and Individual Differences, 14*, 97–104.

Tomkins, S. S. (1962). *Affect, imagery and consciousness: vol. 1. The positive affects.* New York: Springer.

Tomkins, S. S. (1963). *Affect, imagery and consciousness: vol. 2. The negative affects.* New York: Springer.

Totterdell, P. (1995). Effects of depressed affect on diurnal and ultradian variations in mood in a healthy sample. *Chronobiology International, 12*, 278–289.

Totterdell, P., Briner, R. B., Parkinson, B. & Reynolds, S. (1996). Fingerprinting time series: Dynamic patterns in self-report and performance measures uncovered by a graphical nonlinear method. *British Journal of Psychology, 87*, 43–60.

Totterdell, P. & Folkard, S. (1992). In situ repeated measures of affect and cognitive performance facilitated by use of a hand-held computer. *Behavior Research Methods, Instruments, and Computers, 24*, 545–553.

Totterdell, P., Parkinson, B., Briner, R. B. & Reynolds, S. (1995). Forecasting feelings: Determinants and effects of self-predictions of mood. Manuscript submitted for publication, University of Leicester.

Totterdell, P., Reynolds, S., Parkinson, B. & Briner, R. B. (1994). Associations of sleep with everyday mood, minor symptoms and social interaction experience. *Sleep, 17*, 466–475.

Totterdell, P., Spelton, E., Smith, L., Barton, J. & Folkard, S. (1995). Recovery from work shifts: How long does it take? *Journal of Applied Psychology, 80*, 43–57.

Tsuji, Y., Fukuda, H., Okuno, H., Kobayashi, T. (1981). Diurnal rhythm of alpha wave activity and mood. *Electroecephalogr. Clincial Neurophysiology, 52* (suppl.) 43.

Tversky, A. & Griffin, D. (1991). Endowment and contrast in judgments of well-being. In F. Strack, M. Argyle & N. Schwarz (Hrsg.) *Subjective well-being* (S. 101–118). Oxford: Pergamon Press.

Tversky, A. & Kahnemann, D. (1973). Availability: A heuristic for judging frequency and probability. *Cognitive Psychology, 5*, 207–232.

Valins, S. (1966). Cognitive effects of false heart rate feedback. *Journal of Personality and Social Psychology, 4*, 400–408.

Vallacher, R. R. & Wegner, D. M. (1987). What do people think theyre doing? Action identification and human behavior. *Psychological Review, 94*, 3–15.

Velten, E. Jr. (1968). A laboratory task for induction of mood states. *Behavior Research and Therapy, 6*, 473–482.

Volz, H. P., Mackert, A., Stieglitz, R. D. & Müller-Oerlinghausen, B. (1991). Diurnal variations of mood and sleep disturbance during phototherapy in major depressive disorder. *Psychopathology, 24*, 238–246.

Wagner, H. L., McDonald, C. J. & Manstead, A. S. R. (1986). Communication of individual emotions by spontaneous facial expression. *Journal of Personality and Social Psychology, 50*, 737–743.

Warr, P. B. (1987). *Work, unemployment and mental health*. Oxford: Oxford University Press.

Warr, P. B., Banks, M. & Ullah, P. (1985). The experience of unemployment among black and white urban teenagers. *British Journal of Psychology, 76*, 75–87.

Warr, P., Barter, J. & Brownbridge, G. (1983). On the independence of positive and negative affect. *Journal of Personality and Social Psychology, 44*, 644–651.

Watson, D. (1988a). The vicissitudes of mood measurement: Effects of varying descriptors, time frames, and response formats on measures of positive and negative affect. *Journal of Personality and Social Psychology, 55*, 128–141.

Watson, D. (1988b). Intraindividual and interindividual analyses of positive and negative affect: Their relation to health complaints, perceived stress, and daily activities. *Journal of Personality and Social Psychology, 54*, 1020–1030.

Watson, D. & Clark, L. A. (1984). Negative affectivity: The dispositions to experience aversive emotional states. *Psychological Bulletin, 96*, 465–490.

Watson, D. & Clark, L. A. (1994). Emotions, moods, traits, and temperaments: Conceptual distinctions and empirical findings. In P. Ekman & R. J. Davidson (Hrsg.), *The nature of emotion* (S. 89–93).

Watson, D., Clark, L. A. & Tellegen, A. (1988). Development and validation of brief measures of positive and negative affect: The PANAS scales. *Journal of Personality and Social Psychology, 54*, 1063–1070.

Watson, D. & Pennebaker, J. W. (1989). Health complaints, stress, and distress: Exploring the central role of negative affectivity. *Psychological Review, 96*, 234–254.

Watson, D. & Tellegen, A. (1985). Toward a consensual structure of mood. *Psychological Bulletin, 98*, 219–235.

Watson, J. B. (1929). *Psychology from the standpoint of a behaviorist* (3. Aufl.). Philadelphia, PA: Lippinicott. Deutsch: »Psychologie, wie sie der Behaviorist sieht«. In: *Behaviorismus*. Klotz 1997.

Watson, J. B. & Rayner, R. (1920). Conditioned emotional reactions. *Journal of Genetic Psychology, 37*, 394–419.

Wegener, D. T. & Petty, R. E. (1994). Mood management across affective states. The hedonic contingency hypothesis. *Journal of Personality and Social Psychology, 66*, 1034–1048.

Wegener, D. T., Petty, R. E. & Smith, S. M. (1995). Positive mood can increase or decrease message scrutiny: The hedonic contingency view of mood and message processing. *Journal of Personality and Social Psychology, 69*, 5–15.

Wegner, D. M. (1989). *White bears and other unwanted thoughts: Suppression, obsessions, and the psychology of mental control*. New York: Guilford Press.

Wegner, D. M. (1994). Ironic processes of mental control. *Psychological Review, 101*, 34–52.

Wegner, D. M. & Erber, R. (1993). Social foundations of mental control. In D. M. Wegner & J. W. Pennebaker (Hrsg.), *Handbook of mental control* (S. 36–56). Englewood Cliffs, NJ: Prentice Hall.

Wegner, D. M. & Erber, R. & Zanakos, S. (1993). Ironic processes in the mental control of mood and mood-related thought. *Journal of Personality and Social Psychology, 65*, 1093–1104.

Wegner, D. M. & Pennebaker, J. W. (1993). Changing our minds: An introduction to mental control. In D. M. Wegner & J. W. Pennebaker (Hrsg.), *Handbook of mental control.* Englewood Cliffs, NJ: Prentice Hall.

Wegner, D. M., Shortt, J. W., Blake, A. W. & Page, M. S. (1990). The suppression of exciting thoughts. *Journal of Personality and Social Psychology, 58*, 409–418.

Weiner, B. (1986). *An attributional theory of motivation and emotion.* New York: Springer-Verlag.

Wertheimer, M. (1925). Gestalt theory. In W. D. Ellis (Hrsg.) (1938). *A sourcebook of Gestalt psychology* (S. 1–111). London: Routledge & Kegan Paul.

West, S. G. & Hepworth, J. T. (1991). Statistical issues in the study of temporal data. *Journal of Personality, 59*, 609–662.

Westen, D. (1994). Toward an integrative model of affect regulation: Applications to social-psychological research. *Journal of Personality, 62*, 641–667.

Wetzler, S. (1985). Mood state-dependent retrieval: A failure to replicate. *Psychological Reports, 56*, 759–765.

Wever, R. A. (1979). *The circadian system of man: Results of experiments under temporal isolation.* New York: Springer.

Wheeler, L. & Reiss, H. T. (1991). Self-recording of everyday life events: Origins, types and uses. *Journal of Personality, 59*, 339–354.

White, P. A. (1988). Knowing more about what we can tell: »Introspective access« and causal report accuracy 10 years later. *British Journal of Psychology, 79*, 13–45.

Whitton, J. L. (1978). Periodicities in self-reports of health, sleep and mood variables. *Journal of Psychosomatic Research, 22*, 111–115.

Williams, K. J. & Alliger, G. M. (1994). Role stressors, mood spillover, and perceptions of work-family conflict. *Academy of Management Journal, 37*, 837–868.

Williams, K. J., Suls, J., Alliger, G. M., Learner, S. M. & Wan, C. K. (1991). Multiple role juggling and daily mood states in working mothers: An experience sampling study. *Journal of Applied Psychology, 76*, 664–674.

Wilson, P. (1995). *Instant calm: Over 100 succesful techniques for relaxing mind and body.* London: Penguin Books. Deutsch: *Wege zur Ruhe. 100 Tricks und Techniken zur schnellen Entspannung.* Reinbek b. Hamburg: Rowohlt 1996.

Wilson, T. D., Laser, P. S. & Stone, J. I. (1982). Judging the predictors of ones own mood: Accuracy and the use of shared theories. *Journal of Experimental Social Psychology, 18*, 537–556.

Winnicott, D. W. (1965). *The family and individual development.* New York: Basic Books. Deutsch: *Familie und individuelle Entwicklung.* Frankfurt: Fischer 1984.

Wiser, S. & Goldfried, M. R. (1993). A comparative study of emotional experiencing in psychodynamic-interpersonal and cognitive-behavioural therapies. *Journal of Consulting and Clincial Psychology, 61*, 892–895.

Wittgenstein, L. (1953). *Philosophical investigations.* Oxford: Blackwell. Deutsch: »Philosophische Untersuchungen.« In: *Werkausgabe.* Bd. 1. Frankfurt: Suhrkamp 1984.

Wolfe, T. (1983). *The purple decades.* London: Jonathan Cape.

Wood, C. & Magnello, M. E. (1992). Diurnal changes in perceptions of energy and mood. *Journal of the Royal Society of Medicine, 85*, 191–194.

Wood, J. V., Saltzberg, J. A. & Goldsamt, L. A. (1990). Does affect induce self-focused attention? *Journal of Personality and Social Psychology, 58*, 899–908.

Worth, L. T. & Mackie, D. M. (1987). Cognitive mediation of positive affect in persuasion. *Social Cognition, 5*, 76–94.

Wundt, W. (1897). *Outlines of psychology*. Leipzig: Wilhelm Engelmann. Deutsch: *Einführung in die Psychologie*. Leipzig: Duerr [4]1918.

Young, S. N. (1991). The 1989 Borden Award Lecture: Some effects of dietary components (amino acids, carbohydrate, folic acid) on brain serotonin synthesis, mood, and behaviour. *Canadian Journal of Physiology and Pharmacology, 69*, 893–903.

Zajonc, R. B. (1980). Feeling and thinking: Preferences need no inferences. *American Psychologist, 35*, 151–175.

Zajonc, R. B., Murphy, S. T. & Inglehart, M. (1989). Feeling and facial efference: Implications of the vascular theory of emotion. *Psychological Review, 96*, 395–416.

Zautra, A. J., Guarnaccia, C. A., Reich, J. W. & Dohrenwend, B. P. (1988). The contribution of small events to stress and distress. In L. H. Cohen (Hrsg.), *Life events and psychological functioning* (S. 123–148). Beverly Hills, CA: Sage.

Zillman, D. (1978). Attribution and misattribution of excitatory reactions. In J. H. Harvey, W. Ickes & R. F. Kidd (Hrsg.), *New directions in attribution research* (Bd. 2, S. 335–368). Hillsdale, NJ: Lawrence Erlbaum Associates.

Zillman, D. (1988). Mood management: Using entertainment to full advantage. In L. Donohew, H. E. Sypher & E. T. Higgins (Hrsg.), *Communication, social cognition, and affect* (S. 147–171). Hillsdale, NJ: Erlbaum.

Zuckerman, M. (1979). Attribution of success and failure revisited, or: The motivational bias is alive and well in attribution theory. *Journal of Personality, 47*, 245–287.

Register